개정 · 증보판

지식의 구조와 교과

李 烘 雨

교육과학사

개정 · 증보판 서문

재작년 가을에 저자는 '전국 국어교사의 모임'이라는 단체로부터 서울 지구의 회원 약 20명에게 이 책의 내용에 관하여 이야기를 해줄 수 있겠느냐는 요청을 받은 일이 있다. 그 회원들은 얼마동안 이 책을 상당히 집중적으로 공부해 왔다는 것이다. 그 때 저자는 평소에 별로 자주 들여다 보지 않던 이 책을, 그것을 쓴 저자의 눈이 아닌, 국어과를 가르치는 교사인 독자의 눈으로 대강 훑어 볼 기회를 가졌다. 그 교사들이 이 책을 '공부'했다면 어떤 공부를 했을까, 그리고 그 공부에 이 책이 어느 정도로 도움이 되었을까가 궁금해졌던 것이다.

그 때 저자는 그 회원들에게 미안하다는 말로는 다할 수 없는, 착잡하다 못해 참담한 심경을 경험하였다. 독자가 보다시피, 정확하게 27년 전에 출간된 이 책 초판(1979)의 서문에서 저자는 이 책이 '교육과정의 원리를 일선 교사들에게 가능한 한 친숙한 형태로 설명하려는' 의도에서 쓰였다고 말하였다. 그러나 그때 '일선 교사'의 눈으로 이 책을 훑어 보았을 때, 저자의 느낌은 '친숙한 형태로 쓰인' 것과는 거리가 멀었다. 이 책이 다루고 있는 교육과정 '원리'와 예컨대 국어과를 가르치는 교사가 당면하고 있는 '일선' 사이에는 교사 개개인이 좁히기에는 너무나 먼 거리가 가로 놓여 있는 듯이 보였다. 생각해 보면, 초판 서문에서 저자가 위와 같이 말한 것은 이 책보다 2년 전에 나온, 마찬가지로 '원리'를 다룬 저자의 「교육과정 탐구」(증보판, 1992)와의 비교에서 상대적으로 그러하다는 뜻이었을 것이다. 그 때의 착잡한 심경으로는 이 책과 일선 사이의 거리를 절반이라도 줄일 수 있는 또 한 권의 책을 쓸 수 있었으면 좋겠다고 생각했다. 그러나 그것은 현재 저자의 형편으로 용납되지 않고, 또 절반의 거리를 메울 수 있을 정도의 열의와 식견을 가진 교사라면 나머지 절반도 능히 메울 수 있으리라는 기대도 있다.

절반이건 전부이건 간에, 교사가 그 거리를 메울 수 있는가의 여부는 거의 전적으로 이 책이 핵심적 주제로 다루고 있는 '지식의 구조'를 어떻게 해석하는가에 달려 있다. 우선, 이 책에서 '지식의 구조'의 의미를 설명한 제2장에서 저자는, '지식의 구조'는 교육의 내용이 무엇인가에 대한 '해답'을 제시하는 것이라기보다는 그 질문에 대하여 심각하게 생각해 보라는 요청이며 교과를 교과답게 가르친다는 것의 의미를 각 교과의 성격에 비추어 규정하라는 요청이라고 보는 편이 더 타당하다고 말하였다. 이것은 곧 '지식의 구조'가 1960년 브루너의 「교육의 과정」에 제시된 아이디어라고 하여 한 때 지난 날의 유행으로 간주되어서는 안된다는 뜻이다. 왜냐하면 위의 요청은 교과를 가르치는 교사라면 누구나 또 언제나 가볍게 거부할 수 있는 요청이 아니기 때문이다.

이 생각 끝에, 이 책의 개정 · 증보판의 부록으로 '지식의 구조'의 원천인 브루너 「교육의 과정」을 이전의 부록 대신에 싣자는 제안이 대두되었을 때, 저자는 대환영을 표시하였다. 독자가 스스로 확인할 수 있는 바와 같이, 브루너의 책은 이 책보다 훨씬 '일선 교사에게 친숙한 형태'를 취하고 있다. 앞에서 말한 '원리'와 '일선' 사이의 거리를 좁히고자 하는 교사는 이 책보다 브루너의 책을 훨씬 더 가까이 하면서 열심히 공부하는 것이 좋을 것이다. 브루너의 책에는 '교과를 교과답게 가르치는 일'에 관심이 있는 교사가 그의 일과 관련하여 심각하게 생각해 보아야 할 문제들이 세세하게 열거되어 있다. 이 책에는 그것이 다루는 모든 주제와 관련하여 '이런 이런 것을 우리는 아직 잘 알지 못한다'라든지 '앞으로 이런 이런 문제는 더 연구해 보아야 한다'라는 말이 도처에 후렴처럼 되풀이되어 있다. 여기서 말하는 '연구'는 예컨대 대학원 학생들이 학위논문을 쓰기 위하여 하는 것과 같은 '전문적인' 연구를 가리킨다고 생각할 필요가 없다. 그 '연구'는 교과를 가르치는 교사가 그의 일상적 업무와 관련하여 '심각하게' 생각한 내용을 축적하고 정리하는 것으로 충분히 이루어질 수 있으며, 이런 연구는 교사가 아닌 다른 사람에게 기대할 수 있는 것이 아니다.

이미 공식적인 교직생활을 마감한 현시점에서 돌이켜 보면, 그 동안 저자의 공부는, 비록 그것을 표현하는 용어나 생각의 깊이에는 차이가 있다 하더라도, 결코 '지식의 구조'에서 벗어난 일이 없다. 이 책 이후, 더 멀리는 브루너의 책을 번역했을 당시 (1973) 이후, 오늘에 이르기까지 저자의 공부는 거의 전적으로 '지식의 구조'라는 아이디어에 잠재된 생각을 표면에 드러낸 것에 지나지 않는다고 말할 수 있다. 저자의 공부를 관심있게 지켜본 독자는 누구나 그 동안의 저자의 공부는 이 책에 '잠재적인 형태로' 고스란히 들어있다는 것을 느낄 수 있을 것이다. 따지고 보면, 이것은 너무나 당연한 것이다. 다른 활동에서와 마찬가지로, 교육의 핵심은 '내용'이며, '지식의 구조'는 교육내용에 관한 아이디어인 것이다. 교육내용에는 그것을 가르치는 방법이 이미 포함되어 있으며, 교육의 목적은 교육내용을 가르치는 것의 의미를 다양한 수준에서 표현한 것에 지나지 않는다.

다시 한번 강조하지만, '지식의 구조'라는 용어에 들어있는 생각은 이 책이나 브루너의 책으로 깡그리 드러낼 수 있는 것이 아니며, 장차의 수많은 연구에 의해서도 결코 고갈될 수 있는 것이 아니다. '지식의 구조'가 한 때의 학문적 유행으로 지나간 것이 될 수 없는 이유가 여기에 있다. 저자에 관한 한, 이 점은 그 동안의 공부에 의하여 확인되었다고 말할 수 있다. 그러나 또한, 비록 그 동안의 저자의 공부가 이 책의 연속선상에 있기는 하지만, 현시점에서 이 책을 고쳐 쓴다고 할 때 그 중의 몇 퍼센트가 수정없이 살아남을 수 있을지는 의문이다. '지식의 구조' 그 자체에 관한 저자의 견해도 이 책 이후에 (희망컨대 더 깊은 수준으로) 달라진 것이 사실이며, 근래에 저자가 관심을 기울여 온 '교과를 통한 심성 함양'이라는 주제는 이 책을 쓸 당시에는 오직 막연한 가능성으로밖에 존재하지 않았다. 이 두 가지 측면에서의 '발전'에 관심이 있는 독자는 근래에 저자가 공저로 펴낸 '교육과정 이론'(2003)을 참고할 수 있을 것이다.

부록에 실린 브루너의 「교육의 과정」은 저자가 그야말로 새파랗게 젊은 나이에 번역한 책이다. 그 당시에는 '최선을 다하여' 번역한다고 했지만, 지금 다시 들여다 보면 못마땅한 대목이 한 두 군데가 아니다. 그 점에도 불구하고 저자는, 몇 군데 단어를 바꾸는 것 이외에는, 30년을 넘게 독자의 애호를 받아온 그대로 싣기로 하였다. 다만, 참고로, 현재의 부록에는 빠져 있는 번역판 서문의 대부분을 여기에 옮겨 적어 보겠다.

고전이란 사람들이 누구나 읽지는 않고 읽은 것처럼 생각하는 책이라는 말이 있다. 그럴듯한 말이다. 왜냐하면 고전이란 사람들이 미처 읽을 시간을 가지기도 전에 이미 사람들의 입에 오르내리기 시작하는 책이기 때문이다. 브루너의 「교육의 과정」도 이 점에서 확실히 고전으로 분류될 수 있을 것이다. 그러나 「교육의 과정」과 10년 후 그것에 관한 브루너 자신의 '재음미'를 번역하고 나서 머리말을 쓰는 지금, 역자는 이 책이 아직은 다른 고전과 같은 비운에 빠질 수 없다는 확신을 가지고 있다. 요컨대 우리는 이 책을 읽은 것처럼 생각하기에 앞서 실지로 읽어야 할 것이다.

이 책에 관하여 사람들의 입에 오르내리는 소문이 여러가지가 있겠지만, 그 중의 한 가지는 우선 '어렵다'는 소문일 것이다. 만약 이 소문이 사실이라면, 그것은 주로 두 가지 이유에서일 것이다. 하나는 이 책의 내용이 아주 집약되어 있다는 사실이다. 방대할 수밖에 없는 내용이 때로 하나의 문단이나 심지어 문장 하나에 요약되어 있다. 게다가, 아마 보다 중요한 이유가 되겠지만, 이 책은 문자 그대로 교육의 과정에 관한 '논리적 시(詩)'로 되어 있다. 시와 논리가 한꺼번에 녹아 있는 책을 이해하려면 독자는 시적 상상과 논리적 추리력을 동시에 동원해야 할 것이다.

원문을 되도록 자연스러운 우리말로 옮겨 놓은 것 이외에 역자는 세 가지 일을 하였다. 첫째로, 역자는 본문의 이해에 필요하다고 생각되는 경우에 역자가 아는 대로 주석을 달았다. 때로 이것을 본문에 풀어 넣고 싶은 유혹을 억제한 것은 그것이 필경 본문의 흐름에 방해가 될 것이기 때문이다. 둘째로, 첫머리의 '역자 해설'은 「교육의 과정」에 관한 역자 자신의 견해를 자유롭게 쓴 글이다. 자유는 언제나 불안과 오류가능성을 수반한다. 바라건대, 독자는 본문을 읽은 다음에 다시 한번 '해설'을 읽고 역자의 견해를 평가해 주었으면 한다. 브루너 자신의 머리말을 빼고, 그 대신 그 중 중요한 대목을 '해설'에 인용한 것은 역자의 자유를 남용한 것인지도 모르겠다. 그리고 마지막으로, 브루너의 책이 나온지 10년 후에 그 책을 번역하는 한 가지 이점으로서, 브루너 자신의 '재음미'를 덧붙일 수 있었다. 게다가 금상첨화로 '재음미'되는 내용을 책 본문의 내용과 관련지을 수 있어서 더욱 기뻤다. 앞으로 교육과정의 동향에 관하여 장기적인 전망을 가지고 싶은 독자는 이 '재음미'를 세밀히 정독하기 바란다.

브루너 자신이 서슴지 않고 공언한 바와 같이, 「교육의 과정」은 세계적으로 '절찬을 받은' 책이다. 아마 '절찬을 받아 마땅한' 책일 것이다. 이 책이 다룬 주제의 심각성, 이 책이 쓰인 문체와 논리성, 게다가 무엇보다도 역자 자신의 졸렬한 번역 등으로 이 책은 적어도 다섯 번은 읽힐 만하다고 생각된다.

이 개정 · 증보판이 나오게 된 것은 전적으로 부산교육대학교 朴埰亨 교수의 이 책의 중요성에 대한 확신과 집념 덕택이다. 그는 이 개정 · 증보판의 입안에서 시작하여 그것이 현재의 모습을 갖추게 되기까지 필요한 모든 수고를 아끼지 않았다. 장차 그의 노력과 열성에 의하여 이 책의 아이디어가 좀더 깊어지고 선명해지기를 바라마지 않는다. 또한 교육과학사의 金東奎 사장님과 李曼宰 상무님께 그 동안의 변함없는 후의에 감사를 드린다.

2006年 正初

李烘雨 謹識

증보판 서문

이 책이 바탕으로 하고 있는 취지는 이하에 전재해 놓은 '초판 서문'에 명시되어 있다. 이 책이 나온 이후 오늘에 이르기까지 그 취지가 얼마나 실현되었는가는 저자로서는 알 길이 없다. 여기서 '그 취지가 실현된다'고 말하는 것은 이 책에 제시되어 있는 저자의 견해나 관점이 독자에게 그대로 받아들여지는 것을 의미하는 것이 아니다. 어느 편인가 하면 그것은 독자가 이 책에 취급되어 있는 문제 또는 질문을 중요한 것으로 받아들이고 그것에 관하여 이론적인 관심을 가지게 되는 것을 뜻한다. 저자로서는 참으로 가슴아픈 상상이지만, 만약 이 책을 읽은 대다수의 독자가 여전히 '요컨대 어떻게 가르치라는 것인가'라는 질문을 유일하게 의미있는 질문으로 생각하면서 그 질문에 대한 명쾌한 해답을 제시하지 못하는 책은 읽을 가치가 없다고 생각한다면, 이 책은 그 취지를 실현하는 데에 실패했다고 말할 수밖에 없다. 왜냐하면 교육(또는, 교과를 가르치는 일)에는 '어떻게 가르쳐야 하는가'라는 것 이외에도 중요한 질문이 얼마든지 있으며, 교사가 실지로 어떻게 가르치든지 간에 교육에 관한 이론적인 질문(이 책에 사용된 용어로 교육 현상을 '보는 것'과 관련된 질문)에 심각한 관심을 가지는 것은 교사로서의 당연한 의무에 속하기 때문이다.

이 증보판을 위하여 저자가 한 일은 우선 본문 전체를 자세히 읽으면서 어색하고 불분명한 표현을 가다듬는 일이었다. 이 일을 하는 동안에 저자는 초판 서문에서 말한 '저자 자신의 능력과 노력의 한계'를 뼈저리게 느꼈다. 근 20년 전에 쓴 책을 다시 읽어보는 저자라면 누구나 비슷한 체험을 할 것이다. 내용상의 미비점이 도처에 드러나 있는 것은 말할 것도 없고, 어떤 부분은 저자 자신에게도 뜻이 불분명할 정도로 잘못 서술되어 있었다. 만약 이 책에 나타나 있는 결함들을 비교적 만족스러울 정도로 보완하자면, 저자는 책 전체를 다시 써야 할 것이다. 그럼에도 불구하고 특히 문제가 되는 용어와 표현을 가다듬는 것 이외에 별다른 수정을 가하지 않은 것은 저자의 태만 때문이라는 것 이외에 달리 변명의 여지가 없다. 바라건대, 만약 독자가 이 책의 생명은 그 해답에 있는 것이 아니라 질문에 있다는 원래의 취지를 헤아려 준다면, 초판의 근본적 미비점을 그대로 남겨 놓은 데에 대하여 관용을 베풀어 줄 수 있을 것이다.

여기에 증보된 내용은 제2장의 마지막 삽입절('부정적 수업'에 관한 삽입절)과 부록이다. 삽입절의 경우에 그것이 본문의 내용을 보충한다는 것은 쉽게 납득될 수 있을 것이다. 부록의 '전통 가정교육의 방법적 원리'는 초판의 '역사적 탐구 모형'을 대치한 것이다. 부록을 읽는 독자는 누구나 느끼게 되겠지만, 이 부분은 이 책이 다루는 것과는 정면으로 대조된다고 할 만큼 상이한 교육의 맥락을 다루고 있으며, 이 점에서 그것은 이 책에 대한 또 하나의 의미에서의 보충이 된다고 말할 수 있다. 그 밑바닥에 깔려있는 문제의식이 과연 본문의 그것과 일관성 있게 어울려서 그 두 가지가 전체로서의 교육을 잘 드러낼 수 있는가 하는 것은 독자의 판단에 맡겨야 할 문제이다.

'저자의 능력과 노력의 한계'는 이 증보판이라고 하여 극복될 수 있는 것이 아니다. 그렇기는 해도 이 증보판이 초판보다는 훨씬 단정한 모습을 보여주고 있다는 것은 틀림없는 사실이다. 극히 제한된 범위 내에서나마 초판의 부끄러움을 덜 기회를 저자에게 허락한 데에 대하여 교육과학사의 金東奎 사장과 李曼宰 상무께 감사를 드린다.

1996년 12월

李烘雨

초판 서문

지난 몇 년 동안 일선 교사들과 공식 또는 비공식적인 자리에서 이야기를 해본 경험에 비추어, 저자는 교육과정의 원리를 일선 교사들에게 가능한 한 친숙한 형태로 설명하는 책이 필요하다고 생각해 왔다. 이 책은 바로 그러한 의도에서 쓴 책이다. 현재의 수준에서 저자가 알고 있는 모든 것을, 저자가 기울일 수 있는 모든 노력을 기울여서 쓴 책이니, 저자의 입장에서 보면, 이 책은 저자 자신의 능력과 노력의 한계를 보여주는 책이라고 말할 수 있다.

이 책이 과연 얼마나 '일선 교사들에게 친숙한 형태로' 쓰여졌는가 하는 것은 저자가 판단할 문제가 아니지만, 적어도 그 말이 저자의 입장에서 어떤 뜻을 가지고 있는가 하는 것은 여기서 밝힐 필요가 있다. 일선 교사들에게 친숙한 형태로 쓴다고 해서 교육과정의 원리 자체가 변질되거나 '저급한' 것이 되어서는 안된다. 그것이 어떤 용어로 제시된다 하더라도 그 용어에 의하여 표현되는 아이디어 자체는 소위 '학문적인' 교육과정 원리에 비하여 전혀 손색이 없는 것이어야 한다. 이 책에서 저자는 교육과정의 원리를 교사들에게 친숙한 형태로 제시하면서도, 그것 때문에 그 원리가 손상되는 일이 없도록 하는 데에 특별한 노력을 기울였다.

우선, 각주가 불과 몇 개밖에 붙어있지 않다는 것은 당장 알 수 있을 것이다. 전문용어가 전혀 쓰이지 않은 것은 아니지만, 이 책에서 전문용어는 어떤 점을 '설명하기' 위해서 쓰였다기보다는 '설명되어야 할' 내용으로 쓰였다고 보는 편이 옳을 것이다. 그리고 본격적으로 거론되는 '외국학자'는 브루너와 듀이, 그리고 소크라테스와 왕양명 뿐이다.

따지고 보면, 교육학적 원리를 손상시킴이 없이 '교사들에게 친숙한 형태로' 제시한다는 원리는 이 책이 전체적으로 나타내는 교육과정 원리, 즉 교과를 그 성격에 맞게 '학생들에게 친숙한 형태로' 제시한다는 원리와 다름이 없다. 결국, 이 책에서 저자는 자신이 옳다고 믿는 교육과정 원리를 써서 그 교육과정 원리를 설명하고자 한 것이다. '실천'하는 것 보다는 '설교'하는 것이 더 쉽다는 말이 있듯이, '설교'하는 바를 '실천'에 옮기기는 분명히 쉬운 일은 아니다. 이것이 어렵다는 것을 안다면, 저자의 의도가 성공하는 경우보다는 실패하는 경우가 더 많이 보이더라도, 독자는 좀 더 아량을 베풀어 주리라고 믿는다.

이 책에 적힌 내용의 일부는 그 전에 이와 비슷한 형태로 발표된 일이 있는 것들이다. 그것들을 보다 통합된 체계 속에 위치짓고 그 사이의 관련을 다시 확인해 보는 일은 적어도 저자 자신을 위해서는 중요한 경험이 되었다. 바라건대, 그 전에 그런 내용을 읽은 적이 있는 독자에게도 그것에 못지않게 중요한 경험이 되었으면 한다.

지금까지 저자가 만나 이야기한 교사들과 저자의 강의를 들은 학생들은 이 책에 제시된 내용에 직접 또는 간접으로 공헌을 하였다. 그들과의 접촉은 이 책의 아이디어를 형성하는 데에 도움이 되었고 이 책을 쓰는 계기를 마련해 주었다. 그들에게 감사를 드린다. 저자의 주위에서 직접 도움을 준 많은 사람들 중에, 서울대학교 사범대학 교육학과 4학년의 洪恩淑 양은 원고상태에서 활자화되기까지 이 책을 몇 차례 읽으면서, 너무나 자주 고삐 풀어진 저자의 이론을 바로 매어 주고 이리저리 뒤틀린 문장을 산뜻하게 가지쳐 주었다. 자신이 가르친 학생에게서 가르침을 받는다는 것은 더 없이 놀랍고도 유쾌한 경험이었다.

1979년 2월

李烘雨

목 차

개정 · 증보판 서문 / iii

증보판 서문 / ix

초판 서문 / xi

제1장 '수업한다'는 것 ········ 1

1. 중학교 사회과 수업 ········ 2
2. 중학교 과학과 수업 ········ 10
3. 중학교 도덕과 수업 ········ 19

제2장 교과란 무엇인가 ········ 29

1. 교과와 경험 ········ 30
2. 지식의 구조 ········ 37
3. 교과의 선정기준 ········ 48
4. '부정적 수업'에 관한 삽입절 ········ 57

제3장 나선형 교육과정 ········ 73

1. 계열성의 재해석 ········ 75
2. 인간을 주제로 한 교수요목 ········ 80
3. 구조의 표현방식 ········ 94

제4장 교과의 심리학 ········ 103

1. 발달 ········ 104
2. 동기 ········ 114
3. 흥미 ········ 120

제5장 교과의 사회적 의의 …… 123
1. 교과의 유용성 …… 124
2. 학문의 대열 …… 130
3. '교과로서의 도덕'에 관한 삽입절 …… 134
4. 교육과 사회복지 …… 141

제6장 듀이와 브루너 …… 149
1. 생활과 교육 …… 151
2. 경험과 교과 …… 157
3. 어떤 해후 …… 161

제7장 소크라테스의 교육방법 …… 169
1. 인간 소크라테스 …… 170
2. 산파술 …… 181
3. 삶과 탐구 …… 191

제8장 교육내용으로서의 충효 …… 195
1. 충효는 가르칠 수 있는가 …… 195
2. 충효교육의 내용 …… 204
3. 「대학」의 지혜 …… 212
[참고] 프로타고라스가 들려준 신화 …… 216

제9장 교육과정 운영 …… 219
1. 교육부 교육과정령 …… 220
2. 행정적 고려 …… 231
3. 교직의 전문성 …… 234

제10장 재는 학력과 가르치는 학력 ······ 241

1. 평가적 개념과 수업적 개념 ······ 241
2. 교육목표의 의미 ······ 245
3. '목표의 행동적 상세화'에 관한 삽입절 ······ 252
4. 인간을 기르는 교육 ······ 255

주제 색인 ······ 259

부록 : 브루너 교육의 과정

- 역자 해설 ······ 269
- 교육의 과정 ······ 285
  1. 서론 ······ 285
  2. 구조의 중요성 ······ 301
  3. 학습의 준비성 ······ 316
  4. 직관적 사고와 분석적 사고 ······ 338
  5. 학습동기 ······ 351
  6. 교구 ······ 362
  [참고] 우즈 호울 회의 분과별 참가자 명단 ······ 373
- 「교육의 과정」의 재음미 ······ 375
  1. 과거의 서장 ······ 375
  2. 현재와 미래 ······ 382
  3. 학습자의 동기유발 ······ 385

참고문헌/ 393

찾아보기/ 397

제 1 장

'수업한다'는 것

교과라는 것은 무엇인가, 그리고 교과를 잘 가르치려면 어떻게 해야 하는가 하는 논의는 대개의 경우에 교과에 관한 관념적인 개념규정에서 출발하여 교사가 교과를 조직하고 제시하는 방법을 시사하는 것으로 끝난다. 다시 말하면, 그러한 논의는 교과라는 것은 이러이러한 것이므로 교사는 실제 수업에서 이러이러한 내용을 이러이러한 방법으로 가르치는 것이 마땅하다는 식으로 전개되는 것이다.

논리적인 순서로 보면 이것이 옳다고 볼 수 있다. 도대체 교과의 의미에 관한 논의가 교과를 가르치는 데에 실제적 지침이 되는 것이 아니라면 어떤 의의를 가질 수 있는가? 이러한 의문은 대부분의 사람들 마음 속에 지극히 당연한 의문으로 떠오를 것이다. 특히 교과의 의미에 관한 논의에 관심을 기울이는 교사의 입장은 더욱 그러하다. 교사는 그러한 논의가 바로 자신의 일상 업무의 하나인 교실 수업사태를 염두에 두고 전개된다는 것을 믿고 그러한 논의에서 자신의 수업 행위를 이끌 수 있는 지침을 찾으려고 노력한다. 물론 이러한 노력은 교사의 직분에 비추어 당연히 요청되는 것이며, 대개의 경우에 응분의 효과도 나타낸다고 볼 수 있다.

그러나 우리는 때로 그 논리적인 순서를 거꾸로 하여, 교사가 실지로 하고 있는 수업을 먼저 들여다보고 그 사태와 관련하여 교과의 의미나 교과를 잘 가르치는 방법을 논의할 수 있다. 적어도 이것은 교과의 의미에 관한 관념적인 논의의 이면에 전제되어 있는 가정 – 교사가 당면하는 수업사태가 어떤 것인가에 관한 가정, 그리고 그 사태에서 교사는 실지로 어떤 일을 하고 있는가에 관한 가정 – 을 명백히 하는 데에 도움이 된다. 사실상 교과라는 것은 무엇인가에 관한 논의를 듣고 그것을 자신의 수업에 적용하려고 하는 교사는 반드시 그러한 가정을 확인하지 않으면 안된다. 만약 교과에 관한 논의가 교사의 수업사태에 관한 '비현실적'인 가정 – 교사가 매일 당면하는 사태를 그릇되게 파악하는 가정 – 을 기초로 하고 있다면, 이 논의는 그 교사의 수업에는 잘 적용될 수 없을 것이다. 이 첫째 장에서는 이 책의 내용이 관련을 맺는 구체적인 사태로서, 저자가 직접 관찰한 세 개의 수업을 기술하고자 한다. 물론 이 세 개의 수업이 어떤 점에서든지 현재 우리나라 교실에서 이루어지고 있는 수업을 '대표'한다고 볼 수는 없다. 그러나 적어도 그것은 '수업한다'는 것이 어떤 것인가를 보다 명확하게 파악하는 데는 도움이 되리라고 믿는다.

1. 중학교 사회과 수업

백이면 아흔 아홉 경우에 수업에서는 교과서의 한 부분이 다루어진다. 이 수업에서 다룬 교과서는 '중세 유럽의 봉건 사회와 문화'라는 단원 중에서 둘째 소단원인 '유럽의 봉건 사회와 문화', 그리고 그 중에서 첫째 대목인 '봉건제도'에 관한 것이다. 이 대목은 '로마 교회의 발전'이라는 다음 대목으로 이어진다. 이 수업에서 다룬 교과서의 내용을 그대로 옮겨 적으면 다음과 같다.

> 봉건제도: 민족의 대이동이 있은 후, 유럽의 여러 나라에서는 국왕이 공신

들에게 농토를 나누어 주어, 평시에는 기사를 훈련하게 하여 싸움이 있을 때에 대비하게 하였다.

이런 땅을 차지한 사람들은 귀족으로서, 이들을 '영주'라 하고, 큰 영주를 '제후'라 한다. 영주는 다시 그 땅을 부하인 기사들에게 나누어 주고, 기사는 또 다시 그 땅을 농민에게 빌려 주어 경작하게 하였다. ('봉건 사회의 계급관계'에 관한 도해: 황제, 국왕, 영주, 기사, 영민(농민) 등의 위계관계가 도시되어 있음.)

이와 같이 위로부터 받은 땅을 '봉토'라 하고, 봉토를 받은 사람을 '봉신'이라 한다. 봉신은 상전인 영주의 보호를 받는 대신, 노동력이나 그 땅에서 생산된 수확물을 영주에게 바치고, 필요한 때에는 무력으로 봉사할 의무를 가졌다.

이와 같이 위로부터 보호를 받고 그 대신 봉사를 해 줌으로써 위아래의 계급이 서로 주종관계를 맺어가는 것이 봉건제도이며, 봉건 사회에서 사실상 백성을 다스린 것은 왕이라기보다도 이들 봉건 영주들이었다. 이러한 봉건제도는 8세기경 프랑크 왕국에서 시작되어 10세기경에 이르러 가장 성행하였으며, 이것이 중세 유럽 사회의 기틀이 되었다. ('서양의 중세 기사' 사진과 '장원의 구조'에 관한 도해: 한 장원 내부의 땅과 건물을 표시하고 있음.)

봉건 사회에서 경제의 기본이 되는 것은 토지이다. 영주가 차지한 토지를 '장원'이라 하는데, 장원은 봉건 사회의 사회생활과 경제생활의 기초가 되었다. 장원에는 영주와 성직자와 기사, 그리고 농민과 일용품을 만드는 수공업자들이 살고 있었으며, 외부와의 교섭이 거의 없는 자급자족의 한 세계를 이루었다.

봉건 사회에서 가장 중요한 활동을 하는 사람은 '기사계급'이었다. 평시에 그들은 주군의 의식이나 사무에 봉사하는 한편, 수렵 혹은 무술 경기대회에 나가서 무술을 닦아 전쟁이 있을 때에는 주군을 위하여 목숨을 걸고 싸웠다.

이런 생활에서 기사들은 스스로 아름다운 기풍을 길러 갔으며, 신앙이 두텁고 의협심이 강하여 약한 자를 도울 줄 알고, 체면을 중히 여겨 명예를 목숨과 같이 귀히 여겼다. 이런 기풍을 '기사도'라고 하며, 서양의 신사도는 여기서 유래한 것이라고 한다. (위의 인용 부호는 교과서의 고딕체임.)

이 수업은 학기가 시작된 지 두 달 가량이 지난 뒤여서, 학생들은 교사의 수업방식에 완전히 익숙해 있는 것 같았다. 수업이 시작하자, 교사는 지난 시간에 배운 내용에 관하여 퀴즈 형식으로 질문을 하고 학생들은 일제히 큰 소리로 대답하였다. 예컨대 '게르만 민족의 이동은 언제? – 4세기에서 6세기'; '이로써 무슨 세계의 종말? – 고대 세계'; '무슨 세기의 형성? – 중세기'; '무슨 국가의 건설? – 프랑크 왕국'; '프랑크 왕국은 무슨 종족?(무슨 종족이 세웠는가?) – 게르만 민족'; '그 전성기는? – 카알 대제'; '다음 노르만의 활동에 관하여'…등등. 학생들은 교사의 질문 형식에 익숙해 있고, 그 질문이 어떤 대답들을 요구하는 질문인가를 아는 듯이, 거의 대부분의 경우에 목소리를 합하여 대답하였다.

그 다음에 교사는 몇 학생들을 번갈아 지명하여 그 시간에 공부할 부분의 교과서를 읽도록 하였다. 읽기가 끝나자 교사는 주나라의 봉건제도와 서양의 봉건제도와의 비슷한 점을 들어 보라고 했다. (학생들은 이미 주의 봉건제도에 관하여 배운 일이 있는 모양이다.) '봉토, 봉신, 영주, 제후' 등의 대답들이 여기저기서 나왔다. 교사는 학생들의 대답에 대하여 승인을 표시하였다. 다음에, 그 사이의 차이점에 관하여, '주의 봉건제도는 '혈연'에 의한 봉신이라고 하면 서양 중세의 봉건제도는?' – 한 학생이 곧 '계약'이라고 큰 소리로 대답하였다. 교사는 이 대답에 대하여 더 이상 설명을 요구하지도 않고 자신의 설명을 덧붙이지도 않았다. 아마 주의 봉건제도가 '혈연'에 의하여 성립된 것임에 비하여 서양 중세의 봉건제도가 '계약'에 의하여 성립된 것이라는 점은 중학교 2학년 학생들로서는 상당히 이해하기 어렵고 또 그것은 서양의 봉건 사회를 이해하는 데에 상당히 중요한 점이라고 보아야 할 것이지만, 이 점은 그 이상 추구되지 않은 채 교과서의 '설명'으로 들어갔다.

교과서의 설명이라는 것은 주로 교과서 내용의 요점을 판서하면서, 아까 전 시간의 내용을 복습하는 것과 동일한 방식으로 중요한 단어들을 학생들의 머리에 고착시키는 데에 강조를 두는 것이었다. 예컨대 '봉건제도의 발생'에 관하여, (1) '고대적인 무엇이 무너짐? – 중앙집권 질서'(학생들의 일제 대답과 동시에 교사는 (1) '고대적인 중앙집권 질서가 무너짐'이라고 판서한다.) (2) '무엇의 혼란? – 사회의 혼란'(판서), (3) '8세기경 어디서 시작? – 프랑크 왕국', (4) '언제 절정? – 10세기'. 이런 식으로 하여, '봉건제도의 내용'에 관하여, (1) 토지를 매개, 계약에 의하여 이루어진 '주종관계'의 사회체계 – '무슨 관계? – 주종관계' 등, 그리고 사회계급의 피라미드로 국왕, 제후, 영주, 기사, 영민 또는 농노 사이의 관계를 설명하면서 끊임없이 '무슨 관계? – 주종관계'를 계속한다. (2) 주와 종 사이의 관계는 계약에 의하여 성립한 '지배와 예속'의 관계이며, 이 계약은 토지를 매개로 하여 한쪽은 보호를 주고, 또 한쪽은 충성을 맹세하는 것을 그 내용으로 한다. (사실상 이것은 설명되는 내용을 자신의 용어로 종합할 능력이 있는 학생만이 이해할 수 있는 내용이며, 실지 설명은 '주←계약→종 – 지배와 예속의 관계; 보호←토지→충성' 따위의 도식을 따라 진행된다.) (3) 기사도는 봉건 사회의 윤리관을 대표하며, 그것은 충성, 예절, 약자 보호, 경신 등이다. 이어 기사가 되는 과정 – 종자, 시종, 기사 – 을 설명하고 각각의 단계에서 중요시되는 윤리관을 제시한다. 이와 동시에 '중세 사회는 누구를 떠나서는 생각할 수 없지요? – 기사', '봉건제도하면 누가 생각나지요? – 기사' 등등 질문을 한다. (4) 다음, 장원제도에 관하여, '중세 사회의 기본 단위는? – 장원', '그래서 봉건제도하면 무슨 제도? – 장원제도.' ㈎ 장원은 중세 사회의 기본 단위(경제생활)이며 '폐쇄된 자급자족의 독립 사회'이다. (학생들은 '폐쇄된 자급자족의 독립 사회'가 무엇을 의미하는지 알 가능성이 있는가?) ㈏ 장원제도의 내용은 '영주와 농노의 지배와 예속의 관계'이다.

이상이 이 수업에서 다루어진 대체적인 내용이다. 그리고 앞에 인용된 교과서의 내용과 비교해 보면, 위의 내용은 교과서의 그것을 '일목요연하게' 요약한 것이라고 볼 수 있다. 위의 내용에 관한 교사의 설명은 거의 전적으로 짤막한 구절로 대답할 수 있는 질문들 – 그 질문이 어떤 대답을 요구하는지가 대부분의 학생들에게 명백한 그런 질문들로 진행되었다. (그 수업을 관찰하는 사람이라면 누구나 그 질문들이 시험문제로 나올만한 질문들이라는 것을 짐작할 수 있었을 것이다. 특히 학생들이 동일한 구절을 되풀이 대답하도록 비슷한 질문을 여러 가지 방식으로 하는 것을 보면, 교사는 시험문제에 정답을 하는 방법을 '연습'시킨다는 인상을 준다.) 학생들은 그런 질문에 대하여 끈기있게 대답을 '합창'하였다. 그러나 수업이 후반에 들어가자 학생들의 대답 소리는 점점 드물어지고 목소리도 처음과는 다르게 활기가 없어져 갔다.

'설명'을 마치고 나도 아직 시간이 상당히 남았다. 그러나 교사는 학생들에게서 질문을 받는 대신에 판서의 내용을 따라 전체를 훑어가면서 다시 한 번 '고대적인 무엇이 무너짐?', '무엇의 혼란?'하는 식으로 '설명'을 하였다. 그래도 시간이 남았다. 이제야 질문을 하라고 하지 않겠는가? 그러나 교사는 다음 시간에 다룰 '로마 교회의 발전'으로 넘어가서 그것에 관한 요점을 다시 '로마 교회의 최고 지배자는 누구?' 하는 질문 형식으로 훑어 나갔다. 그래도 시간이 남았다. 그제야 교사는 질문이 있으면 질문을 하라고 했다. 한 학생이 손을 들고 질문을 했다. '교과서 ○페이지 ○째 줄', '주군의 의식'에서 '의식'이란 무엇입니까?' 교사는 응당 그런 종류의 질문을 기대했다는 듯이, 그 질문은 '그 당시 주군이 집행했던 의식에는 어떤 것들이 있는가'를 묻는 질문이 아니라 '의식'이라는 말의 뜻을 묻는 질문이라고 단정하고 낱말을 풀이하였다. 그러는 동안에 종이 울리고 교사와 학생은 모두 '의식'에서 해방되었다.

[관찰자의 논평] 물론 이 수업에 관하여, 교과서의 내용이 서양 중세의 봉건 사회에 관한 설명으로서 타당한가 하는 질문에서부터 교사가 그 설명을 그대로 받아들여야 하는가, 만약 그 설명에 관하여 교사에게 이견이 있으면 그 이견을 수업에서 어떤 방식으로 취급해야 하는가 하는 것에 이르는 여러 가지 질문이 있을 수 있다. 이러한 질문은 위의 수업을 논평하는 데에 있어서 매우 중요한 한 가지 관점이 될 수 있지만, 그것은 어느 편인가

하면 역사학 자체에 관한 질문에 속하는 것으로서 목하 논평의 관심에서는 제외하고자 한다. 여기서는 교과의 의미와 그것을 가르치는 방법에 관련되는 것에 관심을 국한시키겠다.

먼저, 수업의 맨 마지막에 한 학생이 한 질문 – 교사가 해석한 대로 받아들여서, 그것이 '의식'이라는 말의 의미를 묻는 질문이라고 가정한다 – 에 관하여 생각해 보자. 이 질문은 사실상 놀라운 질문이었다. 교과서에 나와 있는 내용을 읽고 그것에 관하여 한 시간 동안 교사의 설명을 들은 뒤에, 의식이라는 단어의 뜻을 묻는다면, 교사는 당연히 놀라움을 표시했어야 할 것이다. '주군의 의식'이라는 단어의 뜻을 모른다면, 교과서의 설명은 어떻게 이해를 하며, '중앙집권 질서', '주종관계', '계약', '윤리관', '폐쇄된 자급자족의 독립 사회'와 같은 말은 어떻게 이해를 한단 말인가? 마찬가지로 생각하여, 이러한 말들의 의미를 아는 학생이라면, 교과서의 문맥으로 보아('기사는 주군의 의식이나 사무에 봉사한다') '주군의 의식'이라는 말의 의미를 짐작은 할 수 있어야 한다. 만약 수업에서 질문을 하는 학생은 그 학급에서 학력이 적어도 중상에 속하는 학생이라고 가정하면(이 가정은 대체로 보아 틀림이 없다), 그 학생의 질문은 반드시 교사에게, 자신이 한 시간 동안 가르치고자 했던 것이 무엇이었던가 하는 의문을 일으켰어야 한다. 그럼에도 불구하고 교사는 하등 의외의 질문이라는 기색도 없이, 또 그 수업에서 다룬 전체적인 내용에 비추어서 그 질문의 중요성을 따져 보려고 하지도 않은 채, '의식'의 말뜻을 설명해 주고 있었다. 이것을 보면, 앞에서 말한 바와 같이, 교사가 중학교 2학년 학생들로서는 '의식'의 말뜻을 묻는 질문이 흔히 있을 수 있을 뿐만 아니라, 차라리 그런 종류의 질문이 당연히 나오리라고 기대하고 있었다는 해석이 과히 틀리지 않는다고 볼 수 있다.

여기서 우리는 교과의 의미에 관한 한 가지 중요한 의문에 직면하게 된다. 즉, 그 교사는 자신이 한 시간 동안 학생들에게 가르친(또는, 가르쳐야 할) 내용이 무엇이라고 생각하고 있는가 하는 것이다. 교사는 자신이 하는 수업을 통하여 교과의 의미에 관한 자기 자신의 해석을 드러낸다. 그러므로 지금 우리에게 문제가 되는 것은 앞의 수업을 한 교사가 자신의 수업에서 교과의 의미에 관한 어떤 해석을 드러내는가 하는 것이다. 여기에 대하여, 그 교사가 가르친 내용(교육내용 또는 교과)은 말할 것도 없이 '서양사'이며, 보다 구체적으로 말하면, '봉건제도'라고 할 수 있을지 모른다. 사실상 우리는 보통 교과라는 것을 이런 뜻으로 사용하고 있는 것이다. 그러나, 예컨대 '봉건제도'를 교과라 하더라도, 우리는 여전히 '봉건제도'에 관하여 교사가 가르친 것, 또는 학생이 배운 것이 참으로 무엇인가를 물을 수 있다. 왜냐하면 '봉건제도'라고 하더라도, 그것에 관하여 가르치고 배우는 내용은 그 '종류'가 한 가지만이 아니라 여러 가지일 것이기 때문이다. 이렇게 생각해 보면, '봉건제도'라는 것은 '교과'라기보다는 '교과'를 요약하여 부르는 '이름' – 다시 말하면, 봉건제도에 관하여 교사가 가르칠 수 있고 학생이 배울 수 있는 여러 가지 내용들을 포괄적으로 부르는 '이름' – 이라고 보아야 한다. 우리가 앞의 수업에 관하여 교사가 교과를 어떤 의미로 해석하고 있는가 하는 것을 물을 때, 우리는 교과의 '이름'을 묻는 것이 아니라 그 이름 밑에서 교사가 실지로 가르치는 '내용'을 묻는 것이다.

다시, 그 교사가 가르친 내용(즉, 교과)이 무엇인가 하는 질문에 대하여, 그것은 교사가 '설명'하고자 한 내용 바로 그것이라는 대답이 있을 수 있다. 즉, (1) 봉건제도는 토지를 매개로 한 계약에 의하여 이루어진 주종관계의 사회체계이다. (2) 이 주종관계의 계약에서 한쪽은 보호를 주고, 또 한쪽은 충성을 맹세한다. (3) 봉건 사회의 윤리관을 대표하는 것은 기사도이며, 그것은 충성, 예절, 약자 보호, 경신 등을 그 내용으로 한다. (4) 장원은 중세 사회의 경제적 단위이며, 이것은 폐쇄된 자급자족의 독립 사회를 뜻한다...등등. 그 수업에서 이런 '내용'들이 취급된 것은 사실이며, 따라서 그 교사는 이런 내용에 담겨있는(또는, 이런 내용에 의하여 그려지는) 중세 봉건 사회의 생활방식을 학생들에게 알리고자 했다고 볼 수 있다. 토지를 매개로 한 주종관계라든가 기사도라든가 장원제도 등은 그 당시 사람들이 살아가는 모습을 알려주는 것이며, 이런 것들을 배울 때, 학생들은 그러한 것들이 의미하는 생활방식을 그려낼 수 있을 것이다. 중세 봉건 사회의 생활방식을 이해한다는 것은 그러한 제도 속에서 살아가는 여러 종류의 사람들(영주, 기사, 농노 등)이 각각 어떤 생각을 가지고 살고 있었는가, 세상을 보는 눈은 어떠하였으며, 어떤 꿈과 포부, 좌절과 괴로움 등을 겪고 있었는가를 이해한다는 뜻이다. 중학교 학생들도 각각 그 수준에서 이러한 것들을 이해할 수 있을 것이다.

그러면 그 교사는 학생들에게 이런 것들을 이해하도록 하였는가? 앞에서 간략하게 기술된 것만으로 판단한다면, 그 교사의 의도는 거기에 있지 않았다고 볼 수밖에 없다. (그 특정한 교사가 잘 가르쳤다든가 잘못 가르쳤다든가 하는 것은 여기서는 전혀 중요한 문제가 아니다.) 그 교사는 봉건제도를 설명하는 여러 가지 단어들(계약, 주종관계, 장원제도 등)의 의미 – 그것이 어떤 생활방식을 나타내는가 – 를 '이해'하도록 가르쳤다기보다는 그 '단어 자체'를 가르치는 데에 주로 관심을 기울였다. 다시 말하면, 그 교사는 학생들로 하여금 그 단어들을 되풀이 낭송하도록 함으로써, 그 단어를 정답으로 요구하는 시험문제가 나오면(예컨대 중세 봉건 사회의 경제적 기본 단위는?) 그것에 대하여 정답을 할 수 있도록 하는 데에 의도를 두었다. 아마 학생들은 그 수업의 결과로 (그리고 시험 직전에 교과서나 노우트를 '복습'하면) 그런 종류의 시험문제에 정답을 댈 줄은 알게 되었을 것이다. 그리고 그 만큼 그 교사의 의도는 실현되었다고 볼 수 있을 것이다.

그러나 그렇다고 해서 학생들은 '봉건제도'를 이해하게 되었는가? 다시 말하면, 봉건제도를 하나의 '제도'로서, 사람들이 어울려 살아가는 모양으로서 이해하게 되었는가? 대부분의 학생들이 그것을 이해할 수 없었다는 것은 수업의 맨 마지막에 한 학생이 질문한 것('주군의 의식'에서 '의식'은 무슨 뜻인가)으로 미루어 짐작할 수 있다. 교과서의 문맥으로 보아 비교적 뜻을 짐작하기 쉬운 (그리고 물론, 봉건 사회의 생활방식을 이해하는 데는 극히 사소한 관련밖에 없는) 그런 단어의 의미를 물을 정도라면, '토지를 매개로 한 주종관계'라든가 '폐쇄된 자급자족의 독립 사회'가 무엇을 의미하는가를 알 가능성은 매우 희박하다고 보아야 할 것이다. 앞의 수업의 경우에, 학생들이 그 의미를 이해할 수 없게 되었다는 것은 학생들 편의 결함(예컨대 이해력의 부족) 때문이라기보다는 교사의 의도 때문이라고 보아야 한다. 다시 말하면, 교사의 의도는 그것을 '이해'하도록 하는 데에 있었다기보다는 그것을 '암기'하도록 하는 데에 있었다. 그리고 이런 의도를 실현하는 동안에 그 교사는 교과에 대한 자기 자신의 해석을 드러내었다. 위의 논의가 대체로 시사하는 바와 같이, 교과에 대한 그 교사의 해석은 학생들로 하여금 봉건제도를 이해하도록 하는 의도를 가진 교사의 해석과는 상당히 다른 것이라고 보아야 한다.

물론 그 교사의 그러한 해석은 소위 '입학시험 준비'라는 압력에 의하여 강요된 것이라고 볼 수도 있을 것이다. 만약에 '토지를 매개로 한 무슨 관계? – 주종관계'라는 식으로 연습을 시키는 대신에 봉건제도 하에서의 생활방식을 알려주는 데에 주력한다고 하면, 그 결과로 학생들은 입학시험에서 여지없이 실패를 할 것이며, 그 교사는 많은 사람들로부터 교사로서의 전문적인 능력을 의심받게 될지도 모른다. 사실상 이 가정은 그 타당성이 의심스럽다. 그럼에도 불구하고 오늘날 입학시험이라는 것은 앞에서 기술한 것과 같은 그런 종류의 수업을 할 수밖에 없는 근거로서 상당히 널리 받아들여지고 있다. 이런 사정을 알고 있는 사람 편에 소원이라는 것이 있을 수 있다면, 그것은 입학시험과 특별히 관련이 없는 수업에서는 대부분의 교사들이 보다 올바른 교과관을 드러내어 주었으면 하는 것이다.

2. 중학교 과학과 수업

앞의 수업이 매우 '교사 주도형'의 수업이라면, 여기서 기술하고자 하는 수업은 그와는 정반대라고 할 만큼 '학생 주도형'의 수업이다. 이 수업에서 다룬 교과서의 부분을 인용하면 다음과 같다. 이것은 '자극의 감각' 중의 한 소절이다.

듣기 감각과 평형 감각: 그림 5-6을 보면서 소리를 느끼는 이치를 알아보자. (그림 5-6에는 '귀의 구조'를 보여주는 그림이 있고 거기에는 청소골, 반고리관, 청신경, 달팽이관, 유스타키오관, 귀청 등이 표시되어 있다.) 듣는 감각(청각)은 소리에 의한 공기의 진동이 귀청을 진동시키면, 그것이 귀청에 붙어있는 조그마한 3개의 뼈(청소골)를 움직인다. 청소골에 전달된 진동이 다시 달팽이관의 림프에 전해지고, 이것이 감각세포, 즉 청세포에 전해져 청세포가 흥분되고, 이 흥분이 청신경을 거쳐 뇌에 전달되어 소리로서 감각하게 된다.

우리들은 의식하지 않으면서 몸을 똑바로 유지할 수 있다. 또 기차나 자동차를 타고 갈 때에 속도가 갑자기 빨라지든가 느려지든가 하면, 눈을 감고 있어도 그것을 느낄 수 있다. 이러한 평형 감각은 속귀에 있는 3개의 반고리관과 전정기관에서 맡아보고 있다.

[실험] 개구리의 평형 감각

① 개구리를 판자 위에 올려놓고 판자를 위아래로 또는 좌우로 움직여 보자. 이때 개구리는 어떤 자세를 취하는가?
② 귀청과 정중선 사이를 바늘로 찔러 속귀를 파괴하여 ①과 같은 실험을 하여 보자.

반고리관 속에는 림프액이 차 있는데, 몸을 움직일 때마다 그 속의 액체가 움직임으로써 털이 달린 감각세포를 흥분시키면, 그 곳에 있는 신경으로 소뇌에 전해지고, 이에 의하여 소뇌는 몸의 자세를 알아 곧 평형을 취하도록 근육에 전달한다.

전정기관은 주머니로 되어 있는데, 이곳에도 털이 달린 세포가 있고, 그 속에 있는 작은 돌의 중력을 받아 감각세포가 흥분하고, 그 흥분이 중추로 전달되어서 바른 자세를 취하도록 한다.

앞의 사회과 수업에서와 마찬가지로, 이 수업에서도 학생들은 '수업하는 방식'에 관하여 잘 훈련되어 있었다. (나중에 담당 교사에게서 들어서 안 사실이지만, 학년이 새로 시작된 뒤에 그때까지 교사는 학생들에게 '수업하는 방식'을 가르쳐 주는 데에 상당히 노력을 기울였으며, 그 결과로 이제는 수업방식이 '본 궤도에 올라가' 있다.) 수업이 시작하기 전부터 두 명의 학생이 칠판에다가 '준비'해 온 내용을 적고 있다. 한 학생은 '귀의 구조'에 관하여 그림과 설명을 적고 있고, 또 한 학생은 소리 감각과 평형 감각을 느끼는 경로에 관하여 적고 있다. 이 수업방식에 의하면, 학생들은 4~6명씩 그룹을 지어 다음 시간에 배울 내용을 조사해 오게 되어 있으며, 그 중 몇 명이 그 준비해 온 내용을 칠판에 적고 '설명'하게 되어 있다.

시작종이 울리자, 아직 교사가 들어오지 않았는데도, 반장이 나와서 오늘 다룰 교과서 부분을 읽을 학생을 지명하여 교과서를 읽혔다. 교사가 들어오고 난 뒤에 읽기가 끝났다.

교사는 먼저 '지난 시간에 배운 내용'(보기 감각)에 관하여 질문할 것이 없는가를 물어 보았다. 일제히 '없다'고 대답하였다. 그러자 교사는 교단에서 내려와서 교실 뒤에 서 있기도 하고, 이리저리 순회하기도 하였다. 학생의 판서가 끝나자 '발표'가 시작되었다. '발표'라는 것은 칠판에 적은 학생이 나와서 자신이 적은 것을 거의 그대로 읽는 것이다. (물론 군데군데 '설명'이라는 것이 첨가되지만, 그것은 예컨대, '달팽이관'에 대해서, '달팽이 같이 생겼지요' 하는 식과 같이 극히 사소한 것이었다.) 칠판에 적힌 내용이나 발표되는 내용은 앞에서 인용한 교과서의 설명보다는 훨씬 상세한 것으로서, 흔히 하는 말로, 잘 '정리'된 것이었다. 수업을 관찰하는 사람이라면 학생들이 그것을 어디서 '조사'해 오는지 궁금한 생각이 들 것이다. 대부분의 경우에 학생들 조사의 출처는 참고서일 것이다. 사실상 학생들이 칠판에 적은 내용은 바로 '참고서' 스타일로 '정리'되어 있다는 것을 알 수 있었다.

'평형 감각'을 설명하는 부분에 와서, 학생은 교과서에 적힌 <실험>에 관하여 다음과 같이 말하였다. 즉, 교과서에 보면 개구리를 잡아서 실험하는 부분이 있다. ①번에서 개구리를 판자 위에 올려놓고 판자를 위아래, 좌우로 기울여 보라고 했는데, '내가 개구리를 잡아다가' 그렇게 해보니까, 판자를 움직이는 데에 따라 개구리는 몸의 자세를 바로 잡으려고 몸을 움직인다. 판자를 앞으로 기울이면 개구리는 목을 들고, 뒤로 기울이면 뒷다리를 든다. 오른쪽, 왼쪽으로 기울여도 마찬가지로 한쪽 다리를 뻗쳐 몸이 수평이 되도록 한다. ②번에서와 같이 속귀를 파괴하고 난 뒤에 똑같은 실험을 해 보면, 개구리는 평형 감각을 느끼지 못하고 판자에 가만히 엎드려 있다. 이 실험을 보고한 학생이 실지로 그 '실험'을 해 보았으리라고는 상상하기 어렵다. 이 수업은 서울 시내 여자중학교에서 한 수업이다. 서울에서 개구리를 구한다는 것도 어려운 일이거니와 설사 구했다 하더라도, 여학생으로서 '개구리의 귀청과 정중선 사이를 바늘로 찔러서 속귀를 파괴한다'는 것은 웬만한 '과학적 사명감'이 없이는 불가능한 일이다. (도대체 '개구리의 귀청과 정중선 사이'는 어디인가?) 뿐만 아니라, 교과서가 전달하고자 하는 내용에 비추어 보면, 개구리의 속귀를 파괴하면 개구리의 평형 감각이 없어진다는 것은 결코 그러한 '과학적 사명감'을 발휘할 만큼 굉장한 발견도 아니요, 극단적으로 말하면 반드시 실험을 해 보아야 알 수 있는 것도 아니다. 그리고 물론, 그 실험의 결과는 참고서에 다른 내용과 함께 잘 '정리'된 형태로 제시되어 있다.

학생들은 이 모든 것을 알고 있는 모양이다. 왜냐하면 발표를 하는 학생이 '내가 개구리를 잡아다가' 실험을 해 보았다는 식으로, 명백히 신빙성이 없는 말을 했는데도, 그것을 들은 학생들 중의 한 사람도 '의외'라는 반응을 하거나 정말로 그 실험을 해보았는가를 따져 묻는 사람이 없었기 때문이다. 말하자면 학생들은 그런 경우에는 응당 그렇게 말해야 한다는 것을 피차 인정하는 것 같았다. '과학적 태도' 문제를 젖혀 놓고 생각해 보면, 개구리의 속귀를 파괴하는 실험을 실지로 하는가 하지 않는가 하는 것은 이 수업에서 다루는 내용을 잘 배우는가 아닌가 하는 것과는 별로 상관이 없다. 다시 말하면, 반드시 개구리 실험을 해 보아야 듣기 감각과 평형 감각에 관한 생물학적 기제를 더 잘 이해한다고는 볼 수 없다. 차라리 교과서에 제시된 실험에 관하여 발표를 하는 학생은, 꼭 발표를 해야 한다면, 다음과 같이 말하는 편이 더 좋을 것이다. 즉, '나는 이 실험을 해 보지 않았지만, 만약에 (1) 평형 감각에 관한 교과서의 설명이 옳다면, 그리고 (2) 개구리의 평형 감각도 사람의 평형 감각과 같이 속귀의 기능에 속하는 것이라면, 실험의 결과는 틀림없이 이러이러할 것이다. 만약 여러분 중에 개구리를 구할 수 있고, 게다가 개구리의 속귀를 파괴할 "용기"를 가진 사람이 있으면, 언젠가는 그 실험을 해 보고 확실한 결과를 보고해 주기 바란다...등등.' 이런 식의 발표는 예의 그 '거짓말'과는 달리, 과학적인 미덕 뿐만 아니라, 인간적인 미덕까지 포함한 모든 미덕을 나타내고 있다. 그것은 지적 정직성을 나타낼 뿐만 아니라, 과학에서의 실험의 위치에 관한 올바른 통찰을 나타내고 있다. 그리고 그것은 정직한 사람에게서만 찾아볼 수 있는 높은 유모어 감각까지 나타내고 있다. 올바르게 교육받은 중학생이라면 이런 유모어 감각은 충분히 가질 수 있고, 또 중학생으로서 (과학에 있어서) 올바르게 교육받는다는 것은, 어떤 의미에서 보면, 이런 유모어 감각을 가질 수 있게 되는 과정이라고도 볼 수 있다. 자신이 해 보지도 않은 실험을 마치 해 본 것처럼 꾸며대는 상태와 비교해 보면, 이러한 상태는 과학도로서 뿐만 아니라, 인간으로서도 훌륭한 상태임에 틀림없다.

이야기를 원래의 줄기로 되돌려 보자. '발표'를 끝낸 학생은 자신의 발표 내용에 관하여 질문, 또는 보충할 것이 없는가 하고 물었다. 아무 질문이 없다. 다만, 한 학생이 '질문'이 아니라 '보충'할 것이 있다고 하고, 자신은 달팽이관에 관하여 좀 더 상세하게 조사해 온 것이 있으니까 칠판에다가 그 그림을 그려 보겠다고 했다. 그 요청은 허락되었고 그 학생은 칠판에다가 달팽이관의 그림을 상세하게 그렸다. 그 다음에는 질문이 없다. 이것으로 수업의 '주요부'는 끝난 셈이다. 이때까지의 활동이 수업의 약 3분의 2를 차지하였다.

나머지는 귀에 관하여 '자유롭게' 질문하고 토의하는 시간이었다. 이때까지 수업에서와 마찬가지로 학생들은 비교적 명랑한 분위기에서 활발하게 각자가 궁금하게 생각해 오던 것을 물어 보았다. 발표를 한 학생은 자신이 직접 대답하기보다는 다른 학생에게 대답을 시켰고, 학생 중에 아는 사람이 없으면 교사가 대답하였다. 질문과 대답을 하는 동안에 이따금 우스운 부분이 나오면 모두 마음 놓고 웃었고 교사도 따라 웃었다. 그러나 이 '자유토론'에서 제기된 질문들은, 아마 '코를 세게 풀면 고막이 찢어진다고 하는데, 그것은 왜 그런가'라는 질문을 제외하면, 거의 대부분이 이 수업에서 다루고자 한 내용(즉, 듣기 감각과 평형 감각에 관한 생물학적 설명)과 직접적인 관계가 없는 것이었다. (교사는 이 질문과 관련하여 내이와 외이의 압력을 조절하는 유스타키오관의 기능을 설명하였다.) 학생들이 한 질문은 예컨대 (1) 왼손잡이는 평형 감각과 관련이 없는가(이 질문은 그 뜻이 좀 더 분명해지지 않은 채로 무시당하였다), (2) 귓병 중에 중이염이라는 것은 무엇인가(예컨대 수영장 같은 데서 귀에 물이 들어가서 고름이 생기는 것), (3) 귓밥은 어째서 생기는가(머리의 비듬이나 코딱지와 마찬가지로 먼지와 기름기가 범벅이 된 것), (4) 사람이 잘못하여 뜨거운 것을 들었을 때, 즉시 귀를 잡는 것은 어째서인가(교사는 습관에 의한 반사작용이라고 설명하였다), (5) 요즈음 많은 사람들이 신경통이나 고혈압에 좋다고 하여 귀에 구멍을 뚫고 금귀고리를 달고 다니는데 이것은 어떻게 설명되는가(교사는 '나도 모른다'고 대답하였다) 등등이다.

수업이 거의 끝날 때까지 교사는 전혀 주도적인 역할을 하지 않았다. 그때까지 교사는 한 번도 교단이나 칠판을 사용하지 않았다. 그러다가 맨 마지막 부분에 가서 교사는 잠깐 앞에 나가서 학생들의 설명 중에 충분히 강조되지 않았다고 생각되는 부분, 즉 달팽이관의 내부가 어떻게 되어 있으며 그 속을 통과하는 음파가 어떻게 청세포를 자극하여 청신경을 거쳐 대뇌로 전달되는가를 보충하였다. 이 보충 설명이 끝나고 난 뒤에는 다시 예에 따라 다음 시간에 배울 내용을 미리 '조사'해 올 그룹을 지명하였다.

[관찰자의 논평] 이 수업은 앞의 사회과 수업에 비하여 한 가지 명백하게 좋은 점이 있다. 그것은 이 수업이 앞의 수업과 거의 동일한 목적을 달성

하면서도, 앞의 수업에 비하면 훨씬 교사의 수고를 줄일 수 있다는 것이다. 사실상 관찰자는 앞의 사회과 수업을 한 교사로부터 하루 5～6시간의 수업을 한결 같이 그렇게 '무슨 관계? – 주종관계'라는 식으로 수업한다는 말을 듣고, 어떻게 '체력'을 유지할 수 있는가를 물은 일이 있다. 여기에 대한 대답으로서 그 교사가 말한 체력관리의 비결은 '다른 수업에서는 성량을 훨씬 줄인다'는 것이었다. (오늘날과 같이 대부분의 교사가 하루 5～6시간 수업을 해야 하는 경우에, 교사의 체력관리는 매우 중요한 문제가 된다.) 여기에 비하면, 이 과학과 교사의 경우는 체력관리가 보장된 것이나 다름없다. 그런 식으로는 하루 5～6시간의 수업이 결코 과중한 부담이 아닐 것이다.

이것은 이 교사가 '가르치는 수고를 아끼는' 것에 대하여 비난하는 뜻으로 하는 말이 아니다. 오히려 그 반대이다. 만약 그 수업에서 가르쳐야 할 내용(교과)이 그 수업에서 실지로 다루어진 내용과 동일한 것이라면, 그런 것을 가르치기 위하여 교사가 '수고를 아끼지 말아야 할' 이유가 별로 없는 것이다. 학생들이 조사해서 발표한 바와 같이, 겉귀와 가운데귀와 속귀가 각각 어떤 구조를 갖추고 있다든가, 소리가 어떤 경로를 거쳐 대뇌에 전달된다든가 하는 것을 가르쳐 주기 위하여 교사가 수고를 해야 할 필요는 없는 것이다. 만약 참으로 이것이 그 수업에서 다루어야 할 교육내용이라면, 학생들이 조사해서 발표하는 것만으로도 충분하며, 교사는 거기서 하등 주도적인 역할을 할 필요가 없다. 앞에서 기술한 수업은 그런 것들이 교사의 수고를 거의 들이지 않고도 전달될 수 있다는 것을 여실히 증명한다고 볼 수 있다. 이 점에서 그 교사가 채택한 수업방식은 매우 적절한 것이었다고 볼 수 있다.

그러나 문제는 그 수업에서 다루어진 내용이 교과의 올바른 의미를 나타낸다고 볼 수 있는가, 그것이 과학과의 올바른 교육내용이라고 보아야 하는가 하는 데에 있다. 이 점을 생각해 보기 위하여, 교과서의 설명이나 학생들의 발표내용을 듣는 동안에 학생들이 어떤 것을 배웠는가를 생각해 보자. 학생들은 아마, 이때까지 막연하게 귀로 소리를 듣는다고 생각한 것과는 달리, 귀에는 여러 가지 생물학적 장치가 있어서 그것이 각각 기능을 수행함으로써 소리가 들린다는 것을 알게 되었을 것이다. 그리고 그 결과로 학생들은 각각의 장치가 어떤 역할을 한다든가, 소리가 어떤 경로를 거쳐 대뇌에까지 전달되는가를 알았을 것이다. 그러나 이것을 '알았다'는 것은 무엇을 뜻하는가? 그것은 그런 것들이 시험에 나오면 (시험 직전에 외운 것의 도움으로) 정답을 할 수 있게 되었다는 뜻이다. 그 반면에, 학생들이 그 수업을 통하여 생물 현상에 관하여 심각한 의문을 품는다든가 모든 장치가 이치에 맞게 마련되어 있다는 데에 대하여 경이를 느끼게 되었을 가능성은 극히 희박하다. 교과서의 설명에서도 그렇거니와 학생의 발표에서도 모든 것이 너무나 '당연한 사실'로서 주어져 있다. 모든 것이 '그렇게 되어있는' 것이다. 학생들이 할 일은 그것을 주어진 사실로서, 잘 '정리된' 정보로서 받아들이고, 적당한 시기가 되면 그것을 외워 시험을 치는 것 뿐이다. 그러한 사실이나 정보도 '과학'이라는 교과의 한 부분인지는 모르지만, 결코 그 핵심적인 부분이라고는 볼 수 없을 것이다.

만약 그 수업에서 다룬 교과가 참으로 과학의 성격을 띠려고 하면, 학생들은 귀의 구조에 관하여 그 수업에서 한 것보다는 훨씬 깊은 탐색을 해야 할 것이다. 교과서나 참고서에 정리되어 있는 사실이나 정보를 전달하는 데는 교사의 개입이 불필요할지 모르지만, 귀의 구조에 관한 생물학적 탐색에는 교사의 개입이 절대적으로 필요하다. 학생들은 생물학(즉, 생물학적 지식)의 성격을 잘 모르기 때문에 그 탐색을 할 능력이 없거나 제한되어 있다. 앞의 기술에서 학생의 발표가 끝난 뒤에, 발표된 내용에 관하여 질문을 하라고 했을 때, 학생들이 질문을 하지 않은 것은 당연하다. 무슨 질문을 한단 말인가? 뿐만 아니라, 참고서에 제시된 내용은 질문을 자극하기보다는 질문을 억제하는 방향으로 정리되어 있다. (물론 '자유토론'을 하는 부분에 가서 학생들은 여러 가지 '신변적인' 질문을 하였고, 그러한 질문은 그 자체로서 매력이 없는 것도 아니지만, 그 수업에서 다룬 내용과는 오직 간접적으로만 관련되어 있는 것이었다.) 질문이라는 것은 그 분야에 관하여 상당한 지식을 가지고 있을 때 비로소 생길 수 있는 것이다. (학문에서 '좋은 질문'을 하는 능력이 '좋은 대답'을 하는 능력보다 더 중요시되는 것은 이 점으로 보아 매우 당연하다. '학문'이라는 단어의 글자 그대로의 뜻은 '질문을 배우는 것'이다.)

학생은 질문을 할 수 없지만, 교사는 질문을 할 수 있다. 그러므로, 위의 수업에 비추어서 말하자면 학생들이 조사한 내용을 발표하고 난 뒤에, 그 내용에 관하여 질문할 것이 없다고 할 단계에 와서는 교사가 질문을 시작하는 편이 더 좋았으리라는 생각이 든다. 교사의 질문은 학생들이 당연한 것으로 받아들이는 것이 사실은 당연한 것이 아니라는 것을 일깨우는 방향으로 제기될 것이다. 학생들은 그 위치로 보아 교과서나 참고서에 적혀 있는 것을 당연한 것으로 받아들이기 때문에 이러한 질문을 할 능력이 없다. 예컨대 (아마 적합한 예는 아닐지 모르지만) 왜 달팽이관은 '달팽이 모양'을 하고 있어야 하는가, 왜 반고리관은 3개의 고리로 되어 있어야 하는가 하는 것 등이 그런 질문이 될 것이다. 교사가 하는 질문이 귀의 구조에 관하여 제기될 수 있는 모든 질문을 망라할 필요는 없다. 그러한 여러 가지 질문 중에서 그 수업이 다루는 내용에 중요한 관련이 있는 질문 한두 가지만으로도 충분할 것이다.

이런 질문에 관하여 생각해 보는 동안에 학생들은 귀의 구조나 청각의 경로를 주어진 사실로서 받아들일 때와는 상당히 다른 내용을 배우게 될 것이다. 말하자면 학생들은 과학이라는 것이 어떤 것이며, 과학자들은 어떤 일을 하는가를 배우게 될 것이다. 이것은 교과서나 참고서를 읽고 그 내용을 그대로 받아들이는 일만으로는 별로 배울 가능성이 없는 내용이다. 교과서나 참고서와는 별도로, 그 방면에 지식을 갖춘 '교사'가 필요한 것은 바로 그러한 내용을 가르치기 위해서이다. 교과서의 내용을 전달하는 데에 교사가 수고를 아끼지 말아야 할 이유가 없는 반면에, 교과서에 적혀있지 않은, 그 내용의 이면에 들어있는 내용을 가르치기 위해서는 교사가 수고를 아끼지 말아야 한다. 교사의 수고가 가장 적절하게 요구되는 것이 바로 이 방면이기 때문이다.

다시, 앞의 사회과 수업과 비교해 보면, 이 과학과 수업에서는 교사 뿐만 아니라 학생들도 별로 '고통'을 받는다는 인상을 주지 않는다. 앞의 사회과 수업이 학생들의 단조로운 합창으로 일관되는 데에 비하여 이 수업에서는 비교적 많은 학생들이 자신의 의견을 말하고 그러는 동안에 재미를 느끼는 것 같았다. 이것도 좋은 일이다. 그러나 수업시간의 대부분을 즐겁게 보내더라도, 그 중 한두 번은 교과에 직접 핵심적으로 관련되는 심각한 '생각'을 하도록 할 필요가 있다. 교육의 효과는 이런 순간들의 축적으로 나타난다고 볼 수 있기 때문이다.

3. 중학교 도덕과 수업

위에서 기술한 두 개의 수업은 특별한 예고 없이 관찰한 '일상적인' 수업인 데에 비하여, 여기서는 특별한 계획 하에 이루어지는 '연구수업'을 기술하겠다. 구체적으로 말하면, 이 수업은 교육실습의 일환으로 지도교사의 지도 하에 이루어진 한 교생의 대표 수업이다. 그런 만큼 이 수업에서는 학교 현장에서 통용되는 전형적인 수업의 원칙들이 준수되었다고 볼 수 있다. 예컨대 이 수업에서는 거의 완벽한 형식의 '학습지도안'이 작성되고, 수업은 엄격하게 이 지도안에 의거하여 진행되었다. 이 수업에서는 중학교 1학년 도덕과 예절생활의 한 단원으로서, '국기, 국가, 국가원수에 대한 예절'이 다루어졌다. 교과서 중의 일부만을 인용하면 다음과 같다.

> 국기는 나라의 상징이므로, 모든 국민은 국기를 사랑하고 존엄하게 받들며, 경건한 태도로 다루어야 한다. 또 국기는, 다루는 사람이나 장소에 따라 그 다루는 방법을 달리할 수 없으므로, 통일된 방법을 따라야 한다.
>
> 특히 우리나라 국기는 나라와 함께 수난의 역경을 거쳐 빛을 보게 되었음

을 생각하여, 더욱 경건한 마음으로 국기를 대함으로써 민족의 긍지를 새롭게 해야 한다.

또한, 우리 겨레의 염원이 깃들어 있는 애국가를 엄숙한 마음으로 부르고, 국가원수에 대하여 정중한 예의를 표하는 일은, 문화 민족으로서 당연한 도리라 하겠다.

국기 게양 방법: 국기는 원칙적으로 아침에 해가 돋을 무렵에 달고, 저녁에 해가 질 무렵에 내린다. 다만, 어느 특별한 행사 때에는 그 행사 때에만 다는 수가 있는데, 이럴 때에는 식순에 따라 달고, 행사가 끝나면 내린다.

비가 올 때에는 국기를 내려서 비가 맞지 않도록 해야 한다.

각 가정에서는 국기를 국가에서 정한 국경일, 그 밖의 기념일, 또 특별한 지시가 있을 때에 한하여 다는데, 국기를 다는 방법은 크게 두 가지로 나눈다.

그 하나는 경축을 표할 때 다는 방법이고, 다른 하나는 현충일과 같이 조의를 표할 때 다는 방법이다.

경축을 표할 때에는 깃봉과 기폭 사이를 떼지 않고, 조의를 표할 때에는 반기를 다는데, 이때에는 기폭을 깃봉에서 기폭 만큼 내려서 단다. 경우에 따라서는 깃대의 길이가 짧아서 규정대로 기폭 만큼의 사이를 뗄 수가 없는 때도 있는데, 이때에는 깃대의 정중간에 단다.

가정에서 대문에 국기를 세울 때에는 문 안에서 보아 오른쪽에 곧게 세움을 원칙으로 한다.

식장 같은 곳에서 국기 둘을 세울 때에는 좌우에 따로 띄어서 세우거나 교차시킨다. 교차시킬 때에는 단상을 향하여 왼쪽 것을 밖으로 한다.

때에 따라 우리 국기와 외국 국기를 같이 세울 때가 있는데, 이때에는 좌우에 따로 띄어서 세우거나 교차시킨다. 좌우에 세울 때에는 우리 국기는 단상을 향하여 왼쪽에 세우며, 교차시킬 때에는 우리 국기의 기폭은 단상을 향하여 왼쪽, 깃대는 밖으로 한다.

세 나라 이상의 외국 국기와 함께 걸 때에는, 국기의 수가 홀수일 경우는 우리 국기를 중앙으로 하고, '단상을' 향해서 그 왼편이 둘째, 오른편이 셋째, 다시 그 밖으로 왼편이 넷째, 오른편이 다섯째의 순서로, 나라 이름의 처음 글자의 알파베트 순에 의하여 거는 것이 국제적 관례이다.

짝수일 때에는 우리 국기를 왼편 첫째로 하고, 알파베트 순에 의하여 오른

쪽으로 차례로 달며, 크기와 높이는 똑같게 한다. 다만, 외국 국기는 우리나라를 승인한 나라에 한하여 게양한다. 만국기도 마찬가지다.

식장 등 실내에 기폭만 붙일 때에는 깃면 제대로, 즉 ☰(건)을 왼쪽 위로, ☵(감)을 오른쪽 위로 오게 한다. 다만, 부득이한 경우에는 길이로 늘여 붙일 수도 있는데, 이때에는 ☰(건)을 오른쪽 위로, ☲(이)를 왼쪽 위로 오게 한다.

이어서 교과서에는 여러 가지 경우에 국기에 대하여 경례하는 방식, 국기를 보관하는 방법, 국기 만들기, 애국가에 대한 예절, 국가원수에 대한 예절 등이, 대체로 위와 같은 방식으로 제시되어 있다. 이 수업에서는 국기를 보관하는 방법까지 다루기로 되어 있다.

이 교사가 작성한 학습지도안에는 다음과 같은 '수업목표'가 열거되어 있다.

① 잘못 게양된 태극기를 바로 잡을 수 있다.
② 경축을 표할 때와 조의를 표할 때를 구분하여 태극기를 달 수 있다.
③ 우리나라 국기와 외국 국기가 같이 게양되어 있을 때 그 위치가 옳은가 그른가를 확인할 수 있다.
④ 국기 게양 시, 하기 시에 올바른 자세를 취할 수 있다.
⑤ 국기 접기, 보관, 낡은 국기의 처리를 올바르게 할 수 있다.

이들 '수업목표'들은, 보통의 의미대로, 수업을 마친 뒤에 학생들이 할 수 있어야 하는 행동을 나타내는 것이다. 다시 말하면 학생들은 수업이 끝난 뒤에, 예컨대 '잘못 게양된 태극기를 바로 잡을 수 있어야' 하는 것이다. (어째서 '태극기를 바로 게양할 수 있다'는 목표 대신에, 하필이면 '잘못 게양된 태극기를 바로 잡을 수 있다'는 목표를 설정하였는가에 대해서 의문이 있을 수 있다. 아마 수업목표는 '평가'의 방법을 시사하여야 하며, 따라서 평가에서는 '잘못 게양된 태극기'를 제시하여 놓고 그것을 '바로 잡도록' 하려는 의도를 가지고 있기 때문인지도 모른다.) 그러나 교과서의 설명에 나타나 있는 바와 같이, 국기를 게양하는 방법은 경우에 따라 매우 복잡하며, 그 수업목표를 달성하기 위해서는 그 모든 경우에 국기를 어떻게 게양해야 하는가를 가르쳐 주고 수업이 끝난 뒤, '평가'할 단계에 와서 '잘못 게양된 태극기를 바로 잡을 수 있는가'를 확인하여야 한다. (이 교사의 학습지도안에는 '평가'가 수업활동의 한 부분으로 포함되어 있다.)

사실상 이 교사가 한 시간 동안 가르친 내용은 바로 그와 같이, 어떤 경우에 어떤 방식으로 국기를 게양해야 한다는 것, 그리고 국기, 국가, 국가원수에 대해서는 어떤 방식으로 예절을 표시해야 한다는 것 등이다. 교사는 먼저, 전 시간에 배운 내용을 환기시키면서 '예절의 근본 정신'은 무엇인가를 물었다. '인격 존중과 겸손'이라고 거의 모든 학생들이 동시에 대답하였다. (교과서 본문: '사회생활을 함에 있어서는 남의 인격을 존중하여야 하는데, 이것이 예절의 근본이 된다. 그리고 또 하나 예절의 근본이 되는 정신은 자신을 겸손하게 가지는 태도다.') 만약 학생들에게 이 '예절의 근본 정신'을 이해시키는 것을 중요시한다면, 이하의 수업에서 자세하게 다루어지는 국기 게양법, 국기 보관 등등이 '인격 존중과 겸손'이라는 정신과 어떤 관계가 있는가 하는 것을 문제삼아야 할 것이다. 그런데도 교사는 학생들의 대답을 시인하고, 곧장 그 시간에 배울 내용으로 나아갔다.

교사는 그 수업을 위하여 괘도를 준비하였다. 괘도에는 교과서에 제시된 내용을 하나하나 그대로 따라가면서 학생들이 배워야 할 것을 표시해 두었다. 예컨대 국기를 대하는 태도('국기는 어떤 태도로 대하여야 하는가?') – '사랑하는 마음으로, 경건한 태도로, 모든 사람이 통일된 양식으로 대한다.'(여기서 '사랑', '경건', '통일된 양식' 등의 단어는 특별히 강조되어 표시되어 있다.) 그리고 태극기를 올바로 매는 방법(태극기의 상하좌우 등), 국기를 다는 날, 시기(아침 해뜰 때에서 저녁 해질 무렵까지), 비오는 날에는 국기를 어디에 다는가, 국기는 대문을 향하여 어느 쪽에 다는가, 식장에서 외국 국기와 우리 국기 둘을 세울 때, 세 개 이상의 국기를 세울 때 등등 여러 가지 경우에 국기를 게양하는 방법이 차례대로 설명되어 있다. 이것을 설명하는 동안, 교사는 실물로 시범을 보이기도 하고 괘도의 그림을 지시하기도 하였다.

교사는 거의 모든 경우에 학생들에게 질문을 했지만, 그 질문은 교과서 설명의 순서를 정확하게 따라 나가기 때문에, 학생들은 때로 교과서의 문귀를 그대로 인용하여 대답을 하였다. 학생들은 대답을 하는 동안에 전혀 심각한 '생각'을 할 필요가 없었다. 그리하여 '외국 국기를 달 때는 어느 나라 국기나 다 게양하는 것이 아니고, 어떤 나라 국기만 게양하는가' 하는 질문에 대하여, 상당히 많은 학생들이 우리나라'를' 승인한 국가라고 대답하는 대신에 우리나라'가' 승인한 나라라고 대답했으나, 아무도 여기에 주의를 기울이거나 그것을 바로잡아 주려고 하지 않았다.

사실상 이것에 대해서만 아니라, 이 수업에서 다룬 내용 전체에 대하여 학생들은 주의를 기울이지 않았다고 보는 편이 더 타당할 것이다. 수업에서 다루는 내용이 성격상 주의를 기울일 만한 그런 내용이 아닌 것이다(이하 참조). 그러므로 교사의 질문에 대하여 학생들이 꼬박꼬박 대답하는 것은 전혀 표면상의 '성의'에 불과한 것이며, 어느 편인가 하면 그것은 교사의 질문에 대해서는 대답을 해야 한다는 '수업의 규칙' 때문에 취해지는 행동이라고 보아야 할 것이다. (자신의 수업에 대하여 자평을 하는 자리에서, 이 교사는 자신이 '아동중심'의 원리를 따르고자 했다고 말하였다. 만약 이 수업이 '아동중심'의 원리를 나타내고 있다면, 아래에서 말할 바와 같이, 그것은 지극히 왜곡된 의미에서만 그렇게 말할 수가 있다. '아동중심'의 원리는 단순히 학생들이 수업에서 '발언'을 많이 하는 것을 가리키는 것이 아니다.)

수업의 마지막 부분에 가서, 교사는 '이번 시간에 배운 내용을 복습하는' 형식으로 학습지도안의 '평가'에 해당하는 활동을 하였다. 평가는 괘도에 제시된 시험문제에 대하여 학생들로 하여금 대답하도록 하는 형태를 취하였다. 그 시험문제에는 이 수업에서 다루어진 내용이 거의 정확하게 되풀이 되어 있었다. 그리하여 이 경우에 '평가'에서 취급된 내용을 보면, 교사가 가르치고자 한 내용(또는, 실지로 가르친 내용)이 어떤 것인가를 알 수 있다. 그 시험문제 중 중요한 것들만 열거하면 다음과 같다. (몇 개의 태극기를 제시하고) 이 중에서 올바르게 맨 태극기는? 국기를 맬 때 – 아침에는? 저녁에는? 비오는 날에는 어디에 매는가? 반기를 달 때는 얼마 만큼 내려 다는가? 깃대가 짧을 때는? 태극기는 문 안에서 보아 어느 쪽, 문 밖에서 보아 어느 쪽에 다는가? 국기 두 개를 교차시킬 때, 단상을 향하여 밖으로 깃대가 나오는 쪽은? 외국 국기와 같이 세울 때 태극기는 단상을 향하여 어느 쪽? 교차시킬 때 기폭은 어느 쪽? 태극기를 포함하여 국명이 ABCD인 국기를 일렬로 늘어세울 때 각각의 위치는? 태극기를 포함하여 짝수 개의 국기들을 늘어세울 때는? 실내에서 기폭만 달 때, 올바른 것은? 등등.

[관찰자의 논평] 이 수업에서 교사는 교과(또는, 교육내용)의 의미를 어떻게 해석하고 있는가? 위에 기술된 것으로 보아, 교사는 교과서에 제시된 하나하나의 규칙들(즉, 국기에 대한 예절)을 교육내용으로 보고 있음을 알 수 있다. 사실상 이러한 해석은 교과서를 집필한 사람의 의도와 대체로 일치한다고 볼 수 있다. 교과서를 집필한 사람은 그 하나하나의 규칙들을 학생들이 배워야 한다고 생각하고, 이 단원에서 가르쳐야 할 교육내용도 바로 그러한 규칙들이라고 생각하였을 것이다. 이와 같이 위의 수업에 있어서 교사의 교육내용에 대한 해석은 교과서 집필자가 의도한 교육내용과 밀접하게 관련되어 있기 때문에, 여기서는 먼저 교과서에 제시된 내용(교과서 집필자가 의도한 내용)이 교육내용으로서 어떤 성격을 가지고 있는가를 생각해 보겠다.

표면상으로 명백히 알 수 있는 바와 같이, 이 단원의 내용은 국기를 취급하는 '규칙' 또는 '관례'이다. 그 내용은 모두 이러이러한 경우에는 국기를 이러이러한 방식으로 취급해야 한다는 것으로 되어 있다. 관례라는 것은 성격상(즉, 만약 그것이 참으로 '관례'라고 하면) 일상생활에서 널리 행해지고 있는 것이며, 그것이 행해지는 장면을 떠나서는 의미가 없다. 예컨대 집에서 대문에 국기를 세울 때에 문 안에서 보아 오른쪽에 세우는 것이 관례라는 것은 집에서 대문에 국기를 세울 때 사람들이 실지로 그렇게 한다는 뜻이며, 그것은 한 번도 대문에 국기를 세울 경우가 없는 사람에게는 하등 의미가 없다. (물론 우리나라 사람으로서는 언젠가 한 번은 국기를 세워야 하겠지만, 여러 나라의 국기를 단상에 세울 경우가 한 번도 없는 사람은 많이 있을 것이다.) 그러므로 관례는 그 관례를 실지로 행함으로써, 또는 그 관례에 참여함으로써 배울 수 있고, 또 늘 그 관례를 행하는 사람은 그것을 잊어버릴 수가 없다. 그와 마찬가지로, 관례를 배우는 것은 장차 그 관례를 행하거나 그것에 참여하기 위해서이며, 한 번 배운 관례라 하더라도 그것을 행할 기회가 없어지면 불필요하게 되어 잊어버리게 된다.

국기 취급에 대한 관례를, 일상 생활사태가 아닌, 교실수업을 통하여 가르칠 필요가 있다고 판단하는 데는 어떤 근거가 있을 수 있는가를 생각해 보자. 가장 명백한 것으로서, 국기는 우리나라 국민이라면 누구나 취급할 줄 알아야 하며, 그런 뜻에서 학교의 수업을 통하여 모든 사람에게 그 취급 방법을 가르쳐 주어야 한다는 근거가 있을 수 있다. 뿐만 아니라, 일상생활에서 국기가 취급되는 것을 본다 하더라도, 학생들은 그것을 주의 깊게 보지 않고 막연히 국기가 걸려 있나 보다 하는 정도로 지나쳐 보게 될 것이다. 학생들이 일상생활의 관례에서 국기 취급법을 배울 수 있으려면, 어른들이 그 관례를 학생들에게 일러주고 그런 경우에는 그렇게 하는 것이 관례라는 것에 주의를 기울이도록 해야 할 것이다. 그러나 일상생활에서 어른들은 그것을 일러주는 경우가 매우 드물다. 그러므로 교실수업을 통하여 국기 취급의 관례가 어떠하다는 것을 명백히 가르쳐 줄 필요가 있을 것이다.

이런 근거, 또는 이와 비슷한 근거에서 국기를 취급하는 관례를 교실수업에서 다루어야 한다는 판단은 충분히 타당성을 가질 수 있을 것이다. 그러나 아무리 그 근거가 충분하다 하더라도, 교육내용으로서의 국기 취급법이 앞에서 말한 관례로서의 성격을 가지고 있다는 것은 어쩔 수 없이 인정해야 할 것이다. 보다 구체적으로 말하면, 그것은 관례가 요구되는 장면(국기를 취급해야 하는 장면)에 와서 통용되는 '상식'인 것이며, 이 상식은 성격상 그것이 통용되는 기회가 적으면 잊어버릴 수밖에 없는 것이다.

여기서 교사의 수업방식에 나타난 교과의 해석이 문제된다. 위의 수업에서 교사는 과연 국기 취급법을 '관례'로서, 또는 관례의 성격에 맞게 가르쳤는가? 그 교사는 마치 그 수업을 통하여 학생들이 하나하나의 규칙을 모두 익혀야 한다는 듯이, 각각의 규칙을 강조해서 가르쳤다. (물론 그러한 규칙이 학기말시험 또는 입학시험에 나오기 때문에 그럴 수밖에 없다는 의견이 있을 수 있으나, 이것은 정곡을 벗어나는 의견이다. 문제는 과연 그것을 입학시험에 내어야 하는가 하는 데에 있기 때문이다.) 이러한 관찰은 교육내용으로서의 국기 취급법을 해석하는 또 하나의 관점과 대비시켜 보면, 매우 중요한 의미를 가진다. 이 대안적인 관점에 의하면, 국기를 취급하는 여러 가지 규칙 그 자체를 강조할 것이 아니라, 그 규칙의 '의미', 또는 일반적으로, 관례의 '의미'를 강조하면서 수업을 할 수 있는 것이다.

예컨대 다음과 같은 식으로 수업하는 경우를 생각해 보자. – '교과서에 보면, 여러 가지 경우에 국기를 어떻게 취급해야 하는가가 적혀 있다. (교과서의 내용 중에 이해하기 어려운 부분은 '예시'해 준다.) 그 중에는 나(교사) 자신도 잘 모르는 것, 처음 듣는 것도 많이 있다. 예를 들면 단상에서 태극기와 외국의 국기를 교차시킬 때 어떻게 해야 한다든가, 국기를 여러 개 세울 때 어떻게 해야 한다든가 하는 것들이 그것이다. (위의 수업에서 교사는 국기 취급의 모든 규칙들을 완전히 알고 있는 듯한 인상을 주었다. 그러나 교사가 잘 모르는 것도 있다는 것을 인정하는 것은 학생들에게 그러한 규칙에 대한 교사 자신의 태도(즉, 그것이 '관례'라는 것)를 나타내는 데에 도움이 된다.) 이 모든 것을 외우려고 할 필요는 없다. 장차 단상에 국기를 여러 개 늘어놓을 경우를 당할 때는, 아무렇게나 늘어놓는 것이 아니라는 것을 알고 이 교과서를 참고하거나 잘 아는 사람에게 물어서 하기 바란다. 그러나 이번 시간에 우리가 생각해 보아야 할 것은 국기를 취급하는 데에 어째서 이런 규칙을 만들 필요가 있는가 하는 것이다...'

어째서 국기 취급에 여러 가지 복잡한 규칙을 만들 필요가 있는가 하는 질문과 단상에서 국기를 교차할 때 어느 것을 어느 쪽으로 보내야 하는가 하는 질문 사이에는 근본적인 차이가 있다. 뒤의 질문에 대한 대답은 그냥 '받아들여야' 하는 것인데 비하여, 앞의 질문에 대한 대답은 '생각해야' 하는 것이다. 뒤의 질문과는 달리, 앞의 질문에는 '이해'의 여지가 있다. 그런 만큼 앞의 질문은 규칙의 '의미'를 이해하지 않은 학생들로서는 제기할 가능성이 별로 없는 질문이다. 교사의 역할은 이런 질문을 하고 그 질문에 대하여 학생들로 하여금 생각해 보도록 이끄는 데에 있다.

일단 그러한 질문을 내건 다음에는 수업이 여러 방향으로 나아갈 수 있다. 예컨대 국기는 소중한 것이며, 소중한 것을 취급할 때에는 함부로 하는 것이 아니라 일정한 방식을 따라서 하도록 여러 가지 규칙을 정할 필요가 있다는 점을 지적할 수 있다. 학생들로 하여금 제사나 장례식, 결혼식 등에 참여했을 때의 심정을 이야기하게 해 봄으로써, 의식이 사람의 심리를 특정한 방향으로 이끌어가는 데에 어떤 구실을 하는가를 이해하도록 할 수 있다. 보다 직접적으로 하기식이나 다른 행사 때에 국기에 대하여 경례를 할 때, 어떤 느낌을 받는가를 이야기해 보도록 할 수 있다. 그리고 국기 취급에 관계되는 여러 가지 규칙을 그러한 의식, 또는 관례의 의미에 비추어 해석할 수 있을 것이다. 사실상 이런 의미에 비추어 해석되지 않은 상태에서 세부적인 규칙을 외우거나 준수하는 것은 그다지 의미가 없다고 보아야 한다. 위의 수업을 한 교사의 해석과는 달리, 어쩌면 교과서를 집필한 사람의 의도는 바로 여기에 있었는지도 모른다.

마지막으로, 위의 수업을 한 교사가 따랐다고 말한 '아동중심'의 원리에 관하여 논평을 해야 하겠다. 이 수업은 첫 더위가 기승을 부리던 어느 날 오후에 한 수업이다. 일흔 명 남짓한 학생이 앉아있는 교실은 문자 그대로 숨막힐 정도였다. 이 더위 속에서 교사와 학생은 국기 취급에 관한 세부 규칙들을 가르치고 배우는 것이었다. 보통의 편안한 상황에서도 마찬가지이지만, 특히 그러한 상황에서 과연 그 규칙들을 일러주고 받아들이고 할 필요가 있었던가? 만약에 그 수업에서 가르쳐야 할 내용이 참으로 그런 것이라면, 차라리 교과서의 설명을 자세하게 풀이하여 놓은 등사물을 학생들에게 내어주고, 집이나 어디든지 보다 시원하고 편안한 곳에 가서 읽도록(심지어, 외우도록) 할 수 있었을 것이다. 이 말은 덥고 불편한 곳에서는 공부를 하지 말아야 한다든가, 공부는 반드시 편안한 데서만 해야 한다는 뜻이 아니다. 공부는 어디서나 해야 하는 것이지만, 다만 그 노력에 합당하는 가치를 지닌 공부를 해야 한다는 뜻이다. '아동중심'의 의미는 무엇인가? 시원하고 편안한 곳에 아동을 모셔 놓는다고 해서 그것만으로 '아동중심' 교육이 되는 것은 아니다. 교육에서 아동중심의 원리를 따른다는 것은 교육활동이 전체적으로 '아동의 이익'에 기여하도록 하는 것을 의미한다. 어떤 교사가 자신의 수업을 '아동중심'의 수업이라고 말하기 위해서는 1차적으로 그 수업의 결과가 아동에게 어떤 '이익'을 가져다주는가를 생각해 보아야 할 것이다. 그리고 그 '이익'은 '교육적으로 의미있는' 이익이어야 한다.

제 2 장

교과란 무엇인가

대부분의 경우에 교사는 '교과란 무엇인가'라는 질문에 관하여 그다지 생각해 보는 일이 없다. 뿐만 아니라, 그 질문에 관하여 생각해 보지 않는다고 해서 교사가 교과를 가르칠 수 없는 것도 아니다. 거의 언제나 교사는 수업에 들어갈 때 이미 교과를 가지고 들어간다. 그에게는 그 수업에서 가르쳐야 할 내용(즉, 교과)이 주어져 있으며, 그것이 주어져 있는 한, '교과란 무엇인가'라는 질문은 그에게는 별로 의미가 없다고 볼 수 있다. 앞 장에서 우리는 세 개의 수업을 보았다. 거기서 보더라도 교사는 자신이 다루어야 할 교과서의 부분을 가지고 있고, 그 내용에 관한 자기 자신의 해석에 따라 수업을 하고 있다.

교사에게 '교과란 무엇인가'라는 질문이 의미를 가지게 되는 경우는 오직 교과서의 내용에 대하여 자신이 늘 해 오던 해석을 비판적으로 조사하고자 할 때이다. 자신이 늘 교육내용(교과)이라고 생각해 오던 것이 과연 교육내용인가, 그렇다면 교육내용이라는 것은 어떤 것인가? 이런 문제를 생각할 때, 교사는 교과의 의미에 심각한 관심을 가지게 된다. 그리고 그런 문제에 심각한 관심을 가지는 교사는 또한 그 대답 여하에 따라 자신의 수업 방식을 바꿀 태세를 갖추고 있는 교사라고 볼 수 있다. 앞 장에서 다소간 예시되었다고 생각하지만, 교과를 무엇이라고 보는가 하는 것은 반드시 수업 방식에 영향을 미치게 될 것이기 때문이다.

이 장에서는 교과의 의미를 다소간 일반적인 수준에서 논의하고자 한다. 이 일반적인 의미를 각 교과(목)에 적용하는 일은 각각의 교사에게 맡겨질 수밖에 없다. 이 일은 쉬운 일이 아니다. 여기서는 먼저 '교과'와 '경험'의 대립 문제를 고찰하고 난 뒤에, 근래에 교과의 의미를 나타내는 말로 대두된 '지식의 구조'에 관하여 고찰하겠다.

1. 교과와 경험

1954-1955년, 미국 교육사절단이 쓴 한국 학교의 교육과정에 관한 보고서[1)]에는 첫머리에 교육과정의 두 가지 주요 견해에 관하여 다음과 같은 요지의 내용이 적혀 있다. 즉, 한 견해에 의하면, 교육과정은 학생이 공부해야 할 주제, 배워야 할 기능, 그리고 외워야 할 사실들로 구성되며, 또 한 견해에 의하면, 교육과정은 학교가 학생에게 제공하는 경험으로 구성된다. '앞의 견해는 "교과"에서 시작하여 "경험"으로 끝나며, 뒤의 견해는 "경험"에서 시작하여 "교과"로 끝난다.' 그리고 앞의 견해에 의한 교육과정을 '교과중심 교육과정' 또는 '교과 교육과정'이라고 부르고, 뒤의 견해에 의한 교육과정을 '경험중심 교육과정' 또는 '경험 교육과정'이라고 부른다.

뒤이어 이 보고서에서는 교과 교육과정과 경험 교육과정의 차이를 다음과 같이 말하고 있다. 즉, 교과 교육과정은 만들기가 비교적 쉽다. 학교에는 옛날부터 가르쳐 오던 '교과'라는 것이 있다. 이 교과는 몇 개의 영역(교과목)으로 구분되어 있고 또 학년별로 조직되어 있다. 이러한 교과는 학문적 전통의 소산으로 전해 내려오는 지식이나 기능으로 되어 있다. 학교에서

1) American Education Team(1954-1955), *Curriculum Handbook for the Schools of Korea* (Mimeographed Report), Seoul: Central Education Research Institute.

가르쳐지는 교과는 어느 학교나 할 것 없이 비교적 통일되어 있으며, 따라서 교과 교육과정을 만들기 위해서는 다른 학교의 것을 빌어 와도 무방하다. 여기에 비하면 경험 교육과정은 훨씬 만들기 어렵다. 경험 교육과정은 이 학교에서 저 학교로 베껴 갈 수가 없다. 경험 교육과정을 만들기 위해서는 그 교육과정이 적용될 대상(학생)의 필요나 흥미, 태도 등을 알아보아야 한다. 경험 교육과정을 서로 베껴 갈 수 없는 것은 '경험'이라는 것이, '교과'와는 달리, 교육대상에 따라 다를 것이기 때문이다. 이렇게 교육대상에 적합한 경험을 제공할 때 그 교육은 해당 지역사회의 필요에 적합한 것이 될 수 있다.

그 미국 교육사절단은 한국에 경험 교육과정을 소개하고 한국의 교육이 경험 교육과정에 입각하여 운영되도록 촉진하는 것을 그 1차적인 임무라고 생각하였다. 그리하여 그 보고서는 전체적으로 한국 교육에 경험 교육과정을 도입하기 위해서는 어떤 전환이 필요한가를 상세히 기술하고 있다. 우리나라가 경험 교육과정을 받아들인 것은 거의 이때쯤이며, 거기에는 분명히 다른 요인들도 작용했겠지만, 이 미국 교육사절단의 보고서도 중요한 구실을 하였음에 틀림없다.

교육과정이라는 용어는 일반적인 뜻으로 교육내용의 조직을 가리킨다. 그러므로 경험 교육과정이라는 용어는, 앞의 미국 교육사절단 보고서의 내용에서도 시사되어 있듯이, '교육내용'의 의미를 종래와는 다르게 규정하고 있다고 볼 수 있다. 다시 말하면, 경험 교육과정이라는 용어가 사용되기 전까지 교육내용은 학교에서 가르치는 '교과'('학생들이 공부해야 할 주제, 배워야 할 기능, 그리고 외워야 할 사실')를 의미하는 것이었음에 비하여, 경험 교육과정은 교육내용을 '경험'('학교가 학생들에게 제공하는 경험')으로 보아야 한다는 주장을 나타내고 있다. 그러나 경험 교육과정이라는 용어가 사용되기 전까지 '교과'라는 용어는 교육내용을 가리키는 일반적인 명칭 – 즉, 학교에서 가르치는 교육내용 – 으로 사용되었음에 비하여, 그 이후에 '교과'라는 용어는 그러한 일반적인 명칭으로서 뿐만 아니라, 교과 교육과정에서 말하는 교육내용－주제, 기능, 사실－을 특수하게 지칭하는 용어로도 사용되었다. (예컨대 앞의 제1장에서 '교과'라는 용어는 교육내용을 일반적으로 지칭하는, 교육내용의 동의어로 사용되었다.) 이와 같이 교과가 '교육내용'을 일반적으로 지칭하는 것과 동시에 종래 학교에서 가르치던 '주제, 기능, 사실' 등등(즉, 교과서에 적힌 내용)을 특수하게 지칭하는 용어로 사용되어 왔다는 것은, 적어도 경험 교육과정이 대두되기 전에는, 교육내용이라는 것은 바로 이러한 '교과서에 적혀 있는 내용'(앞의 미국 교육사절단의 보고서에 적힌 말로 하면, '학문적 전통의 소산으로 전해내려오는 내용, 영역별로 구분되고 학년별로 조직되어 있는 내용, 그리고 학교마다 비교적 통일된 지식체계로 구성되어 있어서 이 학교에서 저 학교로 안심하고 베껴 올 수 있는 내용')을 의미한다는 것을 암시하는 것이다.

그러나 경험 교육과정이 대두됨으로 말미암아 사태는 판이하게 달라졌다. 교육내용을 보는 견해가 '교과'냐 '경험'이냐 하는 두 가지로 크게 구분되고, 그에 따라 '교과'를 교육내용으로 보는 견해가 점점 의심스러워진 반면에, '경험'을 교육내용으로 보아야 한다는 견해가 점점 올바른 것으로 받아들여지게 되었다. 사실상 교육내용의 의미를 경험으로 파악해야 한다는 생각은 오늘날에 와서도 사라지기는커녕, 여전히 교육에 관한 견해로서 상당히 지배적인 영향력을 가지고 있다. 오늘날에도 교육과정(즉, 교육내용의 조직)은 흔히 '학교의 책임 하에, 또는 교사의 지도 하에 학생들에게 주어지는 "경험"의 총체'로 정의되고 있다. 이러한 정의는 명백하게 교육내용을 '경험'으로 파악하는 견해를 나타내고 있다. 이것으로 미루어 보면, 교육내용이 경험이라고 하는 주장은 그 동안 상당한 설득력을 가지게 된 것이 분명하다. 예컨대 앞에서 말한 미국 교육사절단 보고서의 논조를 보면, 그 주장이 설득력을 가졌던 것도 무리가 아님을 알 수 있다. 학교에서 전통적으로 가르쳐 오던 주제, 기능, 사실 등 '획일적이고 고정되고 융통성 없는' 내용을 그대로 교육의 내용으로 받아들인다든지, 그 내용을 이 학교에서 저 학교로 서로 베껴 가는 것은 교육을 하는 사람 편의 무성의하고 창의력 없고 안일한 태도이며, 그런 뜻에서 그것은 '나쁜' 교육관이라는 것이 그 보고서 내용에 암시되어 있다. 여기에 비하면, '경험 교육과정'을 구성하는 일은 '어렵다'. 교과 교육과정이 교사의 안일한 태도를 나타내는 것과는 달리, 이 '어렵다'는 것은 곧 교사의 노력이 필요하다는 것을 암시하며, 나아가서 그것은 노력할만한 가치가 있다는 것을 암시한다. 다시 말하면, 그 '어려운' 일을 함으로써 교육은 학생들이나 지역사회에 의미있는 것이 될 수 있다는 것이다.

이 시점에서 우리는 교육내용의 의미를 '경험'으로 파악한다는 것이 구체적으로 무슨 뜻인가 하는 의문을 가질 수 있다. 앞에서 말한 바와 같이, 교육내용을 '경험'으로 파악하는 것은 교육내용을 '교과'로 파악하는 것에 대하여 대안적인 견해로 제시된 것이다. 다시 말하면, 그것은 교육내용을 '교과'로가 아니라, '경험'으로 파악해야 한다는 견해이다. 미국 교육사절단 보고서의 표현을 빌어 말하면, 교육내용은 '학생들이 공부해야 할 주제, 배워야 할 기능, 외워야 할 사실'이 아니라, '학교가 학생에게 제공하는 경험'이라는 것이다. 교육내용을 나타내는 용어로서의 '경험'이 '교과'에 대하여 대안적인 것이라는 말은 '학생들이 공부해야 할 주제, 배워야 할 기능, 외워야 할 사실' 이외에, 또는 그것과는 다른 '학교가 학생에게 제공하는 경험'이 있다는 뜻으로 해석된다. 아마, 미국 교육사절단도 포함하여, 경험 교육과정을 신봉한 사람들은 이 해석을 암암리에 또는 명백하게 받아들였다고 말할 수 있을 것이다.

그러나 그러한 '주제, 기능, 사실' 이외에, 그것과는 다른 '학교가 학생에게 제공하는 경험'이 있을 수 있는가? 어떤 학교에서든지 '학생에게 제공하는 경험' 중에서 '학생들이 공부해야 할 주제, 배워야 할 기능, 외워야 할 사실'을 제외하면 무엇이 남는가? 만약 '경험'이라는 것이 '주제, 기능, 사실' 이외의 것을 가리킨다고 하면, 경험 교육과정을 구성하기가 어려운 것은 교육하는 사람 편에 능력이나 성의가 모자라서라기보다는 그것이 무엇을 가리키는지, 또는 경험 교육과정을 구성한다고 할 때 ('교과' 이외에) 구성해야 할 내용이 과연 무엇인지가 불분명하기 때문이라고 보아야 한다. 물론 경험 교육과정을 신봉하는 사람들은, 앞의 미국 교육사절단의 보고서에서와 같이, 경험 교육과정은 '교과'(주제, 기능, 사실 등)를 기초로 하여 구성되는 것이 아니라, 학생들의 필요, 흥미, 태도 등을 기초로 하여 구성된다고 말하지만, 이런 것들을 기초로 하여 어떤 교육과정이 어떻게 구성되는지는 그다지 분명하지 않다.

이렇게 생각해 보면, 교육내용의 의미를 규정하는 용어로서의 '교과'와 '경험'은 두 가지 상이한 실체를 가리키는 용어라기보다는 동일한 실체를 가리키되, 그것을 상이한 관점에서 가리키는 용어라고 보아야 할 것이다. 교과는 경험의 내용을 가리키며, 학생들은 교육을 받는 동안에 교과 이외의 것을 경험하는 것이 아니라 바로 '교과를 경험'한다. 이러한 해석은 미국 교육사절단 보고서의 다음과 같은 말에서도 부분적으로 시사되고 있다. 즉, 교과 교육과정은 교과에서 시작하여 경험으로 끝나며(교과→경험), 경험 교육과정은 경험에서 시작하여 교과로 끝난다(경험→교과)는 것이다. 이것은 교과와 경험이 교육의 과정에서 따로 떨어져 있는 실체를 가리키는 것이 아니라 동일한 실체를 가리키는 것이며, 그것을 각각 어떤 관점에서 보는가에 따라 교과라고도 볼 수 있고 경험이라고도 볼 수 있다는 것을 뜻한다. 보다 구체적으로 말하면, 학생들은 '교과를 경험'하는데, 이때 관점을 학생이 경험하기 전 상태(교수요목이나 교과서에 적혀 있는 상태)에 두면, 교육의 내용은 '교과'이며, 학생이 경험하는 상태에 두면, 교육의 내용은 '경험'이라고 볼 수 있는 것이다. 교육의 내용을 교과라고 보는 것은 '교과 쪽에서' 학생들이 경험 '할' 내용을 보는 것이며, 교육의 내용을 경험이라고 보는 것은 '경험 쪽에서' 학생들이 경험 '하는' 내용을 보는 것이다. 그러므로 '교과'와 '경험'은 동일한 내용을 각각 반대편에서 보는 관점(교과→경험, 또는 경험→교과)을 나타내는 것이다.

'교육내용은 경험이다'(경험 교육과정)라는 말을 위와 같은 뜻으로 해석할 때, 그 말은 물론 틀린 말이 아니다. 틀린 말이 아닐 뿐만 아니라, 그것은 교육을 보는 관점의 전환을 나타내는 것으로서 중요한 의의를 지니고 있다. 오늘날 우리는 교육내용을 '학생들의 경험 쪽에서' 보는 관점이 어떤 의의를 가지고 있는가를 잘 알고 있다. 교육내용을 '교과'로, 또는 '교과 쪽에서' 보는 관점에서는 흔히 교과(주제, 기능, 사실)가 그 자체로서 중요성을 가지는 것처럼 생각하는 경향이 있었다. 이 관점에 의하면, 교과는 학생들의 경험과 떨어져서 존재한다고 생각되기 쉬웠고, 학생들은 다만 그 교과를 수동적으로(또는, '맹목적으로') 받아들여야 한다고 생각되는 경향이 있었다. 이때 교육의 무게 중심은 학생이 아니라 교과, 또는 그 교과를 가르치는 교사에 있었다. 경험 교육과정, 즉 교육내용을 경험으로 보는 관점은 교육의 무게 중심을 교사(또는, 그 교사가 가르치는 교과)에서 학생(또는, 그 학생이 하는 경험)으로 옮기고자 하는 견해이다. 이 견해에 의하면, 교과는 학생에 의하여 경험되지 않는 한, 또는 학생의 경험과 관련을 맺지 않는 한, 아무 의미도 가질 수 없다. '우리는 "교과"를 가르치는 것이 아니라, "아동"을 가르친다'(We teach children, not subjects)라는, 문자 그대로는 명백히 넌센스인 표어는 다름 아니라 교과가 학생에게 경험되어야 한다는 것을 강조하는 의미를 나타내고 있다.

이런 뜻에서 경험 교육과정은 교육에서의 '아동중심' 또는 '학습자중심' 사상과 밀접하게 관련되어 있다. 사실상 '아동중심'의 올바른 의미는, 교육에서 경험을 내용으로 보아야 한다는 주장과 마찬가지로, 교과가 아동에게 이해되어야 한다든가 의미가 있어야 한다는 데서 찾아야 할 것이다. 그럼에도 불구하고 종래 '아동중심'이라는 것은 그러한 관련에서 벗어나서, 아동의 흥미나 필요를 그 자체로서 존중해야 한다는 뜻으로 해석되었다. (만약 교육에서 아동의 필요나 흥미를 존중해야 한다면, 그것은 원칙상 '교과'를 가르치는 데에 도움이 되는 범위 내에서 아동의 필요나 흥미를 존중해야 한다는 뜻으로 해석되어야 할 것이다.) 이와 마찬가지로 '경험'이라는 용어도 원래의 정신과는 달리, 교과와의 관련에서 떨어져서 별도의 의미를 가지는 것으로 생각되었다. '경험'이라는 용어는 그 상식적인 의미로서는

'일상생활에서 경험하는 내용'을 가리키며, 교과와의 관련에서 벗어날 때, 경험이라는 용어는 바로 이런 뜻으로 해석될 수밖에 없었다. 그리하여 교과는 교실에서 가르치는 것, 책에 씌어 있는 것을 가리키는 데에 비하여, 경험은 일상생활에서 경험하는 내용을 가리키는 것으로 해석되었다.

교과와 경험이 마치 책에 씌어 있는 것과 일상생활의 경험이 '다른' 것처럼 '다른' 것이라고 생각한 것은 확실히 교육을 위하여 불행한 발상이었다. 이 불행한 발상은 경험 교육과정을 주장한 사람들의 논조에 의하여 촉진되었다고 볼 수 있다. 예컨대 앞에서 말한 미국 교육사절단의 보고서에서는 '학습경험의 전이'라는 형식으로, 학교에서 가르치는 교과가 일상생활에 유용하게 활용되도록 해야 한다는 것을 매우 강조하고 있다. 교과가 일상생활에 활용되어야 한다는 것은 표면상 매우 타당한 것처럼 들리지만, 교과와 일상생활과의 관련은 흔히 생각하는 것처럼 그렇게 단도직입적으로 명백한 것이 아니다. 뿐만 아니라, 일상생활에 활용되지 않는 내용은 교과가 될 수 없다든지 교과로서의 가치가 떨어진다고 하는 주장도 성립하기 어렵다(제5장 참조). 현실을 두고 말하더라도, 사람들이 누구나 교과가 일상생활에 활용되어야 한다고 말하는 동안에도 학교에서는 여전히 일상생활에 활용될 가능성이 없는 교과를 가르쳐 왔고 또 가르치고 있는 것이다.

이상의 고찰을 기초로 하여, 교육내용은 '교과'와 '경험' 중에서 어느 쪽인가 하는 질문에 대답한다면, 무엇이라고 말해야 하는가? 앞에서 분석한 것을 받아들인다면, 어느 쪽이라고 보아도 좋다. 다만, 교과와 경험 사이의 관련(즉, 교과는 경험의 내용이라는 것)을 명백히 인식하는 것이 중요한 것이다. 이 관련을 저버릴 때, '교과'와 '경험' 중의 어느 쪽을 택하더라도 교육에는 마찬가지로 재앙이 온다. 학생에게 경험되는가 아닌가와는 상관없이 교과를 맹목적으로 주입하고자 한 것이 교과 교육과정의 재앙이었다면, 경험의 내용에 관하여 엄밀히 따져보지 않은 채 '일상생활의 경험'을 주면 교육이 된다고 생각한 것은 경험 교육과정의 재앙이었다. 교육은 이 두 가지 종류의 재앙을 모두 극복하지 않으면 안된다.

이때까지 우리나라의 교육은, 적어도 그 실제에 있어서는, 교육내용의 의미를 '경험'보다는 '교과'에 두었다고 볼 수 있다. 교육학 책에서는 '교육내용은 학생의 경험'이라는 말이 널리 받아들여져 왔고, 교과 교육과정보다는 경험 교육과정이 더 타당한 것으로 생각되었지만, 학교에서는 언제나 '교과'를 가르쳐 왔다. 다만, 경험 교육과정의 주장이 우리나라의 교육 실제에 영향을 준 것이 있다면, 그것은 교과(또는, 그것이 나타내고 있는 지식)라는 것이 교육내용으로서 사소하다든가 가치 없다는 생각, 그리고 교과를 가르치는 것이 좌우간 '나쁜' 교육이라는 생각을 사람들의 마음 속에 불러일으켰다는 것이다. 교과를 가르치는 일이 나쁜 교육이라고 생각하면서도 실지로는 그것을 가르친다면, 그것을 가르쳐야 하는 이유는 틀림없이 '나쁜' 데서 찾을 수밖에 없을 것이다. '입시준비'라는 것은 우리에게 그 '나쁜' 것을 가르치는 편리한 이유를 제공해 주었다. 말하자면 교과를 가르치는 것은 좋지 않은 일이지만, 그것은 입시준비 때문에 '마지못해' 가르친다는 것이었다. 참으로 기막힌 일은, 이렇게 생각하면서도, 그렇다면 교과 대신에 무엇을 가르쳐야 하는가 하는 문제에 대해서는 심각하게 생각해 보는 경우가 별로 없다는 것이다. 물론 심각하게 생각해 보더라도 무슨 묘한 생각이 떠오를 가능성이 있을지는 매우 의심스럽다.

모르기는 해도, 만약 이때까지 우리나라 교육계에서 '교육내용은 경험'이라는 애매한 말을 하는 대신에, '교육내용은 교과'라는 것을 명백히 내세우고 그 교과가 참으로 '교육내용'으로서 의미를 가질 수 있도록, 학생들에게 이해될 수 있도록 하는 데에 집중적으로 관심을 기울였더라면, 교육의 형편이 오늘날보다는 다소 나아지지 않았겠는가 하는 느낌이 든다.

2. 지식의 구조

1960년에 출판된 브루너의 「교육의 과정」[2)]은 교육내용을 규정하는 또 하나의 관점을 제시하였다. 이 관점에 의하면, 교육내용은 '지식의 구조'라는 용어로 규정된다. 교육내용(또는, 교과)을 '지식의 구조'로 규정하는 관점이 교육내용을 '교과'로 규정하는 관점('교과 교육과정')이나 '경험'으로 규정하는 관점('경험 교육과정')과 어떤 관련을 가지고 있는가 하는 문제에 관해서는 여러 가지 견해가 제시되고 있으나, 이것은, 다음에 말할 바와 같이, 간단하게 대답하기 어려운 문제이다. (이 새로운 관점을 종래의 두 관점과 구별하기 위하여 '학문중심 교육과정' 또는 '학문 교육과정'이라고 부른다는 것은 잘 알려져 있다.)

지식의 구조라는 용어가 어떤 의미를 가지고 있는가를 이해하기 위해서는 그 용어가 나오게 된 경위를 상상해 보는 것이 도움이 된다. 가령 우리나라에서 서른 몇 명쯤 되는 학자들과 교육전문가들이 모여서, 우리나라 학교에서 '교과'를 가르치는 데에 가장 근본적인 문제가 무엇인가를 논의한다고 가정해 보자. 이 사람들은 학교 교실에서 교사가 하는 일, 즉 '교과'를 가르치는 일에 비상한 관심을 가지고 있다고 가정하자. 또한 이 사람들은 오늘날 학교에서 교사가 실지로 교과를 가르치는 일을 어떻게 해 가고 있는지 알고 있으며, 만약 잘 모를 경우에는 교실을 몇 군데 돌아볼 만한 성의까지도 가지고 있다고 가정하자. 이 점에서 이 사람들은 학교 교실에서 교사가 실지로 어떤 일을 하고 있으며 그 일을 어떻게 하고 있는지 알려고 하지도 않고, 우리나라 교육의 근본 문제는 '인간교육의 부재'라는 식으로 애매하게 몰아치우는 사람들과는 다르다. 그러한 학자들과 교육전문가들이 모여 오늘날 교과를 가르치는 데에 근본적인 문제가 무엇인가를 논의한다

2) Bruner, J. S.(1960), *The Process of Education*, Harvard University Press. 브루너는 이 책이 출판된 시점으로부터 10년 후에 다음과 같은 회고 논문을 발표하였다. Bruner, J. S.(1971), *The Process of Education* Reconsidered, R. R. Leeper(ed.), *Dare to Care/Dare to Act: Racism and Education*, ASCD Annual Conference Report. 브루너의 이 대표적인 저작은 한 권의 책으로 번역되어 있다. 이홍우(역)(1973), 브루너 교육의 과정, 서울: 배영사. 이 책의 부록에는 그 번역본이 그대로 전재되어 있다. 브루너의 그 저작 뒤에 이어지는 쪽번호는 이 부록에서의 위치를 표시한 것이다.

면, 그들은 어떤 대답을 할 것인가?

사람들은 각각 교육을 보는 눈이 다르기 때문에, 이 사람들도 그 근본적인 문제를 각각 다른 관점에서 파악할 가능성이 있다. 예컨대 어떤 사람들은 오늘날 교사들이 학생들의 학습동기를 충분히 자극하지 않는다는 점에서 근본적인 문제를 찾으려고 할 것이며, 또 어떤 사람들은 교과서나 그 밖의 학습자료가 부적절하다는 것이 근본적인 문제라고 생각할 것이다. 그러나 이 사람들은 학문적 토론에 필요한 능력과 태도를 갖춘 지성인들이기 때문에, 그러한 관점의 차이에도 불구하고 그들이 각각 다르게 파악한 문제점들의 밑바닥에 깔려 있는 보다 근본적인 문제 – 그들이 다르게 파악한 문제점들이 결국은 이 근본적인 문제에서 파생되었다고 볼 수 있는 그러한 근본적인 문제 – 를 찾으려고 할 것이다. 이 사람들이 그러한 근본적인 문제에 합의할 수 있다는 것은 곧 그들이 '교과를 잘 가르치는 것'이 무엇을 의미하는가에 관한 모종의 공통된 가정을 가지고 있다는 뜻이다. 그들은 상당히 오래 동안 열심히 토론한 끝에 그 공통적인 가정에 관하여 합의한다. 그리고 일단 이러한 공통적인 가정이 밝혀진 이상, 그들은 그 가정(즉, '교과를 잘 가르친다는 것'은 무엇을 의미하는가)을 다른 사람들에게 전달하려면 어떤 말을 써야 할까를 생각하게 되고, 또 그들이 각각 다르게 파악한 문제점들(예컨대 학습동기, 학습자료 등)이 그 공통된 가정과 어떤 관련을 가지고 있는가를 고찰할 필요를 느끼게 될 것이다.

사실상 이 가상적인 회합은 1959년에 미국의 우즈 호울이라는 곳에서 실지로 있었던 회합('우즈 호울 회의')의 성격을 잘 나타내어 준다고 볼 수 있다. 거기에 모였던 학자와 교육전문가들은 그 당시 미국의 학교에서 교과를 가르치는 것과 관련된 근본적인 문제가 무엇인가를 찾으려 했고, 열심히 토의한 결과, '교과를 잘 가르치는 것'이 어떤 것인가에 관한 공통된 가정을 확인하였다. 그들은 그 공통된 가정을 다른 사람들에게 전달하자면 무슨 말이 가장 적합할 것인가를 생각하였다. '지식의 구조'라는 용어는 이렇게 해서 나오게 된 용어이며, 브루너가 쓴 「교육의 과정」은 그 회의의 보고서이다. 여기에는 '지식의 구조'라는 용어의 이면에 들어있는 아이디어('잘 가르치는 것'이 무엇인가에 관한 공통의 가정)가 설명되어 있고, 그 아이디어가 학습동기나 학습자료 등, 교육의 다른 문제점들과 어떤 관련을 맺고 있는가가 제시되어 있다.

물론 '지식의 구조'라든가, 그것과 관련된 수업의 원리를 나타내는 용어인 '탐구학습' 또는 '발견학습'은 우리나라 회의가 아닌, 미국의 회의에서 나온 아이디어이며, 따라서 이 아이디어가 우리나라의 경우에 얼마나 들어맞는가 하는 데는 충분히 의심의 여지가 있다. 사실상 지식의 구조라는 아이디어가 소개된 이후로 이 의심은 상당히 강력하게 제기되어 왔다. 그러나 한 가지 의심할 여지가 없는 것은, 만약 우리가 교과를 가르치는 일의 중요성에 대하여 확신을 가졌더라면 우리도 당연히 우리의 우즈 호울 회의를 열었으리라는 것이다. 우리의 우즈 호울 회의에서 나올 결론이 무엇이든지간에, 그 결론은 미국이 아닌 우리나라에서 교과를 가르치는 데에 관련되는 가장 근본적인 문제가 무엇인가를 가르쳐 주고, 그 문제를 해결하는 방향이 어디에 있는가를 가르쳐 줄 수 있을 것이다. 왜 우리는 우리의 우즈 호울 회의를 열 수 없는가? 단순히 미국보다 가난해서 그러한 회의를 열만한 돈이 없기 때문이라는 것은 맞는 대답이 아닐 것이다. 그 밖에 또 어떤 대답이 있을 수 있는가 하는 것은 각자 생각하기 나름이겠지만, 그 중에서 한 가지 그럴듯한 대답은 우리에게 교과를 가르치는 일의 중요성에 대한 확신이 없다는 것과 그 일에 관련되는 문제를 세밀하게 분석할 능력과 성의가 부족하다는 것이 아닐까 하는 생각이 든다. 아마, 지식의 구조나 탐구학습이 어떤 종류의 아이디어이며, 그것이 우리나라 현실과 어떤 관련을 맺을 수 있는가를 자세히 따져보지 않은 채, 오직 미국의 회의에서 나온 아이디어라는 이유만으로 그것이 우리나라에는 맞지 않는다고 간단하게 일축하는 것 역시 그러한 무성의의 표현이라고 해도 과히 틀리지 않을 것이다.

'교육내용은 지식의 구조'라고 말했을 때, 우즈 호울 회의에 참석했던 사람들은 (그 당시 미국에서) 교과를 가르치는 것과 관련된 가장 근본적인 문제를 무엇이라고 보았는가? 그리고 지식의 구조라는 용어가 '교과를 잘 가르치는 것'이 어떤 것인가에 관한 한 가지 가정을 나타내고 있다면, 그것은 어떤 가정인가? 이 질문은 '지식의 구조'의 의미를 이해하는 데에 관건이 되는 질문이다. 「교육의 과정」 전체를 통하여, 이 질문에 대한 가장 직접적인 해답은 그 책이 나타내고 있는 '한 가지 핵심적 확신'이라고 말한 것에서 찾아볼 수 있다. 그 '핵심적 확신'이라는 것은 곧,

> '지식의 최전선에서 새로운 지식을 만들어 내는 학자들이 하는 것이거나 초등학교 3학년 학생이 하는 것이거나를 막론하고 모든 지적 활동은 근본적으로 동일하다'는 것이다. 과학자가 그의 책상이나 실험실에서 하는 일, 문학평론가가 시를 읽으면서 하는 일은 누구든지 이와 비슷한 활동, 다시 말하면 모종의 이해에 도달하려는 활동을 할 때, 그 사람이 하는 일과 본질상 다름이 없다. 이런 활동들의 차이는 하는 일의 '종류'에 있는 것이 아니라, 지적 활동의 '수준'에 있는 것이다. 물리학을 배우는 학생은 다름 아니라 바로 '물리학자'이며, 물리학을 배우는 데는 다른 무엇보다도 물리학자들이 하는 일과 똑같은 일을 하는 것이 훨씬 쉬운 방법일 것이다. 물리학자들이 하는 일과 똑같은 일을 한다는 것은 물리학자들이 하듯이 물리 현상을 탐구한다는 뜻이다.[3]

이 말에 뒤이어 「교육의 과정」에서는 종래 교육의 문제점에 관하여 다음과 같이 말하고 있다. 즉, 종래 교육에서는 교과를 가르칠 때, 학생들로 하여금 '학자와 동일한 일'을 하도록 하지 않고 주로 다른 무엇을 해 왔다. 그 다른 무엇이라는 것은 곧 학자들이 학문적 활동을 한 결과로 얻은 결론을 학생들에게 제시하고 그것을 받아들이도록 하는 것이다. 우즈 호울 회의에서 사용된 용어를 빌어 말하면, 이러한 결론은 '교과'(또는, '교과의 언어')가 아니라 '교과의 중간언어'이다. 교과의 언어라는 것은, 예컨대 물리학의 경우라면, 물리학자들이 물리 현상을 탐구할 때 하는 생각 그 자체를 가리키며, 이것에 비하여 교과의 중간언어는 물리학자들의 탐구결과를 학생들

---

3) Bruner, J. S.(1960), *The Process of Education*, Harvard University Press, p.299.

에게 전달해 주는 언어를 가리킨다고 말할 수 있다.

이상의 핵심적 확신에 비추어 보면, 우즈 호울 회의에 참석했던 사람들이 본 '교과를 가르치는 것과 관련된 가장 근본적인 문제점'은 무엇이라고 보아야 하는가? 한 마디로 말하면, 그것은 교과를 '교과답게', 또는 '그 교과의 성격에 충실한 형태로' 가르치지 않는다는 것이었다. 다시 말하면, 교사는 표면상 물리학을 가르치는 듯하지만, 사실은 '물리학'이 아닌 다른 어떤 것을 가르치고 있다는 것이다. 여기서 '표면상 물리학을 가르치는 듯' 하다는 것은 표면상 물리학적 용어를 써서 물리학에 속하는 개념, 법칙, 원리 등을 가르치고 있다는 뜻이며, 그러면서도 '물리학이 아닌 것'을 가르치고 있다는 것은 그때 교실에서 교사나 학생들이 하는 일이 '물리학자들이 하는 일'과는 성격상 상당히 다르다는 뜻이다. 해당 학문 분야에 종사하는 학자의 눈으로 볼 때, 교사가 학생들에게 가르치는 내용(교육내용 또는 교과)은 학자들로서 자신이 하는 일과는 너무나 동떨어진 일이요, 따라서 그 내용은 자신이 하는 일로서의 '학문'(우리말의 표현으로 '학문을 한다'고 할 때의 학문)을 전혀 그릇되게 나타내는 것으로 보였을 가능성이 있다. 그리하여 그들의 눈에 그것은 교과를 '잘못' 가르치고 있는 것으로 보였을 것이다. 여기서 교과를 '잘못' 가르친다는 것은 교과를 '교과답지 않게' 가르친다는 뜻이다. (물론 이때까지 교사들은 '물리교과'를 가르친다고 생각했을 망정, '학문'으로서의 '물리학'을 가르친다고 생각하지는 않았을 것이다. 말하자면 그들의 생각에는 '교과'와 '학문'은 별개의 것이었다. 우즈 호울 회의에 참석했던 사람들이 그릇되다고 생각한 것은 바로 이 가정이다. 물리교과를 가르친다고 하면서 물리학이 아닌 다른 것을 가르치는 것은 물리교과를 잘못 가르치는 것이라고 그들은 생각하였다. 다시 말하면, 그들은 '교과'가 바로 '학문'이라고 생각한 것이다.)

물론, 교과에는 여러 가지가 있는 만큼, 교과를 '교과답게', 또는 '교과의 성격에 충실한 형태로' 가르친다는 것이 무엇을 의미하는가 하는 질문에 대한 대답은 교과마다 다를 수밖에 없을 것이며, 따라서 이 점에서 보면 '교과답게' 가르친다는 말을, 각각의 교과목에 비추어 보지 않은 채, '일반적으로' 규정하는 것은 무모하리 만큼 어렵고 불필요한 일이라고 볼 수도 있다. '지식의 구조를 가르친다'는 말은 '교과답게 가르친다'는 말의 의미를 일반적으로 규정하는 말이기 때문에, 그 말의 의미를 구체적으로 이해하기 위해서는 각 교과의 성격에 비추어 그 말을 이해해야 한다. 이런 뜻에서 '지식의 구조'는 교육의 내용이 무엇인가에 대한 '해답'을 제시하는 것이라기보다는, 그 질문에 대하여 심각하게 생각해 보라는 요청이며, 교과를 교과답게 가르친다는 것의 의미를 각 교과의 성격에 비추어 규정하라는 요청이라고 보는 편이 더 타당하다. (이 점에서는 교육내용을 '교과'라든가 '경험'이라고 보는 견해도 동일하다. '교과'라든가 '경험'이라는 용어도 교육의 내용을 구체적으로 지시하는 말이 아닌 것이다. '교육내용을 교과라든가 경험이라고 할 때, 교과 또는 경험이라는 것이 무엇인가?' 등등.)

그렇기는 해도 각 교과의 특수한 성격과 관계없이, 일반적인 표현으로서의 '교과답게' 가르친다는 말이 전혀 의미를 가질 수 없는 것은 아니다. 앞에서 말한 바와 같이, 「교육의 과정」이라는 책에서는 '교과답게' 가르친다는 말의 의미를 학생들로 하여금 해당 분야의 학자와, 비록 '수준'에 있어서는 다르다 하더라도, '종류'에 있어서 동일한 일을 하도록 하는 것으로 규정하고 있다. ('물리학을 공부하는 초등학교 3학년 학생은 물리학자와 본질상 동일한 일을 한다.') 여기서 해당 분야의 학자들과 동일한 일을 한다는 것은 학자들이 하듯이 각각 관련된 현상(물리 현상, 역사적 사실 등)을 '탐구'한다는 뜻이다. 그리하여 '지식의 구조'라는 말이 대두되는 것과 동시에, 교과를 가르치는 방법상의 원리를 나타내는 용어로 '탐구학습' 또는 '발견학습'이 강조된 것은 이 점에서 매우 당연하다고 볼 수 있다. 교과답게 가르친다는 말의 의미를 이와 같이 '학자들이 하는 것과 동일한 종류의 일을 하는 것'으로 보는 견해는 또한 그 반대편으로 뒤집어서 보면, 종래 교과를 '잘못' 가르쳐 왔다든가 '교과답지 않게' 가르쳐 왔다는 말이 무슨 뜻인가를 나타내고 있다. 즉, 종래 교육에서는 예컨대 물리를 가르치는 경우에 학생들로 하여금 '물리학자가 하는 일', 즉 '물리 현상을 탐구하는 일'을 하도록 한 것이 아니라, 물리학자들이 물리 현상을 탐구한 결과로 얻은 물리학의 법칙이나 원리(이른바, 물리학의 '중간언어')를 학생들에게 제시하고 그것을 받아들이도록 했다는 것이다. '지식의 구조'라든가 '탐구학습'이라는 용어는 이런 방식으로 교과를 가르치는 것이 올바른 교육(교과를 가르치는 것 이외에도 교육이 있을 수 있다고 생각하는 사람들의 마음에 들도록 한정해서 말하자면 '교과교육')이 아니라는 것을 주장하는 것이라고 말할 수 있다.

그러나 '학자들과 동일한 일을 하도록 한다'는 것에 대해서는 여러 가지 의문이 있을 수 있으며, 그 말의 의미를 보다 구체적으로 이해하기 위해서는 그러한 의문에 대하여 좀 더 깊이 생각해 볼 필요가 있다. 우선 가장 흔히 대두되는 것으로서, 교과를 가르칠 때에 해당 분야의 학자들과 동일한 일을 하도록 하는 것이 과연 '가능'하고 또 '필요'한 일인가 하는 의문에 대해서 생각해 보자. 이 질문은 두 가지 뜻을 품고 있다. 하나는 물리학을 공부하는 초등학교 3학년 학생이 과연 물리학자와 동일한 일을 할 수 있는가 하는 것이요, 또 하나는 초등학교 3학년 학생이 물리학을 공부하는 데에 반드시 물리학자가 하듯이 물리 현상을 탐구해야 하는가 하는 것이다. 먼저 전자의 질문에 관하여 생각해 보면, 브루너의 「교육의 과정」에 나오는 '물리학을 공부하는 초등학교 3학년 학생은 물리학자와 동일한 일을 한다'는 말을 건성 지나가는 말로서가 아니라 심각한 말로 받아들여서, 그 말의 의미를 철저하게 따져보는 사람은 십중팔구 그러한 의문을 가지게 될 것이다. 물리학자는 물리학적 지식과 탐구방법을 배운 사람인 데에 비하여 초등학교 3학년 학생은 그것에 관하여 거의 아무 것도 모르지 않는가? 어떻게 초등학교 3학년 학생이 물리학자와 동일한 일을 할 수 있단 말인가?

이 질문에 대하여 어떻게 대답하는가 하는 것은 '물리학자가 하는 일과 동일한 일을 한다'는 말을 어떤 뜻으로 해석하는가에 달려 있다. 사실상 오늘날 이른바 '탐구학습'을 적극적으로 지지하는 사람들이거나 그것에 대하여 회의를 느끼는 사람들이거나를 막론하고, 상당히 많은 사람들은 그 말을 지나치게 '문자 그대로' 해석하는 경향이 있는 듯 하다. 탐구학습을 지지하는 사람들은 학생들에게 탐구할 문제를 내어 주고, 그야말로 '물리학자가 하듯이' 그 문제를 탐구하도록 하는 것이 탐구학습이라고 생각하고, 또 그렇게 하기만 하면 '탐구학습'이 되는 것처럼 생각한다. 탐구학습에 회의를 느끼는 사람들은 바로 '이러한 의미에서의' 탐구학습에 회의를 느낀다고 볼 수 있다. 그들의 견해에 의하면, 그런 방식으로 물리를 가르치다가는 물리학적 탐구를 가르치지도 못할 뿐더러, 종래의 수업방법으로 가르쳐 오던 물리학적 지식('중간언어')조차 제대로 가르치지 못한다는 것이다.

'물리학자와 동일한 일을 한다'는 말을 지나치게 문자 그대로 해석하는 것이 그릇되다면, 그것을 올바르게 해석하는 방법은 무엇인가? 이 질문은 필연적으로 '탐구학습은 왜 해야 하는가', 또는 '탐구학습을 하지 않으면 어떤 교육적 문제가 생기는가'라는 질문에 비추어서 해답되어야 할 것이다. 이것은 곧 '초등학교 3학년 학생이 물리학을 공부하는 데에 반드시 물리 현상을 탐구해야 하는가'라는 앞의 둘째 질문과 동일한 질문이다. 결국, '지식의 구조'나 '탐구학습'의 의미를 올바르게 이해하기 위해서는 지식의 구조를 가르쳐야 하는 이유, 탐구학습을 해야 하는 이유를 밝히지 않으면 안된다. 다시 말하면, '지식의 구조'의 의미를 이해하기 위해서는 교육내용이나 교육방법 뿐만 아니라, 그런 내용을 그런 방법으로 가르쳐야 하는 이유(교육목적)까지 포함하여 온통 교육을 보는 관점을 새롭게 가다듬지 않으면 안된다. 지식의 구조를 가르치는 일을 '실천'하는 일은 말할 것도 없고, 그것의 의미를 '이해'하기가 그토록 어려운 것은 이 점에서 보면 매우 당연하다고 볼 수 있다.

그러나 물리학을 공부하는 초등학교 3학년 학생에게 물리학자들이 발견한 원리를 일방적으로 제시하는 것이 올바른 교육방법이 아니라면, 그것은 어째서인가? 이른바 '주입식 교육'이 나쁜 교육이라는 것은 누구나 알고 있다. 그러나 그것이 나쁜 이유는 어디에 있는가? 묘한 역설처럼 들리겠지만,

주입식 교육이 나쁜 점은 그것이 '주입'에 실패한다는 데에 있다고 말할 수 있다. 다시 말하면, 이른바 '주입식 방법'으로 가르쳐진 지식은 학습자의 '바깥'에 머물러 있을 뿐, 학습자의 '안'에 들어가지 않는다. 여기서 학습자의 '안'에 들어간다는 것은 학습자의 '마음'의 한 부분으로 된다는 뜻이며, 학습자의 '보는 눈' 또는 '안목'으로 된다는 뜻이다. 예컨대 물리학적 지식을 '가지고 있다'는 말은 이와 같이 물리학적 지식이 우리 마음의 한 부분이 되어서 우리가 물리학적인 안목으로 사물과 현상을 볼 수 있다는 뜻이다. 여기에 비하여 주입식 방법으로 가르침으로써 나타나는 결과는 학생들이 비록 입으로 그 지식을 말할 수는 있다 하더라도 그것이 학생들의 안목이 되지 않은 상태이며, 이때 학생들은 엄밀히 말하여 그 지식을 '가지고 있는' 것도 아니다. 지식이 학습자의 '바깥'에 머물러 있다는 것은 바로 이러한 상태를 가리키는 것이다.

사실상 물리학자와 물리학을 공부하는 학생의 차이는 이 점에 비추어 쉽게 설명될 수 있다. 물리학자는 물리학을 이미 배운 사람이므로, 물리학적 지식을 가지고 있으며 물리학적 안목으로 현상을 볼 수 있다. 그러나 물리학을 공부하는 학생은 바로 이 일을 할 수 없는 사람으로서, 장차 이 일을 할 수 있게 되려고 하는 사람이다. 물리학적 안목으로 현상을 보는 방법을 배우려고 하는 사람이 이미 물리학적 안목으로 현상을 볼 수 있는 사람과 '동일한' 일을 할 수는 결코 없을 것이다. 그러나 물리학을 배운다는 것은 물리학적 현상을 '볼 수 없는 상태'에서 비록 조금씩이나마 그것을 '볼 수 있는 상태'로 나아간다는 뜻이다. 교육의 가장 어려운 문제, 그리고 '탐구학습'의 가장 어려운 문제는 바로 이와 같이 '볼 수 없는 상태'에 있는 사람을 어떻게 하면 '볼 수 있는 상태'로 나아가게 하는가 하는 데에 있다.

분명히 일반적인 의미에서의 주입식 교육은 이 문제에 대한 좋은 해결책이 아니다. 앞에서 말한 바와 같이, 주입식 교육은 지식을 가르치되 그것이 학생의 마음 속에 들어갈 수 없는 방식으로 가르치는 것이기 때문이다. 그러나 또 한편, 탐구학습을 지나치게 문자 그대로 해석하여 학생들에게 탐구할 문제를 내어 주고 그 해답을 스스로 발견하도록 하는 것도 좋은 해결책은 아니다. 그것은 지식을 배운 상태와 배우지 않은 상태, 지식에 들어있는 안목으로 현상을 볼 수 있는 상태와 볼 수 없는 상태를 혼동하는 것이다.

'볼 수 없는 상태'에 있는 학생들을 '볼 수 있는 상태'로 나아가도록 해주기 위해서는 어떻게 해야 하는가? 앞에서 말한 바와 같이, 지식의 구조나 탐구학습은 '교육내용이 무엇인가'에 대한 해답이라기보다는 그 질문을 심각하게 생각해 보라는 요청이라고 보아야 한다. 마찬가지로 말하여, 지식의 구조나 탐구학습이라는 용어는, 각 교과의 경우에 그 교과에 담긴 안목으로 현상을 볼 수 있도록 하려면 그것을 어떻게 가르쳐야 하는가를 연구하도록 요구하고 있다고 볼 수 있다. '교과의 성격에 충실한 형태로 가르친다'든가, '해당 학문 분야의 학자들이 하는 것과 동일한 일을 하도록 한다'든가 하는 말은 모두 이 점에 비추어서 이해되어야 한다. 아마 '볼 수 없는 상태'에서 '볼 수 있는 상태'로 이끌기 위해서는 가르치고자 하는 내용을 요약하는 질문을 하고 학생들로 하여금 그 문제에 관하여 생각해 보도록 하는 일이 틀림없이 중요할 것이다. 학생들이 자신의 '마음'으로 생각해 보지 않으면 그 배운 내용이 그의 마음 속에 들어올 가능성이 매우 희박할 것이기 때문이다. 소크라테스가 대화를 할 때, 상대방의 의견을 먼저 말하도록 그토록 강조한 이유가 바로 여기에 있다고 말할 수 있다(제7장 참조). 그러나 이 점에 못지않게 중요한 것은, 그러한 질문은 반드시 교과를 아는 사람, 지식의 눈으로 현상을 볼 줄 아는 사람의 입장에서 제기되고 그 해답의 방향 또한 그런 사람에 의하여 이끌어지지 않으면 안된다는 것이다. 그리고 이 과정은 '탐구학습'이라는 한 마디 말로 표현하기에는 너무나 복잡한 과정이라고 보아야 한다.

지식의 구조나 탐구학습은 또한 지식교육과 인간교육이 별개의 것이라는 생각에서 회의의 대상이 되기도 한다. 지식교육과 인간교육의 관련에 관해서는 제5장에서 다시 논의하겠지만, 여기서는 앞에서 말한 지식의 구조나 탐구학습의 의미에 비추어서 우리나라 교육현실에 대한 비판으로서 흔히 지적되는 사실 한 가지에 관하여, 그것을 어떻게 해석해야 하는가 하는 문제를 생각해 보겠다. 즉, '이때까지 우리나라 교육은 지식을 가르치기는 했지만 인간을 가르치는 데는 실패하였다'는 말을 어떻게 해석해야 하는가 하는 것이다. 이 말을 하는 사람은 분명히 '지식교육'과 '인간교육'을 별개의 것으로 보고 있다. 이와 같이 지식교육과 인간교육을 별개의 것으로 보는 관점에 대해서는 두 가지 의문을 제기할 수 있다. 즉, (1) 지식을 가르치는 일 이외에 인간을 가르치는 일이 있을 수 있는가, 있다면 그것은 어떤 일인가 하는 것과, (2) 인간을 가르치는 것과 하등 관계가 없다면 지식은 도대체 무엇 때문에 가르치는가 하는 것이 그것이다. '지식의 구조'를 가르치는 일, 또는 교과를 '교과답게' 가르치는 일이 우리나라 교육에서 얼마나 중요시되어야 하는가를 결정하기 위해서는 그 두 가지 질문에 관하여 심각한 사고를 하여야 할 것이다. 그러한 사고의 결과는 십중팔구 지식을 가르치는 것 이외에는 인간을 가르치는 길이 있을 수 없으며, 인간을 가르치는 데에 도움이 되지 않는다면 지식을 가르치는 것은 대부분의 경우에 하등 의미가 없다는 결론으로 이끌어 갈 것이다.

만약 이 결론이 다소간 타당성을 가진다고 하면, 이때까지 우리가 지식은 가르쳤으나 인간은 가르치지 않았다는 비판은 사실상 이때까지 우리가 지식을 잘못 가르쳐 왔다는 것으로, 다시 말하여 지식을 가르치되 그 안목으로 현상을 볼 수 있도록 하지 못했다는 뜻으로 해석되어야 할 것이다. 다소 극단적으로 말하자면 이것은 지식을 가르치지 않은 것과 마찬가지이다.

3. 교과의 선정기준

이상에서는 '지식의 구조'를 가르친다는 말의 의미를 '교과답게' 가르친다는 뜻으로 해석하고 다시 그것이 무엇을 의미하는가를 고찰하였다. 여기서는 지식의 구조를 가르친다고 할 때, 그 가르쳐지는 내용(즉, '지식의 구조')이 정확하게 무엇인가를 고찰하고자 한다. 이것은 곧 '지식의 구조'라는 용어가 교육의 내용을 어떻게 규정하는가를 구체적으로 밝히는 일이 될 것이다. 또한 이렇게 함으로써 우리는 교육내용을 '지식의 구조'라고 보는 관점이 그것을 '교과'나 '경험'으로 보는 관점과 각각 어떤 관련을 가지고 있는가를 알 수 있을 것이다.

「교육의 과정」에서는 '지식의 구조'라는 용어를 '기본 개념과 원리', '핵심적 아이디어' 등과 동의어로 쓰고 있다. 앞에서 말한, '학자가 하는 일과 동일한 일을 한다'는 생각과 관련지어 보면, '지식의 구조'라는 것은 학자들이 해당 학문 분야를 연구할 때 쓰는 '기본 개념과 원리', '핵심적 아이디어' 등을 가리킨다고 말할 수가 있다. '기본 개념과 원리'는 그 자체만을 두고 생각해 본다면, 이것은 '교과 교육과정'에서 보는 교육내용과 다를 것이 없다. 교과 교육과정에서 생각하는 교과라는 것도 바로 그러한 '기본 개념과 원리'이며, '지식의 구조'라는 용어가 나오기 전에도 우리는 각 교과(목)에서 '기본 개념과 원리'를 가르쳤다. 그렇다면, '지식의 구조'는 교과 교육과정에서 말하는 '교과'와 완전히 동일한 것인가? 그렇게는 볼 수 없을 것이다. 지식의 구조라는 용어는 교과 교육과정에서 생각하는 '교과'에다가 중요한 한 가지 조건을 덧붙이는 것이라고 보아야 한다. 교과 교육과정에서의 '교과'는, 그것의 대안으로 대두된 경험 교육과정의 주장에서 지적된 바와 같이, 그것을 배우는 학생들의 '경험'과 유리되어 있다는 문제점을 가지고 있었다. 다시 말하면, '교과'는 학자들의 학문탐구의 결과로 나온 '기본 개념과 원리'로 구성되어 있었지만, 그것을 가르치는 장면에 와서는 학생들에게 '교과의 중간언어'로 제시되었던 것이다. 지식의 구조라는 용어가 나타내는 교과관은 이 상태가 바람직하지 않다는 것을 주장하고, 그러한 '기본 개념과 원리'가 학자들이 각각 관련된 분야를 탐구할 때 '활용'되는 것과 마찬가지로, 학생들에게도 각각 관련된 현상을 이해하는 데에 '활용'되어야 한다는 것을 주장한다. 학생들의 이해에 활용되어야 한다는 이 측면은 바로 경험 교육과정(교육내용은 '경험'이다)에서 강조된 점이다. 이렇게 보면, 교육내용을 나타내는 용어로서의 지식의 구조는 '교과'의 의미와 '경험'의 의미를 포괄적으로 가지고 있다고 말할 수 있다. 다시 말하면, 지식의 구조는 '학생의 경험과 의미있게 관련될 수 있는 교과'를 가리키며, 그것을 하나의 교육원리로서 표현하자면, '교과를 가르치되 학생의 경험과 의미있게 관련되도록 가르쳐야 한다'는 말로 표현할 수 있을 것이다. (여기서 '경험'이라는 것은, 물론, 일상생활의 '경험'이 아니라, 교과를 이해하는 경험, 또는 교과로서 현상을 이해하는 경험을 가리킨다.)

'지식의 구조'라는 용어가 어떤 것을 교육내용으로 지적하는가 하는 것은 그것이 교육내용의 선정기준으로서 어떤 의미를 가지고 있는가 하는 것과 동일한 질문이다. 사실상 '지식의 구조'는 소위 '지식의 팽창 또는 폭발'과 관련하여 교육내용 선정의 기준으로서 중요한 의미를 가지고 있는 것으로 생각되고 있다. 브루너 자신도 그렇게 말하고 있듯이, '지식의 구조'라는 것은 한 교과를 이루고 있는 '기본 개념과 원리' 또는 '핵심적 아이디어'를 가리키며, 이 지식의 구조를 배우면 학생들은 자신이 배우는 다른 내용들을 쉽게 기억하고 이해할 수 있고, 또 그 뿐만 아니라 학교에서 배운 것을 다른 사태에 쉽게 적용할 수가 있다.[4] '지식의 구조'가 이런 것이라고 하면, 이것이 '팽창하는 지식 중에서 어떤 것을 선정해서 가르칠 것인가' 하는 문제에 대한 해답이 된다는 것은 명백하다. '지식의 구조'라는 아이디어에 비추어서 이 문제에 해답하자면, 날로 팽창하는 지식을 모두 가르치려고 할 것이 아니라, 그 중에서 '기본'이 되는 것, 또는 '핵심'이 되는 것만을 골라 가르쳐야 한다는 것으로 된다. 이 기본이나 핵심이 되는 것이 바로 지식의 구조이다. 그러므로 지식의 구조를 알면 팽창하는 모든 지식을 하나하나 따로 배우지 않더라도 그 기본적인 것에 비추어서 그것들을 쉽게 이해할 수 있다는 것이다.

이상이 지식의 팽창과 '지식의 구조'의 관계에 관한 일반적인 견해인 듯

4) Bruner, J. S.(1960), *The Process of Education*, Harvard University Press, 제2장 참조.

하다. 이제 이 일반적인 견해를 다소간 자세하게 검토해 보자. 얼른 생각하면, 비록 지식의 양이 팽창한다 하더라도 그 모든 것을 일일이 가르치려고 할 것이 아니라 그 중에서 기본적인 것, 핵심적인 것만 가르치면 된다고 대답하면 모든 문제가 간단하게 해결되는 것처럼 보인다. 그러나 이 해결책은, 좀 더 구체적으로 생각해 보면, 결코 간단한 해결책이 아님을 알 수 있다. 첫째로, 그 대답이 구체적인 의미를 가지기 위해서는 우선 그 기본적인 것, 핵심적인 것(또는, '지식의 구조')이 무엇인가를 생각해 보아야 할 것이다. 여기서 '기본적인 것이 무엇인가' 하고 묻는 것은 각 교과에서 기본적인 것이 구체적으로 어떤 것들인가를 열거하라는 말이 아니라, 그 '기본적인 것'이 성격상 어떤 것을 가리키는가, 또는 그 '의미'가 무엇인가를 밝히라는 말이다. (그러나 교육내용의 선정이라는 말은 흔히 전자의 뜻으로 해석되고 있다.) 둘째로, 일단 이와 같이 '기본적인 것'의 의미를 밝히기 시작하면, 그것을 가르쳐야 하는 이유가 과연 지식의 팽창에 있다고 보아야 할 것인가, 또는 적어도 지식의 팽창이 '지식의 구조'를 가르쳐야 할 가장 중요한 이유인가 하는 것이 문제가 된다. '기본적인 것' 또는 '지식의 구조'의 의미를 밝히기 시작하면, '지식의 구조'라는 것은 여러 가지 교육내용 중에서 어떤 것을 '선정해서' 가르칠 것인가에 대한 해답이 아니라, 만약 무엇인가에 대한 해답이라고 하면, 우리가 선정해서 가르쳐야 하는 '교육내용'이라는 것은 도대체 무엇인가에 대한 해답임을 알 수 있다. 말하자면 '지식의 구조'라는 용어는 교육내용 중의 특정한 것들을 지칭하는 말이 아니라, 교육내용을 새로운 관점에서 규정해야 한다는 아이디어를 나타내는 용어이다.

이것은 앞에서 말한 일반적인 견해와 다소 차이가 있다. 현대 사회에서와 같이 지식이 팽창하는 사태에서 어떤 내용을 선정해서 가르쳐야 할 것인가 하는 질문은 일견 많은 '교육내용' 중에서 어떤 내용을 선정해서 가르쳐야 할 것인가 하는 뜻으로 해석될 가능성이 있다. 그러나 '지식의 구조'라는 용어는, 지식이 팽창하거나 하지 않거나 간에, 우리가 가르쳐야 할 '교육내용'이라는 것이 과연 어떤 것인가를 생각해 보게 한다. 이런 뜻에서 '지식의 구조'라는 용어는 교육내용 선정에 대한 해답을 제시한다기보다는 그 문제를 제기하는 것이며, 그와 동시에 교육내용의 '의미'를 종래와는 전혀 다르게 파악할 것을 요구한다고 말할 수 있다. 물론 지식 정보가 팽창한다는 사실이 교육내용의 선정 문제를 심각하게 고려할 계기를 만든 것은 사실이지만, 그렇다고 해서 그 사실 '때문에' 지식의 구조를 가르쳐야 한다고 생각하는 것은 근본적인 것과 지엽적인 것을 혼동하는 것이다. 지식의 구조가 교육내용 선정에 관한 아이디어라고 하면, 이 아이디어가 타당한가 아닌가 하는 것은 지식의 팽창이라는 사실과 관계없이 별도로 논의될 수 있을 것이다.

앞에서 우리는 '지식의 구조'라는 용어가 어떤 교육내용관을 나타내고 있는가를 대체로 고찰하였다. 이 교육내용관에서는 교과 교육과정에서와는 달리 '교과'(예컨대 물리학)를 학생들이 '배워야 할 주제'로 보는 것이 아니라, '해야 할 활동'으로 본다. 다시 말하면, 교과라는 것은 해당 학문 분야에서 학자들이 발견하고 축적한 지식의 덩어리('교과의 중간언어')가 아니라, 그 지식을 발견하는 동안에 학자들이 하는 일, 또는 각 학문의 '기본 개념과 원리'를 써서 해당 분야의 현상을 탐구 또는 이해하는 일을 가리킨다. 요컨대 이것이 '물리학을 공부하는 초등학교 3학년 학생은 물리학자와 동일한 일을 한다'는 말이 가지고 있는 교육내용상의 시사요, '지식의 구조'라는 용어가 나타내고 있는 새로운 교육내용의 의미, 이따금 '혁명적'이라고 불릴 만큼 새로운 교육내용의 의미이다.

이와 같이 '지식의 덩어리'와 '지식을 탐구하는 과정'을 분리시켜서 교육내용은 후자를 지칭한다고 말하는 데에 관해서는 한 가지 해명되어야 할 것이 있다. 흔히 이 두 가지는 '결과'로서의 지식과 '과정'으로서의 지식이라는 말로 대비되기도 하지만, 사실상 과정이 없는 결과, 또는 결과와 관련을 맺지 않는 과정이 없는 것처럼, 이 두 가지는 서로 분리될 수 있는 것이 아니다. 그렇기 때문에 교육내용이 '지식의 덩어리'가 아니라 '지식을 탐구하는 과정'이라고 말한다고 해서 우리가 교과를 가르칠 때 '지식의 덩어리'

를 다루지 않아야 한다든지, 그것을 중요시하지 않아도 무방하다고 생각한다면 이것은 잘못된 해석이라고 보아야 할 것이다. 그 말을 보다 올바르게 해석하자면, 우리는 교과를 가르칠 때 '지식의 덩어리'를 다루기는 하지만, 그때 학생들이 배워야 할 내용(즉, 교육내용)은 '지식의 덩어리' 그 자체가 아니라, 또는 적어도 그것만이 아니라, 그것을 낳게 한 '탐구과정'이라는 뜻으로 해석해야 할 것이다. 이렇게 해석할 때 비로소 '지식의 구조'라는 용어가 나타내고 있는 '교육에 관한 혁명적 아이디어'의 의미가 살아난다고 볼 수 있다.

지식의 구조라는 아이디어에 의하여 규정되는 교육내용의 이 새로운 의미는 뒤이어 교육과정의 운영에 관한 또 하나의 중요한 시사점으로 연결된다. 만약 교육내용이 각 학문의 특이한 탐구과정이라면, 교육내용은 유치원에서 대학에 이르기까지 '동일한' 것이어야 한다. 왜냐하면 유치원 아이들이거나 대학생들이거나 간에 도대체 '물리'라는 교과를 배운다고 하면, 그들은 바로 '물리학자와 동일한' 일을 하는 것이며, 이것이 바로 그들이 배워야 하는 교육내용이기 때문이다. 만약 유치원 아이들이 '물리학자들이 하는 일'과는 다른 일을 한다면, 그 아이들은 '정의상' 물리라는 교과를 배우는 것이 아니라, 다른 일을 하고 있는 것이다. 아닌게 아니라, 우리는 흔히 유치원 아이들은 발달단계상 아직 '물리학'을 배울 처지에 있지 않다고 생각하지만, 이것은 우리가 아직 지식의 구조라는 용어가 가지고 있는 교육과정상의 시사를 충분히 받아들이지 못하기 때문이라고 볼 수 있다. (물론 유치원에서 대학에 이르기까지 '동일한 종류'의 교육내용이 가르쳐진다 하더라도, 그것을 '동일한 수준으로' 가르칠 수는 없다.) 목하 우리가 문제삼고 있는 교육내용의 선정은 각 학교(또는, 학년) 수준을 통틀어 가르쳐지는 그 '동일한 종류'의 교육내용이 무엇인가 하는 것에 관계된다.

사실상 한 교과에서 각 학교(또는, 학년) 수준을 통틀어 가르쳐지는 교육내용이 무엇인가 하는 질문은 그 교과에서의 '지식의 구조'가 무엇인가 하는 질문과 동일하다. 이 질문에 대답하기 위해서는 우선 앞에서 '지식의 구조'와 동의어로 사용한 여러 가지 표현들, 즉 '학자들이 하는 일', '학문을 탐구하는 과정', 그리고 '학문의 이면에 숨어 있는 기본적 아이디어'가 어째서 일관된 의미를 가질 수 있는가를 생각해 볼 필요가 있다. 먼저 학자들이 학문을 할 때, 그들은 어떤 일을 하는가를 생각해 보겠다. 학문이라는 것은 각각 해당 분야에 관련된 현상들을 이해하려는 노력이며, 학문을 할 때 학자들은 바로 이 일을 하고 있는 것이다. 어느 특정한 분야에 관련된 현상들을 이해하려고 하면 학자들은 반드시 그 현상을 보는 '눈'을 가지지 않으면 안된다. 모든 학문에는 각각 이러한 '눈'이 있다. 학문을 한다는 것은 곧 이 '눈'을 가지고 현상을 보는 일을 한다는 뜻이다. 예컨대 물리학을 한다는 것은 물리학적 현상을 물리학적 안목(또는, 관점)으로 보는 것을 의미한다. 이 안목은 곧 '학문의 이면에 숨어 있는 기본 아이디어'와 동의어로 사용될 수 있다. '학문을 탐구하는 과정'이라는 것은 곧 관련된 현상을 이해하는 데에 이 '기본적 아이디어'를 활용하는 과정을 의미한다.

각 학문에 특이한 '현상을 보는 눈' 또는 '기본적 아이디어'는 유치원에서 대학에 이르기까지 그 학문을 공부하는 사람이라면 누구든지 배워야 하는 교육내용이다. 그러므로 우리가 이때까지 추구해 온 질문, 즉 '교과란 무엇인가', 또는 보다 구체적으로 '유치원에서 대학에 이르기까지 가르쳐지는 동일한 교육내용은 무엇인가'라는 질문은 결국 각 학문(즉, 각 교과에 의하여 대표되는 학문)이 나타내는 '현상을 보는 눈' 또는 '기본적 아이디어'가 무엇인가 하는 질문으로 귀착된다고 볼 수 있다. 어느 한 학문에 관해서, 그러한 '기본적 아이디어'가 어떤 것들인가를 열거하는 일은 저자의 능력 범위를 벗어나는 일이지만, 적어도 앞의 질문에 대한 대답의 방향을 예시할 수는 있다고 생각한다. 예컨대 '분업'이라는 아이디어('사람들은 사회에서 생활할 때 일을 나누어 맡는다')는 사회 현상을 보는 '눈'이 될 수 있을 것이다. 사회 현상 중에는 우리가 '분업'이라는 눈으로 이해해야 하는 현상들이 많이 있다. 이 현상들을 이해할 때 우리는 '분업'이라는 눈을 활용하지 않으면 안된다. 아주 명백한 사실로서, 사회학자들은 부단히 분업을 그들의 연구 주제로 삼아 왔고, 지금도 그렇게 하고 있다. 도대체 '분업'이라는 아이디어가 사회를 이해하는 데에 별로 유용하지 않다면 사회학자들이 그것을 그토록 꾸준하게 연구해 왔을 리가 없다. 그리고 유치원 아이들도 만약 사회 현상을 이해해야 한다면(보다 정확하게 말하여 이해할 권리가 있다면, 분업이라는 단어는 아니라 하더라도) 분업이라는 아이디어를 배우지 않으면 안된다.

분업이 과연 사회학적 '눈'의 하나가 되는가 하는 것은 그다지 중요한 문제가 아니다. 중요한 것은, 일류의 사회학자라면 반드시 그 학문의 '눈'들을 확인할 수 있다는 것이다. 사실상 교육내용의 선정이라는 작업은 바로 이와 같이 일류의 학자들에 의하여 그 학문의 성격을 이루는 '눈'들을 확인하는 작업이라고 볼 수 있다. 이 작업은 학문이 가장 분화된 대학에서 시작하여, 그것이 바로 그 아래 수준인 고등학교의 교과 조직에 따라 서로 묶이고, 그 다음에는 다시 중학교, 초등학교, 그리고 마지막으로 유치원에 이르기까지 점점 쉬운 형태로 묶여야 할 것이다. (교육과정 계획이 초등학교에서 위로 올라가면서 이루어져야 한다는 생각은 그것이 반드시 한 개인의 학습 순서를 따라야 한다는 고정관념 때문이라고 볼 수 있다. 본서, 제9장 참조) 이 작업의 결과로 각 학문에서 어떤 '눈'들이 확인되고 그것들이 각 학교(또는, 학년) 수준에서 어떤 형태로 제시될 것인가 하는 것은 짐작하기 어렵지만, 이 작업의 결과에 대하여 한 가지만은 여기서 꽤 자신 있게 짐작할 수 있다. 그것은, 그렇게 확인된 '눈'들은 우리가 지식의 팽창에 관하여 걱정할 때 생각하는 것처럼 그렇게 많지 않으리라는 것이다. 사실상 한 학문의 성격(또는, 그 학문 특유의 사고방식)을 나타내는 기본적 아이디어는 불과 몇 가지밖에 되지 않을 것이다. 우리가 유치원에서 대학에 이르기까지 가르쳐야 하는 교육내용은 바로 이 몇 가지밖에 안되는 기본적 아이디어이다. 그리고 종래에 교육내용이라고 생각한 '지식의 덩어리'들은 사실상 이 기본적 아이디어들을 가르치기 위한 자료라고 볼 수 있다. 자료의 양은 그 자료가 사용되는 목적을 달성하는 데에 필요한 정도면 충분하다. 자료가 많아

졌다고 해서 목적 달성에 필요한 정도 이상으로 많은 자료들을 다룰 필요는 없을 것이다.

지금까지 살펴본 바에 비추어 보면, 우리가 교육내용의 선정이라는 문제와 관련하여 지식 정보의 팽창을 걱정하는 것은 교육내용의 의미를 잘못 파악하는 데서 빚어진다. 교육내용이라는 것을 앞에서 말한 바와 같은 '기본적 아이디어'로 파악하지 않고, 단순한 '지식의 덩어리'(또는, '단편적인 지식')로 파악하면 교육내용이라는 것은 언제나 넘칠 정도로 많다고 볼 수 밖에 없다. 사실상 지식의 팽창은 근래에 와서 비로소 생긴 걱정거리가 아니라, 말하자면 교육학자들의 '습관적인 엄살' 비슷한 것이 아니었던가 하는 느낌이 든다. 존 듀이는 「민주주의와 교육」의 첫 장에서 '직접적인 경험에서 배우는 것과 학교에서 배우는 것 사이에 불행한 간극이 생길 가능성이 오늘날보다 더 큰 적이 없었다'고 말하고 그것은 '과거 수세기 동안 지식과 기술이 급격하게 성장했기 때문'이라고 말하고 있다.[5] 그런데 그 「민주주의와 교육」은 1916년에 출판되었다. 또한 타일러는 「교육과정과 수업의 기본 원리」에서 현대 사회의 특징을 설명하면서, 산업혁명 이전에는 학교에서 가르쳐야 할 내용이 불과 얼마 되지 않았지만, 최근에는 '지식의 굉장한 증가로 학자들이 알고 있는 것을 모두 학교교육내용에 포함시키는 것이 불가능하다'고 말하고 있다.[6] 타일러의 책이 출판된 것은 1949년이었다. 물론 이 '지식의 팽창' 테마는 1960년 「교육의 과정」에서 그 절정에 도달한 느낌이 있다. 그러나, 타일러의 말과는 달리, 산업혁명 이전이라고 하여 이 문제가 없었던 것은 분명히 아니며, 아마 희랍 시대에도 이 문제(학교에서 가르치고 있는 '내용'에 비하여 지식이 팽창한다는 문제)는 있었다고 보아야 할지 모른다. 그리고 아마 그 당시에도 '교육내용'이라는 것을 어떻게 보아야 할 것인가 하는 문제는 능히 대두되었을 법하다고 보아야 할 것이다.

---

5) Dewey, J.(1916), *Democracy and Education,* New York: Macmillan, p.9.

6) Tyler, R. W.(1949), *Basic Principles of Curriculum and Instruction*, University of Chicago Press, p.16.

이제 마지막으로, 교과 선정의 기준으로서의 '지식의 구조'에 관하여 흔히 제기되는 한 가지 의문에 관하여 생각해 보겠다. 그것은 모든 교과에 '지식의 구조'가 있는가 하는 의문이다. 사실상 현재 '지식의 구조'는 과학이나 수학과 같이 그 '기본 개념'이나 '탐구과정'이 엄밀하게 체계화된 교과에 국한되어 적용되는 듯한 인상을 준다. 그러나 모든 교과에 지식의 구조가 있는가 하는 질문은 '지식의 구조'라는 말을 어떻게 해석하는가에 따라 그 대답이 달라진다고 보아야 한다. 만약 이때까지 말한 바와 같이, 지식의 구조라는 용어를 '학문 특유의 사고방식', 또는 '현상을 보는 눈'이라고 해석하면, 적어도 지식을 다루는 교과라면 어느 교과든지 '지식의 구조'를 가지고 있다고 보아야 할 것이다. 이런 의미에서의 '지식의 구조'가 없다는 말은 현상을 이해하는 방법이 없다는 뜻이요, 따라서 그 교과를 가르치는 교사가 학생들에게 아무런 '이해하는 방법'도 가르쳐 줄 것이 없다는 뜻이다.

만약 교과를 잘 가르친다는 것이, 적어도 그 의미의 한 부분으로서, '중요한 것'을 가르친다는 의미를 내포하고 있다면 지식의 구조가 없는 교과는 논리적으로 말하여 잘 가르쳐질 수가 없을 것이다. 그리고 이 말을 하는 다음 순간에 우리는 지식의 구조를 가르치는 것은, 지식의 팽창 때문에 필요한 조치라기보다는, 잘 가르친다는 말의 의미에 비추어 요구되는 조치라는 것을 인정하게 될 것이다.

4. '부정적 수업'에 관한 삽입절

교육내용의 의미를 '지식의 구조'라는 용어로 파악한 사람들은, 아마 그들 자신도 의식하지 못했겠지만, 참으로 엄청난 주장을 하였다고 볼 수 있다. 오늘날 교육학이 짊어져야 할 한 가지 과제는 그것이 어째서 엄청난 주장인가를 밝히는 데에 있다. 이것을 밝히는 동안에 아마도 우리는 '지식의 구조'라는 용어가 단순히 '교육내용'의 성격을 새롭게 규정하는 용어가 아니라, 교육내용을 잘 가르치는 '방법'과 그런 내용을 그런 방법으로 가르쳐야 하는 '이유'(교육목적)까지 포함하여 전반적인 교육관의 전환을 나타내는 용어라는 것을 알게 될 것이다. 아마 이 전환은 문자 그대로 '혁명적인' 의미를 가지고 있다고 보아야 할 것이다. 여기서 '혁명'이라는 것은 교육을 보는 눈을 급격하게, 또 근본적으로 새롭게 해야 한다는 것을 나타낸다. 그리하여 오늘날 교육학의 과제는 '지식의 구조'라는 용어에 숨어있는 혁명적인 의미를 밝혀내는 데에 있다고 말할 수 있다.

'지식의 구조'를 교육내용의 의미로 내세운 사람들은 아마 단순히 교과를 잘 가르치는 방법이 어떤 것인가를 직관적으로 파악하려고 했을 것이다. 교과를 잘 가르치는 방법이 어떤 것인가 하는 질문에 대하여 대답하고자 했을 때, 그들은 그 질문을 종래 사람들이 일반적으로 해 오던 방식과는 특이한 방식으로 해석하였다. 사실은 이 점이 '지식의 구조'라는 용어에 숨어있는 의미를 파악하는 데에 중요한 시사를 준다. 종래 사람들이 교과를 잘 가르치는 방법이 무엇인가 하는 질문을 했을 때에는 그것을 주로 '교육방법'에 관한 질문으로 해석하였다. 물론 이 경우에 '교육방법'이라는 것은 '교육내용'과는 상당히 별개의 것으로 생각되었고, 따라서 교과를 잘 가르치는 방법이 무엇인가 하는 문제는 '교육내용'이 무엇인가 하는 문제와는 별도로 규정될 수 있다고 생각하였다. 그들의 사고방식에 의하면, 교과를 잘 가르치는 방법이 무엇인가 하는 질문은 교육내용이 일단 결정되고 난 뒤에야 의미있게 논의될 수 있으며, 마찬가지로 생각하여 교육방법에 관한 논의가 의미있게 전개될 수 있는 시점에서는 교육내용은 이미 주어져 있는 것으로 보아도 좋다. 이러한 사고방식에는 일견 명백한 타당성이 있는 것처럼 생각된다. 왜냐하면 '교과를 잘 가르치는 방법'은 '교과'(교육내용)가 이미 결정되고 난 뒤에, 그 결정된 교과를 잘 가르치는 '방법'을 뜻하는 것으로 볼 수 있기 때문이다.

이러한 사고방식이 상식적으로 자명한 것처럼 보이는 데도 불구하고, 교육내용의 의미를 '지식의 구조'로 규정한 사람들은 교과를 잘 가르치는 방법이 무엇인가 하는 질문에 대하여, 그 질문은 보통의 의미에서의 '교육방법'에 관한 질문이라기보다는 오히려 '교육내용'에 관한 질문이며, 잘 가르친다는 것은 가르치는 내용과 무관하게 규정될 수 있는 것이 아니라 어떤 내용을 가르치는가 하는 문제와 직결되어 있다고 생각하였다. 다시 말하면, 교과를 잘 가르친다는 것은 바로 '교과'를 가르치는 것이어야 하며, 교과를 가르친다고 하면서 교과가 아닌 다른 것을 가르쳐서는 안된다는 것이다. 약간만 깊이 따져보면, 이것도 앞에서 말한, 상식적으로 자명한 듯한 생각에 못지않게 타당성을 가질 수 있다. 얼른 생각하면, 교과를 잘 가르치는가 잘못 가르치는가를 따질 때에는 먼저 교과라는 것이 이미 주어져 있어야 한다고 생각할 수 있지만, 과연 가르치기 이전에 이미 주어진 교과라는 것이 있을 수 있는가? 사실은 가르치는 방법 여하에 따라 가르치는 내용이 달라지는 것이 아닌가? 그러므로 잘 가르치는가 잘못 가르치는가 하는 문제는 가르치는 내용을 젖혀 두고는 따질 수가 없는 것이다. 오히려 교과를 잘 가르치는 방법이 무엇인가 하는 문제에 대한 해답은 일차적으로 어떤 내용을 가르치는가 하는 문제에 대한 해답에서 찾아야 한다. 내용이 올바르게 규정되지 않고서는 그것을 아무리 '잘' 가르쳐도 그것은 엉뚱한 것을 가르치는 결과가 될 것이다. 사실상 '지식의 구조'를 교육내용으로 파악한 사람들은 그 당시 교육이 엉뚱한 내용을 가르치고 있다는 데에 관심을 가지고 그것이 바로 그 당시 교육의 가장 중요한 문제점이라고 생각하였다. 그들의 생각에 의하면, 어떤 교사가 교과를 잘 가르친다고 할 때, 그 교사는 반드시 '특정한 내용'을 가르치고 있다고 보아야 한다. 그리고 교과를 잘 가르치는 방법이 무엇인가를 따지는 데에 있어서는 교과가 무엇인가 하는 문제가 일차적인 고려사항이 된다. '지식의 구조'라는 용어는 교과를 잘 가르친다고 할 때 그 가르치는 내용을 일컬어 붙인 이름이다.

이렇게 보면, '지식의 구조'라는 것은 '산'이나 '나무'와 같이 어떤 구체적인 물건에 붙인 이름이라기보다는 '자유'나 '민주주의'와 같이 특정한 상태를 지칭하는 용어라고 볼 수 있다. '산'이나 '나무'는 이름을 붙이기 전에도 구체적인 물건으로 존재하는 것이요 그 말의 의미는 그 구체적인 물건을 가리킴으로써 밝힐 수 있는 데에 비하여, '자유'나 '민주주의'는 사람들이 올바로 산다는 것은 어떤 상태를 가리키는가에 대한 우리의 생각에 비추어서 비로소 그 말의 의미가 밝혀질 수 있다. 다시 말하면, '자유'나 '민주주의'라는 용어가 지칭하는 상태는 올바르게 사는 모습에 대한 우리의 관념에 의하여 규정되는 것이다. '지식의 구조'도 이와 비슷하다. '지식의 구조'는 산이나 나무처럼 구체적인 물건으로 보여줄 수 있는 것이 아니라, 교과를 잘 가르친다는 것이 어떤 상태를 가리키는가에 비추어서 그 의미가 파악되어야 한다. 각각의 교과에서 '지식의 구조'를 밝히는 일(또는, 한 마디로 '교과의 구조'를 밝히는 일)이, 적어도 산이나 나무처럼 구체적인 물건으로 보여주는 것과는 달리, 그토록 어렵게 생각되는 것은 이 점에서 매우 당연하다. 물론 이때까지 '교과의 구조'를 구체적인 형태로 제시하려는 시도가 없었던 것은 아니다. 아마 가장 대표적인 보기는 교과의 구조를 '개념의 구조도'라는 일종의 도식으로 파악하려는 시도일 것이다. 그러나 이러한 시도는 교과를 잘 가르치는 방법이 어떤 것인가 하는 문제에 대하여 별로 만족스러운 시사를 주지 못한다. 그것은 그러한 '개념의 구조도'가 잘못 그려졌기 때문이 아니라, '지식의 구조'를 그러한 방식으로 파악할 수 있다는 발상이 그릇된 것이기 때문이다. 앞에서도 말한 바와 같이, '지식의 구조'라는 용어를 낳게 한 사고방식은 바로 그러한 발상과는 반대되는 것이다.

먼저, 교육내용을 '개념의 구조도'의 형태로 파악할 수 있다는 생각 자체를 검토해 보자. 이 생각에 의하면, 하나의 교과는 몇 개의 핵심 개념 또는 기본 개념으로 구성되어 있고, 이 개념들은 서로 관련을 맺고 있다. 이러한 개념의 조직이 그 교과의 교육내용이다. 그리하여 한 교과의 '개념의 구조도'는 그 교과에 들어있는 개념과 그 사이의 관련을 보여주는 것이며, 이것이 곧 그 교과의 교육내용이다. 예컨대 과학이라는 교과는 질량, 가속도, 힘, 운동량, 일, 그리고 구조, 기능, 유전, 세포 등등의 기본 개념과 그 사이의 상호관련으로 성립되어 있으며, 이것이 바로 과학의 교육내용이라는 것이다. 이러한 사고방식에 의하면, 과학을 가르친다는 것은 곧 그러한 기본 개념 및 그 상호관련을 가르치는 것이다. 그러나 이러한 것들을 '잘' 가르친다는 것은 무엇을 의미하는가? 물론 이 경우에도 잘 가르친다는 말이 의미를 가질 수 있다. 그러나 잘 가르친다는 말의 의미가 이런 식으로 규정될 수 있다는 생각은 '지식의 구조'라는 용어가 생기기 이전의 사람들의 생각, 다시 말하면 잘 가르친다는 것은 교육내용이 결정되고 난 뒤에 그것을 가르치는 '방법'에 관한 문제라는 생각과 완전히 동일하다는 점을 주의할 필요가 있다. 과학에 포함되어 있는 기본 개념과 그 사이의 상호관련(다시 말하면, '개념의 구조도'와 같은 것)을 교과라고 보고, 그것을 잘 가르치는 것이 곧 과학을 잘 가르치는 것이라고 생각할 때, 잘 가르친다는 말은 예컨대 재미있게 가르친다든가, 학생들이 배운 내용을 잊어버리지 않도록 가르친다든가 하는 것과 같은 여러 가지 의미로 해석된다. 그리고 재미있게, 또는 잊어버리지 않도록 가르치기 위해서 동원되는 방법에도 여러 가지가 있을 수 있다. 교사들이 가장 즐겨 쓰는 방법은 가르치는 내용과 관련된 재미있는 에피소우드를 이야기해 주는 방법일 것이다. 그러나 이러한 사고방식에서의 난점은 '개념의 구조도'를 잘 가르치는 방법이 그 가르치는 내용과 무관하게 규정된다는 데에 있다. 가령 어떤 교사가 과학의 '개념의 구조도'를 무슨 방법으로든지 '재미있게' 가르쳤고 또 그 결과로 학생들이 상당히 오래 동안 그것에 들어있는 기본 개념과 그 상호관련을 '기억'하게 되었다고 가정하자. 그렇다면 이 교사는 과학을 잘 가르쳤는가? '지식의 구조'라는 용어가 나오기 이전의 사고방식에 의하면, 이 교사는 분명히 잘 가르쳤다고 말할 수 있다. 그 사고방식에서는 학생들이 각자 배운 내용을 잊어버리지 않는다는 것이 교육의 성과를 판단하는 가장 중요한, 또는 심지어 유일한 기준이었다.

그러나 여기서 우리가 해야 할 질문은 과연 학생들이 '과학을 알게' 되었는가 하는 것이다. 물론 이 질문에 대해서도 앞의 예에서 '개념의 구조도'를 오래 기억하게 된 학생들은 과학을 알게 되었다고 대답할 수 있을 것이다. 그러나 이 질문에 어떻게 대답하는가 하는 것은 과학을 알게 된다는 것이 무엇을 의미하는가, 또는 마찬가지 말이지만, 과학을 왜 배워야 하는가 하는 질문에 대한 대답 여하에 달려있다. 사실상 과학이라는 분야에 실지로 종사하는 사람들 사이에도 자신이 하는 일의 의미('과학을 알게 된다는 것이 무엇을 의미하는가')에 관하여 의견의 차이가 있으며, 따라서 위의 질문에 대하여 유일 절대적인 대답을 하기는 어렵다. 일부의 의견에 의하면, 과학에 들어있는 기본 개념과 그 사이의 관련을 배운 결과로 그것을 잊어버리지 않고 있으면 그것은 과학을 알게 된 상태라고 볼 수 있을 것이다. 그러나 또 다른 쪽에서는 과학의 의미(또는, 그 밖의 다른 교과의 의미)를 그런 식으로 규정하는 것은 잘못이라고 주장한다. 이 후자의 견해에 의하면, 과학의 기본 개념과 그 사이의 상호관련을 외우고 있는 상태가 반드시 과학을 알게 된 상태가 아니며, 그것을 외우고 있다 하더라도 과학을 모르는 경우가 충분히 있을 수 있다. 문제는 과학이 그러한 기본 개념과 그 사이의 상호관련으로 충분히 규정될 수 있는가, 그리고 설사 과학을 그러한 방식으로 규정할 수 있다 하더라도 과학의 기본 개념과 그 상호관련을 안다는 것이 과연 그것을 오래 기억한다는 것으로 충분히 규정될 수 있는가 하는 데에 있다. '지식의 구조'를 주장한 사람들은, 비록 그들 자신이 명백히 의식하지 못했다 하더라도, 이 문제에 대하여 특별한 입장을 취하고 있다. 그리고 이 입장이야말로 '지식의 구조'라는 용어에 들어있는 혁명적인 의미의 씨앗을 품고 있다고 볼 수 있다.

'지식의 구조'를 주장한 사람들은 교과를 잘 가르친다는 말의 의미를 해당 교과의 성격에 맞게 가르치는 것, 또는 한 마디로 '교과답게' 가르치는 것이라고 규정하였다. 예컨대 물리교과의 경우에는 '물리답게' 가르쳐야 한다는 것이다. 만약 물리를 가르치면서 물리답게 가르치지 않고, 오직 표면상으로만 물리일 뿐, 사실은 물리가 아닌 다른 것을 가르친다면, 아무리 훌륭한 '방법'으로 가르친다 하더라도 그것은 교과를 잘 가르치는 것이 아니다. ('물리답지' 않게 가르치면서 여전히 '훌륭한 방법'으로 가르친다고 말할 수 있는가 하는 의문은 당연히 있을 수 있는 질문이지만, '지식의 구조'라는 용어가 나오기 이전의 교육관에서는 물리답지 않게 가르치면서도 훌륭하게 가르치는 경우가, 적어도 이론상으로는, 충분히 있을 수 있었다. 교육방법이 교육내용과 별개의 것으로 규정될 수 있다는 생각은 바로 이 점을 나타내고 있다.) 사실은 교육내용의 의미를 '지식의 구조'로 규정한 사람들이 보기에 그 당시 대부분의 교사들은 교과를 교과답지 않게 가르치고 있었다. 물론 그 교사들도 그들 나름으로 '효과적인 방법'을 동원하고 있었을지 모르지만, 그 방법이 아무리 '효과'를 나타낸다 하더라도 그것은 '교과를 가르치는' 방법이 아니라는 점에서, 잘 가르치는 방법이 갖추어야 할 일차적인 기준에 미달하는 것이다.

가령 교과답게 가르치는 것이 어떤 것인지를 잘 알고 있는 사람들(이 사람들은 어느 누구보다도 해당 분야의 학문에 종사하는 학자들일 것이다)이 교실 뒤에 서서 교사가 각 교과를 가르치는 모양을 관찰한다고 가정해 보자. 수학시간이 되면 교사는 수와 방정식 등을 가르치고 과학시간에는 힘, 에너지, 세포 등을 가르치며 사회시간에는 권력, 도시, 봉건제도 등을 가르친다. 표면상 이런 내용들은 수학, 과학, 사회에 관련되는 것들이요, 따라서 그것을 가르치는 교사는 각각 수학, 과학, 사회 등을 가르친다고 볼 수도 있다. 그러나 그럼에도 불구하고 교실 뒤에 있는 사람들이 보기에 그것은 수학, 과학, 사회가 아닌 것일 수도 있다. 만약 그 사람들이 그것을 수학, 과학, 사회가 아닌 것으로 판단한다면, 그 가장 중요한 이유는 교사와 학생들이 가르치고 배우는 내용이 해당 학문의 학자들이 실지로 하고 있는 일과 너무나 거리가 있다는 점일 것이다. 각각 해당 분야의 학문에 종사할 때, 그 사람들 자신도 수와 방정식, 힘과 에너지, 권력과 도시 등의 '기본 개념'을 사용하고 있는 것이 사실이며, 학생들도 마찬가지로 이런 개념들을 배운다는 점에서 학생들도 학문을 배운다고 볼 수 있다. 그러나 교실 뒤에 서 있는 사람들이 보기에 교실에서 가르치는 '학문'에는 학자들이 하는 '학문' 중의 가장 핵심적 요소가 결여되어 있는 것이다. 학자들로서 그들이 하는 일은 단순히 그런 기본 개념들을 입에 담거나 외우는 일이 아니라, 그것을 특별한 목적에 사용하는 일이다. 이 특별한 목적이라는 것은 다름 아니라 '학문을 하는' 목적이다. '학문을 한다'는 것이 어떤 것인가 하는 것을 몇 마디의 말로 간단하게 규정하기는 불가능에 가깝지만, 일반적으로 규정하자면, 각각 관련된 현상을 탐구하고 이해한다는 말로 규정할 수 있을 것이다. 학생들이 배우는 내용에 빠져있는 것은 바로 이와 같이 각각 학문에 관련된 현상을 탐구하고 이해하는 일이다. 학생들이 표면상 학자들이 사용하는 것과 동일한 '기본 개념'을 배우고 있음에도 불구하고 여전히 학자들이 하는 일이 아닌 엉뚱한 것을 배우고 있다고 생각되는 것은 학생들이 배우는 내용 중에 바로 그 일이 빠져있기 때문이다. 만약 학생들이 기본 개념을 배우면서도 그것을 현상의 이해에 사용할 줄 모른다면, 그것은 분명히 교과를 잘못 배우는 것이다. 그것은 곧 기본 개념을 배워야 하는 목적에 어긋나게 배우는 것이며, 이런 방식으로 기본 개념을 배웠다고 하는 것은 곧 기본 개념을 배우지 않았다고 하는 것과 별로 다름이 없다. 교과의 내용을 예컨대 기본 개념과 그 상호관련으로 파악하는 것이 그릇되다고 볼 이유는 바로 여기에 있다. 만약 교과라는 것이 학생들이 배워야 할 내용이라면 그것은 학문에 들어있는 기본 개념으로 파악될 것이 아니라, 그 기본 개념을 써서 하는 일(즉, 학자들이 하는 일)로 파악되어야 한다.

'지식의 구조'를 주장한 사람들은 '교과답게' 가르친다는 말의 의미를 '학자들이 하는 일로서' 가르친다는 뜻으로 해석하였다. (「교육의 과정」이라는 책에서 브루너가 한 말: '물리학을 공부하는 초등학교 3학년 학생은 물리학자와 동일한 종류의 일을 한다.') 다시 말하여 교과를 잘 가르친다는 것은 그 교과를 '교과답게' 가르치는 것이며, 교과를 '교과답게' 가르친다는 것은 학생들로 하여금 해당 분야의 학자들이 하는 일과 본질상 동일한 일을 하도록 가르치는 것이다. 그러므로 교과를 잘 가르치는 방법이 어떤 것인가를 규정하는 데는 학자들이 하는 일(즉, '학문을 한다'고 할 때의 학문)을 어떻게 규정할 것인가 하는 것이 가장 중요한 문제로 등장한다. 앞에서 잠정적인 규정으로 받아들인 바와 같이, 이때까지 학자들이 하는 일은 해당 학문에 관련된 현상을 탐구하고 이해하는 일로 파악되어 왔다. 그리하여, 만약 '지식의 구조'라는 말이 교과를 잘 가르치는 상태에서의 교육내용(즉, 학자들이 하는 일)을 일컬어 붙인 이름이라면, 교과를 잘 가르치는 방법('지식의 구조'를 가르치는 교육방법)으로서 '탐구학습'이 강조된 것은 매우 당연하다고 볼 수 있다.

그러나 학자들이 하는 일을 '탐구'라는 말로 규정하는 것이 과연 타당한가, 또는 학자들이 하는 일을 '탐구'라고 규정할 때 그 '탐구'라는 것이 구체적으로 무엇을 의미하는가 하는 것은 깊이 따져 보아야 할 문제이다. 그럼에도 불구하고 오늘날 탐구학습을 주장하는 사람들이나 그것에 반대하는 사람들을 막론하고 대부분의 사람들은 학자들이 하는 일의 본질, 또는 교육방법의 원리를 나타내는 말로서의 '탐구'를 지나치게 문자 그대로 해석하는 경향이 있다. 즉, 학자들이 하는 일은 이때까지 밝혀지지 않은 새로운 원리를 탐구하고 발견함으로써 현상을 보다 잘 이해하는 일이며, 이와 마찬가지로 교과를 배울 때 학생들도 자신이 당면한 문제를 자기 자신의 지력으로 탐구하여 해결해야 한다는 것이다. 탐구학습을 주장하는 사람들의 대다수는 이러한 방법이 그대로 교과교육에 적용될 수 있다고 생각한다. 그들의 주장에 의하면, 탐구학습에서는 교사가 해답을 가르쳐 주어서는 안되며 그 해답은 학생 스스로의 탐구에 의하여 발견해 내어야 한다는 것이다. 또한 탐구학습에 반대하는 사람들은 바로 이런 의미에서의 탐구가 교육방법의 원리로서 필요하고도 가능한가에 대하여 의문을 제기하고 있다. 그들은 우선 학교에서 가르치는 내용 중에 '탐구'라는 말이 의미있게 적용될 수 없는 내용이 많다는 점을 지적한다. 예컨대 1919년에 3·1운동이 일어났다는 역사적 사실을 탐구한다는 것은 무엇을 의미하는가? 그 사실은 학생이 어떤 종류의 탐구를 하여 알아낼 수 있는가? 이런 식으로 생각해 보면, 학교에서 가르쳐야 할 내용 중에는 소위 탐구학습으로 가르쳐야 할 것보다는 교사가 가르쳐 주어야 할 내용이 훨씬 더 많다. 그러므로 학교에서 가르치는 대부분의 내용, 또는 심지어 모든 내용을 탐구학습으로 가르쳐야 한다는 것은 분명히 그릇된 것이다. 이것이 탐구학습에 반대하는 사람들의 주장이다.

이런 식의 반론에는 분명히 일면의 진리가 있다. 사실상 문자 그대로의 탐구는 교육방법의 원리로서 뿐만 아니라 학자들이 하는 일의 특징을 나타내는 말로서도 적합하지 않다. 학자들이 하는 일은 모두 그런 의미에서의 탐구가 아니요, 그 중의 아마 대부분은 다른 사람들이 밝혀놓은 지식을 받아들이는 것에 해당된다. 학생들이 1919년에 3·1운동이 일어났다는 것을 탐구하고 발견하지 않는 것과 마찬가지로 역사학자들도 그것을 탐구하고 발견하지 않는다. 물론 학자들 중에는, 이때까지 다른 사람들이 발견하지 못한 새로운 이론을 발견하는 사람들이 있기는 하지만, 이들은 극히 뛰어난 소수에 불과하다. 대부분의 학자들이 하는 일은, 그리고 모든 학자들이 대부분의 시간을 보내는 일은 다른 사람들이 발견한 이론을 이해하는 일이다. 그러므로 학자들이 하는 일을 한마디로 '탐구'라고 규정하는 것은 그것을 지나치게 단순화한 나머지 그릇되게 파악하는 것이다.

그렇다면 교육방법으로서의 탐구학습은 전혀 타당성이 없는 것인가? 학생들로 하여금 3·1운동이 몇 년에 일어났는가를 '탐구'하도록 하는 일이 넌센스라고 하여, 종래와 같이 3·1운동이 1919년에 일어났다는 것을 일러주고 맹목적으로 외우도록 하는 것밖에 달리 가르칠 방법이 없는 것인가? 반드시 그렇다고는 할 수 없다. 학생들에게 탐구할 문제를 내어주고 스스로 탐구하도록 하는 것이 일반적으로 타당한 교육방법이 아니라는 것을 인정한다 하더라도, 학생들이 배우는 내용은 학자들이 하는 일 바로 그것이라는 것, 그리고 그것을 배우도록 하는 가장 좋은 방법은 학자들이 하는 일과 동일한 일을 하는 데에 있다는 주장은 여전히 타당성을 가진다고 볼 수 있다. 학자들도 학생들과 마찬가지로 다른 사람들이 탐구하고 발견해 놓은 이론을 배우는 일을 하는 것이다. 다만 학자들이 다른 사람들의 이론을 배울 때 하는 일은 종래 교육에서 학생들이 학자들의 이론을 배울 때 해오던 일과 동일하지 않다. 학자들이 보기에 종래 교육에서 학생들에게 가르쳐 오던 내용이 그들 자신의 하는 일과 다른 것으로 생각된다면 그것은 바로 이 때문이다. 다른 학자들의 이론을 이해하고자 할 때, 학자들은 그 이론을 맹목적으로 받아들이는 것이 아니라, 그 이론이 요구하는 것과 동일한 방식으로 현상을 보고자 한다. 어떤 학자가 다른 학자들의 이론을 수정하여 자기 자신의 새로운 이론을 발견해 내는 것은 종래의 이론에 따라 현상을 보려고 하는 과정에서 종래의 이론에 모종의 결함이 있다는 것을 알게 될 때이다. 학자들의 활동을 특징짓는 용어로서의 '탐구'는 반드시 새로운 이론을 만들어 내는 과정만 지칭하는 것이 아니라 종래의 이론을 이해하는 과정까지 지칭한다고 보아야 한다. (차라리, 두 과정은 동일한 연속적 과정이라고 보는 편이 더 정확하다.) 이러한 일을 '탐구'라는 용어로 부를 수 있는 것은 그 일이 성격상 다른 사람들의 이론을 맹목적으로 받아들이는 것이 아니라, 그 이론의 타당성(그 이론이 과연 현상을 정확하게 기술 또는 설명하고 있는가)을 비판적으로 검토하는 것이기 때문이다. 이러한 비판적 검토는 하나의 이론을 자신의 것으로 소화하기 위해서는 반드시 해야 하는 것이다. 그리하여 만약 학생들이 학자들의 이론을 배울 때, 그 이론이 학생들 자신의 것으로 소화되어야 한다면 학생들도 비록 학자가 하는 것과, 동일한 수준의 것은 아니더라도, 본질상 동일한 종류의 비판적 검토를 하지 않으면 안된다. 교과를 맹목적으로 받아들인다는 것은 바로 그러한 비판적 검토없이, 자기 자신의 것으로 소화되지 않은 상태에서 교과를 배우는 것을 의미한다.

헤겔은 철학적 사고를 '상식과의 투쟁', 또는 '일상생활의 안정감을 상실하는 과정'으로 규정하였다. 이 말은 오늘날 우리가 알고 있는 특수한 학문으로서의 철학 뿐만 아니라 일체의 지적 활동의 본질을 정확하게 규정하고 있다고 볼 수 있다. 상식의 세계에서는 모든 것이 당연하며, 거기에는 하등의 문제도 없다. 상식의 세계는 '그래서 어떻단 말인가'라는 말이 통용되는 세계이다. 1919년에 3·1운동이 일어났다. 그래서 어떻단 말인가? 빛이 있으면 그늘이 있다. 그래서 어떻단 말인가?...등등. 학문이라는 것은 상식적으로 자명하게 보이는 세계, 하등 설명의 대상이 되지 않는 세계를 설명의 대상으로 삼는 활동이다. 이때까지 하등 문제로 되지 않던 세계가 학문에 의하여 비로소 문제로 등장하게 되는 것이다. 학문을 하는 사람에게는 '그래서 어떻단 말인가'라는 말을 할 때 느끼는 '안정감'이 파괴되고, 소위 '지적 긴장감'이 생긴다. 물론 학문에 '문제해결적인' 요소가 없는 것은 아니지만, 이 경우의 '문제해결'이라는 것은 문제를 완전히 없애 버리는 것을 뜻한다기보다는 다시 새로운 문제를 일으키는 것을 뜻한다. 다시 말하면, 학문은 이때까지 전혀 문제가 되지 않던 사태에서 새로운 문제를 발견하는 과정이다. 학문의 이러한 의미는 학자가 하는 일 중에서 자기 자신의 새로운 이론을 만들어 내는 과정 뿐만 아니라, 다른 사람들의 학문적 업적을 이해하는 과정에도 마찬가지로 적용된다.

'일상생활의 안정감을 상실하는 과정'으로서의 학문은 교과를 배울 때 학생들이 해야 하는 일과 다름이 없다. 교과를 배우기 이전의 학생들은 하등의 문제도 없는 상식적인 세계에서 '일상생활의 안정감'을 느끼며 살고 있다. 교과를 배울 때 학생들은 이때까지 그들이 보아 오던 세계가 그처럼 자명하지 않다는 것을 배우게 된다. 학생들은 이미 그전처럼 '그래서 어떻단 말인가'라는 말을 할 수가 없다. 1919년의 3·1운동은 그냥 일어난 사건이 아니라 그 당시 우리나라를 둘러싼 역사적 현실에 비추어 설명되어야 할 사건이며, 또한 우리의 민족정신을 담고 있는 사건이다. 빛이 있고 그늘이 있는 것은 당연한 현상이 아니라, 그것은 빛이 직진한다는 원리를 나타내고 있다...등등. 물론 이러한 설명은 바로 그 '문제를 해결'하는 것으로 끝나는 것이 아니라, 끝없이 새로운 문제를 일으키는 것으로 연결된다.

교과를 배우는 과정을 이런 관점으로 파악할 때, 교육방법은 구체적으로 어떤 것이어야 하는가? 아마 오늘날 탐구학습의 원리로서 주장되는 것처럼 교사가 해답을 가르쳐 주지 말아야 한다는 것이 이 경우에는 그다지 틀린 말이 아닐 것이다. 아니, 오히려 그 이상으로, 교사는 학생들이 상식적으로 옳다고 믿고 있는 내용에 대하여 적극적으로 문제를 일으켜야 한다. 소위 '문제사태'(도대체 어떤 것이 문제사태인가 하는 것부터가 학문에 의하여 규정되어야 한다)에 대하여 학생들이 가지고 있는 견해는 십중팔구 학문에 의하여 도야되지 않은 상식적인 견해일 것이며, 따라서 교사가 당연히 해야 할 일은 학생들의 견해에 대하여 비판적인 질문을 하는 일이다. 교사들은 그러한 상식적인 견해를 부정하는 학문적인 견해가 있다는 것을 학생들에게 보여주어야 한다. 이 일은 교사만이 할 수 있는 일이며, 또 이 일을 할 수 있는 사람만이 교사가 될 수 있다. 이런 교사에게서 배울 때 학생들은 이때까지 자신이 가지고 있던 상식적인 견해와 교사에게서 배운 학문적인 견해를 비교할 수 있게 되고 그것에 비추어 자신의 견해를 수정할 수 있게 된다. 이런 원리에 따라 이루어지는 수업을 한마디로 규정한다면 '부정적 수업'('무엇무엇이다'가 아니라, '무엇무엇이 아니다'를 가르치는 수업)이라고 부를 수 있을 것이다. 역사상 '부정적 수업'의 원리를 전형적으로 예시한 사람은 소크라테스이며, 또 소크라테스처럼 그것을 잘 예시한 사람은 아무도 없었다고 보아도 좋다. 소크라테스의 교육방법에서 그토록 강조된 바와 같이, '부정적 수업'은 학생들로 하여금 교과를 자기 자신의 것으로 소화하도록 하는 아마도 유일한 방법일 것이다.

'부정적 수업'의 원리에 입각한 교육관은 마치 희랍 철학에 있어서의 소크라테스의 역할이 나타낸 것에 못지않은 혁명적인 전환을 나타내고 있다. 그 원리에 입각하여 교육을 보자면, 우리는 이때까지 우리가 익숙해 있던 것과는 전혀 다른 눈으로 교육을 보지 않으면 안될 것이다. 이때까지 우리가 익숙해 있던 사고방식에 의하면, 교육이라는 것은 '부정적 수업'('무엇무엇이 아니다'를 가르쳐 주는 것)을 통하여 학생들이 늘 당연하다고 생각해 오던 내용을 비판적으로 검토하도록 하는 일이라기보다는 학생들에게 그들이 모르는 내용을 '적극적으로' 일러주는 것('무엇무엇이다'를 가르쳐 주는 것)이었다. 학생들에게 '적극적으로' 일러주어야 할 내용이라는 것은 어떤 것인가, 또는 마찬가지 질문이지만, 그런 내용을 왜 일러주어야 하는가 하는 질문에 대해서는 교육이 '생활에 유용하다'는 손쉬운 대답이 주어져 왔다. 사람들이 실지로 교육에서 어떤 내용을 가르쳐 왔는가 하는 것과는 하등 관계없이, 일단 교육의 의미에 대하여 말을 하기 시작하면, 누구든지 교육이 생활에 유용하다는 것은 의심할 여지없이 자명한 것이라고 생각해 왔다.

그러나 이제 교육에 관하여 말을 하는 사람들은 헤겔이 말한 것과 같은 의미에서의 '상식과의 투쟁'을 할 때가 되었다. 우선, 그 첫걸음으로서, 교육의 의미에 관하여 사람들이 말하고 있는 것처럼, 과연 교육을 통하여 가르치고 있는 내용이 '생활에 유용'한가, 그 내용 중에서 과연 어떤 부분이 구체적으로 어떤 점에서 생활에 유용한가를 따져 볼 수 있다. 예컨대 '빛은 직진한다'는 과학적 지식은 세계 어느 나라를 막론하고 예외없이 가르치고 있는 교육내용이다. 그것이 '생활에 유용'하다는 것은 곧 그것을 배우지 않으면 생활에 모종의 불편이 초래된다는 뜻이다. 그러나 어떤 불편이 초래되는가? 상식적인 견해를 가지고 있는 사람은 잠깐 생각해 보고 난 뒤에, 다음과 같이 대답할 것이다. '물론 그것을 모르면 불편하다. 빛이 직진한다는 것을 모르면 회중전등을 비출 수도 없고 커텐을 칠 수도 없고...' 그러나 이것은 답이 아니다. 만약 빛의 직진을 배우지 않은 데서 초래되는 불편이 그런 것이라면, 마찬가지로 생각하여 빛의 직진을 배우지 않는다면 여름에 나무그늘 밑에 앉을 수도 없을 뿐만 아니라, 우리가 알고 있는 대로의 사생활이라는 것이 전혀 불가능할 것이다. 그럼에도 불구하고 사람들은 빛의 직진을 모를 때에도 나무그늘에서 땀을 말렸고, 또 안심하고 사생활을 즐길 수 있었다. 빛의 직진이라는 것은 학교에서 가르치고 있는 내용 중에서 예외적인 것인가? 그렇지 않다. 오히려 각 교과에서 가르치고 있는 대부분의 내용은 이와 같이 생활에의 유용성이 의심스러운 것들이다.

위에서 한 말은 빛의 직진이나 그 밖의 교과내용이 전혀 쓸모가 없다는 뜻이 아니다. 다만 그런 내용이 보통 '교육은 유용하다'고 말할 때 사람들이 의미하는 것처럼 생활에 직접 쓰인다든지, 그것을 배우지 않으면 생활에 불편이 초래되는 것은 아니라는 뜻이다. 보통 교육이 유용하다고 할 때 그 유용하다는 것은 예컨대 자동차 운전기술이 유용하다는 것과 같은 뜻으로 해석된다. 위에서 빛의 직진을 모르더라도 생활에 하등 실제적인 불편이 초래되지 않는다고 한 것은 그것이 자동차 운전기술이 유용한 것과 동일한 의미에서 유용한 것이 아님을 말한 것이다.

'부정적 수업'에 관하여 대부분의 사람들이 품을 수 있는 한 가지 우려는 이 점에 비추어 간단하게 해소될 수 있다. 학생들이 알아야 할 내용을 '적극적으로' 가르쳐 주는 것이 아니라, 학생들이 가지고 있던 상식적인 신념을 부정하는 것을 교육이라고 할 때, 이때까지의 교육관에 젖어있는 사람들은 대체로 학생들이 생활에서 말할 수 없는 불편을 겪게 되리라는 우려를 품을 수 있다. 그러나 이 우려는 교육에서 가르치는 내용이 생활에 직접 유용한 것이요, 그것을 배우지 않으면 당장 심각한 불편이 초래된다는 것을 가정할 때 비로소 타당성을 가진다. 이때까지 학교에서 가르쳐 오던 내용을 일일이 점검해 보면 쉽게 알 수 있겠지만, 그러한 우려에는 하등 근거가 없다. 당장 내일부터 학교에서 가르치는 모든 내용을 가르치지 않는다 하더라도, 그런 사람들이 우려하는 것과 같이, 사람들이 생활에 불편을 겪는다든지, 심지어 너무나 불편을 겪은 나머지 인류 전체가 사멸하는 사태가 벌어지지 않으리라는 것은 보장된 것이나 다름이 없다. 오늘날 생활에 별로 불편을 느끼지 않고 살아가는 사람들이 과연 학교에서 가르치는 교과(지식)를 모범적으로 잘 배운 사람들인가, 그리고 그들의 유리한 생활 조건이 교과를 배웠다는 사실과 필연적인 관계가 있는가를 생각해 보더라도 그 점은 명백하다.

교과가 생활에 유용하다는 것을 부정하는 것은 그 유용성을 다른 곳에서 찾는 일에 기초를 마련해 준다. 교과의 유용성은 올바른 지식을 가지고 있다는 바로 그 유용성이며, 교과를 배우지 않은 데서 초래되는 불편은 그릇된 신념을 가지고 있다는 바로 그 불편이다. 교육의 유용성을 가장 장엄하게 나타내는 말이 있다면 그것은 '진리탐구'이다. 그 동안 이 장엄한 말은 생활에의 유용성이라는 마법의 주문에 쫓겨 무덤 속에 파묻힌 꼴이 되었다. '지식의 구조'라는 용어에 들어있는 혁명적인 의미를 충분히 실현하려면, 우리는 진리탐구라는 말을 부활시켜서 한 때 그것이 입었던 찬란한 옷을 다시 입혀야 한다. 그때 비로소 우리는 삶에 있어서의 교육의 의미를 올바르게 파악할 수 있을 것이다.

이 글에서 주장한 바와 같이, 교육에 있어서 '학문', 또는 그것과 관련된 의미로서의 '부정적 수업'의 중요성을 인정한다 하더라도, 교육내용 중에는 예컨대 자동차 운전기술과 같이 생활에 직접 유용한 내용이 포함되어 있다는 것도 마찬가지로 인정해야 할 것이다. 아닌게 아니라, 자동차 운전기술을 가르치는 일도 ('자동차 운전교육'이라는 말이 보여주는 바와 같이) 엄연히 '교육'으로 통용되고 있는 것이다. 이 점에 비추어 보면, 교육의 의미를 순전히 학문의 전수 또는 '진리탐구'로 규정하는 것은 지나치게 독선적인 견해라는 반론이 있을 수 있다. 아마 이 반론은 타당한 반론일 것이다. 아무도 교육의 의미를 독선적으로 규정할 수는 없는 것이다. 다만, 우리에게 요구되는 것은 한편으로 학문을 가르치는 일과 또 한편으로 직업적인 기술이나 생활에 유용한 기술을 가르치는 일을 성격상 구분하는 것, 그리고 교육을 한다고 할 때 우리가 하고 있는 일이 그 중의 어느 쪽에 해당하는가를 명백히 하는 것이다. 이것을 명백히 할 때, 우리는 또한 우리에게 보다 중요한 교육이 어떤 종류의 것인가를 선택할 수 있을 것이다. 모든 교육이 똑같은 점에서 유용하다고 하는 생각은 어느 교육도 제대로 하지 못하는 결과를 초래하게 될 것이다.

제 3 장

나선형 교육과정

앞 장에서 지식의 구조를 설명할 때 말한 바와 같이, 만약 물리학을 공부하는 초등학교 3학년 학생이 물리학자와 본질상 동일한 일을 한다면, 그리고 그 두 사람의 차이는 하는 일의 '종류'에 있는 것이 아니라 '수준'에 있다고 하면, 그 논리적인 귀결로서, 초등학교 3학년 학생도 그에게 알맞은 수준에서 물리학자와 동일한 생각을 할 수 있다는 가정을 받아들이지 않으면 안된다. 다시 말하면, 초등학교 3학년 학생도 물리학자가 이해하는 것과 본질상 동일한 내용을 이해할 수 있다는 것이다. 「교육의 과정」에서는 하나의 '대담한 가설'이라고 하여, 이것을 다음과 같이 말하고 있다. 즉, '어떤 교과든지 그 지적 성격에 충실한 형태로 어떤 발달단계에 있는 어떤 아동에게도 효과적으로 가르칠 수 있다'는 것이다.[1)]

다시, 이 가설에 의하면, 모든 발달단계의 학생들에게 각각 알맞은 수준

1) 이 책의 부록으로 수록된 번역판 p.316에는 이것을 '어떤 교과든지 지적으로 올바른 형식으로 표현하면 어떤 발달단계에 있는 어떤 아동에게도 효과적으로 가르칠 수 있다'라고 번역하고 있다. 역자는 이와 같이 원문의 강조점을 달리해서 번역할 때 더 잘 이해될 수 있다고 생각하였으나, 그 후 그 강조점의 변화가 이 말을 이해하는 데에 방해가 된다는 것을 알았다. 오히려 '지적으로 올바른 형태로'는 원문 그대로 '지적으로 정직한 형태로'라고 번역하는 편이 가장 정확하다는 생각도 든다. 물론 '지적으로 정직하다'는 것이 무엇을 의미하는가에 관해서는 긴 설명이 필요하다(제7장 참조).

에서 교과를 가르치되, 그 교과의 지적 성격이 손상되지 않도록(다시 말하면, '교과답게') 가르칠 수 있다는 말이 성립한다. 교육의 내용을 중심으로 생각해 보면, 학생의 발달단계 여하에 관계없이, 가르쳐지는 내용은 동일하며, 다만 발달단계가 높아짐에 따라 그 동일한 내용이 점점 폭넓고 깊이 있게 되풀이되어 가르쳐진다고 말할 수 있다. 이렇게 가르쳐지는 교과를 시각적으로 표현하면 달팽이 껍질(나선)과 같다고 말할 수 있을 것이다. 즉, 달팽이 껍질의 선을 하나의 교과(교육내용)라고 생각하면, 그것이 점점 크게 돌아 나오는 것은 그 교과의 폭과 심도가 더해지는 모양을 나타낸다고 볼 수 있다. 이러한 교육과정 운영방식을 「교육의 과정」에서는 '나선형 교육과정'이라고 부르고 있다. 「교육의 과정」에서는 문학과 과학의 경우를 예로 들어 그것을 다음과 같이 설명하고 있다.

> 만약 아동들에게 인간 비극의 의미와 그것에 대한 공명감을 가르쳐 주는 것이 바람직하다고 하면, 되도록 어린 나이에 비극문학을 깊이있게 다루되 겁을 주지 않도록 가르칠 수 있지 않을까? 여기에는 여러 가지 방법이 있을 수 있다. 즉, 좋은 신화를 [쉽게 고쳐서] 이야기해 주는 것, 아동 문학의 고전을 사용하는 것, 교육적으로 가치있는 영화를 보여주고 해석해 주는 것 등이다... [그러다가] 때가 이르면 같은 종류의 문학으로서 점점 더 복잡한 작품을 가르치거나, 그 전에 다룬 작품을 그대로 다시 다룰 수 있다. 중요한 것은 나중의 수업이 그 전의 수업 위에 이루어져서 비극문학에 관한 학생의 이해가 점점 명백하게 성숙된 형태를 취하도록 하여야 한다는 것이다. 문학의 형식이나 주제에 관계없이 – 말하자면 비극이건 희극이건, 개성을 주제로 다룬 것이건 의리를 다룬 것이건 간에 – 훌륭한 문학작품이라면 모두 이러한 방법으로 가르칠 수 있을 것이다.
>
> 과학에 있어서도 마찬가지이다. 만약 수, 측정, 확률 등에 관한 이해가 과학을 공부하는 데에 필수적으로 중요하다면, 이런 주제는 아동의 사고방식에 알맞게 [그 지적 성격을 충실히 반영하도록] 또 일찍부터 가르치기 시작하여야 할 것이다. 그리고 그런 주제는 고학년에 가서 몇 번이고 다시 전개되어야 한다. 그리하여, 만약 대부분의 학생들이 고등학교 1학년 때에 생물을 공부하

게 되어 있다면, 그때 가서 생물에 관하여 아무 것도 모르는 상태에서 처음으로 생물공부를 할 필요가 있을까? 그 전에 만약 필요하다면 최소 필수의 본격적인 실험 실습을 통하여, 생물학의 몇 가지 주요 개념들을, 아마 정확성은 다소 모자란다 하더라도, 훨씬 직관적으로 가르칠 수 있지 않을까?[2] ([ ]는 다시 번역한 부분임.)

이런 의미에서의 나선형 교육과정을 운영하는 데는 두 가지 문제가 해결되어야 한다고 볼 수 있다. 하나는 한 교과(목)에서 모든 학년 수준에 관계없이 가르쳐질 '동일한 교육내용'(즉, '기본 개념과 원리' 또는 '핵심적 아이디어')이 무엇인가를 확인하는 일이요, 또 하나는 그 내용을 각각의 학교 또는 학년 수준에서 어느 정도로 정확하고 치밀하게 가르쳐야 할 것인가를 결정하는 일(이른바, 교육내용을 학교 또는 학년 수준에 맞게 '번역'하는 일)이다. 전자는 교육내용의 '선정'에 관계되는 것으로서, 앞 장의 주된 관심사였다. 이 장에서는 후자, 즉 교육내용의 '조직'에 관계되는 문제를 고찰하겠다.

1. 계열성의 재해석

종래 교육과정이론에서 '계열성'의 원칙은 '계속성'의 원칙과 함께 교육내용을 종적으로 조직하는 원칙으로서 중요시되어 왔다. 교육내용을 종적으로 조직한다는 것은 학교 수준별로 또는 학년 수준별로 교육내용을 조직한다는 뜻이며, 이 점에서 계열성(및 계속성)은 앞에서 말한 '나선형 교육과정'과 비슷한 의미를 가지고 있다고 말할 수 있다. 사실상 이때까지 몇몇 사람들은 나선형 교육과정이 종래의 계열성(및 계속성)과 완전히 동일한 의미를 가지고 있는 것으로 생각해 왔다. 여기서는 나선형 교육과정과 계열

2) Bruner, J. S.(1960), *The Process of Education*, Harvard University Press, pp.336-337.

성이 어떤 관련을 가지고 있는가 하는 문제를 고찰해 보겠다. (교육내용은 '종적'으로 조직될 뿐만 아니라, 횡적으로도 조직되어 있다. 횡적 조직은 동일한 학교 또는 학년 수준에서 여러 교과들이 서로 어떠한 관련을 맺고 있는가 하는 것에 관련되는 문제이며, 횡적 조직의 원칙을 나타내는 용어로서는 흔히 '통합성'이라는 용어가 사용되고 있다. '통합성'도 오늘날 중요한 이론적 관심사가 되고 있으나, 여기서는 문제삼지 않는다.)

앞 장에서 언급한 일이 있는 타일러의 「교육과정과 수업의 기본 원리」는 교육내용의 종적 조직에 관하여 다음과 같이 설명하고 있다(pp.84-85). (타일러의 책에는 '교육내용'이라는 용어 대신에 '학습경험'이라는 용어가 쓰이고 있다.) 즉, 계속성에 관하여, 사회과에서 사회과 학습자료에 관한 '독서기술의 개발'이 중요한 목표라면 이 기술을 활용할 기회가 계속적으로 주어져야 하며, 과학과에서 '에너지 개념의 발달'이 중요한 목표라면 학년이 올라가는 동안 이 개념을 계속 다루어야 한다. 또한 계열성이라는 것은 그러한 기술이나 개념이 '계속' 다루어져야 할 뿐만 아니라, 그것이 더욱 폭넓고 깊이있게 다루어져야 한다는 것을 의미한다.

이러한 설명은 누구에게나 '극히 자명한' 원칙으로 받아들여질 것이다. 말하자면 위의 설명은 학년이 올라가는 동안에 동일한 교육내용을 가르쳐야 하되, 그것을 점점 어렵게 가르쳐야 한다는 우리의 상식과도 일치하는 것이다. 그리하여 위의 두 가지 원칙은 '학년이 올라가는 데도 불구하고 동일한 교육내용을 가르쳐야 한다'고 할 때의 그 '동일한 내용'이 무엇인가가 문제되기 전에는, 아무 문제도 일으키지 않는 '자명한 원칙'으로 받아들여질 수 있다. 그러나 위의 두 가지 원칙이 교육과정 개발과 수업에 구체적으로 어떤 시사를 주는가 하는 것은 바로 그 '동일한 내용'이 무엇인가가 결정되고 난 뒤에야 확인될 수 있는 것이다. 다시 말하면, 계속성과 계열성의 원칙은 그 '동일한 내용'을 어떻게 규정하는가에 따라 그 의미가 살아나기도 하고 사라지기도 하는 것이다.

위의 설명에 뒤이어, 타일러는 그 당시 한 사회과 교육과정 위원회에서 작성한 보고서를 인용하여, '사회과의 조직요인표'라는 것을 제시하고 있다(pp.87-95).[3] 여기서 '조직요인'이라는 것은 학교 수준, 학년 수준에 관계없이 가르쳐야 할 '동일한 내용'을 나타내는 것이다. 그 조직요인은 (1) 개념, (2) 가치, (3) 기능의 세 가지로 크게 나누어져 있다. 타일러가 인용한 보고서에서는 그 세 가지 중에서 하나씩 보기를 들어 계열성의 의미를 다음과 같이 설명하고 있다.

> 개념에서 한 가지 보기를 들면, 사람들의 상호의존이라는 개념은 사회과 교육과정을 통틀어 어느 단계에서나 가르쳐지고 있는 개념이다. 유치원이나 초등학교에서는 아이들이 합심하여 점심상을 차리는 일을 하는 동안 자신이 다른 아이들에게, 또 다른 아이들이 자신에게 의존하고 있다는 사실을 알게 된다. 또한 아이들은 우유 배달부나 반찬가게 주인에게 의존하고 있다는 것을 알게 된다. 점점 학년이 올라감에 따라 이 개념은 폭넓고 깊이있게 발달하여 고등학교에서는 모든 국가들이 경제적, 정치적, 지적, 심미적 영역에서 서로 의존하고 있다는 것을 안다(p.87).
>
> 가치에 속하는 조직요인으로서, '인종, 국적, 직업, 수입, 계층에 관계없이 모든 인간의 가치와 존엄성을 존중하는 것'을 생각해 보자. 이 가치는 모든 아이들이 소중하게 생각해야 할 가치이다. 초등학교에서는 다른 아이들의 입장을 고려하는 것이 매우 중요한 일이며, 이것이 해마다 점점 넓고 깊은 의미를 가지도록 해야 한다(p.88).
>
> 기능에 해당하는 것으로는 사회적 자료를 의미있게 해석하는 능력을 들 수 있다. 초등학교에서는 간단한 사회적 자료를 제시하여 그것을 해석하는 데에 편견이나 망상을 피할 수 있도록 해야 한다. 학년이 올라갈수록 이 자료는 점점 복잡해지며, 따라서 해석하는 방법도 복잡하게 된다. 그러므로 이것도 사회과 교육과정이 계속성과 계열성을 보장할 수 있는 한 가지 조직요인이라고 볼 수 있다(p.88).

---

3) 이 부분은 다음의 책에도 인용되어 있다. 정범모(1968), 교육과 교육학, 서울: 배영사, pp.200-204. 이영덕(1969), 교육의 과정, 서울: 배영사, pp.200-206.

이러한 조직요인이 앞 장에서 말한 '지식의 구조', 또는 해당 학문의 '기본 개념과 원리'와 동일한 것인가 하는 문제에 대해서는 여기서 간단하게 말할 수가 없다. 그러나 아마 종래의 교육과정 개발에서는, 그리고 확실히 수업에서는, 타일러가 말한 계열성의 의미나 나선형 교육과정의 의미가 충분히 반영되지 않았다고 볼 수 있다. 왜냐하면 종래의 의미로서 교과를 '계열화'한다고 할 때, 각 학년 수준에 배정되는 내용은 그것이 어떤 공통 '조직요인'(또는, '기본 개념과 원리', '핵심적 아이디어' 등)과 관련을 맺고 있는가 하는 관점에서 취급된 것이 아니라, 그것이 전 학년 또는 다음 학년에서 가르쳐지는 내용과 어떻게 다른가 하는 관점에서 취급되었다고 볼 수 있는 것이다. 예컨대 1학년에서 세계사를 배우고 2학년에서는 국사를 배울 때, 종래의 생각에 의하면, '교육내용'은 세계사와 국사가 공통으로 나타내고 있는 '조직요인'(즉, 역사라는 교과에 담겨 있는 '기본 개념과 원리' 또는 '핵심적 아이디어')이라기보다는, 그렇게 각 학년에 배정되는 '세계사'와 '국사'의 내용, 즉 '역사적 사실'을 가리키는 것으로 해석되었다. 같은 세계사 안에서 고대사, 중세사, 근대사 등을 차례대로 가르칠 때에도 그러한 시대구분을 통틀어서 가르쳐지는 '조직요인'에 주의를 기울였다기보다는 각 시대의 '역사'(역사적 사실)를 가르치는 데에 더 주의를 기울였다. (세계사와 국사, 또는 고대사, 중세사, 근대사를 각각 교육내용으로 취급할 때, 그것은 '상이한' 교육내용으로 취급되는 것이다. '세계사'와 '국사'가 어떻게 '동일'하단 말인가?)

이와 같이 학년 수준에 따라 계열화되는 교육내용이 별개의 것으로 취급될 경우에, 계열성의 문제는 그 각각 다른 내용들을 논리적인 순서(예컨대 시대구분)에 따라, 또는 '심리적인' 원칙에 따라(학생들에게 심리적으로 가까운 것부터) 배열하는 것이 된다. 사실상 종래 계열성은 주로 이런 의미로 해석되어 왔다고 볼 수 있다. 계열성의 의미를 이런 식으로 해석하는 것은 특히 교사의 수업과 관련하여 매우 중대한 결과를 초래한다. 각 학년 또는 각 단원에 배정된 내용을, 그것이 나타내는 조직요인(또는, 핵심적 아이디어)과의 관련에서 파악하지 않고, 그 자체를 교육내용으로 생각할 때에는 교과서에 적힌 모든 '사실'들을 학생들에게 가르쳐야 한다는 생각이 나올 수밖에 없을 것이다. 이른바 '단편적인 지식을 주입한다'는 것은 바로 이런 사태를 가리키는 것이라 말할 수 있다. 앞의 제1장에서 고찰한 수업에서는 교사들이 교과서에 적힌 내용을 그대로 '교육내용'으로 취급하고 있다. 이러한 사태는 교과서에 적힌 내용이 어떤 '의미'가 있는지, 그것이 결국 어떠한 '핵심적 아이디어'를 학생들에게 가르치기 위한 것인지가 불분명하기 때문에 생긴다고 보아야 한다. 가르쳐야 할 내용(교육내용)이 무엇인지를 알지 못할 때에는 당장 교과서에 적힌 모든 내용을 '가르쳐야 할 내용'으로 볼 수밖에 없을 것이다.

이 점에서 나선형 교육과정은 종래 교육내용 조직의 원칙으로 중요시되어 온 계열성의 의미를 올바르게 파악하는 한 가지 관점을 제시한다고 볼 수 있다. 나선형 교육과정의 원리에 의하면, 한 학년 또는 한 단원에 제시되는 내용은 반드시 그것이 나타내는 핵심적 아이디어와 관련하여 그 의미가 파악되어야 한다. 교사가 가르치고 학생이 배워야 할 내용은 교과서에 제시되는 '단편적인 사실'이 아니라 그 사실에 스며있는 '의미', 또는 그 사실이 나타내고 있는 '핵심적 아이디어'(즉, 모든 학교 또는 학년 수준을 통틀어 가르쳐지는 '동일한 교육내용')이다. 자신이 가르치는 교과서를 그러한 핵심적 아이디어와 관련하여 파악할 줄 아는 교사는 – 이런 교사야 말로 '교과를 아는' 교사이다 – 교과서에 적힌 '단편적 사실'을 암기시키려고 할 것이 아니라, 그 사실의 '의미'(즉, 교육내용)를 전달하려고 할 것이다.

그릇되리라는 위험을 무릅쓰고, 제1장에서 고찰한 세 개의 수업이 '원칙상' 취급해야 할 '핵심적 아이디어'를 한 가지씩 예시하면 혹시 앞의 주장을 이해하는 데에 도움이 되지 않을까 하는 생각이 든다. 예컨대 사회과 수업에서는 '여러 가지 제도 속에서의 인간의 생활방식'이 그러한 핵심적 아이디어가 될 수 있을 것이다. 과학과에서는 '과학에서의 실험의 위치', 그리고 도덕과에서는 '의식의 도덕적 의미' 등을 들 수 있을 것이다. 만약 이것들이 '핵심적 아이디어'라면, 교사는 그 시간에 취급되는 세부적인 사실들이 이 아이디어와 관련을 맺도록, 이 아이디어를 이해하는 데에 도움이 되도록 가르쳐야 할 것이다. 위에서 예시한 세 가지 아이디어는 각 학년에서 그 나름의 수준으로 이해될 수 있을 것이다. 그리고 물론 그 세 가지 아이디어는 한꺼번에 완벽하게 이해될 수 있는 것이 아니라 오래 동안 공부를 해야 제대로 이해될 수 있는 아이디어이며, 또 아무리 올바르게 이해하더라도 결코 완벽하게 이해한다고는 할 수 없는 그런 아이디어들이다.

2. 인간을 주제로 한 교수요목

나선형 교육과정의 의미를 이해하는 데에 보다 확실한 참고가 되는 자료는 브루너가 제시한 '인간을 주제로 한 교수요목'[4]에서 찾아 볼 수 있다. 이 교수요목 중의 일부는 그 당시 이미 초등학교 5학년 학생들에게 가르친 바 있다. 아래에서 말할 바와 같이, 이 교수요목에 포함된 내용은 학생들의 수준을 적절하게 고려하면 어느 학년의 어느 아동에게도 가르칠 수 있을 것이다. 특히 우리의 입장에서 볼 때, 이 교수요목은 새로운 교육과정을 '개발'하는 것이 어떤 것인가를 일깨워준다는 점에서 관심의 대상이 된다. 이하에 소개되는 내용은 모든 학년을 통틀어 가르쳐져야 할 '동일한 교육내용'이며, 교육과정을 개발한다는 것은 그 교육내용을 학년 수준에 맞게 표현하는 것을 뜻한다. 먼저 그 교수요목의 대강을 소개하겠다.

이 코오스의 내용은 인간, 다시 말하여 생물의 한 종으로서 인간의 특징이 무엇이며 현재까지 그 특징을 형성해 온 힘, 그리고 장차에도 계속하여 그 특징을 형성해 나갈 힘이 무엇인가 하는 것이다. 이 코오스에서는 세 가

4) Bruner, J. S.(1966), Man: A Course of Study, *Toward a Theory of Instruction*, Harvard University Press, pp.73-101.

지 질문이 다루어진다. 즉, (1) 인간의 인간다운 점은 무엇인가, (2) 인간은 어떻게 그런 특징을 갖추게 되었는가, (3) 어떻게 하면 인간이 더욱 인간다워질 수 있는가 하는 것이다. 이 코오스에서는 인간이 그 환경에 적응하는 특수한 방법이 무엇이며 인간과 다른 동물 사이에는 어떤 연속성이 있는지를 알 수 있도록 학습자료와 학습활동을 마련한다. 인간과 다른 동물 사이에는 차이점도 있고 공통점도 있다. 인간은 다른 동물들과는 달리 문화를 수단으로 하여 환경에 적응하며, 그 결과로 사소하게나마 외모도 다른 동물과 다르게 되었다. 그러나 인간의 핏줄에는 양서류의 그것과 다름없는 화학적 성분이 흐르고 있다. (코오스의 첫 단계부터 학생들에게 무슨 내용을 다룰 것인가를 말해 주겠지만, 별로 잘 전달되지 않을 것이다. 그보다는 위의 세 가지 질문을 학생들에게 직접 제시하고 그 세 가지 질문에 관하여 학생들이 각자 자신의 관점을 가질 수 있도록 하는 편이 더 좋을 것이다.)

위의 세 가지 질문을 추구하는 데에 있어서 인간의 진화과정과 밀접하게 관련된 다섯 가지 주제가 취급된다. 이 각각의 주제는 인간의 특이성을 규정하는 동시에 장차의 진화를 위한 원동력이 된다고 볼 수 있다. 그 다섯 가지 주제는 (1) 도구 제작, (2) 언어, (3) 사회 조직, (4) 육아, (5) 세계관 등이다. 이런 것들이 인간의 진화와 어떤 관련을 맺고 있는가를 알기 위해서는 먼저 도구, 언어 등등 그 자체가 무엇인가를 알지 않으면 안될 것이다. 이것은 쉬운 일이 아니다. 그리하여 그 다섯 가지가 인간의 진화와 어떤 관련을 맺고 있는가를 가르치기 위해서는 그 선행 조건으로서 '도구의 이론', '언어의 이론' 등등을 다루지 않으면 안된다. 이것은 교육과정을 개발하는 사람에게 굉장한 지적 부담을 안겨 주는 것이다. 위의 다섯 가지는 각각 인간을 인간답게 하는 데에 매우 중요한 구실을 하지만, 서로 밀접한 관련을 맺고 있다. 인간의 친족관계는 유인원(類人猿)의 무리와 전적으로 다르다. 이것은 언어로 말미암은 분류체계에 기초를 두고 있다. 친족 중에서 어디부터가 혼인 가능하고 어디부터가 근친혼으로서 금기시되는가 하는 규칙은 친족의 명칭을 사용하는 것과 밀접하게 관련되어 있다. 대부분의 부계사회

(父系社會)에서 외사촌 누이가 친사촌 누이와는 달리 신부감으로 허용되는 것은 그 유명한 보기이다. 다섯 가지 주제가 서로 관련되어 있다는 또 한 가지 예로서, 도구의 사용이 사회의 분업을 촉진시키며 그것이 또한 친족관계에 영향을 미친다는 것을 들 수 있다. 뿐만 아니라, 언어의 의미를 명백하게 이해하기 위해서는 그것이 학습되는 과정, 즉 인간 사이에서만 볼 수 있는 부모자녀의 상호작용을 이해하지 않으면 안된다. 그리고 명백하게 인간의 세계관은, 신화에 나타난 것이건 과학에 나타난 것이건 간에, 인간이 사용하는 언어에 제약을 받는다. 다음에 설명할 바와 같이, 각각의 주제는 따로 취급될 수도 있지만 학생들은 또한 그 사이에 관련이 있다는 것을 이해하여야 한다.

(1) 언어

열 살된 아이에게 현대 언어학의 이론을 가르치는 일은 물론 쉬운 일이 아니지만, 그렇다고 해서 흔히 생각하는 것 만큼 어려운 일도 아니다. 다만 여기에는 특별한 교육학적 배려가 필요하다. 우선 아이들에게 언어를 '규범 문법'의 형태로 가르쳐서는 안된다는 것이다. 즉, 아이들에게 '품사'란 무엇인가를 가르치고, 단어 중에서 사람, 장소, 물건 등을 일컫는 것은 '명사'라는 식의 규칙을 외우게 해서는 언어의 의미를 가르칠 수 없다. 이것이 맞다든가 틀렸다든가 하는 것이 문제가 아니다. 문제는 그것이 언어 이해의 핵심에서 멀리 떨어져 있다는 것이다.

열 살된 아이는 일상의 언어생활에서 대부분의 말을 알아듣고 또 사용하고 있다. 그 아이들이 모든 문법적 규칙을 활용하고 있는가 아닌가 하는 것은 확실히 알 수 없는 문제이지만, 일상생활에서 사용되고 있는 말을 실례로 들고 그것을 언어 현상으로서 직관적으로 파악하는 일은 그 아이들도 충분히 할 수 있고, 또 거기에 재미를 느낄 수도 있다. 아이들에게 어려운 것은 언어의 규칙을 명확하게 규정하는 일, 다시 말하여 일상 쓰는 말을 직관적으로 파악하는 단계에서 언어학자와 같이 언어를 학문적으로 이해하는 단계로 나아가는 일이다. 아이들로 하여금 자신이 일상 쓰는 말에 대하여, 그것이 왜 그렇게 쓰이고 있는지를 생각하게 하고 거기서 문법적 규칙을 찾아내도록 하는 일은 오랜 시간이 걸리는 어려운 일이며, 아이들에게 지나치게 성급하게 강요할 것은 아니다.

언어를 주제로 하는 한 가지 학습 활동으로서, 코뮤니케이숀의 의미를 생각하는 부분에서는 인간과 동물이 각각 어떤 방식으로 메시지를 전달하고 받아들이는가를 대조시킬 수 있다. 이 활동을 하는 동안에 중요한 언어학적 문제들이 제기되고, 이 문제들은 장차 더 높은 수준에서 계속적으로 고찰될 것이다. 코뮤니케이숀의 체계로서 인간의 언어가 어떤 특징을 가지고 있는가 하는 것은 예컨대 카알 폰 프리시(Karl von Frisch)가 분석한 벌(蜂)의 언어와 대조시킴으로써 더 잘 파악할 수 있다. 여기서는, 아이들에게 적합한 수준에서, 기호나 상징이 어떻게 '사물'을 지시하는가, 구체적인 지시물이 없을 경우에 '지시'한다는 것은 어떤 의미를 가지는가, '목소리'에 의한 코뮤니케이숀이 다른 방법에 비하여 어떤 이점이 있는가, '생득적인' 언어와 후천적으로 문화에 의하여 전수되는 언어의 차이는 무엇인가 하는 문제들이 취급된다.

다음으로, 학생들로 하여금 인간 언어의 세 가지 특징인 '임의성', '생산성', '기호와 의미의 종합'을 이해하도록 한다. '임의성'을 이해하도록 하기 위해서는 그림, 도식, 몸짓, 단어 등이 어떻게 사물을 지시하는가를 말해 보도록 한다. 사람이나 물건이 얼마나 긴 이름을 가지고 있는가 하는 것과 그 실물의 크기가 실지로 어떠한가를 견주어 보도록 하는 것은 언어의 임의성을 이해하도록 하는 한 가지 재미있는 방편이 된다. '생산성'에 관해서는, 먼저 '무엇을, 언제, 어디서, 어떻게' 등으로 의미의 범주를 정하고, 그 범주에 속하는 어구들을 몇 가지씩 정한 다음에 그 어구들을 서로 바꾸어 말을 만들어 보게 한다. 이런 활동을 통하여 아이들은 같은 범주에 속하는 단어들이 서로 바뀔 수 있다는 것을 알게 되고, '암호'도 이와 동일한 원리에 의하여 제작되고 해석될 수 있다는 것을 알게 된다. 이렇게 하여 학생들은 문법의 심층적인 측면에 주의를 기울일 수 있을 것이다. 말하자면 언어는 모종의 기본 구조를 가지고 있으며, 이 기본 구조의 '변형'에 의하여 여러 가지 표현이 가능하다는 것이다. 마지막으로, '기호와 의미의 종합'이라는 것은 인간 언어의 가장 중요하고도 이해하기 어려운 특징으로서, 원래는 의미없는 소리(또는, 글자)들이 합쳐져 의미를 가지게 된다는 것을 가리킨다. 예컨대 하나하나의 소리를 나타내는 나무토막을 이리저리 짜맞추는 게임을 함으로써, 그 중의 어떤 조합은 의미를 가지는 반면에 어떤 것은 의미를 가질 수 없다는 것을 알도록 할 수 있을 것이다.

그 다음에는 어린 아이들이 어떻게 언어를 배우는가 하는 문제를 다룬다. 이 문제에 관해서는, 최근의 '발달언어학'의 연구가 보여준 바와 같이, 어린 아이들이 초보적인 구문에서 점점 복잡한 구문을 배워 나가는 과정이 취급된다. 유인원의 새끼들이 '의사전달'을 배우는 과정과 인간의 어린이가 언어를 배우는 과정을 대비시킬 수도 있다. 이에 따라 '생득적인' 언어학습과 '문화적인' 언어학습에 관한 복잡한 문제가 취급될 가능성이 있다.

이와 같이 언어의 본질에 관하여 상당한 통찰을 가지게 된 뒤에, 마지막으로 언어의 기원과 기능, 그리고 인간의 사고를 형성하는 데에 있어서의 언어의 역할 문제가 취급된다. 최근의 연구에서 밝혀진 인간 언어의 보편성 – 여러 나라 말이 공통적으로 가지고 있는 점 – 문제가 취급되고, 원시인들 사이에서 언어가 예컨대 사냥과 같은 집단활동을 수행하는 데에 어떤 역할을 했는가 하는 문제가 취급된다. 여기서 신화의 본질 문제는 거의 저절로 대두된다. 또한 언어가 인간의 사고나 감정을 '표현'하는 수단이 될 뿐만 아니라, 그것을 일정한 방향으로 '통제'하는 역할을 한다는 점에도 학생들의 주의를 환기시킨다.

(2) 도구 제작

학생들은 도구에 대하여 별로 관심이 없고, 도구라는 것은 기껏해야 철물점에서 파는 것 정도로밖에 생각하지 않는다. 그들은 도구가 인간의 생활방식과 어떤 관련을 가지고 있는가를 생각해 보는 일이 거의 없다. 도구의 사용에 관하여 학생들이 알아야 할 가장 중요한 사실은, 도구는 그 자체로서가 아니라 그것을 사용하게 된 용도와 관련하여 이해되어야 한다는 것이다. 도구가 인간의 특성을 나타낸다는 것은 바로 이 점을 말한다.

용도와 관련하여 도구의 의미를 파악한다면, 도구는 인간이 다양한 활동을 하는 데에 있어서 능력의 '증폭기' 역할을 한다고 말할 수 있다. 도구가 증폭하는 인간의 능력은 세 가지이다. 즉, 감각능력, 운동능력, 사고능력이 그것이다. 이 세 가지 능력의 증폭기에도 각각 몇 가지 종류가 있다. 현미경이나 보철기는 감각을 '확대'하는 도구이며, 계량기의 눈금은 정확한 '표준'을 얻기 위한 도구이다. 어떤 도구는 시간을 '연장'시키기도 하고(슬로우 비디오), 또 어떤 도구는 시간을 '응축'하기도 한다(시간 경과 등록기). 운동능력의 증폭기 중에는 함께 잡아매는 도구도 있고, 떼어내는 도구도 있으며, 운동을 균등하게 하기 위한 도구도 있다. 예컨대 설계사의 콤파스는 운동을 균등하게 하기 위한 도구이다. 사고능력의 증폭기로는 수학이나 논리학과 같은 '소프트웨어'도 있고, 수판이나 컴퓨터 등과 같은 '하드웨어'도 있다.

도구를 그 용도와 관련지어 이해하면, 도구의 '대체가능성'이라는 아이디어에 도달하게 된다. 이 아이디어는 언어의 본질을 이해하는 데에 있어서와 마찬가지로 도구의 본질을 이해하는 데에 있어서도 가장 중요한 아이디어이다. 언어에 있어서도 우리가 어떤 표현이나 단어가 얼른 생각나지 않으면 그와 비슷한 것으로 대신한다. 도구도 그와 마찬가지이다. 목수가 끌을 가지고 오지 않았을 때는 보통의 칼이나 뾰족한 돌멩이를 대신 쓸 수 있을 것이다. 요컨대 학생들이 알아야 할 것은 도구가 '고정'되어 있는 것이 아니라는 사실이다. 심리학자들은 창의력이 낮은 상태를 가리키는 말로 '기능적 고착'이라는 용어를 쓴다. 이것은 '망치는 못 박는 데만 쓰며, 못 박는 데에 쓰는 물건은 망치밖에 없다'는 식으로, 도구의 기능이 한 가지로 고정되어 있다고 생각하는 상태를 가리키는 용어이다. (창의력 검사: 망치가 사용될 수 있는 경우를 아는 대로 들어라. 못 박는 데에 쓸 수 있는 물건을 아는 대로 들어라, 등등.)

도구에 관한 주제를 다루는 근본적인 목적은 도구 그 자체를 이해하는 데에 있다기보다는 도구가 인간의 진화과정에 어떤 영향을 주었으며 앞으로도 어떤 영향을 줄 수 있는가를 이해하는 데에 있다. 즉, 인간이 석기를 사용한 이후, 점점 시간이 경과함에 따라 도구의 제작과 사용이 생존경쟁에서 인간을 얼마나 유리한 위치에 올려놓았는가를 이해하는 것이다. 무기를 사용함으로써 인간은 육식을 할 수 있게 되었다. 이것은 인간에게 여가를 가져다주었고, 그것은 다시 정착생활을 가능하게 하였다. 인류 역사 전체를 통하여 도구의 변화는 생활방식의 변화, 문화와 사회조직의 변화, 그리고 육아방식의 변화(학교의 발명)를 가져왔다.

도구의 의미와 중요성을 보다 실감나게 파악하도록 하는 학습활동이 고안될 수 있다. 하나는 아이들이 할 수 있어야 할 '기능목록'(도구 사용기능을 포함하여)을 만들고 그것을 배우려면 어떻게 해야 하는가를 생각해 보도록 하는 일이다. 또 하나는 도구를 실지로 고안해 보는 일이다. 이것을 해보면 도구와 그 용도의 관련을 이해할 수 있을 것이다. 이를 위해서는 예컨대 귤껍질을 벗긴다는 것이 어떤 일인가를 문제삼지 않으면 안될 것이다.

도구를 만드는 도구, 또 '도구를 만드는 도구'를 만드는 도구, 그리고 인간의 능력을 증폭하기 위한 도구만이 아니라 자연력을 통제하기 위한 도구에 관한 문제도 생각할 수 있다. 이 문제와 관련하여 도구의 진화과정 – 처음에는 이미 있는 자연물을 사용하는 단계에서 다듬어서 사용하는 단계로, '틀'에 부어 만들어 내는 단계로, 그리고 현대 기계문명에서의 인간과 기계의 관계로 – 을 고찰할 수 있다. 한 걸음 더 나아가서, 현대 게임이론을 빌어, 도구의 제작에 따르는 시간, 경비, 기능의 범위, 요구되는 숙련법 등 여러 가지 변인들을 고려하는 게임을 고안할 수도 있을 것이다. 이것은 도구가 가지고 있는 인간능력의 증폭기능을 이해하는 데에 도움이 될 것이다.

(3) 사회조직

이 주제에서의 목표는 학생들로 하여금 사회에는 구조가 있다는 것과 그 구조는 영원히 고정되어 있는 것이 아니라 변화한다는 것을 알도록 하는 데에 있다. 사회에 구조가 있다는 것은 그 한 부분을 바꾸면 다른 부분에도 변화가 온다는 뜻이다. 사회가 그 기능을 수행하는 데에 어떤 조직을 갖추는가 하는 것은 한편으로 그 사회의 생태에서, 또 한편으로 역사와 세계관에 이르기까지 여러 가지 요인에 달려 있다.

학생들은 그들이 늘 경험하는 구체적인 사회에 대하여 직관적인 이해를 가지고 있을 것이다. 이 주제에서 먼저 해야 할 일은 그 구체적인 사회로부터 그것에 기초가 되는 기본적인 형태를 명백히 드러내는 일이다. 이를 위해서는, 학생들에게 그러한 구체적인 사회조직의 실례를 제시함으로써 가족과 같은 혈연집단을 제외한 다른 사회집단에서는 집단의 연속성이 특정 개인에 의해서가 아니라 그 개인들이 수행하는 '역할'에 의하여 유지된다는 것을 알도록 한다. 개인과 그 개인이 수행하는 역할을 분리하여 생각하는 것은 어린 아이들에게는 매우 어려운 일일 것이다. 다시, 언어나 도구의 경우에서와 마찬가지로, 사회의 구조에도 '대체가능성'이라는 것이 있다. 사회조직은 '상호성' 또는 '교환'에 의하여 이루어지고 있다. 협동을 하면 그 반대급부로 보호를 받을 수 있고 봉사를 하면 급료를 받는 것 등등이 그 보기이다. 또한 사회조직에는 '규범'이라는 것이 있어서, 주어진 위치에 따라 허용되는 '합법적인 행동'의 한계를 규정한다. 법은 규범의 한 가지 명백한 보기이지만, 그것만이 규범은 아니다. 도둑질은 법으로 금지되어 있지만, 친구 사이의 의리 같은 것은 법과 하등 상관이 없다. 또 사회조직에는 각각 '실재'(實在)라든가 '선'(善)이 무엇인가를 규정하는 세계관이 있다. 이것은 다음의 '세계관'에 관한 주제와 관련되어 있다.

학생들로 하여금 사회조직을 이해하도록 하는 데에 한 가지 어려운 점은 그것이 어디에나 있고 학생들이 늘 익숙해 있다는 것이다. 학생들은 자신이 늘 경험하고 있는 것에 대해서는 하등 설명할 필요가 없이 당연한 것이라고 생각하기 쉽다. 이 어려움을 극복하는 한 가지 방법은 '대조' – 다시 말하면, 인간의 사회조직을 유인원의 그것과 비교하는 것, 우리의 사회조직을 에스키모, 부슈만, 또는 동굴의 유적에서 추리된 원시인들의 사회 조직과 비교 – 하는 것이다. 이런 것들과 비교해 보면, 학생들은 자신이 '당연한' 것으로 생각하는 우리의 사회조직이 사실은 그렇지 않다는 것을 알게 될 것이다. 또한 사회조직에 관하여 생생한 개념을 가지도록 하는 한 가지 방법으로 '게임'을 들 수 있다. 예컨대 '사냥'이라는 게임은 아프리카의 부슈만의 생활을 본떠서 만든 것으로서, 원시인의 집단이 함께 사냥을 하는 장면을 실감나게 느끼도록 하기 위한 것이다. 이 게임에서는 여러 가지 종류의 사냥감을 찾으러 얼마나 먼 거리를 갈 것인가, 큰 짐승을 잡기 위해서는 집단이 어떻게 무기와 힘을 합쳐야 하는가, 무기를 만드는 일과 무기를 사용하는 일의 분업은 어떻게 하는가, 이곳저곳에서 사냥하는 동안에 발생하는 불의의 문제사태에서는 어떤 조치를 취해야 하는가 등을 결정하게 되어 있다. 이와 동일한 게임을 예컨대 에스키모와 같이 생활조건이 다른 경우에서도 할 수 있다. 이것도 대조를 위해서 좋은 일이다. 물론 이런 종류의 게임을 할 수 있는 것은 부슈만이나 에스키모의 생활상에 관한 풍부한 실지 자료가 있어야 한다. 그러한 실지 자료는 그들의 사회조직에 관계될 뿐만 아니라, 그들의 신화나 예술 등, 일체의 생활방식에 관계되는 것이므로 사회조직과 세계관, 도구 등 다른 주제와 관련지어 이해하는 데도 매우 도움이 된다.

사회조직을 이해하는 또 하나의 방법은 가족의 개념, 특히 대가족제도와 친족제도를 알아보는 것이다. 열 살된 아동에게 가족의 성원을 나타내는 나무토막(아버지, 형...)과 철사를 주고 가족의 관계를 '표현'하도록 해 보면, 그 아이들은 '족보'에서 보는 것과 같은 상하 좌우의 관계로 가족관계를 파악할 수 있다는 것을 알게 된다. 그들은 가족을 하나의 '일반화된' 단위로 파악하는 것이다. 이 아이들에게 부슈만족의 3세대에 걸친 가족관계 - 길에서 만나면 피해야 하는 관계, 농담을 해서는 안되는 관계 등 - 를 보여주는 것은 가족의 개념을 이해하는 데에 매우 중요한 자료가 될 것이다. 이런 가족관계를 이해하면 부슈만의 사회조직, 특히 분업관계를 쉽게 이해할 수 있다.

마지막으로, 다시 대조를 위하여, 인간의 사회조직과 유인원의 사회조직을 비교할 수 있다. 이 경험은 인간의 사회조직이 특이하게 나타내고 있는 특징을 이해하는 데에 도움이 된다.

(4) 육아

육아에 관해서는 세 가지 일반적인 주제를 취급한다. 이 주제를 다루는 데에 있어서는 언어, 사회조직, 도구제작, 그리고 아동기에 관한 관련 자료들을 종합하여 육아와 인간 진화와의 관련을 이해하는 데에 강조를 둔다.

첫째 일반적인 주제는, 인간이 다른 동물에 비하여 아동기가 길다는 사실이 인간의 인간다운 특징과 어떤 관계가 있는가 하는 것이다. 보다 구체적으로 말하면, 인간 이하의 동물들은 본능적인 만족을 추구하고 본능적으로 반응하는 데에 비하여, 인간은 긴 아동기를 겪음으로 말미암아(또한 언어의 도움을 받아) 정조의 표현이 중요시된다는 것이다. 인간의 경우에는 상징에 의하여 정서가 유발되고 통제된다. 사람은 단순히 분노를 느끼거나 느끼지 않거나가 아니라, 분노에 대하여 태도를 가질 수 있다. 정조의 형성에 오랜 기간이 필요한 만큼 아동기도 길어야 하며, 이 기간 동안에 또한 인간은 언어를 통한 '상징문화권'에 접촉할 수 있게 된다. 정조라든가 가치라든가 하는 것이 없을 때, 인간의 사회가 오늘날과 같으리라고는 도저히 상상할 수 없다.

둘째 주제는, 인간은(아마 유인원에도 이런 경향이 있다고 보아야 할지 모르지만) 기능의 통달 그 자체에 가치를 둔다는 것이다. 인간의 활동은 환경에 적응한다는 즉각적인 필요에 국한되어 있는 것이 아니라, 그 이상으로 즉각적인 적응과는 그다지 관련이 없는 창조적인 업적을 이룩하기도 한다. 근래 인간발달에 관한 연구는 아동에게 이러한 성취에의 충동이 있다는 것을 보여주고 있다. 아동기의 '놀이'는 그러한 충동을 나타내는 것이며, 이 충동은 여러 가지 형태로 인간문화의 원동력을 이루고 있다.

셋째 주제는, 아동기의 경험이 개인의 능력이나 성격을 형성하는 데에 중요한 역할을 한다는 것이다. 인간은 누구나 '인간'이지만, 아동기에 어떤 경험을 했는가에 따라 인간다운 특징을 더 나타내기도 하고 덜 나타내기도 한다.

이러한 주제들을 다루기 위한 학습활동이 여러 가지로 고안될 필요가 있다. 그 중의 한 가지는 학생으로 하여금 인간의 경우를 포함하여 여러 동물들의 '유아기', '아동기', '성인기'의 차이를 말해 보도록 하는 것이다. 이를 위해서는 유인원과 부슈만, 에스키모 등의 성장과정에 대한 자료를 제시할 필요가 있다. 아동기의 의의를 이해하는 데는 '삶의 사이클'이라는 개념을 도입하여, 유인원과 여러 인종들의 삶의 사이클을 비교해 보는 것이 매우 도움이 된다. 이것은 성장이라는 것이 어떤 의미를 가지는가를 이해하는 데에 도움이 될 것이다.

(5) 세계관

이 주제에서의 관심은 인간이 그 세계를 설명하고 표현하려는 욕망을 가지고 있다는 것을 다루는 데에 있다. 이 주제에서는 신화와 전설, 예술 등에 나타난 인간의 세계관을 조사한다. 이 주제는 정확하게 말하자면 '철학의 시초'라고 부를 수 있을 것이다. (철학의 초기단계라는 뜻과 함께 어린이들의 철학적 사고라는 뜻에서 그렇게 부를 수 있다.)

이 주제의 기조는, 인간은 문명된 사회에 살거나 원시사회에 살거나 간에 어디서나 동일한 인간이라는 것이다. 두 경우의 차이는 '더' 인간이라든지 '덜' 인간이 아니라, 각각의 사회가 인간의 능력을 어떤 방식으로 표현하는가 하는 데에 있다. 프랑스의 인류학자 레비슈트로스(Lévi-Strauss)의 다음과 같은 말은 그 기조를 잘 보여주고 있다.

> 소위 원시인의 사고와 과학적인 사고의 차이를 설명하려는 노력은 대부분 다음과 같은 관점을 취한다. 즉, 두 경우에 사고하는 대상은 동일한 데에 비하여, 그 사고과정이 질적으로 다르다는 것이다. 그러나 이 점에 관한 나의 견해는 전적으로 다르다. 다시 말하면, 신화적인 사고는 현대과학의 사고에 조금도 손색없는 엄밀한 논리를 갖추고 있으며, 그 사이의 차이는 지적 과정의 '질'에 있는 것이 아니라 그 지적 과정이 적용되는 대상에 있다는 것이다. 이것은 기술공학의 분야에서 잘 알려진 사실과 일치된다. 강철 도끼가 돌 도끼보다 낫다고 하는 것은 전자가 후자보다 잘 만들어졌기 때문이 아니다. 두 개는 똑같이 잘 만들어졌지만, 하나는 강철로 만들어졌고 다른 하나는 돌로 만들어진 것이다. 이와 마찬가지로 신화와 과학에도 동일한 논리적 사고가 작용하고 있으며, 신화적인 사고를 하건 과학적인 사고를 하건 간에 인간은 언제나 잘 사고해 왔다고 볼 수 있다. 신화에서 과학으로 넘어온 과정을 인간의 사고력이 개선된 것으로 파악하기보다는 항구여일한 인간의 사고력이 새로운 대상에 적용된 것으로 파악하는 것이 더 타당할 것이다.

이와 같이 모든 문화는 '평등'하다. 예컨대 에스키모와 같은 사회에는 도구가 별로 없지만, 그 도구가 여러 목적에 쓰이고 있다. 여자의 칼은 가위로도 쓰이고, 짐승 가죽을 긁고 깨끗하게 하고 얇게 다루는 데도 쓰인다. 남자의 칼은 짐승을 죽이고 가죽을 벗기는 데에, 나무나 뼈를 조각하는 데에, 얼음집을 짓는 데에, 고기를 써는 데에 쓰인다. 다양성이 없는 대신에 다목적성으로 그것을 보충하는 것이다.

상징체계에 관해서도 마찬가지 말을 할 수 있다. 인간의 인간다운 본질은 상징을 사용한다는 데에 있다. 말과 노래와 춤과 그림, 이런 것들 중에 어떤 것이 먼저 생겼는지는 모르지만, 이런 것들이 실지 활동을 '표현'하게 되었을 때, 비로소 '인간'이 탄생했다고 말할 수 있다. 그것이 다른 사람에게 전달되었을 때 '문화'가 생겨났고, 두 가지 이상의 상징이 생겼을 때 그것은 체계를 형성하였다. 춤, 노래, 그림, 이야기 등은 모두 동일한 것을 상징할 수 있다. 다만 방법이 다를 뿐이다. 인간의 세계관을 파악하는 한 가지 방법은 중요한 이야기를 골라서 그것이 결국 무엇을 말하는 것인지를 분석하는 것이다. 한 가지 이야기, 또는 몇 가지 이야기들을 합쳐 보면, 그 이야기를 하던 사람들의 '철학'을 알 수 있다. 거기에는 천체가 무엇이며 그것은 인간과 어떤 관계가 있는가에 관한 믿음, 사회생활의 시작, 죽음과 내세에 관한 믿음, 그리고 법과 도덕에 관한 생각이 들어 있다. 요컨대 옛날 사람들의 이야기에는 천문학, 신학, 사회학, 법, 교육, 미학에 관한 집단적 사고의 내용이 들어있는 것이다.

인간의 상징체계를 공부하는 데에 있어서, 학생들에게 중요한 것은 신화의 내용을 받아들이는 것이 아니라, 그것을 '이해'하는 것 – 다시 말하여 그것이 어떤 생각을 표현하는가를 아는 것이다. 학생들은 마치 인류학자가 아프리카의 부족을 답사하는 것과 비슷한 태도로 원시인들의 신화를 접해야 한다. 그것을 통하여 학생들은 인간이 자신의 세계를 어떻게 설명하고 이해하려고 했는가를 탐색한다. 그 중에서 어떤 것이 더 '인간적인' 것인가 하는 것은 올바른 관심거리가 될 수 없다.

부슈만과 에스키모의 신화를 잘 조사해 보면, 그 사회의 이야기가 그 사회의 생활상을 반영한다는 것을 당장 알 수 있다. 그들의 이야기에는 인간의 생태, 경제, 사회구조, 남자와 여자의 역할, 그들의 공포와 불안 등이 드러나 있고, 이것은 모두 학생들이 파악할 수 있는 형태로 제시되어 있다. 에스키모의 이야기나 시를 잘 분석해 보면, 에스키모인들이 느끼는 문제는 우리가 느끼는 문제와 성격상 동일하다는 것을 알게 된다. 말하자면 그것은 환경에 대처하는 문제, 다른 사람들과 어울려 살아가는 문제, 그리고 자신을 극복하는 문제 등이다. 학생들은 인간이 어떤 곳에서 살든지 간에, 목숨을 보존하고 자식을 낳는 일 뿐만 아니라 생각하고 그 생각을 표현하는 일도 한다는 것을 알아야 한다. 이것을 아는 동안에 학생들은 또한 낯선 문화에 관한 세부 사항들 – 숲 속에서, 또는 눈과 얼음 속에서 사는 사람들의 생태와 생활 스타일에 관해서도 알게 될 것이다.

그러나 이 주제에서 다룬 신화의 구조나 의미 분석 같은 것을 도대체 왜 어린 아이들에게 가르쳐야 하는가 하는 의문이 있을 수 있다. 이런 내용은 학생들이 '논리적 분석'을 할 수 있을 때까지 연기할 수 있지 않을까? 그것을 연기할 수 없다고 판단하는 데는 이유가 있다. 만약 그런 것을 스무 살된 청년에게 처음으로 가르친다고 하면, 그 청년들은 새로운 내용을 배우는 일 뿐만 아니라 그 전에 알고 있던 내용을 잊어버리는 일도 해야 한다. 이 주제에서 바라는 것은 어렸을 때부터 인간에 관하여, 다시 말하여 인간은 끊임없이 이성으로 세계를 파악하는 일을 한다는 것, 그리고 인간은 상징을 써서 그 일을 한다는 것을 알도록 하는 것이다. 이 일을 통하여 인간은 놀랄만한 합리적 능력을 표현하고 있다. 이것을 알게 하는 것은 어려운 일이지만, 그럴 가치가 충분히 있는 일이다.

이상이 '인간을 주제로 한 교수요목'에 포함될 '내용'의 개요이다. 이 내용을 가르치기 위해서는 여러 가지 방법과 자료가 동원되어야 할 것이다. (원래의 '교수요목'에는 위의 내용을 가르치는 데에 관련되는 교육학적 고려사항들이 제시되어 있으나, 여기에서의 주된 관심이 '내용'에 있는 만큼 그것은 생략되어도 무방할 것이다.)

위의 내용에 관하여 한 가지 두드러지는 것은 그것이 인간의 이해에 관련되는 여러 학문들 – 언어학, 기술공학, 심리학, 문화인류학, 철학 등 – 의 중요한 이론들을 포함하고 있다는 것과, 특히 그 학문에서 최근에 발견된 원리 또는 학문적 관심사를 반영하고 있다는 것이다. 사실상 위의 '교수요목'을 제시하면서, 그 첫 부분에 브루너는 다음과 같은 요지의 말을 하고 있다. 즉, '이 교수요목에 포함되어 있는 내용은 이 교수요목을 작성한 사람들의 학문적 배경이나 관심에 의하여 대체로 결정되었다'는 것이다. 당연히 그럴 수밖에 없을 것이다. 초등학교 5학년 학생이나 그 밖의 어떤 단계에 있는 학생들에게 '인간'에 관하여 가르치고자 할 때에는 그것을 가르치고자 하는 사람의 학문의 내용(이때까지의 연구와 현재의 관심사)에 의존할 수밖에 없을 것이다. 다만 중요한 것은 그것을 학생들의 수준에 맞도록 '번역'하여 가르쳐야 한다는 것이다. 이 '번역'에 왕도라는 것이 있을 수 있는가?

3. 구조의 표현방식

「교육의 과정」 이후에 브루너는 '지식의 구조'를 중심으로 한 교수이론을 제시하는 글에서, 동일한 지식을 세 가지 방식으로 '표현'(represent)할 수 있다는 아이디어를 발표한 바 있다.[5)] 이 세 가지 표현방식은 학생의 지적 발달단계와의 병렬을 보여주고 있으며, 이 점에서 그것은 흔히 나선형 교육과정에서 '동일한 지식을 수준에 맞게 번역하는' 한 가지, 또는 심지어 유일한 방법으로 생각된다. 다시 말하면, '어떤 교과든지 그 지적 성격에 충실한 형태로 어떤 발달단계에 있는 어떤 아동에게도 효과적으로 가르칠 수 있다'는 가설의 성립 근거가 마치 이 세 가지 '표현방식'에 있는 것처럼 생각되고 있는 것이다. 여기서는 먼저 그 세 가지 '표현방식'에 관한 브루너의 설명을 제시하고 그것이 나선형 교육과정에서 말하는 '번역'의 방법이 될 수 있는가를 고찰하겠다.

브루너가 말한 세 가지 표현방식이라는 것은 다음과 같다. 즉, 어떤 지식이든지 '어떤 결과에 도달하는 데에 필요한 일련의 동작으로(작동적 표현

5) Bruner, J. S.(1966), *Toward a Theory of Instruction,* Harvard University Press, pp.39-72.

enactive representation), 개념을 완벽하게 언어로 정의하는 것이 아니라 대략적인 윤곽으로 전달하는 영상이나 도해로(영상적 표현 iconic representation), 그리고 명제를 형성하고 변형하는 논리적 규칙에 지배되는 상징체계로서의 상징적 또는 논리적 명제로(상징적 표현 symbolic representation)' 표현할 수 있다는 것이다. 그 보기로서 브루너는 천평의 원리를 들고 있다. 아주 어린 아이들은 시이소오를 탈 때, 상대방을 고려하여 자리를 잡을 줄 안다. 이것은 그 아이들이 천평의 원리를 동작으로 '표현'하고 있는 것으로 해석된다. 그보다 나이든 아이들은 천평의 모형을 다루거나 그림을 통하여 천평의 원리를 '영상적으로' 파악한다. 마지막으로, 가장 나이든 아이들은 일상의 언어나 수학공식을 써서 천평의 원리를 표현한다. 브루너는 아동의 연령이나 성장환경에 따라 보다 이해하기 쉬운 표현방식이 있다는 것을 당연한 것으로 받아들이고 있다. 이와 같이 어떤 지식이든지 이 세 가지 방식으로 표현될 수 있다는 사실은 얼른 생각하면 앞에서 말한 「교육의 과정」의 가설이 성립하는 근거가 되는 것처럼 보인다.

브루너는 이 세 가지 표현방식의 아이디어가 실지로 어떻게 적용될 수 있는가를 보이기 위하여, 상당히 오랜 기간 동안 준비된 한 가지 실험수업을 실시하고 그 결과를 보고하였다. 이 수업장면에서는 초등학교 3학년(8살) 아동 4명에게 6명의 교사가 수학을 가르쳤다. 이들 교사는 하버드 대학의 수학자와 심리학자들이었다. (도대체 세상에 이런 수업장면이 있을 수 있는가 하는 의문이 앞서겠지만, 이것은 목하 논의되는 내용과 하등 상관이 없는 의문이다.) 실지 수업은 다음과 같이 진행되었다. 즉, 상당히 큰 방의 네 귀퉁이에 여러 가지 학습자료가 준비되어 있는 네 개의 큰 책상이 있고 그 책상에 각각 아이 한 명과 보조교사 한 명이 앉아 있다. 아이들은 모두 순서에 따라 배열된 문제카드를 가지고 각자의 학습속도에 따라 학습하게 되어 있다. 교사와 또 한 명의 보조교사는 책상을 여기저기 돌아다니며 필요에 따라 아이들과 보조교사들을 도와주고 있다. 학습내용은 인수의 이해에서 시작하여 덧셈과 곱셈의 분배법칙과 교환법칙, 그리고 마지막으로

2차방정식에까지 이르는 것이었다. 학습은 먼저 아이들로 하여금 여러 가지 자료를 실지로 구성해 보도록 하는 것에서 시작하여 각자가 구성한 것에 스며있는 수학적 원리를 영상으로 파악하도록 하고 나아가서 각자가 구성한 것을 공식으로 표현해 보도록 하거나 다른 사람들이 공식으로 표현한 것을 이해하도록 하는 것으로 끝난다. 하나의 학습단위가 끝나면 아동은 이때까지 학습한 원리를 다른 종류의 자료를 써서 다른 방식으로 표현하게 되어 있다.

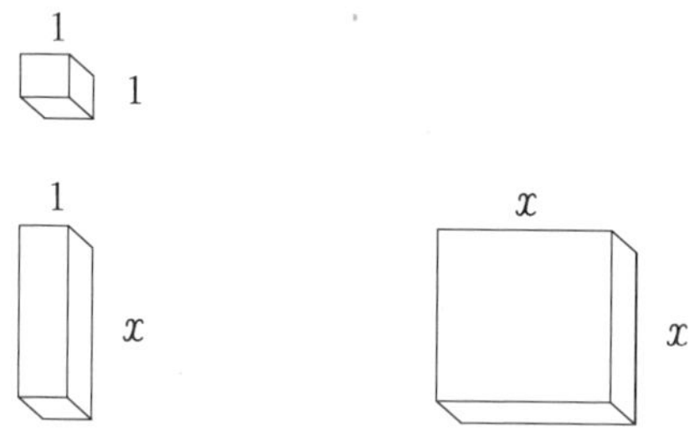

지금 우리의 관심거리에 가장 직접적으로 관련되는 것은 아이들이 2차방정식을 배우게 된 과정이다. 여기서 학습자료는 나무토막이었다. 그 중에는 아래 그림에서 보듯이 한쪽의 길이가 얼마인지 모르는, 즉 '길이 x, 너비 x인' 정사각형의 판때기가 여러 개 있었고, 또 길이는 정사각형의 한 변과 같고 너비가 '1'인 막대, 즉 크기가 '1 곱하기 x'로 알려진 막대가 여러 개 있었고, 또 한 변이 '1'인 조그만 정사각형, 즉 크기가 '1 곱하기 1'인 정사각형이 여러 개 있었다. 'x 곱하기 x' '1 곱하기 x' '1 곱하기 1'의 나무토막을 편의상 각각 'x네모' 'x막대' '1네모'라고 부르기로 하였다. 이러한 '이름'은 아동이 그 실물을 눈으로 볼 수 있는 한, 이해하기 어려운 것이 아니었다. 이 자료를 가지고 아이들이 학습해야 할 것은 x네모보다 큰 정사각형을 만드는 일이었다. 아이들은 별로 어려움이 없이 다음 그림과 같은 모양을 만들었다.

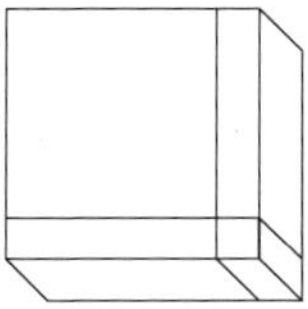

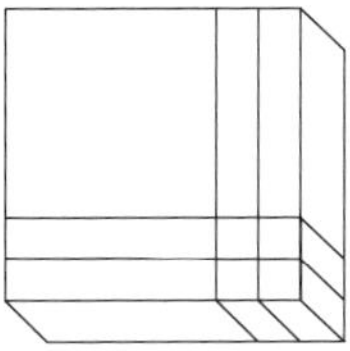

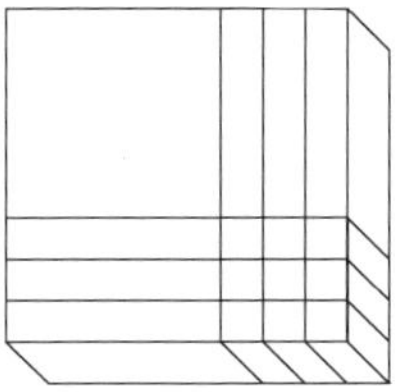

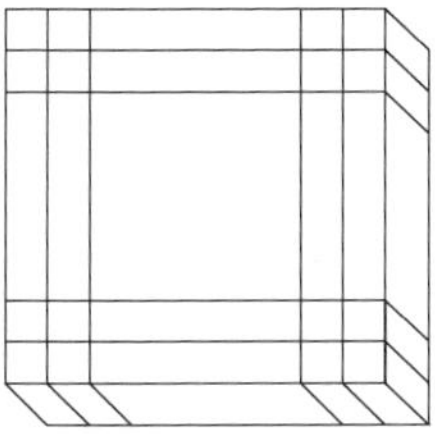

또는

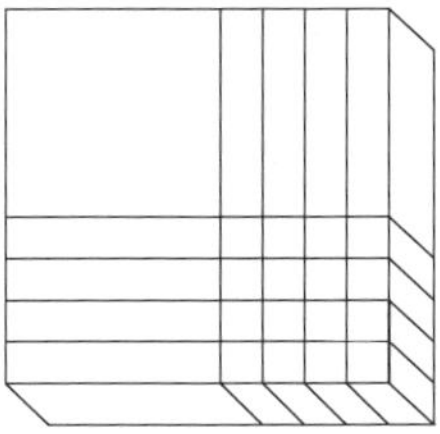

다음으로 아이들에게 그들이 만든 모양이 각각 무엇무엇으로 되어 있는가를 말해 보도록 했다. 아이들은 나무토막을 하나씩 짚어가면서 세어 나갔다. 즉, 'x네모 한 개와, x막대 두 개와 1네모 한개', 'x네모 한 개와, x막대 네 개와, 1네모 네 개', 'x네모 한 개와, x막대 여섯 개와 , 1네모 아홉 개' 등등. 다시 이것을 간단하게 기호를 써서 종이에 적어보게 하였다. x네모는 'x□'로, x막대는 '1x' 또는 'x'로, 1네모는 '1'로, 그리고 '와'는 '+'로 표시하게 하였다. 그리하여 아이들은 $x\square+4x+4$를 쉽게 쓸 수 있었다. 이것은 이때까지 아이들이 하나씩 짚어가면서 센 결과를 간단한 기호로 표시한 것에 불과하다. 그러면 $x\square+4x+4$로 된 큰 정사각형은 어떤 네모인가? 그것은 한 변이 $x+2$인 네모이다. 그리하여 아이들은 $(x+2)\square=x\square+4x+4$가 성립한다는 사실을 알게 된다. 이 방정식이 나타내고 있는 모든 것은 아이가 만든 나무토막에 그대로 나타나 있고, 아이는 나무토막을 손가락으로 짚으면서 이 방정식이 나타내는 바를 실지로 확인할 수 있다. 이런 식으로 아이들은 $(x+3)\square$, $(x+4)\square$...의 방정식을 얻었다.

이러한 종류의 학습활동은 결국 아이들로 하여금 구체적인 나무토막을 조작함으로써 예컨대 $(x+2)^2=x^2+4x+4$의 의미를 깨닫도록 하기 위한 것이었다. 그러면 이제 아이들은 과연 그 공식을 '수학적 원리로서' 이해하였는가? '수학적 원리로서' 이해한다는 것은 눈에 보이고 손에 잡히는 나무토막과는 관계없이, 그러한 구체적인 사물을 '벗어난' 상징적인 기호체계로서 그 공식을 이해한다는 뜻이다. 만약 아이들이 구체적인 사물에서 '벗어나지' 못한다고 하면, 그들은 $(x+2)^2=x^2+4x+4$라는 원리를 특정한 나무토막이 짜여진 모양에 국한되는 것으로밖에 이해할 수 없을 것이다.

아이들이 구체적인 사물에서 벗어나서 상징적인 기호체계로서 공식을 이해하는 데는 적어도 그 공식이 여러 가지 구체적인 사물에서 다르게 표현된다는 것을 확인하는 경험이 반드시 필요하다. 이 경험은 천평을 써서 예컨대 $(x+2)^2=x^2+4x+4$를 다음과 같이 표현함으로써 쉽게 시켜줄 수 있다. x를 5라고 하자. 천평 한쪽의 눈금 5에 5개의 추를 놓고(x^2), 눈금 4에 5개의 추를 놓고($4x$), 눈금 1에 4개의 추를 놓는다(4). 천평 또 한쪽의 눈금 7(즉, $x+2$)에 7개의 추를 놓는다($(x+2)^2$). 만약 $(x+2)^2=x^2+4x+4$가 성립한다면 천평은 평형이 될 것이다. 물론 그렇다.

이 학습활동은 결국 동일한 공식에 담긴 수학적 원리를 여러 가지 자료로 표현함으로써 그 원리에서 구체적인 지각내용을 '비워버리기' 위한 것이었다. 이러한 과정을 통하여 상징적인 표현은 부단히 구체적 예시물에 비추어 이해된다. 실지 교수장면에서 아이들은 공식이 나올 때마다 나무토막이나 천평을 참조하면서 그 공식이 표현하는 내용을 확인하고자 하였다. 뿐만 아니라, 아이들은 동일한 공식을 나무토막으로 표현했을 때와 천평으로 표현했을 때를 끊임없이 대조하였다. 예컨대 $(x+2)^2$의 큰 정사각형은 천평에서 눈금 7에 7개의 추를 놓은 것에 해당한다는 것이다.

이것이 '세 가지 표현방식'을 설명하기 위하여 예시한 수업의 대체적인 내용이다. 먼저 위의 설명에 관하여, 브루너가 말한 세 가지 표현방식이 과연 '동등한 범주'의 표현방식이라고 볼 수 있는가를 생각해 보자. 위에 예시한 수업에서는, 앞의 나무토막 짜맞추기나 뒤의 천평의 원리에서 보듯이, 세 가지 표현방식이 동등한 범주로서 서로 엄밀히 구분되는 듯한 인상을 준다. 아동은 나무토막을 짜맞추는 '동작'을 통하여 2차방정식의 공식을 표현하였고 급기야 그것을 기호(상징)를 써서 표현하였다. 물론 그 과정에서 아동은 나무토막의 모양을 그림(영상)으로 표현할 수도 있었다. 그러나 엄밀히 따지면, 이 세 가지 표현방식 사이의 구별은 그다지 확연하지 않음을 알 수 있다. 이것은 아이들이 2차방정식을 학습하는 과정을 기술하는 동안 브루너가 한 다음과 같은 말에도 암시되어 있다.

> 아이들이 학습하는 과정을 본 결과 한 가지 놀라운 사실을 알게 되었다. 즉, 아이들은 처음에는 즉각적인 지각내용을 초월하는 방향으로 사물을 자기 자신에게 표현하는 능력을 가지고 있지 않다는 것이다. 아이들이 보다 종합적인 통찰을 얻게 되는 데는 그러한 즉각적인 지각내용을 초월하여 그 지각내용을 매개해서 표현하는 표상구조(representational structure)를 형성할 필요가 있다. 이 표상구조는 동작이나 영상이 따르는 일련의 계열을 동시적으로 통합하고 있다는 점에서 동작이나 영상 그 자체와 구별된다. 아이들이 하나의 개념을 이해하고자 할 때는 반드시 먼저 그 개념의 구체적인 표현물을 구성한다. 이것은 개념을 조작적으로 정의하는 데에 필요한 구체적인 모형이 된다. 이러한 모형을 구성한 결과로 아동은 개념을 '대신하는' 영상과 몇 가지 조작(operation)을 가지게 된다. 이때부터 우리가 해야 했던 일은 구체적인 표현물이나 특수한 영상에 얽매이지 않는 표현수단을 아이들에게 가르쳐 주는 일이었다. 개념을 이런 방식으로 표현하는 수단은 상징적 조작밖에 없다(p.65).

브루너의 말대로, 소위 '작동적 표현'이 '동작 그 자체'와 구별된다는 점은 작동적 표현과 영상적 표현 사이의 구별이 얼마나 확연할 수 있는가를 생각하는 데에 중요한 관건이 된다. '동작 그 자체'는 엄격한 시간계열을 따라 일어날 수밖에 없는 데에 비하여, '작동적 표현'은 그 계열을 '동시적으로 통합'하는 '계열무관'의 것이다. 그렇다고 하면 이 '계열무관'의 표현은 동작이 일어나는 사태, 또는 동작의 결과를 '영상적으로' 표현한 것과 하등 다를 것이 없을 것이다. 뿐만 아니라, '작동적 표현'이나 '영상적 표현'은 '상징적 표현'과 동일한 수준의 '이해'를 나타내는 것으로 보기 어렵다. x네모 한 개와 x막대 네 개와 1네모 네 개를 정사각형으로 짜맞추거나(작동적 표현), 심지어 그 영상을 머리 속에 그릴 수 있으면(영상적 표현), 그것만으로 아동은 $(x+2)^2=x^2+4x+4$를 '이해'한 것인가? 그렇다면 브루너 등은 어째서 다시 아동으로 하여금 $x\square+4x+4=(x+2)\square$라는 상징으로 표현하도록 할 필요가 있었는가? 결국, 브루너가 예시한 수업장면에서 교사들이 '가르치고자' 했던 것은 바로 그러한 상징적 표현(즉, 기호로 표현된 수학적 원리)이 아니었던가? 나무토막을 짜맞춘다든가 천평에 추를 올려놓는 동작은 오직 아동에게 이 상징적 표현을 이해하는 수단(즉, '구체적 표현물'을 주기 위한 것)이 아니었던가? 브루너 자신도 그 수업을 기술하는 동안에 '[이 과정의] 어느 시점에서 언어(상징)가 시작되며 어느 시점에서 자료의 구성(작동)이 끝나는가? 그 사이에는 연속적인 상호작용이 있다'고 말하고 있다. 이와 같이 세 가지 표현방식의 의미를 약간만 자세하게 따져보면, 그것은 '어떤 지식이든지 세 가지 방식으로 표현될 수 있고, 이 표현방식은 대체로 학생의 지적 발달단계와 상응한다'는 말을 들을 때 우리가 얼른 생각하는 것과는 다르다는 것을 알 수 있다. 이 말을 들을 때, 우리는 세 가지 표현방식은 각각 '동등한 범주'의 표현방식이요, 지적 발달단계와 표현방식 사이에는 상당히 엄밀한 대응관계가 있는 것처럼(즉, 이러이러한 단계에서는 이러이러한 표현방식이 적합하다는 식으로) 생각하기 쉽다. 그러나 위의 분석결과에 의하면, 작동적 표현이나 영상적 표현은 상징적 표현과 동등한 범주의 표현방식이 아니라, 상징적 표현만으로는 의미를 이해할 수 없는 단계에서 그 의미를 이해하는 데에 필요한 보조수단('구체적 표현물')으로서 의미를 가지는 것이라고 말할 수 있다. 다시 말하면, 학생들이 배워야 하는 내용은 상징으로 표현된 '지식'이며, 다른 두 '표현방식'은 어디까지나 그 '지식'을 이해하는 보조 수단이라는 것이다.

이 점은 다시 세 가지 '표현방식'이 교육내용을 발달단계에 맞게 '번역'하는 대표적인, 또는 심지어 유일한 방법이 될 수 있는가 하는 문제를 생각하는 데에 중요한 관건이 된다. 적어도, 앞의 '인간을 주제로 한 교수요목'에서 본 바와 같이, 인간에 관한 여러 가지 지식을 예컨대 초등학교 5학년 수준에 맞게 '번역'하는 데는 그 세 가지 표현방식의 아이디어가 별로 의미를 가지지 않는다는 것을 알 수 있다. 물론 거기에는 이따금 신체적인 움직임(나무토막을 짜는 것)이 사용되지만, 그것은 '작동적 표현'으로서 의미를 가지기보다는 추상적인 아이디어의 구체적인 표현물로서 의미를 가진다. 뿐만 아니라, 브루너가 주장한 것과는 달리, 학교에서 가르치는 대부분의 지식은 그 세 가지 표현방식으로 표현될 수 없는 것들이요, 또 반드시 그 세 가지 표현방식으로 표현되지 않는다고 해서 나이 어린 아이들이 이해할 수 있도록 가르칠 수 없는 것도 아니다. (예컨대 '거짓말하는 것은 나쁘다'의 '작동적' 또는 '영상적' 표현은 무엇인가? 그런 표현방식이 없다고 해서 '거짓말하는 것은 나쁘다'라는 '지식'은 아이들에게 가르칠 수 없는가?)

이 점을 생각해 보면, 나선형 교육과정에서 지식을 발달단계에 맞게 '번역'하는 데는 세 가지 표현방법이 중요한 방법도 아니요, 유일한 방법은 더욱 아님을 알 수 있다. 지식을 학습자가 알아듣도록 전달하는 일이야말로 교육자의 '직관'을 가장 절실히 요구하는 일인지도 모른다.

제 4 장

교과의 심리학

앞 장의 마지막 부분에서 우리는 브루너가 제시한 '지식의 구조'의 세 가지 표현방식에 관하여 고찰하고, 그 아이디어가 나선형 교육과정을 구성하는 데에 과연 실제적인 지침이 될 수 있는가에 대하여 의문을 표시한 바 있다. 그 세 가지 표현방식은 아동의 지적 발달단계와 상응한다는 브루너 자신의 말을 받아들인다면, 그 의문은 곧 지적 발달에 관한 심리학적 이론 전체에 해당한다고 보아야 할지 모른다. 그렇다면 지적 발달에 관한 심리학적 이론은 교육과정을 구성하는 데에 하등의 구체적인 시사도 줄 수 없는 것인가? 만약 시사를 줄 수 있다면 어떤 종류의 시사인가? 앞 장에서 표시한 의문에 뒤이어 이런 의문이 생길 수 있다.

사실상 이 의문은 이때까지 심리학이 교육에서 차지해 온 위치에 비추어 보면 더욱 기이한 것으로 들릴 가능성이 있다. 심리학이, 적어도 방법적인 측면에서, 교육에 중요한 시사를 준다는 것은 지극히 자명한 것으로 받아들여져 온 것이다. 교육에서 심리학의 중요성을 의심하는 것은 어떤 사람에게는 마치 의학에서 병균의 존재를 의심하는 것과 같다고 생각될지 모른다. 그러나 만약 의학에서의 병균의 존재가 오직 전통적으로 중요시되어 왔다는 점에서 중요시되고 있다면, 그 중요성은 충분히 의심해 볼만하다.

이러한 의문은 적어도 우리로 하여금 그 중요성이 참으로 어디에 있는가를 다시 생각해 보도록 할 것이다.

이 장에서는 교과교육에 관련될 수 있는 심리학의 모든 원리를 고찰하고자 하는 것이 아니라, 그 중에서 특히 이때까지 교과 교육에서 중요시되어 온 것들로서 그 중요성이 새롭게 검토되어야 한다고 생각되는 것에 국한하여 고찰하고자 한다. 그것은 발달과 흥미와 동기의 세 가지이다.

1. 발달

교과를 가르치는 데에 있어서 학생의 지적 발달 수준을 고려해야 한다는 것은 의심할 여지가 없이 명백하다. 브루너가 말한 바와 같이, 물리학을 공부하는 초등학교 3학년 학생이 물리학자와 동일한 일을 한다 하더라도, 그것은 '종류'에 있어서 동일할 뿐이며, '수준'에 있어서까지 동일한 것은 아니다. 물리학자와 초등학교 3학년 학생 사이에 수준의 차이를 두어야 한다면, 그 차이는 초등학교 3학년 학생의 발달 수준에 의하여 결정된다고 볼 수밖에 없다. 명백하게, 초등학교 3학년 학생은 어휘에 있어서나 사고의 정확도와 치밀도 등에 있어서 한계가 있으며, 교과를 가르치는 사람은 이 한계를 받아들일 수밖에 없고, 또 이때까지 받아들여 온 것이 사실이다. 앞 장에서 말한 '번역', 즉 교과를 아동의 발달 수준에 맞게 '표현'한다는 것은 이것을 나타낸다고 볼 수 있다.

교과교육에서 학생의 발달 수준을 고려해야 한다고 생각하는 사람들 중에는 그러한 '상식적인' 수준에 만족하지 않고, 그 이상으로 교과를 가르치는 일과 발달 수준 사이에 모종의 '법칙적인' 관련이 있어야 한다고 생각하는 사람들이 있다. 다시 말하면 그들은 이러이러한 단계에서는 이러이러한 범위의 내용을 이러이러한 방식으로 가르쳐야 한다는 식으로, 한편으로 교육내용의 수준이나 그것을 제시하는 방식과 또 한편으로 학생의 발달단계

사이에 모종의 명백한 대응관계가 있어야 한다고 생각하는 것이다. 근래 교과교육에서 이러한 대응관계를 확인하는 한 가지 원천으로 중요시되는 발달이론으로 피아제의 지적 발달이론을 들 수 있다.[1] (앞 장에서 고찰한 브루너의 세 가지 표현방식은, 브루너 자신이 그렇게 설명했는지 아니면 단지 사람들이 그렇게 해석했는지는 모르지만, 피아제의 지적 발달이론에 기초를 둔 것으로 알려져 있으며, 이 점에서 브루너의 표현방식은 근래 교과교육에서 피아제의 이론을 중요시하게 된 계기를 만들었거나, 적어도 그 경향을 촉진한 것이 분명하다.) 피아제 이전의 심리학에서는 지적 발달을 주로 '양적으로' 취급하는 경향이 있었다. 다시 말하면, 한 개인의 지적 발달은 동일한 연령층의 평균 수준에 비하여 지적 문제를 얼마나 빨리, 얼마나 정확하게 해결하는가(즉, 지능지수)로 표시된다는 것이었다. 여기에 비하여 피아제는 연령층이 높아지는 데에 따라오는 '질적' 변화에 관심을 두었다. 피아제에 의하면, 인간의 지적 발달은 세계를 지각하는 방법의 질적 변화를 수반하며, 이 질적 변화는 개인에 따라 차이가 없이 동일한 단계를 따라 진행된다는 것이다. 피아제는 지적 발달의 단계를 (1) 감각동작기, (2) 전조작적 사고기, (3) 구체적 조작기, (4) 형식적 조작기의 네 단계로 구분하고 있다.

지적 발달의 첫 단계에서 아동은 반사적인 행동을 통하여 주위 환경을 파악하며 그것에 대하여 단순한 적응적 행동을 할 수 있게 된다. 이 단계에서의 가장 괄목할만한 성취는 물체의 '상재성'(常在性 permanence)을 알게 되는 것이라고 볼 수 있다. 아주 어린 아이들은 눈에 보이던 물체가 눈에 보이지 않게 되면 그 물체 자체가 '사라진다'고 생각하지만, 감각동작기의 후기에 와서 아동은 눈에는 보이지 않는다 하더라도 그것이 어딘가에는 존재

---

1) 피아제의 저작은 열거하기가 어려울 정도로 많다. 우리나라에 번역된 피아제 이론의 입문서로는 다음의 책을 들 수 있다. 김재은(편역)(1973, 1974), 교사를 위한 삐아제 입문(상하), 서울: 배영사. Wadsorth, B. J.(1972), *Piaget's Theory of Cognitive Development*, 정태위(역)(1976), 삐아제의 인지발달이론, 서울: 배영사.

한다는 것을 안다.

감각동작기와 전조작적 사고기에 걸쳐 아동의 지적 활동은 소위 '감각동작적' 정신구조(schema)에 의하여 지배된다. 감각동작적 정신구조의 근본적인 특징은 대상을 오직 감각적인 인상이나 주관적인 느낌에 의하여 파악한다는 데에 있다. 이 단계에서의 아동의 사고는 소위 '융합적 사고'와 '자기본위적 사고'라는 특징을 나타낸다. 융합적 사고라는 것은 주관적인 소원과 객관적인 현상을 분간하지 못하고 객관적인 현상을 설명하는 데에 주관적인 소원을 부단히 '융합시켜' 넣는 것을 의미한다. 예컨대 이 단계에서 아동은 천평저울을 평형이 되도록 할 경우에 자신의 손으로 한쪽을 누르든가 떠받치며, 만약 손을 뗄 때 천평이 기울어지면 그것은 저울이 '몹쓸 저울'이요 '내 말을 듣지 않기' 때문이라고 생각한다. 또한 이 단계의 아동은 자기 자신의 관점이 유일한 관점이라고 생각하며, 다른 사람의 관점에서 사물을 볼 수 없음은 물론, 아예 다른 사람에게도 관점이 있을 수 있다는 것을 인정하지 않는다. 예컨대 산맥모형을 볼 경우에 아동은 그의 맞은편에 앉은 어른의 눈에도 그것이 자신의 눈에 보이는 것과 동일한 모양으로 보인다고 생각한다. 더욱 기막힌 일로서 어른과 자리를 바꾸어도 아동은 여전히 '현재' 자신이 보는 모양이 어른에게 보인다고 생각한다.

우리가 보통 말하는 '객관적 사고' 또는 '논리적 사고'가 가능한 것은 아동이 피아제의 용어로 '조작적 사고'를 할 수 있을 때(약 7세)부터이다. 조작(操作)이라는 것은 '내면화된 행동'을 의미하며, 조작적 사고를 한다는 것은 대상을 '머리 속으로' 결합, 분해, 그리고 재결합하는 것을 의미한다. 소위 '가역적 사고(可逆的 思考)'는 조작적 사고의 한 가지 명백한 보기이다. 가역적 사고(또는, 보다 특수하게 이 경우에는 '보존개념': 물체는 그 모양이 달라져도 양은 여전히 동일하다)를 검사하는 전형적 사태로서, 예컨대 모양과 크기가 똑같은 유리컵 2개에 동일한 양의 물을 부었다가, 그 중 한 컵의 물을 모양이 다른(길쭉하거나 넓적한) 컵에 옮겨 부은 뒤에 물의 양이 동일한가를 물으면, 7세 이전의 아동은 물의 양이 달라졌다고 대답하지만, 7세 이후의 아동은 ('비록 다르게 보이지만') 물의 양이 여전히 동일하다고 대답한다. 이것은 이 단계의 아동이 '머리 속으로' 길쭉하거나 넓적한 컵의 물을 원래의 컵으로 도로 부을 수 있기 때문이라고 해석된다. 말하자면 아동은 한 행동이 그 반대 방향으로 되돌아갈 수 있다는 것(즉, 가역성)을 아는 것이다.

이 사태는 다음과 같이 해석될 수 있다. 즉, '내면화된 행동'으로서의 조작은 아동으로 하여금 소위 '시각적 혼란'에서 벗어날 수 있도록 한다. 7세 이전의 아동들이, 원래 동일했던 양의 물이 그릇의 모양을 바꾸는 순간에 양이 달라졌다고 생각하는 것은 그들의 사고가 객관적인 논리보다는 시각적인 인상(그릇의 모양)에 지배되고 있기 때문이다. 여기에 비하여 가역적 사고를 할 수 있는 아동들은 시각적인 인상에서 빚어지는 '혼란'에 구애됨이 없이 거기서 벗어났다고 말할 수 있다. 이 점을 더욱 잘 보여주는 한 가지 재미있는 실험으로, 스멧즐런드의 실험을 인용할 수 있다.[2] 스멧즐런드는 양의 보존개념이 훈련에 의하여 획득될 수 있는가를 알아보기 위하여 다음과 같은 실험을 하였다. 즉, 보존개념이 형성되지 않은 아동들에게 모양이 같은 두 개의 고무찰흙을 천평저울에 달아 무게가 같음을 확인시킨 뒤에, 한쪽 고무찰흙을 여러 가지 모양으로 바꾸어 천평저울에 달면서 그 무게가 여전히 다른 쪽 고무찰흙과 같다는 것을 아동에게 확인시켰다. 이것을 32번 했을 때, 아동은 대체로 보존개념을 획득한 듯이 보였다. 그 다음에 이번에는 한쪽 고무찰흙의 모양을 바꾸는 동안 아동이 보지 못하는 사이에 그 조각을 약간 떼내어 천평이 한쪽으로 기울어지도록 하였다. 스멧즐런드는 이 사태에 대한 [실험집단] 아동들의 반응을, 훈련을 거치지 않고 '정상적'으로 보존개념을 형성한 [통제집단] 아동들의 반응과 비교하였다. 이 사태에 대하여 실험집단의 아동들(훈련에 의하여 보존개념을 획득한 아

2) Smedslund, J.(1961), The Acquisition of Conservation of Substance and Weight in Children Ⅲ: Extinction of Conservation Acquired Normally and by Means of Empirical Controls on a Balance Scale, *Scandinavia Journal of Psychology*, 2(1961), pp.85-87.

동들)은 즉각적으로 훈련 이전 상태로 되돌아가서, 모양이 달라짐에 따라 무게가 달라질 가능성이 있음을 인정하였다. 그러나 통제집단의 아동들(정상적으로 보존개념을 획득한 아동들)은 이와는 전혀 다른 반응을 보였다. 그 아동들은 그들이 보는 사태를 '도저히 믿을 수 없다'는 투로 반응하였고, 고무찰흙의 부스러기가 바닥에 떨어지지 않았는가 하고 그 부스러기를 찾으려고 하였다. 말하자면 '정상적으로' 보존개념을 형성한 아동들은 오히려 시각적 혼란을 받아들이려고 하지 않는 것이다. 이것이 완전한 의미에서의 가역적 사고이다.

조작은 발달의 순서에 따라 구체적 조작과 형식적 조작으로 구분된다. 이 두 가지는 모두 '내면화된 행동'을 나타낸다는 점에서는 동일하지만, 구체적 조작은 형식적 조작에 비하여 구체적 맥락에 지배되는 정도가 더 크다고 볼 수 있다. 구체적 조작은 '분류'와 '서열'의 논리적 구조를 다루는 조작이다. 예컨대 A+A'=B(분류)라든가, A<B이고 B<C이면 A<C(서열)와 같은 구조가 그것이다. 분류와 서열을 조작할 수 있다는 것은 조작 이전의 상태에 비하면 참으로 괄목할 만한 발달을 이룩한 상태라고 볼 수 있다. 그러나 그것은 반드시 구체적인 것, 또는 가식적인 것을 '출발점'으로 해야 한다는 점에서 결정적인 약점을 가지고 있다. 분류나 서열의 구조는 가시적인 것을 일반화한 일종의 '가설적 구성개념'이기는 하지만, 이 가설적 구성개념은 반드시 '가시적인 것에서부터' 나와야 한다. 구체적 조작에서 가시적인 것과 가설적인 것과의 관계는 반드시 '가시적인 것→가설적인 것'의 방향을 취하며 그 역은 불가능하다.

구체적 조작의 이러한 약점은 형식적 조작에 의하여 극복된다. 형식적 조작기의 사고는 본질상 '가설연역적 사고'이다. 이 단계에서는 가설적인 가능성을 먼저 생각할 수 있고 그 가능성을 가시적인 것에 비추어 확인할 수 있다. 다시 말하면, 형식적 조작에서 가시적인 것과 가설적인 것과의 관계는 '가설적인 것→가시적인 것'의 방향을 취한다. 가시적인 것을 보기 전에 모든 가능성을 체계적으로 생각할 수 있다는 것은 지적 활동이 거의 전적으로 구체적인 맥락에서 벗어날 수 있다는 것을 의미한다. 이렇게 보면, 구체적 조작기에서 형식적 조작기에로의 발달은 전조작적 사고기에서 구체적 조작기에로의 발달에 못지않게 괄목할 만한 발달을 나타내는 것이라고 말할 수 있다. 형식적 조작에서 가설적인 것을 먼저 생각할 수 있게 되는 것은 곧 그것이 '명제'를 다루기 때문이다. 이때 아동은 자신의 사고내용을 '명제'라는 가설적 형식에 담아 표현할 수 있다. 명제라는 것은 순전히 '형식적인' 규칙에 지배되는 것이다. 그 가설적인 '형식'에 담긴 '내용'은 만약 필요하면 가시적인 것에 비추어 확인될 수 있다. 그리고 형식은 내용과는 무관하게, 그 자체의 규칙(논리적 규칙)에 의하여 타당성을 가질 수 있다.

만약 '개념적 사고'라는 말을 엄밀한 의미로 쓴다고 하면, 개념적 사고는 구체적 조작기의 사고를 의미하며, 여기에 비하여 형식적 조작기의 사고는 '명제적 사고'라는 말로 부를 수 있을 것이다. 개념과 명제는 분명히 언어로 구성되어 있다. 이것은 곧 조작, 또는 보다 일반적으로 지적 활동에 있어서의 언어의 위치를 입증하는 것이라고 볼 수 있다. 언어는 성격상 상징적인 것이며, 상징이라는 것은 성격상 구체적인 맥락에서 벗어나 있다. 지적 발달은 점점 더 높은 차원의 조작을 가능하게 하는 방향으로 나아간다는 것을 받아들인다면, 결국 지적 발달은 상징을 점점 더 그 성격 – 즉, 구체적인 맥락에서 벗어났다는 성격, 또는 '탈맥락성'(decontextualizedness) – 에 맞게 활용할 수 있도록 하는 방향으로 나아간다고 볼 수 있다. 이것은 곧 언어가 세계를 합리적으로 이해하는, 인간이 가지고 있는 가장 중요한 수단이라는 것을 의미한다.

피아제의 이론을 도덕성의 분야에 적용하여 좀 더 치밀하게 체계화한 콜버그의 도덕성 발달이론도 이 점을 예증하고 있다.[3] 콜버그는 도덕성의 발

3) 저자가 아는 범위 내에서 콜버그의 이론이 특히 도덕교육과 관련하여 자세하게 제시된 것으로는 다음의 논문을 들 수 있다. Kohlberg, L.(1971), From Is to Ought: How to Commit the Naturalistic Fallacy and Get Away with It in the Study of Moral Development, T. Mischel(ed.), *Cognitive Development and Epistemology*, New York: Academic Press, pp.151-235.

달을 도덕적 판단의 근거(합리성의 도덕적 표현)가 발달하는 과정으로 보고, 그 발달과정을 6단계로 구분하고 있다. 즉, (1) 벌과 복종에 의한 도덕성, (2) 욕구 충족수단으로서의 도덕성, (3) 대인관계의 조화를 위한 도덕성, (4) 법과 질서 준수로서의 도덕성, (5) 사회계약 정신으로서의 도덕성, (6) 보편적 도덕원리에 대한 확신으로서의 도덕성이 그것이다. 이 여섯 단계의 발달은 도덕적 판단의 근거가 구체적인 맥락에 얽매여 있는 상태로부터 거기서 점점 벗어나는 상태로 나아가는 과정을 나타내는 것으로 해석된다. 즉, 단계1과 단계2에서는 자신에게 직접적으로 영향을 미치는 '사실적 결과'(Is)가 도덕적 판단의 근거가 되지만, 단계3과 단계4에서는 그 사실적 결과의 범위가 대인관계나 사회 전체로 확대될 뿐, 여전히 구체적인 결과의 수준에 머물러 있다. 그러나 단계5와 단계6에서는 그런 구체적인 판단 근거에서 벗어나서, 그 근거 자체가 타당한가에 관한 합리적 사고를 할 수 있게 된다. 이 사고의 결과로 사람들은 도덕적 판단이 그런 구체적 사실적 결과와는 무관한 '보편적 도덕원리'(Ought)에 의하여 정당화될 수 있음을 믿게 된다. 이때 우리는 도덕적 문제에 관하여 완벽한 지적 사고를 할 수 있게 되는 것이다.

이러한 이론을 정립할 때, 피아제와 콜버그의 관심은 특정한 연령층의 아동에게 가르쳐야 할 교육내용을 결정한다든지 그 교육내용을 가르치는 방법을 찾아내는 데에 있었다기보다는 각각의 연령층에 속하는 아동들이 왜 그러한 생각을 하는가를 이해하는 데에 있었다. 왜 7세 이전의 아이들은 장미꽃과 그 밖의 여러 가지 꽃들을 섞어서 꽃다발을 만들었을 때, '장미꽃이 더 많은가 꽃이 더 많은가'라는 질문에 대하여 '꽃'이 더 많다고 하지 않고 '장미꽃'이 더 많다고 하는가, 또는 왜 7세 이전의 아이들은 어른에게서 벌을 받지 않도록 행동하는 것이 '착한' 행동이라고 생각하는가, 등등. 이러한 질문에 대한 피아제와 콜버그의 대답은 대체로 앞의 설명에 시사되어 있다. 즉, 아동은 발달단계에 따라 각각 특유의 정신구조(또는, 인지구조)를 가지고 있다. 사물을 파악할 때, 아동은 각각 자신이 가지고 있는 정신구조를 사물에 능동적으로 적용하며, 따라서 아동이 그 사물을 파악하는 방식은 그가 가지고 있는 정신구조에 의하여 제약을 받는다. 특정한 단계에서의 아동의 정신구조는 사물에 따라 각각 다른 종류의 것이 아니라 한 가지이며, 이 한 가지 정신구조가 여러 가지 사물을 파악하는 데에 다같이 영향을 미친다. 이 정신구조가 곧 그 연령층에서의 지적(또는, 도덕적) 발달단계를 규정한다. 그리고 이 정신구조는 그 자체의 조정기능에 의하여 점점 안정된 상태로 발달해 나간다.

아동의 지적 발달과정에 관한 이러한 설명을 받아들인다 하더라도, 그것을 교육에 어떻게 '적용'하는가, 또는 심지어 교육에서 그것을 어떻게 고려해야 하는가 하는 것은 별개의 문제로 남는다. 예컨대 피아제의 이론을 교육에 '직접' 적용하는 방법으로서, 교과를 가르칠 때 각각의 발달단계에 맞는 '내용'을 가르쳐야 한다는 주장이 있을 수 있다. 즉, 구체적 조작기(대략 7～13세)에는 '구체적 조작'에 맞는 내용을 가르치고 형식적 조작기(13세 이후)에는 '형식적 조작'으로 다룰 수 있는 내용을 가르쳐야 한다는 것이다. 이러한 방안은, 각각의 발달단계는 아동이 사물을 지각하는 상이한 방식을 나타낸다는 것, 따라서 그것은 아동의 지각 또는 사고능력에 제약을 가한다는 것(아동의 능력으로 파악되지 않는 것은 가르쳐 보아야 소용없다는 것)을 중요시하면, 그 나름으로 충분한 설득력을 가지는 것 같기도 하다. 그러나 또 한편, 피아제의 지적 발달이론은 '정상적인' 생활을 하는 아동이 '자연적으로' 거치는 발달단계를 기술하고 있다는 점도 동시에 고려해야 한다. 여기서 '정상적'이라든가 '자연적'이라는 말이 무엇을 뜻하는가 하는 것은 별도로 따져 보아야 하겠지만, 우선 교육(또는, 교과를 가르치는 일)이라는 것은 그 정상적인 또는 자연적인 과정에 변경을 가하거나 그 과정을 촉진시키는 일을 가리키는 것이다. 그렇다고 하면, 교육은 단순히 그 자연적인 과정을 고분고분 뒤쫓아 갈 수만은 없을 것이다. (이와 마찬가지로 피아제의 발달단계에 의하면, 형식적 조작능력은 13세 이후에 발달하지만, 성인들도 포함하여, 13세 이후의 아동이 모두 형식적 조작을 할 수 있는 것은 아니다. 다소 안전한 어림으로 말하자면, 형식적 조작을 할 수 있는 사람들은 세계 인구의 절반에 불과하다고 말해야 할지 모른다.)

브루너의 세 가지 표현방식은, 적어도 부분적으로는, 이러한 문제점을 해결하는 것이라고 볼 수 있다. 이 점을 설명하기 위해서는 피아제의 '발달단계'와 브루너의 '표현방식' 사이의 차이점을 밝힐 필요가 있다. 브루너의 (1) 작동적 표현, (2) 영상적 표현, (3) 상징적 표현은 각각 피아제의 (1) 감각동작기, (2) 구체적 조작기, (3) 형식적 조작기에 상응하는 것처럼 보이지만, 양자 사이의 관련은 오직 표면적인 것에 불과하다고 보아야 한다. 피아제의 발달단계에서, 조작 이전의 단계는 차치하고, 구체적 조작과 형식적 조작은 사고 또는 이해의 '방식'의 차이가 아니라 그 '내용'의 차이에 의하여 구분된다. 즉, 구체적 조작이 다루는 내용은 '분류'와 '서열'이며, 형식적 조작이 다루는 내용은 '명제적 사고' 또는 '가설 연역적 사고'이다. (이것들을 다루는 조작이 어째서 각각 '구체적' 또는 '형식적' 조작으로 불리는가 하는 것은 앞에 설명되어 있다.) 여기에 비하여 브루너의 세 가지 표현방식은 '동일한 내용'의 지식을 이해하는 세 가지 상이한 '방식'을 가리킨다. 예컨대 지렛대의 원리(힘×거리=힘'×거리')를 이해할 경우에 가장 나이가 어린 아동들은 시이소오를 직접 타 봄으로써 이해하지만, 조금 나이든 아동들은 모형이나 그림을 통하여 이해하며, 가장 지적으로 발달한 아동들은 문장이나 공식으로 이해한다. 이 경우에 아동들이 이해하는(또는, 이해해야 할) 내용은 동일하게 '지렛대의 원리'이며, 이것은 피아제의 발달단계에 비추어 보면 아마 '형식적 조작'에 해당하는 내용이라고 보아야 할 것이다.

이것으로 보면, 브루너의 표현방식은 내용에 관계없이(분류, 서열, 명제적 사고 중의 어느 것이든지 간에) 성립한다고 볼 수 있다. 브루너 자신이 그렇게 말할 뿐만 아니라, 우리가 보기에도 브루너의 표현방식이, 피아제의 이론과는 달리, '심리학'보다는 '교육학'에(또는, '발달이론'보다는 '교육이론'에) 더 가깝다는 인상을 주는 것은 이 때문이다. 그러나 앞(제3장 3절)에서 이미 지적한 바와 같이, 세 가지 표현방식은 흔히 생각하듯이, '동등한 범주'의 표현방식이 아니다. 예컨대 지렛대의 원리를 이해하도록 하려고 하면, 가장 나이 어린 아동들에게는 시이소오를 태워보는 것이 좋을 것이다. 그러나 여기서 중요한 것은 시이소오를 타도록 하는 데에 그쳐서는 안된다는 것이다. 우리가 알기에 '시이소오를 타는 것'과 '지렛대의 원리를 이해하는 것'은 명백히 다르다. 단순히 시이소오를 태울 때와는 달리, 지렛대의 원리를 '이해하도록 하기 위해서' 시이소오를 태울 때에는, 아동의 경험으로부터 힘×거리=힘'×거리'라는 원리(상징)를 이끌어내기 위하여 여러 가지 노력을 해야 한다. ('시이소오를 탄 경험을 이야기해 보자. 무거운 아이는 긴 쪽과 짧은 쪽 중에서 어느 쪽에 앉아야 하는가?' 등등. 이런 말을 하지 않거나 이런 말이 아무런 의미를 가질 수 없는 경우에 시이소오를 타는 것은 그냥 재미있는 경험에 불과하다.) 브루너의 말이 어떻게 들리는가에 상관없이, 우리가 지렛대의 원리를 가르치는 수단으로서 시이소오를 태울 때, 우리는 늘 아이들로 하여금 '말'을 하도록(상징을 쓰도록) 하고 있다. 사실상 브루너 자신도 그렇게 하고 있는 것이다(제3장 3절의 수업 참조).

이상의 고찰을 기초로 하여 발달이론이 교육에 주는 시사를 말한다면, 아마 다음과 같이 말할 수 있을 것이다. 즉, 한 단계에서의 아동의 발달 수준은 그 아동이 생각할 수 있는 능력에 제약을 가하며 교육을 하는 사람은 그 제약을 받아들여야 한다. 그러나 그 제약은 교육에 의하여 극복되어야 할 제약이다. 교과에 관한 어떤 문제가 주어졌을 때, 아동이 할 수 있는 생각이나 그 생각을 표현하는 말은 그 아동의 발달 수준(사고능력, 어휘력 등)에 의하여 한정되어 있지만, 그럼에도 불구하고 교사는 아동으로 하여금 그 한정된 생각과 말을 하도록 하고 그것을 점점 높은 수준으로 이끌어 올리기 위하여 노력해야 한다. 어떤 주어진 단계에서 그 생각을 어디까지 끌어 올릴 수 있는가 하는 것은 대체로는 아동의 능력과 노력에 달려 있지만, 또한 상당한 정도로는 교사의 능력과 노력에도 달려 있다. 한 아동의 발달 수준은 교육의 첫 출발(또는, 밑바닥)을 규정하는 것이며, 그 종착점(또는, 꼭대기)을 규정하는 것은 아니다.

2. 동기

심리학에서 동기는 흔히 '어떤 대상에 대한 정서적 태세'를 일반적으로 지칭하는 용어로 사용된다. 다시 말하면, 어떤 대상을 생각할 때 기분이 유쾌하고 따라서 그 쪽으로 마음이 기울어지거나, 아니면 기분이 불쾌하여 그 쪽에서부터 멀어지려는 경향이 있으면, 그 상태는 동기가 있는 상태이다. 이런 뜻에서의 동기는 보다 상식적인 용어로 의욕이나 의지와 그 뜻이 별로 다르지 않다고 보아도 좋다.

교육에서 관심이 있는 동기는 특히 '학습동기', 또는 '공부'에 대한 동기이다. 심리학에서는 그 학문의 성격상 동기를 '일반적인' 개념으로 취급하여 동기가 어떻게 형성되며 변화되는가에 관심을 기울일 수 있지만, 교육에서는 특히 공부하려고 하는 동기가 어디서 생기며 그 동기를 '유발'하기 위해서는 어떤 조치가 필요한가 하는 문제에 관심을 가진다. (때로 동기유발은 다음 절에서 고찰할 '흥미'와 관련된 것으로 생각되는 경향이 있다. 동기와 흥미와의 관련은 별도로 따져 보아야 할 복잡한 문제이지만, 동기는, 흥미가 있건 없건 간에, 해야 할 일 또는 할 가치가 있는 일이 결정되어 있고 그 일을 하도록 하는 데에 필요한 경우에 유발되어야 하는 것이라고 일단 생각해 볼 수 있다.) 심리학에서 취급되는 동기는 그 대상이 확정되지 않은 비교적 '막연한 흥분상태'를 가리키는 데에 비하여, 교육에서 관심을 두는 동기는 그 대상이 교과학습으로 확실하게 한정되어 있다. 대상이 확정되지 않은 일반적인 정서적 흥분상태가 교과를 공부하는 데에 어느 정도로, 또는 보다 정확하게, 어떤 종류의 동기를 줄 수 있는가 하는 것은 이때까지 충분히 검토되지 않은 문제이며 앞으로 보다 깊은 검토를 필요로 한다.

예컨대 우리나라 학교에서 학생들의 학습동기를 자극하는 방법의 일환으로 이따금 거론되고 있는 '성취동기'의 경우를 생각해 보자.[4] 성취동기는, 다소간 전문적인 술어를 써서 말하면, '탁월한 업적수행과 관련된 정서적 흥분상태'를 가리킨다. 즉, 주위의 어떤 사물이나 사태를 보든지(이러한 사물이나 사태는 동기를 일으키는 '단서'이다) 그것과 관련하여 '탁월한 업적수행'을 생각하며 그 업적이 이루어지는 데서 오는 만족과 쾌감, 그 업적이 이루어지지 않는 데서 오는 불만과 수치 등을 끊임없이 생각하는 사람은 성취동기가 높은 사람이다. (성취동기를 '육성'한다는 것은 본질상 이러한 '생각'을 하도록 이끄는 것을 말한다. 다시 말하면, 어떤 종류의 단서에 대해서든지 탁월한 업적수행을 머리 속에 그리도록 하고, 그 일을 이루는 데서 얻어질 기쁨과 그 일에 실패하는 데에 따라올 좌절을 예견하도록 하는 것이다.) 이러한 사람은 무슨 업적이든지 수행할 의욕을 가지게 될 것이다. 그러나 성취동기에서는 그 업적이 어느 특정한 것으로 한정되어 있지 않다. 성취동기가 높은 사람이 수행하는 업적은 발명일 수도 있고, 돈벌이일 수도 있고, 또 공부일 수도 있다. 그 중의 어느 것인가 하는 것은 그 사람이 가지고 있는 일반적인 '흥분상태'가 어디에 적용되는가에 달려 있는 것이다.

성취동기가 높은 사람은 공부를 잘 하는가? 적어도 공부를 잘 하는가 못하는가 하는 것이 의욕에 달려 있는 한, 성취동기가 높은 사람이 공부를 잘 하리라는 것은 논리적으로 명백하다. 즉, 성취동기가 높은 사람은 자신이 하는 일이 무슨 일이든지 간에 그 일을 의욕적으로 할 것이며, 따라서 자신이 하는 일이 공부인 사람은 공부 또한 의욕적으로 할 것이다. 사실상 이때까지 보고된 몇 가지 연구에 의하면 성취동기가 높은 사람은 장사나 그 밖의 다른 일을 잘 하는 것과 마찬가지로, 공부를 잘 한다는 것이 실증적으로 확인되었다. 그렇다면 성취동기는 '학습'동기(공부하려는 의욕)와 동일한 것이 아닌가, 또는 적어도 학습동기를 자극하는 방법은 곧 성취동기를 육성하는 데에 있다고 볼 수 있을 것이 아닌가?

---

4) 성취동기 및 그 육성과정에 관해서는 다음의 책을 참고 하라. 정범모 · 박용헌(1969), 성취동기, 서울: 배영사. 그 이후 그 과정에 참여하는 대상별로 몇 가지 책자가 더 발간되었다.

그러나 성취동기를 학습동기와 동일한 것으로 본다든지 학습동기를 자극하는 가장 중요한 방법이 성취동기를 길러주는 데에 있다고 생각하는 것은, 심리학에서 취급하는 것과 같은 일반적인 개념으로서의 동기를 교육에 직접 적용하는 것이 그렇듯이, 학습동기를 주로 '외적'인 것으로 생각하는 경향을 촉진한다. '외적' 동기라는 것은 '내적' 동기에 대비되는 것으로서, 보통 외적 동기는 학습내용 그 자체가 아니라 공부하는 데에 따라오는 부수적인 결과 – 시험점수에 대한 칭찬과 비난, 상벌, 사회적 지위 등 – 에 의하여 유발된 동기를 가리킨다. 이와는 달리, 내적 동기는 학습내용 그 자체에 대한 지적 호기심, 공부하는 것 그 자체에서 오는 기쁨, 또는 '발견의 희열'(아르키메데스가 부력의 원리를 발견하고 목욕탕에서 알몸으로 '나는 알았다'고 소리치며 나올 때의 느낌)을 가리킨다는 식으로 설명되고 있다. 만약 학습의 내적 동기라는 것이 위의 설명으로 충분히 규정될 수 있다면, 아마 성취동기는 내적 동기에 속하는 것으로 볼 수 있을 것이다. 그러나 위의 설명은 내적 동기의 규정으로 충분하지 않다. 뿐만 아니라, 내적 동기를 위와 같은 방식으로 규정한다 하더라도, 그것은 아직 내적 동기를 '유발'하는 방법에 관해서는 특별히 시사하는 바가 없다. 내적 동기를 유발하는 방법에 관하여 시사를 받고자 하면, 외적 동기와의 대비에 의하여 내적 동기의 의미를 보다 철저하게 분석할 필요가 있다.

사실상 이때까지 교육에서 동기를 유발한다고 할 때, 그 동기는 주로 외적 동기를 의미하는 것으로 생각되어 왔다. 외적 동기의 경우에는 적어도 그 '유발'이라는 것이 무엇을 의미하는가가 비교적 분명한 것이다. 교사나 학부모들은 학생들에게 공부가 가져다 줄 단기적인 또는 장기적인 결과를 제시하고 그 '결과를 위해서' 공부를 해야 한다고 말하는 것이다. 이러한 말은 대개의 경우에 학생들에게 공부를 해야 하겠다는 생각을 일으킬 수 있을 것이다. 공부를 하지 않으면 (단기적으로나 장기적으로) '재미없는' 결과가 생긴다는 것은 (그리고 그 반대로 공부를 열심히 하면 '좋은' 결과가 온다는 것은) 학생들에게도 충분히 납득될 수 있을 것이다. 이때 학생들은

'성취동기'라는 말이 나타내는 그러한 심리상태 – 탁월한 업적을 수행해야 하겠다는 정서적 흥분상태 – 를 경험할 것이다.

그러나 문제는 그러한 심리상태를 가진 학생들이 실지로 책상에 앉았을 때 어떤 일이 일어나는가 하는 데에 있다. 공부를 해야 한다는 것은 명백하다. 그러나 책을 들여다보면 온통 모르는 것 뿐이다. 그 공부가 재미있을 리가 없다. 그러나 그것은 '재미없는' 결과가 오는 것을 피하기 위해서는 '할 수 없이' 해야 한다. 할 수 없이 해야 하더라도 해야 하는 것은 해야 한다. 하자, 등등. 물론 이러한 사태가 전혀 효력을 발생할 수 없는 것은 아니다. 학생들 중에는 특히 '지구력'이 뛰어난 학생이 있으며, 이런 학생들은 하기 싫은 공부도 억지로 한 나머지, 조금씩 조금씩 '이해'에 도달하게 되고, 따라서 소위 '내적' 동기를 가지게 되기도 한다. (그렇다고 해서 이 사실이 외적 동기와 내적 동기 사이의 '개념상의' 구분을 모호하게 하는 것은 결코 아니다.) 그러나 대부분의 학생들에게 그러한 외적 동기는 공부를 더욱 싫은 것으로 만들어 버릴 가능성이 있다. 그들은 마지못해 공부를 하면서도 '제발 이 저주받을 시험(특히 입학시험)만 없어졌으면' 하는 식으로 공부에서 점점 멀어지기만 할 뿐이다. 이런 동기에 의하여 공부를 한 사람들이 '학교 공부'(그리고 '시험')를 다 마친 뒤에 이른바 '공부'를 위해서 책을 읽을 가능성이 없다는 것은 명백하다. 그들은 학교에서 뜨게 해 준 '글눈'을 대중 잡지나 스포츠 기사 등, 즉각적이고 유치한 재미를 추구하는 데에 활용한다. (요즘에 와서는 이런 것도 '문화'나 '교양'이라고 생각하는 사람들이 있다.)

학습에 대한 외적 동기가 가지고 있는 가장 근본적인 문제점은 그것이 학생들로 하여금 공부에 관한 그릇된 생각을 심어 준다는 데에 있다. 오직 외적인 동기에 의존하여 공부를 하는 학생들은 '표면상' 공부를 하면서도 사실은 공부가 아닌 다른 것을 하고 있다고 볼 수 있다. 그들은 사실상 공부가 가지고 있는 외적인 결과에 도달하기 위한 수단을 강구하고 있으며, 따라서 만약 그 결과에 이미 도달했다고 느끼거나 그 결과에 도달할 필요가 없어졌다고 느낄 때에 공부하는 일은 더 이상 의미를 가질 수 없을 것이다.

(이와 관련하여 시골 중학교에서 영어공부를 하지 않으려는 학생들에게 영어 공부의 동기를 유발하려고 한 어떤 교사의 이야기가 생각난다. 그 교사는 영어공부를 해야 할 이유로서, 학생들에게, 만약 영어공부를 하지 않으면 영어 상표가 찍힌 볼펜의 진짜와 가짜를 분간하지 못한다고 말했다. 그 학생들이 그 후 영어공부를 열심히 하게 되었다면, 분명히 이 말 때문은 아니었을 것이다.)

학습에 대한 내적 동기라는 것은 공부하는 내용 자체가 재미있기 때문에 공부할 의욕을 가지는 상태이다. 교육에 있어서 동기가 그토록 중요한 문제가 되고 있는 것을 보면, 학생들로서는 공부 그 자체가 재미있다고 생각하기가 매우 어려운 것임이 분명하다. 그러나 이때까지 교육에서는 그 이유를 어디서 찾으려고 하였는가? 이때까지 교육에서는 그 이유를 공부의 성격 그 자체에서 찾기보다는 학생의 심리상태에서 찾으려고 하였다. (이것이 바로 동기를 주로 심리학적인 관점에서 취급하게 된 원인이며, 학습동기를 주로 외적인 것에서 찾으려는 발상의 근원이 되었다고 볼 수 있다.) 그러나 물론, 학생들이 공부 그 자체에서 재미를 느끼지 못하는 이유를 공부의 성격 그 자체에서 찾을 수도 있다. 그 한 가지 방법은 공부와 다른 일(예컨대 장사나 야구시합) 사이의 성격상의 차이를 밝히는 데에 있다. 예컨대 '시이소오를 타는 것'과 '지렛대의 원리를 배우는 것'(공부)을 비교해 보자. 학교에서 하는 공부 – 학생들이 재미를 느끼지 못하는 공부 – 는 일체가 '상징'으로 되어 있다(본서, p.100 참조). 상징은 성격상 그것이 상징하고 있는 구체적인 맥락에서 '떨어져 나온' 것이다('탈맥락성': 본서, p.109 참조). 이것은 바로 힘×거리=힘'×거리'라는 상징이 시이소오를 타는 맥락에서 '떨어져 나온' 것과 같다. 예컨대 시이소오를 타는 것과 같은 구체적 맥락에서는 열의와 흥분을 경험하는 아동일지라도, 힘×거리=힘'×거리'라는 상징을 접할 때에는 (그 상징이 구체적인 맥락과 관련을 맺지 못한다면) 마찬가지의 열의와 흥분을 경험할 가능성이 없다. 요컨대 그 상징은 구체적인 맥락과 관련을 맺지 못하며, 따라서 아동에게 '의미'가 없는 것이다. (물론 모든 상징이 이런 식으로 '의미'를 가지게 되는 것은 아니지만, 이것이 적어도 상징화의 초기단계에서 상징이 의미를 가지게 되는 한 가지 방식이 된다는 것은 분명하다.) 상징은 일단 구체적인 맥락에서 벗어나면 그 자체의 복잡한 체계를 형성한다. 교육내용은 대부분 이러한 상징의 체계로 구성되어 있으며, 그것은 어떤 방식으로든지 학생들에게 '의미있는' 것이 되어야 한다. 학생들이 상징에서 발견하는 이 '의미'라는 것은 공부 그 자체에서 맛보는 재미라든가 희열이라는 것과 동일하며, 그것이 바로 교과학습의 '내적 동기'의 내용을 구성한다. 비유적으로 말하자면, 그것은 앞의 제3장(3절)에서 소개한 브루너의 수업에서 학생들이 2차방정식을 천평으로 표현했을 때의 열의, 그리고 천평이 평형을 이루었을 때의 흥분과 다르지 않으며, 이 열의와 흥분은 다시 낚싯대로 물고기를 낚아 올릴 때의 열의나 흥분과 다르지 않다.

이상의 분석은 다소간 공허한 논리적 분석으로 들릴지도 모르지만, 사실상 그것은 우리가 교육 실제에서 늘 알고 있고 또 기회만 있으면 늘 활용하고 있다. 우리는 추상적인 학습내용을 가르치기 위하여 늘 구체적인 경험을 시키거나 구체적인 예를 들고 있다. '경험 교육과정'(제2장 1절)에서 학생들의 '활동'을 그토록 중요시한 이유도 다름 아니라 여기에 있다고 볼 수 있다. 경험 교육과정이 그 운영과정에서 빚어낸 문제점을 알고 있는 오늘날 우리의 관점에서 생각해 보면, 그때 중요시했어야 할 것은 '활동' 그 자체가 아니라 '활동'이 나타내고 있는 상징(또는, 지식)이 아니었던가 하는 느낌이 든다.

학습의 내적 동기를 이상과 같은 관점에서 보면, 그것을 '유발'하는 방법은 바로 학습내용의 '의미'를 알게 하는 것, 또는 학습내용을 '이해'하도록 하는 데에 있다는 결론에 도달한다. 학생들이 이해되지 않는 내용에서 재미를 느낄 가능성은 매우 희박하다. 만약 '지식의 구조'라는 것이 학생들로 하여금 교과를 이해하도록 가르쳐야 한다는 아이디어를 나타내고 있다면, 지식의 구조를 가르치는 것은 바로 학생들에게 내적 동기를 유발하는 과정과 다르지 않다고 보아야 한다. 다시 말하면, 지식의 구조를 가르치는 한 우리는 학습의 동기를 유발하기 위하여 별도의 노력을 할 필요가 없다는 뜻이다. 이렇게 말하는 순간에 우리는 또 다시 소크라테스의 지혜를 연상하게 된다. 소크라테스는, 어떤 일이든지 잘 하는 방법('덕', *arete*: 제8장 1절)은 그 일이 어떤 일인지 아는 것밖에 없으며, 누구든지 그 일이 무엇인지를 알고서 그 일을 잘못 할 수는 없다고 말하였다.

3. 흥미

홍미에 관한 상당한 부분은 앞 절에서 고찰한 동기와 관련되어 있다. 학습내용에 흥미를 가지도록 한다는 말은 흔히 학습내용에 재미를 느끼도록 한다는 것과 같은 뜻으로 쓰이고 있다. 이 경우에 학습내용에 재미를 느끼도록 한다는 것은 학습에 대한 동기를 유발한다는 것과 동일한 의미를 가진다. 앞 절의 고찰에 비추어서 말하자면, 학생들이 학습내용에 '흥미'를 느끼지 않는 상태에서 흥미를 느끼도록 하는 방법은 바로 그 학습내용을 이해하도록 하는 것이며, 그 이외의 방법으로 흥미를 느끼도록 하는 것은 결국 학생들의 주의를 학습내용이 아닌 다른 것으로 돌리게 하는 결과를 초래한다고 말할 수 있다.

이 절에서는 특히 흥미가 교육내용의 선정기준으로 사용되는 경우에 관하여 생각해 보고자 한다. 학교에서 가르치는 내용이 학생들에게 '흥미있는' 내용이어야 한다는 것은 경험 교육과정(또는, 진보주의교육) 이후로 매우 중요한 교육의 원리로 받아들여져 왔다. 과연 이 원리는 타당한가? 그렇지 않다면, 그 원리는 어떤 의미로 해석되어야 하는가?

우선 '흥미'를 학생들의 마음 속에 있는 심리적 실체를 가리키는 것으로 해석하면, 그 원리는 명백하게 넌센스이다. 앞 절에서 말한 바와 같이, 학교에서 가르치는 교과의 대부분은 대다수의 학생들에게 그런 뜻에서의 흥미를 자아낼 만한 것이 되지 못한다. 그러므로 만약 그러한 기준에 의하여 교육내용을 선정한다면, 오늘날 학교에서 가르치고 있는 교과는 대부분 부적합하다고 보아야 한다. 뿐만 아니라, 학생들이 느끼는 흥미는 개인에 따라 각각 다르기 때문에 누구의 흥미를 기준으로 해야 할지도 문제이다. 이렇게 생각해 보면, 앞의 원리가 타당한 것이 되기 위해서는 흥미라는 말이 흔히 생각하는 것과는 다르게 해석되지 않으면 안된다.

학생의 흥미를 존중해야 한다는 원리가 그 동안 교육에서 많은 혼란을 자아낸 것은 '흥미'라는 말의 애매성 때문이라고 볼 수 있다. 우리말로서의 흥미는 영어의 '인터레스트'(interest)를 번역한 것으로서, 이 영어단어는 '흥미를 느낀다'(to feel interest)고 할 때의 '흥미'와 '이익이 된다'(to be in one's interest)고 할 때의 '이익'이라는 두 가지 의미를 가지고 있다. 학생의 '흥미'를 존중한다고 할 때의 '흥미'가 그 두 가지 의미 중의 어느 것에 가까운가에 따라 그 원리는 상당히 다르게 해석될 수 있다. 우리말의 흥미는 분명히 위의 두 가지 중에서 전자의 의미를 강하게 풍기고 있으며, 따라서 특히 우리나라의 경우에 '학생의 흥미에 적합한 교육내용을 선정한다'는 표현은 거의 의심할 여지가 없이 학생이 재미있다고 생각할 만한 내용을 가르쳐야 한다는 뜻으로 받아들여져 왔다.

이 의미를 끝까지 밀고 나가서, 그야말로 학생들이 재미있어 하는 내용만을 가르쳐야 한다고 생각할 사람은 아마 없을 것이다. 그렇다고 하면, 교육내용 선정기준으로서의 흥미는, 어느 편인가 하면, 학생에게 '이익이 되는' 내용을 가리키는 것으로 해석되어야 할 것이다. 그러나 이렇게 말한다고 해도 흥미의 뜻이 조금이라도 더 분명해지는 것은 아니다. 왜냐하면 학생에게 '이익이 되는' 내용이 어떤 것인가 하는 문제는 교육학의 근본적인 문제이며, 거기에는 여러 가지 이론이 있을 수 있기 때문이다. (이 문제는 제5장에 취급될 내용과 관련되어 있다.)

물론 흥미(학생들이 재미있다고 느끼는 것)가 학습의 원리로서 중요한 역할을 한다는 것은 누구도 부정할 수 없을 것이다. 학생들은 자신이 재미

있다고 생각하는 일에 열의를 가질 것이며, 그 열의의 정도는 학습성과에 중대한 영향을 미칠 것이다. 그러나 교육을 한다는 것은 현재 학생들이 가지고 있는 흥미를 받아들이는 일이 아니라, 그것을 보다 가치있는 상태로 끌어 올리는 일이다. 현재 학생들이 가지고 있는 흥미는 이때까지 그 학생들이 받은 교육의 결과이며, 그와 동시에 장차의 교육을 통하여 보다 가치있는 것으로 승화되어야 할 것이라고 보아야 한다. 교육도 골프와 마찬가지로 공이 있는 데서 출발해야 한다고 누군가가 말했다고 한다. 현재 학생들이 가지고 있는 흥미는 현재 그 학생들이 가지고 있는 이해 수준을 지시하는 것으로서 교육을 하는 사람이 마땅히 받아들여야 할 제약이다. 그러나 이 수준은, 그 학생들의 발달 수준이 그렇듯이, 교육의 출발점일 뿐, 종착점은 아니다. 흥미를 심리적 실체로 파악하고 그것을 교육내용의 선정기준으로 삼아야 한다고 주장하는 것은 그 출발점과 종착점을 혼동하는 것이라고 말할 수 있다.

제 5 장

교과의 사회적 의의

교과를 어떻게 규정하든지 간에 그것이 유용해야 한다는 것만은 의심할 여지가 없다. 그러나 교과는 어떤 점에서 유용한가? 교과의 유용성을 어디서 찾는가 하는 것은 적어도 두 가지 점에서 교과를 가르치는 일에 영향을 준다고 볼 수 있다. 첫째로, 그것은 가르쳐야 할 교과를 '선정'하는 기준이 된다. 교과의 유용성이 특정한 점에서 찾아진다고 하면, 그 점에서 중요한 내용만 교과가 된다고 보아야 하거나, 아니면 적어도 그러한 내용을 교과로서 더 중요시하지 않으면 안된다. 둘째로, 그것은 또한 현재 가르치고 있는 교과를 가르치는 '방식'에도 영향을 준다. 동일한 내용이라도 그것을 가르치는 방식에 따라 어떤 특정한 유용성에 더 적합할 수도 있고 덜 적합할 수도 있을 것이다.

오늘날의 형편을 두고 생각해 볼 때, 교과가 어째서 유용한가 하는 질문은 적어도 교과를 어떻게 가르쳐야 하는가 하는 질문보다는 훨씬 덜 중요한 질문으로 취급되고 있는 듯하다. 여기에는 몇 가지 이유가 있을 것이다. 우선, 교과가 어째서 중요한가 하는 것은 교사가 나날이 하는 일에서는 비교적 멀리 떨어진 '한가한' 질문이라는 생각이 있을 수 있다. 뿐만 아니라, 그렇게 한가한 사람들끼리 그 질문을 하고 그것에 대해서 온갖 대답을 한다 하더라도 그러한 대답은 교사가 현재 실지로 가르치는 내용에 별로 중요한 변화를 일으킬 수 없다는 생각이 드는 것이다. 이때까지 경험으로 보아 '교육의 목적'에 관한 별별 말이 있었지만, 그럼에도 불구하고 교사는 여전히 동일한 내용을 가르치고 있는 것이 아닌가? 이러한 생각에는 분명히 일면의 타당성이 있다. 그러나 앞에서 말한 바와 같이, 교과의 유용성을 어디서 찾는가에 따라 교과의 선정기준 뿐만 아니라 교과를 가르치는 방식조차 달라질 수 있다고 하면, 교과를 왜 가르쳐야 하는가 하는 질문은 반드시 교육을 옆에서 지켜보는 한가한 사람들이나 하는 질문이 아니라, 교사 자신에게도 매우 긴박한 질문이 된다. 이 장에서는 이러한 관점에서 교과의 유용성이 어디에 있는가를 고찰하고, 그 고찰의 한 부분으로서 교육에 참여하는 사람들(교사와 학생)이 어떤 삶을 살아가고 있는가를 고찰하고자 한다. 이 장의 마지막 절에서는 우리 사회 현실에서의 교육의 생태에 관련된 문제로서 교육과 사회복지에 관하여 생각해 보겠다.

교과와 사회의 관련에 관해서는 이 장에서 취급된 문제 이외에, 보다 중요한 문제들이 많이 있을 수 있다. 그 중에서 특히 교과(또는, 교육내용)가 한 사회의 특수한 현실을 어떻게 반영하는가, 그리고 교과는 특수한 사회현실에 따라 달라야 하는가 하는 문제가 있다. 이 문제는 현재 주로 영국의 교육사회학계에서 심각하게 논의되고 있으며, 그 영향을 받은 우리나라의 젊은 교육사회학도들 사이에도 중요한 연구과제가 되고 있다. 장차 이 방면의 연구결과가 기대된다.

교과의 유용성이라는 이 장의 주제와 관련지어 생각하면, 이 방면의 연구는 교과의 유용성이라는 일반적인 주제를 사회의 특수적 현실에 적용하는 것에 해당한다고 말할 수 있을 것이다.

1. 교과의 유용성

교과가 유용해야 한다는 것을 당연한 것으로 받아들이는 사람들의 생각은 흔히 두 가지 경향을 띠고 있다. 한쪽으로는, 현재 학교에서 가르치고 있는 교과가 어떤 점에서든지 유용할 것이라고 생각하고 그것이 구체적으로 어떤 점에서 유용한가 하는 문제에 관해서는 별로 생각해 보려고 하지 않는 사람들이 있다. 설사 현재의 교과가 어떤 점에서 유용한가 하는 질문이 대두된다 하더라도 이런 사람들은 지극히 상투적인 용어로 그 교과의 중요성을 댈 수 있을 것이다. 예컨대 수학은 논리적인 사고력을 기른다든지 역사는 현실을 파악하는 데에 유용하다고 하는 그런 식이다. 이런 사람들은 현재의 교과를 인정하는 데에 관심이 있는 사람들이며, 따라서 교사가 교과를 가르치는 데에 특별히 이로운 점도 없는 반면에 해를 입히지도 않는다. 요컨대 이런 사람들의 의견에 대해서는 별로 주의를 기울일 필요가 없다.

그러나 또 한쪽으로, 어떤 사람들은 교과가 어떤 점에서 유용한가를 자기 나름으로 깊이 생각해 본 뒤에, 자신의 생각에 비추어 현재의 교과 중에서 그 유용성이 명백하지 않은 것이 있으면 그것에 대하여 불만을 표시하고 그것 대신에 보다 유용한 것을 가르쳐야 한다고 주장하거나 적어도 그런 내용을 더 중요시해야 한다고 주장한다. 대부분의 경우에 이런 사람들은 교과의 유용성을 즉각적인 생활의 필요 충족에 도움이 된다는 데서 찾는다.[1] 왜냐하면 그들이 보기에 이것이 유용한 것의 가장 명백한 경우이기 때문이다. 현재 학교에서 가르치고 있는 교과를 인정하려는 앞의 부류와는 달리, 이런 사람들이 볼 때 현재의 교과는, 전부는 아니라 하더라도, 대부분이 생활의 필요를 충족하는 것과는 거리가 먼 것으로 보이며, 따라서 이들에게는 오늘날 학교가 생활에 직접 유용한 것을 젖혀 두고 그것과는 거리가 먼 '책에 쓰인 지식'(이론, 학문 등)을 가르치고 있다는 것이 명백하게 학교교육의 '낭비'나 '허점'을 나타내는 것이라고 생각된다. 소위 '지식위주의 교육'을 하고 있다는 이유에서 오늘날 학교를 매도하는 사람들은 주로

1) 교과가 생활에 유용해야 한다는 견해는 분명히 존 듀이에 의하여, 주장된 것은 아니라 하더라도, 촉진되었다고 볼 수 있다. 교과의 유용성에 관한 이론의 변천과정에 관해서는 다음의 책을 참조하라. 이홍우(1992), 증보 교육과정탐구, 서울: 박영사, 제4-6장.

이런 부류에서 찾아볼 수 있다. 그들이 생각하기에 오늘날 학교에서 '지식'을 가르치고 있고 또 학생들이 그것을 배우고 있는 이유는 오직 그것이 입학시험에 나오기 때문이며, 만약 입학시험에 그런 것이 나오지 않는다면 그것은 생활에 보다 직접 유용한 것에 의하여 전적으로 대치되어도 좋다고 생각할지 모른다. 그리고 이런 사람들의 견해는 오늘날 교육현실에 무엇인가 결함이 있다고 생각하는 많은 사람들의 호응을 얻고 있다. 앞의 부류와는 달리, 이런 사람들의 견해는 교과의 의미와 그것을 가르치는 방식을 특정한 방향으로 규정한다는 점에서 그것에 대해서는 특별히 주의를 기울일 필요가 있다.

교과가 생활에 직접 유용해야 한다는 생각에 의하면, 퓨즈를 갈아끼우는 방법을 배우는 것과 빛은 직진한다는 것을 배우는 것 중에서 어느 쪽이 더 중요한가? (이 두 가지는 모두 '과학'이며, 그것을 과학이 생활에 유용한 것과 동일한 이유에서 중요하다고 생각하는 사람은 '과학'이라는 것과 '생활에 유용하다'는 것을 모두 오해하고 있다.) 퓨즈가 끊어졌을 때 캄캄한 방에 앉아 있어야 하는 불편을 겪어 본 사람이라면 누구든지 퓨즈를 갈아끼우는 것이 생활에 유용하다는 것을 알고 있다. 그것은 적어도 캄캄한 방을 환하게 하는 데에 도움이 된다. 그러나 빛이 곧게 나간다는 것을 아는 것은 어디에 도움이 되는가? 그것을 배우지 않으면 어떤 종류의 불편을 겪어야 하는가? 물론 사람들 중에는 빛의 직진을 모르면 불편하다고 생각하는 사람이 있을지 모른다. 예컨대 그 원리를 모르면 물건에 회중전등을 비출 수 없다든가, 커텐을 칠 수 없다든가, 여름에 뙤약볕이 쪼일 때에 나무그늘에 앉을 수 없다든가 하는 것들이 그것이다. (이러한 대답은 대학생들로부터 저자가 직접 들은 대답이다.) 그러나 이 대답은 그릇되다. 빛이 직진한다는 것을 모르는 사람들도 회중전등을 바로 물건에 들이대며 커텐을 치며...등등을 할 수 있는 것이다. (물건에 회중전등을 들이댈 줄 아는 것은 이미 빛의 직진을 아는 것인가? 그렇다면 학교에서 과학시간에 그것을 특별히 가르칠 이유는 어디에 있는가?) 우리가 물건에 회중전등을 들이대고 커텐을 치고...

하는 것은 빛의 직진이라는 과학적 원리를 알고 그것을 '적용'하는 것이 아니다. 오히려 사태는 그 반대로, 빛의 직진이라는 원리는 우리가 '어째서' 회중전등을 물건에 직접 들이대며 '어째서' 커텐을 칠 수 있으며...등등을 '설명'하는 데에 필요하다.

여기에 대하여 생활에의 유용성을 강조하는 사람은 즉각 반론을 제기할 것이다. 그 반론은 몇 가지 방향을 취할 가능성이 있다. (1) 물론 빛이 직진한다는 것을 아는 것은 퓨즈를 갈아끼울 줄 아는 것과 동일한 뜻으로 유용한 것은 아닐지 모른다. 그러나 과학이 생활에 유용하다는 것은 그와 같이 하나하나의 과학적 원리가 유용하다는 뜻이라기보다는 과학 '전체'가 유용하다는 뜻이다. 빛의 직진이라는 한 가지 원리가 과학의 전부는 아니며, 따라서 그 한 가지 원리가 생활에 유용하지 않다고 해서 과학 전체가 유용하지 않다고 말할 수는 없다. 만약 그렇게 말한다면, 그것은 지나치게 성급한 일반화이다. 오늘날 문명의 이기는 모두가 과학의 소산이 아닌가? (2) 빛의 직진이라는 것은 빛에 관련된 여러 가지 현상들을 '설명'하는 데에 필요하다고 말하지 않았는가? 이것도 일종의 유용성임에는 틀림없지 않은가? 교과의 유용성에는 반드시 한 가지만 있으라는 법이 없다. 교과 중의 어떤 것은 퓨즈를 갈아끼우는 것과 같은 뜻으로 유용하고 또 어떤 것은 빛의 직진을 아는 것과 같은 뜻으로 유용하다고 보아야 한다. 그 중의 어느 것이 더 중요하고 어느 것이 덜 중요하고가 있을 수 있는가? 물론 오늘날 교과 중에는 빛의 직진과 같이 '설명'하는 데에 유용한 것도 있지만, 퓨즈를 갈아끼우는 것과 같이 생활에 '직접' 유용한 것도 있는 것이다, 등등.

그러나 이러한 종류의 반론은 별로 효력을 가지지 못한다. 그 반론은 교과가 생활에 직접 유용한 것이어야 한다고 생각하는 사람들의 원래 주장보다는 훨씬 후퇴된 논지를 나타내고 있다. 적어도 그 반론은 교과가 유용한 것이어야 한다 하더라도 모든 교과가 '동일한 방식으로' 유용한 것이 아니라는 점은 인정하고 있다. 다시 말하면, 교과 중의 어떤 것은 퓨즈를 갈아끼우는 것과 같이 생활에 직접 필요하기도 하지만, 또 어떤 것은 각각 관련된 현상을 설명 또는 이해하는 데에 유용하기도 하다는 것이다. 뿐만 아니라, 예컨대 둘째 반론에서처럼, 그 두 가지 중에서 어느 것이 더 중요하다든가 어느 것이 덜 중요하다고 말할 수 없다는 점도 인정하고 있다. 아마 그것은 말할 수 없을지 모른다. 그러나 만약 더 중요하고 덜 중요하고를 판가름하는 기준이 '교육내용으로서의 성격'에 있는 것이라면, 즉 '학교에서 가르쳐야 할' 내용으로서 어느 것이 더 중요하고 어느 것이 덜 중요하고가 문제된다면, 그것은 말할 수 없는 것이 아니다.

생활에 직접 유용한 내용과 현상을 이해하는 데에 필요한 내용 사이에는 그 교육내용으로서의 성격으로 보아 근본적인 차이가 있다. 전자는 일상생활을 하는 동안에 그것을 배울 필요를 느끼는 사람이라면 일상 생활사태(즉, 그 필요가 발생하는 사태)를 통하여 배울 수 있고, 또 그 필요를 느끼는 사람에 한하여, 또 그러한 사태 속에서 가장 잘 배울 수 있다. 예컨대 퓨즈를 갈아끼우는 방법을 꼭 배워야 한다고 생각하는 사람은 일상생활에서 다른 사람이 퓨즈를 갈아끼우는 것을 눈여겨보거나 아니면 그 방법을 물어서라도 배우려고 할 것이다. (만약 이런 것도 '교육'이라고 부를 수 있다면, 교육이 분명히 '학교'에서만 이루어지는 것은 아니다. 그러나 이 말을 하는 사람들은 대부분의 경우에 '학교'가 꼭 해야 할 '교육'이 어떤 종류의 교육인가에 대해서는 생각해 보려고 하지 않는다.) 뿐만 아니라, 생활에 직접 필요한 것은 그것을 배울 필요가 있는 사람만 배워야 할 내용이다. 몇몇 사람에게 필요한 내용을 모든 사람에게 가르치려고 할 필요는 없는 것이다. 여기에 비하여 현상을 설명 또는 이해하는 데에 필요한 내용은 위에서 말한 모든 점에서 전자의 내용과 구별된다. 설명이나 이해에 필요한 내용은 일상생활을 통하여 배울 가능성도 별로 없거니와 그것을 배워야 할 필요도 생기지 않는다. 적어도 이 '배워야 할 필요'라는 말을, 앞의 경우(예컨대 퓨즈를 갈아끼우는 것)에서와 같은 뜻으로 쓴다면, 그렇게 말할 수가 있다. 빛이 직진한다는 것을 몰라도 생활에 하등 불편이 없다는 것은 이것을 가리킨다. 만약 현상을 설명 또는 이해하는 데에 필요한 내용이 어떤 이유에서든지

'사람으로서' 꼭 배워야 할 내용이라면, 그것은 반드시 학교라는 특별한 기관에서 가르치지 않으면 안된다. 일상생활에서 그것을 배울 가능성도 없고 생기지도 않는다는 사실이야말로 학교건 어디건 간에 그것을 가르치는 기관이 별도로 필요하다고 볼 이유가 된다.

예컨대 퓨즈를 갈아끼우는 데에 필요한 지식처럼 무슨 일을 '하는' 데에 필요한 지식과는 달리, 현상을 이해하는 데에 필요한 지식은 '보는' 데에 필요한 지식이다. 편의상 이것을 각각 '하는 지식'과 '보는 지식'이라는 용어로 구별할 수 있을 것이다.2) '하는 지식' 뿐만 아니라 '보는 지식'도 필요하다면, 그것은 특정한 일을 하는 사람에게만 필요한 것이 아니라, 그 하는 일에 관계없이 누구에게나 필요하다. 만약 보는 일이 필요하다면, 무슨 일을 하든지 간에 '보는 일'을 하여야 할 것이기 때문이다.

그러나 문제는 '보는 지식', 또는 지식을 가지고 '보는' 일이 중요하다는 것을 어떻게 말할 수 있는가 하는 데에 있다. '하는 지식'이 중요하다는 점에 대해서는 특별히 설명할 필요가 없다. 그것은 누구에게나 명백한 것이다. 이와는 달리, '보는 지식'이 중요하다는 점에 대해서는 특별히 설명이 필요하다. 그러나 이것을 설명하는 일은 불가능에 가깝다. 왜냐하면 '보는 지식'이 중요하다는 것은 그것을 어느 정도 배운 뒤에 지식으로 볼 줄 알게 된 사람이라야 알 수 있는 것이며, 그것이 중요하다는 설명을 들어야 할 사람들은 바로 이 '보는 지식'을 배우지 않은 사람들, 그리하여 그것이 중요하다는 것을 알지 못하는 사람들이기 때문이다. 이런 사람들에게 어떻게 그것을 말로 설명해 줄 수 있단 말인가? 이런 사람들이 그것을 알게 되는 방법은 오직 '보는 지식'을 직접 배우는 길밖에 없다. 다시 말하면, 그들은 자신이 그 가치를 믿지 않는 내용을 배워야 하는 것이다. '보는 지식'을 모든 사람에게 강제로 배우도록 해야 할 이유가 바로 여기에 있다.

---

2) 영어에서 빌어 온 용어를 쓰면, 각각을 '실제적 지식'(practical knowledge)과 '이론적 지식'(theoretical knowledge)이라고 부를 수 있다. 'practical'의 어원은 희랍어 '*praxis*'(하는 것)이며, 'theoretical'의 어원은 희랍어 '*theoria*'(보는 것)이다.

그러나 '보는 지식'을 배우지 않으면 어떤 일이 일어나는가? 물론 아무 일도 일어나지 않는다. 적어도 앞의 질문을 하는 사람들이 염두에 두고 있는 '일' 같은 것은 일어나지 않는다. 만약 생활한다는 것이 순전히 생물학적으로 생명을 유지하는 것, 그리고 물리적으로 다소간 편안하게 생명을 유지하는 것을 의미한다면, '보는 지식'을 배우지 않는다고 해서 불편할 것은 아무 것도 없다. 사실상 오늘날 상당히 많은 사람들은 이런 의미에서 '아무 불편없는' 생활을 하면서 각자 자기 나름으로 만족을 느끼고 있고 앞으로도 많은 사람들이 그런 식으로 생활해 나갈 것이다. 이런 사람들에게는 '보는 지식'이 중요하다든가 그것은 모든 사람들이 필수적으로 배워야 한다는 따위의 말은 하등 의미가 없을 것이다. 물론 그렇게 살아가는 것은 그들의 '권리'이다. 다만 그들에게 부탁할 말이 있다고 하면, 자신이 보기에 어디에 유용한지 모른다고 해서 '보는 지식'을 추구하는 다른 사람들의 권리를 침해하지 말아 달라는 것 뿐이다. 학교에서 왜 생활에 직접 유용한 지식을 가르치지 않고 공허한 이론만 가르치는가 하는 비난은 분명히 그러한 권리를 침해하는 행위에 속한다.

2. 학문의 대열

교과가 생활에 직접 유용한 것이어야 한다는 주장 – 그리고 그것과 관련된 것으로서 교과가 학생의 흥미에 적합하여야 한다든지 심지어 학생의 '경험'에 의하여 대치되어야 한다는 주장 – 이 공공연히 제시되고 널리 호응을 얻기 전까지, 학교에서 가르치는 교과는 당연히 '학문'의 내용으로 구성되어야 한다고 생각되었다. 앞 절에서의 고찰은 그것이 어째서 '당연한' 것인가를 보여줄 수 있었으리라고 믿는다. 말하자면 학문이라는 것은 각각 관련된 현상을 보는 개념적 수단이며, 학문을 배울 때 우리는 그 개념적 수단으로 관련된 현상을 '보는' 일을 배우는 것이다. 우리를 둘러싸고 있는 현상을 보는 일은 우리가 무슨 일을 하면서 살든지 간에 '사람으로서' 살아가려고 하면 누구든지 해야 하는 일이다. '사람으로' 살아가면서 주위의 사물이나 현상을 보지 않으면서 산다는 것은 상상하기 어렵다. (소크라테스는 '자기성찰 없는 인생은 살 가치가 없다'고 말한 바 있다.) 인류가 그 역사를 통하여 사물이나 현상을 보는 수단을 그토록 집요하게 체계적으로 정립해 온 것은 바로 이 점을 보여준다. 이 체계적인 수단이 곧 학문이다. 그러므로 학문을 배운다는 것은 궁극적으로 말하여 '인간답게' 사는 데에 유용하다고 볼 수 있다. 유용한 것으로 말하면, 인간으로서 이것보다 더 유용한 것은 아마 없다고 보아야 할 것이다.

그러나 대부분의 사람들은 '인간답게' 산다는 것을 '주위의 사물이나 현상을 보면서' 산다는 뜻으로 규정하는 데에 대하여 아직도 부족하다고 생각하고, 그렇게 '보면서' 사는 인간의 모습이 어떤 것인가를 더 자세하게 규정해야 한다고 생각할지 모른다. 보다 구체적으로 말하여, 만약 '인간답다'는 말의 일차적인 의미가 도덕적 인간으로 살아간다는 데에 있다면 그렇게 '현상을 보면서' 사는 것이 도덕적인 삶과 어떤 관련이 있는가? 이 의문은 사회 속에서 지식을 가지고 사는 것과 도덕적으로 사는 것과의 관련에 관한 의문이며, 그것은 누구도 확실한 견해를 가지기가 어려운 복잡한 문제를 내포하고 있다. 이 점에 관해서는 이하에 삽입한 '교과로서의 도덕'이라는 별도의 절과 더불어 제8장을 읽고, 독자가 각각 생각해 보기 바란다. 다만 여기서는 '학문하는 일'에 직접 참여하는 집단, 즉 교사와 학생집단이 나타내고 있는 '삶의 자세' 또는 '생활 스타일'에 관하여 언급하고자 한다.

위에서 고찰한 바에 비추어 보면, 교사가 '전문적으로' 하는 일은 어떤 일인가? 교사는 교과를 가르치는 일을 전문으로 하는 사람이며, 이 일은 곧 학문이라는 개념적 수단을 써서 사물이나 현상을 보도록 이끄는 일이다. 그러한 일을 하도록 다른 사람들을 이끌기 위해서는 1차적으로 교사 자신이 그 일을 하지 않으면 안된다. (교사가 하는 일에는 학문을 하는 것 이외에, 그 일을 학생들 앞에서 시범하고 학생들로 하여금 마찬가지의 일을 하도록 이끄는 또 하나의 차원이 부가되어 있다.) 그렇다고 하면, 교사는 '보는 일'을 직업으로 삼고 살아가는 사람이라고 볼 수 있다. 이 점에서는 초등학교 교사나 대학 교수나 하등 다를 것이 없다. 대학 교수는 '학문'을 하는 사람이며 초등학교 교사는 그 학문을 '전달'하는 사람이라는 종래의 통념은 위에서 고찰한 바에 의하면 전적으로 그릇된 것이다. 물리학을 공부하는 초등학교 3학년 학생이 물리학자와 동일한 일을 하는 것과 마찬가지로 물리학을 어느 수준에서 가르치든지 그것을 가르치는 사람도 동일한 일을 한다고 보아야 한다. 물론 직업적인 교사가 아니더라도 '보는 일'을 할 수는 있다. 그러나 그들은 그것을 '직업으로서' 하는 것이 아니며 따라서 그 일을 하지 않아도 좋은 데에 비하여, 교사는 그 직업에 종사하는 한 반드시 그 일을 해야 한다. 앞에서도 말한 바와 같이, 대부분의 사람들이 당장 생활에 유용한 것에 마음이 기울어져 있는 세상에서 그것과는 하등 관련이 없는 '보는 일'을 '직업으로' 하는 사람들이 있다는 것은 분명히 인류를 위하여 다행한 일이라고 말할 수 있다. 모든 사람들이 '보는 일'을 하지 않는다 하더라도 그 일을 직업으로 삼고 있는 교사가 있는 한, 인류는 '보는 일'을 계속할 수가 있기 때문이다. 어느 사회든지, 실지로는 그렇게 하지 않을 망정, 적어도 입으로는 교직을 '성직'이라는 식으로 추켜세우는 것은 교사가 이와 같이 다른 사람으로서는 하기 어려운 일, 그러면서도 인류 전체로 보아서는 매우 소중한 일을 하기 때문이라고 볼 수 있다(제9장 3절 참조).

이 일을 하는 동안에 교사로서 가장 찬란한 성공을 거두었다는 어김없는 증거는, 오늘날에는 참으로 믿기 어려울지 모르지만, 그 교사에게서 배운 학생 중에 교사가 되겠다는 사람이 나오는 경우이다. 이 점을 설명하기 위해서는 학생이 교육을 받아가는 과정을 좀 자세하게 살펴볼 필요가 있다. 학생은 처음에 초등학교에 들어와서 교사가 하는 '보는 일'의 시범을 목격한다. 이때 학생은 그 시범이 무엇의 시범인지, 교사가 시범하는 그 일의 의미가 무엇인지를 깨닫지 못한다. 그러나 차차 교육을 받아가는 동안에 학생 중에는 (만약 '보는 일'이 다른 어떤 일보다도 가치있다는 확신을 가지고 그 일을 열렬히 시범하는 교사에게서 배우는 경우라면) 그 일의 가치를 조금씩 깨닫기 시작하고 자신도 그 일에 한 평생을 바칠 생각을 하는 사람이 나온다. 이런 학생들이 교직에 들어 온다. 원칙상으로 말하여(즉, 교육이 올바로 되어 있는 경우라면) 이런 생각을 할 수 있는 학생은 가장 공부를 잘하는 학생일 것이다. 그런 학생들이야말로 '보는 일'의 가치를 더 잘 알 가능성이 있기 때문이다. 요컨대 그런 학생들은 성공적으로 교육받은 학생들이다. 그러나 여기에 비하여, 교사가 하는 일을 전혀 이해하지 못하고(도대체 무엇 때문에 저런 일을 한담, 등등) 거기에 흥미를 느낄 수도 없는 학생은 변호사나 군인이나 장사 등, 다른 길로 나갈 것이다. 그런 길로 나간 사람들도 교사의 영향을 받아서 '보는 일'을 계속할지는 모르지만, 적어도 그 일을 직업으로 선택한 것은 아니며, 그 만큼 그들은 교사가 하는 일에서 감명을 덜 받았다고 보아야 한다. 그 일이 다른 어떤 일보다 중요하다고 생각했더라면, 당연히 한 평생 그 일을 하면서 살고 싶어 했을 것이다.

위의 설명이 그려내고 있는 현실은 우리나라의 현실과 분명히 거리가 있다. 우리나라 뿐만 아니라 세계의 모든 나라를 통틀어서 교직이 청소년들에게 그다지 매력을 주지 못하고 있는 것을 보면, 세계의 모든 나라가 교육의 의미를 충분히 인식하고 있지 않다는 것을 알 수 있다. 만약 교육에서 하는 일 – 교과를 가르치는 일 – 이 어떤 일인지 충분히 인식한다면, 그 사회는 당연히 그 일을 전문적으로 하는 교사들에게 응분의 대우를 해 줄 것이다. 그에 따라 교직은 청소년들의 동경의 대상이 될 것이며, 교직에는 훌륭한 청소년들이 들어와서 마찬가지로 훌륭한 청소년들을 길러낼 것이다. 아니, 논리상의 순서는 이것과는 정반대가 되어야 한다. 훌륭한 교육을 하면, 그 교육을 받은 청소년들은 교사에 대한 대우가 어떻든지 간에 교직에 들어올 것이며, 교직에 훌륭한 청소년이 들어오면 그 만큼 교직은 높은 대우를 받게 될 것이다.

그 반대로 가르치는 일이 어떤 종류의 일인지 모르는 교사들이 교직에 차 있는 경우를 생각해 보면, 앞의 논리를 더욱 실감할 수 있을 것이다. 그들 스스로 '보는' 능력도 없고 따라서 '보는' 일의 가치도 믿지 않는 교사가 학생들에게 그 일의 의미와 중요성을 깨닫게 할 가능성은 극히 희박하다. 교육에서 '보는' 일의 중요성이 제외된 뒤에 남는 것은 오직 그것을 수단으로 하여 부와 지위를 추구하는 일 뿐일 것이다. (이것이야말로 교육이 '외적 동기'에 의존할 수밖에 없는 비극적 사태가 아닌가!) 그런 상태에서 다른 학생들보다 다소간 뛰어난 성적을 내는 학생들은 사회 전체가 우러러 보는 '좋은' 직장에 들어가고, 교직은 주로 그 집단에서 쳐진 사람들로 채워질 것이다. 이들이 비록 교직에 들어오기는 했을 망정, 그들의 관심은 부와 지위를 추구하는 다른 사람들의 그것과 하등 다를 것이 없다. 이러한 그들의 관심은 예민하게 학생들에게 전달된다. 그들은 학생들에게 '보는 일'의 가치를 깨닫게 하기는 커녕, 오히려 그 반대의 믿음을 전달한다. 그리하여 교육은 '정상적인' 것과는 반대방향으로 걷잡을 수 없이 공돌아 간다.

그러나 우리가 받아들여야 할 중요한 사실은, 오늘날 우리나라 학교에서 가르치고 배우는 사람들이 어떤 사람들이든지 간에, 또 그들이 '보는 일'의 가치를 얼마나 확신하고 있든지 간에, 우리로서 그 일을 맡길 사람들은 그들밖에 없다는 사실이다. 개인 학습자를 중심으로 생각하면 교육은 학습자의 현재의 흥미 수준을 보다 높은 상태로 이끌어 올리는 일인 것과 마찬가지로(제4장 3절), 사회적으로 보면 교육은 교사 집단 전체의 교육적 능력과 자질을 향상시키는 일이다. 이 점에서 교육은 한마디로 말하여 장차 훌륭한 교사가 될 사람들을 길러내는 일이라고 말할 수 있다.

3. '교과로서의 도덕'에 관한 삽입절

도덕도 교과인가? 아마 상당히 많은 사람들은 도덕이 교과가 아니라고 생각할 것이다. 그들이 이렇게 생각하는 데는 이유가 있다. 흔히 교과라는 것은 '지식'에 해당한다고 생각되는 데에 비하여 도덕은 '지식'과는 다른 것으로 생각되기 때문이다. 만약 도덕이 지식이라면 오늘날 거의 대부분의 학생들은 '도덕'을 갖추고 있음에 틀림없다. 학생들은 어떻게 행동하는 것이 도덕적으로 올바른 것이며, 어떻게 행동하는 것이 그릇된 것인지 알고 있다. 오늘날 도덕교육의 문제는 학생들이 이러한 지식을 가지고 있지 않다는 데에 있는 것이 아니라, 그것을 행동으로 실천하지 않는다는 데에 있다. 그리하여, 만약 교과가 지식이고 도덕 또한 지식이라면, 오늘날 학생들에게 교과로서의 도덕을 가르치는 일은 전혀 무의미하다. 왜냐하면 학생들은 그 교과를 배우기 이전에 이미 그 교과를 알고 있다고 볼 수 있기 때문이다. 학생들에게 도덕을 '교과로서' 가르치느니, 차라리 부처님 앞에 염불을 외우는 편이 더 낫다. 이런 식으로 생각하여, 도덕이 교과라는 것은, 또는 도덕을 '교과'로 가르칠 수 있다는 것은 오늘날 별로 설득력이 없는 주장이 되고 있다.

오늘날 학생들이 가지고 있는 도덕적 '지식'이라는 것은 어떤 종류의 것이며, 학생들은 그것을 어디서 배웠는가? 우리가 보통 '학생들은 도덕에 관하여 알고 있다'고 말할 때, 그 '알고 있는 내용'(사람들은 이것을 '지식'이라고 부른다)은 친절해야 한다든가, 거짓말하지 말아야 된다든가, 약속을 지켜야 한다든가 하는 것들이다. 학생들은 이것을 '학교 수업'에서 배우는 것이 아니라 '일상생활'을 통하여 배운다. 학생들은 어렸을 때부터 주위의 어른들이 이런 말을 하는 것을 듣고 자란다. 그리하여 오늘날 학생들이 도덕에 관하여 알고 있다고 말하는 것은 학생들이 어릴 때부터 어른들에게서 이런 말을 듣고 자란 나머지 그렇게 행동하는 것이 옳다는 것을 안다는 뜻이며, 학생들이 알고는 있지만 행동으로 실천하지 않는다고 말하는 것은 그럼에도 불구하고 학생들이 친절한 행동, 거짓말하지 않는 행동, 약속을 지키는 행동을 하지 않는다는 뜻이다.

학생들은 왜 그런 '지식'을 행동으로 실천하지 않는가? 오늘날 도덕 교육에서 가장 중요한 문제점이 '알고는 있으나 실천을 하지 않는' 데에 있는 만큼, 대부분의 사람들은 이 질문이 도덕교육의 성격을 파악하는 데에 관건이 되는 가장 중요한 질문이라고 생각할 것이다. 그러나 학생들이 친절해야 한다든가, 거짓말하지 말아야 한다든가 하는 '지식'을 일상생활에서 배울 수 있다면, 친절한 행동을 하는 것이나 거짓말하지 않는 행동을 하는 것과 같은 '실천'도 '일상생활'에서 배울 수 있어야 할 것이다. 학생들이 '입으로' 그런 지식을 말할 수는 있어도 '행동'으로 그것을 실천하지 않는 것을 보면, '실천'이라는 것은 일상생활에서 배우지 않는(또는, 배우지 못하는) 모양이다. 왜 '실천'은 일상생활에서 배우지 않는가? 그 대답은 명백하다. 일상생활에서 학생들이 어른으로부터 그런 말을 듣는 경우가 잦은 것에 비하면, 어른들에 의하여 그것이 실천되는 것을 보는 경우는 훨씬 드물기 때문이다. 다시 말하면, 어른들은 아이들에게 어떻게 해야 한다는 말은 자주 하지만, 그들이 어떻게 해야 한다고 입으로 말하는 것과는 어긋나게 행동하는 경우가 비일비재하다. 그리하여 문제는 어째서 어른이 이런 방식으로, 다시 말하면, 말하는 것과는 어긋나는 방식으로 행동하는가 하는 데에 있다. 그러므로 학생들이 알면서도 왜 실천하지 않는가 하는 질문의 밑바닥에는 어른이 알면서도 왜 실천하지 않는가 하는 질문이 깔려 있고, 이 두 가지 질문은 동일한 방식으로 대답되지 않으면 안된다고 보아야 한다. 그러나 보통 어른들은 '학생들은 알면서도 왜 실천하지 않는가' 하는 것만 문제삼을 뿐, 그 질문을 어른 자신에 비추어서 제기하는 경우가 거의 없다. 아마 어른들은 그 질문이 자기 자신에게도 해당된다는 것을 상상조차 할 수 없는 것이나 아닌지 모르겠다.

왜 어른은 어떻게 행동하는 것이 도덕적으로 옳은지 알면서도, 아니, 알 뿐만 아니라 아이들에게 늘 그렇게 해야 한다고 말하면서도, 자기 자신은 그것과 어긋나는 행동을 그토록 자주 하는가? 여기에는 어떤 대답이 있을 수 있는가? '사회'가 그렇게 되어 있기 때문인가? 만약 '사회'가 그렇게 되어 있기 때문에 그럴 수밖에 없다면, 어째서 학생들에게는 '사회'가 그런데도 불구하고 옳은 행동을 해야 한다고 말하는가? 자신은 실천하지 않는 행동을 학생들에게는 실천하도록 요구할 권리는 어디에 있는가? 아니면, 어른들은 '도덕교육'을 충분히 받지 않아서 '실천동기'가 결핍되어 있기 때문인가? 만약 어른들이 받은 '도덕교육'이 충분하지 않다면, 도덕교육은 어느 정도로 해야 충분한가? 도덕교육이 '실천동기'를 강화하는 교육이라면, 그 교육은 구체적으로 어떻게 하는 교육을 말하는가? 만약 '실천 동기'를 강화하는 묘방이 있어서 그러한 방법으로 실천동기를 길러주면, 학생들은 요즘 어른들과는 달리, '사회'가 아무리 그렇더라도 옳은 행동을 실천할 수 있겠는가?

도덕을 '실천'한다는 것은 무엇을 뜻하는가? 예컨대 친절한 행동을 '실천'한다는 것은 친절해야 할까 말아야 할까가 문제가 되는 사태에 와서 어른들이 친절해야 한다고 말하니까 친절한 행동을 해야 하겠다고 생각하고 곧장 그러한 행동을 하는 것을 뜻한다고 생각한다면, 이것은 잘못이다. 우선 '친절해야 할까 말아야 할까가 문제가 되는 사태'가 어떤 사태인가 하는 것이, 적어도 학생에게는, 그다지 명백하지 않다고 보아야 한다. 만약 어떤 학생이 구체적인 사태를 당하여, '아, 이 사태는 친절해야 할까 말아야 할까가 문제가 되는 사태다'라고 생각한다면, 이 학생은 이미 상당한 정도로 '도덕교육'을 받은 학생이라고 보아야 한다. 보통 학생들은(학생들 뿐만 아니라 상당수의 어른들도) 어떤 특정한 사태를 그런 '눈으로' 볼 줄 모른다. 그들이 도덕교육을 받지 않았다는 것은 바로 사태를 그런 눈으로 볼 수 없다는 것을 의미한다. 그런 학생들은 자신이 당면한 사태가 어떤 사태인지 파악하지 못한 채, '아무렇게나' 행동해 버린다. 어떤 특정한 사태를 '친절해야 할까 말아야 할까가 문제가 되는 사태'로 파악할 수 없는 아이들에게 '친절해야 할까 말아야 할까가 문제가 되는 사태를 당하거든, 친절한 행동을 하라'고 일러주는 것이 무슨 '교육적 효과'를 가져올 수 있단 말인가? 뿐만 아니라, 대부분의 도덕적 사태는 친절해야 할까 아니면 정직해야 할까가 동시에 문제되는 사태이다. 이러한 사태에서 '어른들로부터 친절해야 한다는 말을 들었다는 이유에서' 친절한 행동을 실천하는 것은, 역시 실천임에는 틀림이 없지만, '도덕의' 실천은 아니다. 그런 학생은 어른들로부터 '정직해야 한다'는 말도 들었다는 것은 까마득히 잊고 있는 것이며, 만약 이것을 기억했더라면 똑같은 이유에서 친절한 행동을 실천하지 '않았을' 것임에 틀림없다. 이 경우에도 사람들은 그 학생이 '친절해야 한다는 것을 알면서도 그것을 실천하지 않는다'고 말할 것이다.

'과학'이라는 교과는 그것을 배운 증거가 일상생활에 당장 드러나지 않아도 그 교육의 효과를 별로 의심하지 않는 데에 비하여, '도덕'은, 그것을 교과로 삼는 경우에, 어째서 그것을 배운 증거가 일상생활에 당장 드러나야 한다고 생각하는 것인가? 요즘 학생들이 '과학'을 잘 배웠는가 아닌가를 알아보기 위해서는 반드시 특별한 검사(학력검사)를 해 보고, 그 결과가 별로 신통하지 않으면, 그제서야 요즘 과학교육이 말이 아니라고 말한다. 그러나 흔히 도덕교육의 경우는 이와 다르다고 생각하는 듯하다. 즉, 도덕교육의 경우에는 학생들이 일상생활에서 행동하는 것만 보면, 도덕교육이 잘 되고 있는지 못되고 있는지 알 수 있다고 생각하는 것이다. 이 생각은 타당한가? 그야 물론이다, 하고 대부분의 사람들은 생각할 것이다. 그것은 교과로서의 과학과 도덕의 차이를 말하는 것에 불과한 것이 아닌가? 과학과 도덕의 차이는, 과학이라는 것이 아무 것도 실천할 필요가 없는 '지식'인 데에 비하여, 도덕은 실천을 필요로 하는, '지식 이상의 것'이 아닌가? 과학적 지식을 가지고 있는가 없는가 하는 것은 보통 생활장면에서는 잘 드러나지 않는 데에 비하여, 도덕을 실천하는가 하지 않는가 하는 것은 일상생활에서 당장 드러나기 때문에 일상생활에서 학생들이 행동하는 것을 보아서 도덕교육이 잘 되고 있는가 아닌가를 판단하는 것은 당연한 것이 아닌가?...등등. 이러한 생각은 우리 주위에 널리 퍼져 있고, 또 얼른 생각하면 자명하게 옳은 것처럼 생각되지만, 이 문제는 그렇게 간단하게 생각할 것이 아니다.

우선, 과학은 '지식 교과'이기 때문에 하등의 실천을 필요로 하지 않는다는 생각은 확실히 옳은가? 예컨대 한 학생이 빛은 직진한다는 '지식'을 가지고 있는가 없는가를 판단하는 데에 근거가 되는 것은 무엇인가? 물론 일상 생활사태에서는 이 학생이 그 지식을 가지고 있는지 아닌지를 알 수 없다. 그렇다면 그것을 알고 있다고 판단할 수 있는 것은 어떤 경우인가? 가장 쉬운 방법은 학생에게 빛은 어떻게 나가는가를 물어 보아서, '곧게' 나간다고 대답을 하면 그 학생은 지식을 가지고 있다고 판단하는 방법일 것이다. 그러나 이것은 그 학생이 빛의 직진에 관한 '수업'을 받은 일이 있다는 간접적인 증거는 될 수 있을지 모르지만, 빛의 직진을 '과학으로서' 이해하고 있다고 볼 증거로서는 불충분하다. 그것을 과학으로서 이해한다는 것은 단순히 빛이 어떻게 나가는가 하는 질문에 대하여 '곧게' 나간다고 대답하는 것을 뜻하지 않는다. 그것을 과학으로서 이해한다는 것은, 과학을 이해하는 사람이라면 누구나 알고 있는 바와 같이, 그보다 훨씬 많은 것을 의미한다. 빛이 직진한다는 것을 과학으로서 이해한다는 것은, 앞에서 말한 바와 같이, 우리가 회중전등을 비추고, 나무그늘에 앉고, 커텐을 치고, 등등의 일을 하는 것을 의미하는 것이 아니라 그 일을 빛의 직진이라는 '눈'으로 볼 수 있다는 것을 의미한다.

도덕적 '지식'도 과학적 '지식'과 동일한 성격을 가진다고 볼 수 없는가? 당연히 그렇게 볼 수 있을 것이다. 다른 사람에게 친절해야 하는가 하는 질문에 대하여 '예'라고 대답하는 것을 보고 도덕적 지식을 가지고 있다고 생각하는 것은 마치 빛이 어떻게 나가는가 하는 질문에 대하여 곧게 나간다고 대답하는 것을 보고 과학적 지식을 가지고 있다고 생각하는 것과 같다. 어른이 보기에 '친절한 행동'으로 보이는 행동을 하는 것을 보고 도덕을 '실천'한다고 생각하는 것은 마치 아이가 회중전등을 비추는 것을 보고 빛의 직진이라는 과학을 '적용'한다고 생각하는 것과 같다. 과학을 이해한다든가 과학적 지식을 가지고 있다고 하는 것이 과학적 현상을 과학적 지식의 눈으로 '보는' 것을 의미하는 것과 마찬가지로, 도덕을 이해한다든가 도덕적 지식을 가지고 있다고 하는 것은 도덕적 사태를 도덕적 지식의 눈으로 '보는' 것을 의미한다. 그리고 과학적 지식의 눈으로 보는 방법은 과학이라는 교과에서 배워야 하는 것과 마찬가지로, 도덕적 지식의 눈으로 보는 방법은 도덕이라는 교과에서 배워야 한다. 만약 도덕이라는 교과가 필요하다면, 그것은 사람들로 하여금 이 일을 하도록 하는 데에 필요하다고 보아야 할 것이다.

'도덕교육을 받은 사람답게' 산다는 것은 무엇을 의미하는가? 앞에서 말한 바와 같이, 대부분의 사람들은 학생들이 어째서 아는 대로 실천하지 않는가 하는 것을 도덕교육의 성격에 관한 핵심적인 질문이라고 생각하지만, 사실상 도덕교육의 의미를 올바르게 파악하는 데에 가장 관건이 되는 질문은 그것이 아니라 도덕교육을 받은 사람의 삶은 어떤 삶인가, 그의 삶은 도덕교육을 받지 않은 사람의 삶과 어떻게 다른가 하는 질문이라고 보아야 한다. 도덕교육에 관하여 사람들이 흔히 가지고 있는 견해에 비추어 보면, 대부분의 사람들은 도덕교육을 받은 사람의 삶이란 곧 어떻게 하는 것이 옳은가를 듣고 그것을 생활장면에 실천하는 그러한 삶이라고 생각하는 듯하다. 또한 이렇게 생각할 때, 사람들은 아는 것과 실천하는 것 사이에는 매우 직접적인 관련이 있어야 한다고 믿고, 그 사이의 관련은 비교적 간단하게 파악될 수 있다고 믿는 듯하다.

그러나 우리의 삶의 현실을 조금만 주의깊게 살펴보면, 이러한 생각이 과연 옳은가가 의심스러워질 것이다. 우리가 가지고 있는 지식 – 세계를 보는 눈 – 이 어떻게 행동이나 실천으로 나타나는가 하는 것은 결코 간단하게 파악될 수 있는 것이 아니다. 인간의 도덕적 삶은 다른 사람이 가지고 있는 도덕적 의견을 듣고 그것을 실천에 옮기는 그런 삶이라기보다는 우리와 다른 사람들의 행동 – 그 중에는 '좋은' 행동도 있고 '나쁜' 행동도 있다 – 이 도덕적으로 어떤 의미를 가지고 있는가 생각하면서 사는 그런 삶이다. 이 '생각'의 결과가 행동으로 실천되는 과정은 매우 복잡한 과정이다. 아마, 그 '생각'의 결과는 아주 간접적인 방법으로, 또 복잡한 변형과정을 거쳐 행동으로 나타난다고 하는 편이 옳을 것이다. 그 변형과정에는 분명히, 일상생활의 사태를 '도덕적 사태' – 도덕적으로 문제되는 사태 – 로 파악하는 과정도 포함될 것이다.

도덕교육의 목적이 학생들을 도덕적 삶으로 이끄는 데에 있다면, 교과로서의 도덕은 학생들로 하여금 도덕적인 눈으로 사태를 파악할 수 있도록 해 주지 않으면 안된다. 이것은 일상생활에서는 도저히 얻을 수 없는 교육적 경험이며, 도덕과 수업을 통하여 반드시 보장되어야 할 귀중한 인간적 경험이다. 그리고 이 경험은 본질상 다른 교과를 공부할 때의 그것과 다르지 않으며, 모든 교과는 각각 그 나름으로 이 경험을 풍부하게 하는 데에 기여한다고 볼 수 있다.

4. 교육과 사회복지

교육이 잘 사는 조건이 된다는 것을 의심하는 사람은 아무도 없을 것이다. 이 점에서 교육과 복지를 관련짓는다고 하면, 교육을 받는 것 그 자체가 복지라고 말할 수 있다. 그리고 교육을 통하여 복지화를 실현한다는 것은 되도록 많은 사람들에게 교육의 기회를 부여하는 것을 의미한다고 말할 수 있다. 물론 교육과 복지와의 관련을 이런 관점에서 파악한다 하더라도, 우리나라 교육은 '복지화' 될 여지가 많다. 과거에 비하여 교육의 기회가 전반적으로 확대된 것은 사실이지만, 아직도 '교육'이라는 이름의 복지를 누리는 정도에는 개인에 따라 상당한 차이가 있다. 그리고 '복지화'를 위해서는 이 차이가 될 수 있는 대로 줄어들어서, 대부분의 사람들이 '균등'한 교육의 기회를 누릴 수 있어야 한다는 주장이 있을 수 있다. 이 문제는 우리나라 사람들 사이에 널리 관심을 불러일으키고 있다.

분명히 이것은 교육의 복지화를 해석하는 한 가지 관점이 될 수 있다. 이 관점은 교육 그 자체를 일종의 복지로 본다는 뜻에서 '복지로서의 교육'이라고 이름 붙일 수 있을 것이다. 여기에 비하여 교육과 복지와의 관련을 해석하는 또 하나의 관점이 있을 수 있다. 그것은 '교육을 받는 동안의 복지'라고 이름 붙일 수 있을 것이다. 이 후자의 해석에 의하면, 교육은 그것을 받는 사람들이 장차 잘 살 가능성이 있다는 뜻에서의 복지가 아니라, 교육을 받는 동안에 교육받는 사람들의 복지가 보장되어야 한다는 것이다. 요컨대 이 후자의 해석에서는 '교육 받은 뒤의' 복지가 아니라 '교육받는 동안의' 복지가 관심의 대상이 된다.

우리나라의 현실을 두고 생각해 보면, '복지로서의 교육'과 '교육을 받는 동안의 복지'라는 두 가지 해석은 결코 서로 무관한 것이 아니다. 오히려 '교육을 받는 동안의 복지'는 '복지로서의 교육'에 관한 일반적인 통념이 강하게 작용할수록 더욱 중대한 문제가 되고 있다. 다시 말하면, '교육을 받는 동안의 복지'라는 문제는 또 다른 측면(복지로서의 교육)에서의 교육의 복지화에 뿌리박고 있으며, 또한 그 문제의 해결은 그 다른 측면 때문에 더욱 어렵게 되고 있다. 여기에 바로 우리나라 교육의 복지화 문제가 심각하다고 볼 이유가 있다.

먼저, 교육의 복지화에 관한 첫째 해석을 검토해 보자. 이 해석에 따라 교육이 되도록 많은 사람들에게 균점되어야 한다고 생각하는 데는 교육이라는 것이 분명히 '좋은 것', '가치있는 것'이라는 가정이 깔려 있다. 이때 사람들이 생각하는 '좋은 것'이란 정확하게 무엇을 가리키는가? 오늘날 우리나라에서 사람들이 교육을 '가치 있는 것'이라고 생각할 때, 그 '가치'는 주로 무엇을 뜻하는가? 이 문제에 대하여 단정적인 대답을 하기는 어려울 것이다. 그러나 적어도 오늘날의 교육현실로 미루어 보면, 사람들이 교육의 가치를 주로 한 가지 방향에서 찾고 있다는 것은 틀림없이 말할 수가 있다. 즉, 교육은 사회·경제적 지위를 획득하는 가장 합법적인 수단이 된다는 것이다. 흔히 우리나라 교육의 지배적인 특징을 나타내는 말로 '입시위주의 교육'이라는 말이 쓰이고 있다. 이것은 교육의 가치에 관한 이 일반적인 통념을 잘 나타내어 주고 있다. 입시위주의 교육은 그것이 목적으로 하고 있는 사회·경제적 지위의 획득과 마찬가지로 경쟁의 원리를 기초로 하고 있다. 사회·경제적 지위라는 것은 상대적인 개념이며, 높은 지위에 올라간다는 것은 반드시 다른 사람들을 낮은 지위에 머무르게 하고서야 가능한 것이다. 그러므로 교육이 주로 사회·경제적 지위를 얻는 수단으로서 중요시될 때, 그 교육이 경쟁을 기본 원리로 삼게 되는 것은 매우 당연하다.

한 개인의 입장에서 생각해 보면, 높은 사회 · 경제적 지위는 복지의 한 가지, 아마 가장 중요한 의미가 될 수 있을 것이다. 그리하여 어떤 사람들이 교육제도로 말미암아(말하자면 다른 사람들보다 '못한 교육'을 받거나 '짧은 기간' 동안 교육을 받게 된 나머지) 높은 사회 · 경제적 지위를 얻지 못한다고 하면, 이 현상은 복지화라는 관점에서 바람직하지 못하다는 주장이 성립한다. 이것이 앞에서 말한 교육의 복지화의 첫째 해석에 입각한 주장이다. 그러나 이 첫째 해석에 있어서의 교육(즉, 복지)이 경쟁의 원리를 기초로 하고 있다는 사실 때문에, 이 측면에서의 복지화는 그 엄밀한 의미에 있어서는 결코 실현될 가능성이 없을 뿐만 아니라, 나아가서는 그 복지화를 위한 요구가 더욱 교육에서의 경쟁을 치열한 것으로 만들 가능성이 있다. 가령 이 해석을 끝까지 밀고 나가서, 모든 사람들이 동일하게 '좋은' 교육을 동일한 기간 동안 받는다고 가정하자. 그렇게 하더라도 여전히 일부 사람들은 다른 사람들의 희생을 딛고 높은 지위에 올라갈 것이며 사람들은 여전히, 아마 더욱 치열하게, 그 제한된 지위를 위하여 경쟁을 벌일 것이다.

물론 모든 사람들이 동일하게 '좋은' 교육을 동일한 기간 동안 받는 상태는 낭만주의적인 사회개혁가들이 꿈꾸는 이상은 될 수 있을지 모르지만, 그것이 현실에서 어떤 상태로 구체화될 수 있는가 하는 것은 전혀 불분명하다. 그렇다고 하면, 현시점에서 우리가 취할 수 있는 입장은 두 가지 중의 하나인 것처럼 보인다. 그 하나는, 모든 '제도화된' 교육은 본질상 경쟁의 원리를 기초로 하고 있다는 점에서 모든 사회악의 근원이 되며, 따라서 일체의 제도화된 교육은 철폐되어야 한다는 입장이다. 이것은 외국의 몇몇 과격한 교육개혁가들에 의하여 꽤 오래전부터 대두되어 온 주장이다. 여기에 비하여 또 하나, 보다 보수적인 입장이 있을 수 있다. 그것은 흔히 '입시위주의 교육'이라는 말로 불리는 경쟁에 입각한 교육을 불가피한 것으로 받아들이는 입장이다. 우리나라 현실에서 '입시위주의 교육'이 실지로 어떤 기능을 수행하고 있는가를 면밀히 검토해 보고 그 해결책을 깊이 따져

보는 사람들은 십중팔구 이런 입장을 취할 가능성이 있다. 사실상 이런 관점에서의 '교육을 받는 동안의 복지'는 앞에서 말한 '복지로서의 교육'과 다름이 없다. 일단 교육에서의 경쟁의 원리를 불가피한 또는 정당한 것으로 받아들이고 나면, 복지화를 위하여 할 수 있는 일은 그 경쟁에서 누구나 동일한 기회를 가질 수 있도록 하는 것밖에 없다. 말하자면 교육의 '결과'로서의 사회적 지위는 균등하게 주어질 수 없다 하더라도, 적어도 교육을 받을 '기회'만은 균등하게 주어져야 한다는 것이다. 물론 교육의 기회가 균등하게 주어졌다고 해서 교육에서의 경쟁이 해소되거나 완화되는 것은 결코 아니다.

그러나 위의 두 가지와는 다른 또 하나의 입장이 있을 수 있다. 이 또 하나의 입장이 어떤 것인가를 생각해 보기 위해서는 입시위주의 교육이 구체적으로 어떤 양상을 띠고 있는가, 그런 교육을 받는 동안에 학생들이나 학부모는 어떤 방식으로 생활하지 않으면 안되는가 하는 문제를 생각해 볼 필요가 있다. 여기에 교육과 복지와의 관련에 관한 둘째 해석이 중요한 문제영역으로 대두된다.

교육을 '하는' 사람의 입장에서 보면, 교육은 본질상 상대방(피교육자)의 자유를 구속하는 행위이다. 어떤 종류의 교육이든지 간에, 교육을 받는 동안 피교육자는 교육을 위하여 자신의 자유를 유보하지 않으면 안된다. 이렇게 생각해 보면, 교육에 있어서는 교육을 하는 사람 편에 피교육자의 자유를 구속하는 데에 대한 정당한 근거가 있어야 한다는 것이 무엇보다도 중요하다. 교육자는 자신이 하는 교육이 피교육자의 자유를 구속할 정당한 근거가 될 만큼 '가치있다'는 것을 확인하지 않으면 안된다. 말하자면 교육자는 '왜 이것을 가르쳐야 하는가' 하는, 교육의 가장 근본적인 질문에 대한 해답을 가지고 있어야 하는 것이다.

아마 오늘날 우리나라의 학생이나 학부모 중에 '왜 교육을 받아야 하는가' 하는 질문을 심각하게 제기할 사람은 별로 없다고 보아야 할 것이다. 그들은 교육이 '좋은 것'임을 깊이 확신하고 있고, 따라서 모두 자진하여 교육을 받고자 한다. 그러나 입시위주 교육의 구체적인 양상과 그것이 가져다주는 피해를 강조해서 보는 사람에게는 '과연 그런 교육을 받아야 하는가' 하는 질문이 충분히 의미를 가질 수 있다. 물론, 어느 면으로 보면, 우리나라의 교육자는 이 질문에 대하여 별로 걱정을 하지 않아도 좋다고 생각할 수 있을지 모른다. 우선, 사람들이 현재와 같은 입시위주의 교육을 자진해서 받으려고 한다는 점에서도 그러하다. '과연 이런 교육을 받아야 하는가' 하는 질문을 제기하는 사람이라 할지라도, 막상 자신의 자녀를 학교에 보내야 할 단계에 와서는 누구나 그 질문을 철회할 수밖에 없다. 뿐만 아니라, 설사 그런 질문을 끝까지 고집하는 사람이 있다 하더라도, 교육자는 '교육받기 싫거든 그만 두라지, 한평생 재미없을 테니까' 하고 대답할 수 있을지 모른다.

그러나 문제는 이와 같이 '교육을 왜 받아야 하는가' 하는 질문이 현실적인 의미를 가질 수 없다고 하여 그 질문을 등한시해도 좋은가 하는 데에 있다. 이 질문을 등한시할 때, 교육은 가장 비도덕적인 행위가 된다고 볼 수 있다. 왜냐하면 '교육을 왜 받아야 하는가' 하는 질문은 교육이 남의 자유를 구속하는 행위라는 데서 필연적으로 따라오는 가장 근본적인 도덕적 질문이기 때문이다. 오늘날 우리나라 현실에서 이 질문을 심각하게 제기하지 않을 때 우리가 치르게 될 가장 큰 희생은 '교육받는 동안의' 피교육자의 복지이다. 극단적으로 말하여 학생들은 '교육'이라는 이름으로 통하는 것이라면 어떤 종류의 활동도 묵묵히 감수하지 않으면 안된다. 자신에게 이해되지도 않고 의미도 없는 내용이라 할지라도, '시험'에 나오는 것이면 무조건 외워야 한다. 그리고 시험에서 좀 더 나은 점수를 받기 위해서는 돈과 시간과 정력을 아낌없이 바쳐야 한다. 오늘날 입시위주의 교육을 받는 학생들의 형편은 이것과 별로 다를 것이 없다. 그리고 '왜 교육을 받아야 하는가' 하는 질문을 심각하게 제기하지 않을 때, 이 사태는 별로 개선될 가능성이 없다.

분명히 '교육받는 동안의 복지' 문제는 과거보다는 현재에 와서 더욱 중요한 문제가 된다고 볼 수 있다. 현재에 비하면 과거에는 교육을 받는 사람들의 수가 제한되어 있었고, 그 사람들이 교육을 받는 기간도 짧았다. 그러나 오늘날에는 특정 연령층의 대부분의 사람들이 상당히 장기간을 두고 교육을 받고 있고, 이 경향은 장차 더욱 촉진될 것으로 보인다. 말하자면 교육은 대다수 사람들에게 상당히 장기간의 '생활'이 된다고 볼 수 있다. 이 사람들에게 '복지화'라는 것은 곧 '교육받는 생활'이 '복지적인' 것이 되어야 한다는 것을 의미한다.

'교육받는 동안의 복지'라는 것은, 그 말 자체가 혹시 그런 인상을 풍길지도 모르지만, 교육이라는 것이 피교육자에게 재미있다든가 즐거워야 한다는 뜻으로 해석되어서는 안된다. 오히려 그것은, 앞에서 말한 바와 같이, 현재의 교육활동이 피교육자의 자유를 구속하는 행위로서 정당화될 수 있어야 한다는 뜻이다. 물론 교육이라는 자유 구속 행위의 정당화는 예컨대 사법의 그것과는 다르다. 교육은, 사법과는 달리, 적극적으로 가치를 추구하는 활동이며, 교육에 대한 정당화는 이 점을 반드시 고려하여야 한다. 그리하여 보다 현실적으로 말하면, '교육받는 동안의 복지' 문제는 현재와 같은 입시위주 교육이 과연 가치있는 것인가, 입시위주 교육에 들이는 돈과 시간과 정력 만큼 가치있는 것을 학생들이 과연 배울 수 있는가 하는 문제로 된다.

교육에서 학생들이 배워야 할 것은 가치있는 관점과 태도이다. 가령 오늘날 입시위주의 교육이 학생들에게 인간으로서 가치있는 관점과 태도를 가르쳐 줄 수 있다고 하면, '교육받는 동안의 복지' 문제는 그다지 심각한 문제가 아니다. 오늘날 입시위주의 교육에서 생기는 복지 문제는 단순히 학생들이 신체적으로 고달프다든가 과외수업에 막대한 비용을 들여야 한다는 데에 있는 것이 아니라, 그 교육을 통하여 배우는 내용이 거기에 들이는 노력을 정당화할 수 없다는 데에 있다. 그렇지 않고, 만약 학생들이 거기서 가치있는 내용을 배울 수 있다면, 학생들의 정력과 시간은 당연히 들여야 할 곳에 들이는 것이요, 그것은 하등 아까워할 것이 아니다.

이런 의미에서의 '복지'는 단순히 개인적인 것에 그치는 것이 아니라, 거기에는 또한 사회적인 차원이 부가되어 있음을 알 수 있다. 만약 학생들이 가치있는 교육내용에 시간과 정력을 쏟을 수 있다면, 그런 교육을 통하여 사회에 배출되는 사람들은 그 만큼 인간으로서 훌륭한 관점과 태도를 갖춘 사람들이라고 볼 수 있다. 교육을 성공적으로 받은 사람은 틀림없이 사회·경제적으로 높은 지위에 올라가서 사회를 위하여 중요한 일을 하게 되며, 그럴수록 그들에게는 훌륭한 관점과 태도가 요구되는 것이다. 행복한 사회, 즉 복지사회가 되려면 이와 같이 올바른 관점과 태도를 갖춘 사람들이 사회의 중요한 자리에 앉아 있어야 하는 것이다. 그러나 만약 어쩌다가 학생들이 가치없는 교육, 교육답지 않은 교육에 시간과 정력을 낭비하고, 그 결과로 이러한 교육에서 '우수'한 것으로 입증된 사람들이 사회의 높은 자리에 올라간다면, 교육은 복지사회의 실현에 거꾸로 공헌하는 결과를 초래할지도 모른다. 이 결과는 교육이 그 본질적인 가치를 명백히 하지 않고, 오직 교육은 사회·경제적 상승의 수단이라는 일반적인 통념에 이끌려 갈 때 충분히 예상될 수 있는 결과이다. 우리가 입시위주의 교육에서 특히 경계해야 할 점은 바로 여기에 있다. 사실상 입시위주의 교육은 그 모든 세부적인 특징에서 그러한 우려스러운 결과의 씨앗을 품고 있다고 볼 수 있다.

이상의 고찰은 결국 교육에 있어서의 복지화 문제와 관련하여 오늘날 교육학자들이 그 전문적 영역에서 중요한 과제를 안고 있다는 것을 시사한다. 즉, 교육학자들은 현재 우리나라의 학교(또는, 학원, 또는 과외수업)에서 가르쳐지고 있는 교육내용이 어떤 점에서 가치가 있는가 하는 질문을 제기하고 그 가능한 해답을 탐색하는 책임을 가지고 있다. 희망컨대 이 일을 하는 과정에서 무엇이 교육내용으로 되어야 하는가 하는 문제가 필연적으로 제기되고 해답될 것이다. 물론 교육내용이 어떤 점에서 정당화되는가 하는 질문은 현재의 일반 학부모에게서는 제기될 가능성이 없을 것이다. 그러나, 비록 오늘날 현실로 보아서는 매우 '비현실적'인 질문이라 하더라도, 이 질문은 교육의 복지 – 교육받는 동안의 학생들의 복지 – 에 가장 핵심적인 질문으로서 교육학자임을 포기하지 않는 한 도저히 회피할 수 없는 질문이라고 보아야 할 것이다.

제 6 장

듀이와 브루너

「교육의 과정」이 나온 이듬해인 1961년에 브루너는 "존 듀이가 가고 그 뒤에 오는 것은 무엇인가"[1]라는 제목의 글을 썼다. 이 글에서 브루너는 듀이가 쓴 '나의 교육학적 신조'(1897)를 대본으로 하여, 「교육의 과정」에 나타난 교육관과 듀이의 교육관을 비교하고 있다. 듀이의 '신조'는 다음과 같은 5개조로 되어 있다. (1) 교육의 본질: '모든 교육은 개인이 종족의 사회적 의식에 참여함으로써 이루어진다. 이 과정은 거의 태어날 때부터 무의식적으로 시작되며, 계속적으로 개인의 능력을 조성하고 의식을 충진하며 습관을 형성하고 관념을 훈련하며 감정과 정서를 유발한다. 이 무의식적 교육을 통하여 개인은 점차로 인류 전체가 축적한 지적 도덕적 자원을 공유하게 된다.' (2) 학교: '학교는 다른 어떤 것이기 전에 하나의 사회적 기관이다. 교육이 사회적 과정인 만큼, 학교는 아동으로 하여금 종족이 물려받은 자원을 공유하고 사회의 목적을 위하여 자신의 능력을 활용하도록 하는 데에 효과가 있는 모든 기구들을 집약적으로 갖추고 있는 사회생활의 단위이다. 그러므로 교육은 생활의 과정이며, 장차의 생활을 위한 준비가 아니다. 학

---

1) Bruner, J. S.(1965), After John Dewey, What?, *On Knowing*, New York: Atheneum, pp.113-126. (Originally published in *Saturday Review*, 1961)

교는 현재의 생활 – 아동이 가정에서, 이웃에서 또는 놀이터에서 하는 것과 다름없는 생생하고 발랄한 생활을 반영하여야 한다.' (3) 교과: '아동의 사회생활은 그의 모든 훈련과 성장과정을 서로 관련짓고 한 곳에 통합하는 기초가 된다. 학교 교육과정의 내용은 사회생활의 원초적 무의식적 단일성에서 출발하여 점차로 그것에서 분화해 나오도록 편성되어야 한다.' (4) 교육방법: '방법의 문제는 궁극적으로 아동의 능력과 흥미가 발달하는 순서에 귀착된다. 학습자료를 제시하는 법칙은 바로 아동 자신의 천성이 따르고 있는 법칙과 동일하다... 아동의 흥미는 아동이 현재 도달해 있는 발달단계를 표시하며, 아동이 지금 막 들어가려고 하는 단계를 예언한다.' (5) 학교와 사회진보: '교육은 사회진보와 개혁의 근본적인 방법이다... 교육은 사회적 의식의 공유과정을 조정하는 일이며, 이와 같이 사회적 의식에 의하여 개인의 활동을 조절하는 것이야말로 사회개조의 유일 확실한 방법이다... 모든 교사는 올바른 사회질서를 유지하고 올바른 사회성장을 보장하기 위하여 특별히 배치된 사회적 종복(從僕)이며, 이 점에서 그는 참된 신(神)의 왕국으로의 안내자이다.'

듀이가 서른 여덟 살에 쓴 이 선언문 조의 '신조'는 그 후 아흔 셋까지 사는 동안 그가 남긴 수많은 저작을 통하여 거의 수정없이 자세하게 해설되었다. 브루너의 "존 듀이가 가고 그 뒤에 오는 것은 무엇인가"라는 글은 위의 각각의 신조에 대하여 비판을 가하고 그것이 그릇된 교육관을 나타내고 있음을 지적한 글이다. 브루너의 요지는 전체적으로 '사회생활' 대신에 '지식'을 강조해야 한다는 것으로 요약될 수 있다. 즉, 학교는 보통 생활의 장과는 달리, 호모 사피엔스를 길러내기 위하여 '특별히' 마련된 생활의 장이며, 아동의 심리상태(흥미, 발달 수준 등)는 교육의 출발점이기는 하지만 종착점은 아니라는 것('아이를 어른에 희생시키는 것이 잘못이라면 어른을 아이에 희생시키는 것도 마찬가지로 잘못이다.'), 그리고 교과는 경험이 아니라 '경험을 하기 위한 수단'으로서의 '지식'이며, 교과의 중요성을 아동의 사회생활과 관련하여 파악하는 것은 지식의 본질에 관한 전혀 그릇된 견해를 나타낸다는 것이다. ('수학의 교환법칙이 중요하다는 것은 두 집에 열 네 사람씩 사는 상태가 열 네 집에 두 사람씩 사는 상태와 다르다는 사회적 통찰과는 전혀 관련없이 성립한다.') 브루너의 "존 듀이가 가고..."라는 글은 '이제 듀이, 그리고 듀이와 관련된 "생활적응교육"은 가지 않았는가' 라는, 많은 사람들의 막연한 생각을 더욱 확실한 것으로 만드는 데에 공헌하였다. 그러면 과연 '이제 듀이는 간' 것인가? 브루너와 그 밖의 많은 사람들이 생각하는 것과는 달리, 비교적 듀이를 깊이 이해하고자 노력한 사람들 중에는 듀이가 가기는 커녕, 브루너의 생각은 듀이의 생각을 그대로 이어받아 그것을 한층 더 명백하게 표현한 것에 불과하다고 생각하는 사람들이 많이 있다. 한 사람의 생각이 이렇게 엇갈린 해석을 받는 것은, 그리 흔한 일은 아니지만, 반드시 듀이에 국한된 것은 아닐 것이다.

이 사실은 곧 한 사람의 생각을(특히 그 생각이 깊은 것일 때에는) '올바로' 이해하기가 어렵다는 것을 나타내는 것인지도 모른다. 어쨌든 우리의 입장에서는 듀이가 브루너와 같으냐 다르냐 하는 문제를 단정적으로 판가름하기보다는, 듀이의 생각이 참으로 어떤 것이었는가를 현재의 시점에서 새롭게 이해하려는 노력이 더 중요하다고 말해야 할 것이다.

1. 생활과 교육

그의 70회 생일 파티에서 답례 연설을 하는 동안에, 듀이는 자신의 생애를 이야기 투로 엮어가면서 미국 사상사에서의 그의 위치를 다음과 같이 표현하였다.[2] '내가 하고자 하는 이야기는 여러분이 다 잘 알고 있는 어떤 사람의 이야기입니다. 그 사람은 자기 주위에서 일어나는 사태의 움직임에 약간 민감한 편이었습니다. 그 사람은 어떤 일들이 사라져가고 있으며, 어

2) Cremin, L. A.(1961), *The Transformation of the School*, New York: Random House, p.116. 이 책은 진보주의 교육의 역사를 이해하는 가장 중요한 참고 자료이다.

떤 일들이 새로 일어나고 있는가를 알고 있었습니다. 그러한 현상을 기초로 하여, 그 사람은 장차 어떤 일이 일어날 것인가를 예견하였습니다. 그 사람이 일흔 살이 되었을 때, 사람들은 그 사람이 그러한 일을 일으킨 장본인이라고 하여 생일 파티를 열어주고 찬사를 해 주었습니다. 그러나 사실 그 사람은 이미 일어나고 있는 일을 말한 것 이외에 아무 것도 하지 않은 것입니다.'

이 연설문의 한 구절은 보통 듀이의 겸손한 성품을 보여주는 증거로 인용되고 있다. 그러나 듀이와 같은 노대가(老大家)가 이런 말을 했을 때, 그 머리 속에 어떤 생각이 오갔을까 하는 것은 그만한 나이도 아니요 대가도 아닌 우리로서는 상상하기 어렵다. 우리로서 보면, 그 상태는 그야말로 '귀신의 경지'라고 보아야 할지 모른다. 그러나 어찌 알겠는가? 보통 사람이 생각하는 것과는 정반대로, 그는 '겸손의 미덕'을 빌어 자신의 진심을 토로했는지도 모르는 것이다.

따지고 보면, 이런 해석이 전혀 불가능한 것도 아니다. 브루너와 같은 후세대도 포함하여, 그 당시 많은 사람들이 미국 교육의 근본적인 결함으로 지적한 몇 가지 경향들은 존 듀이라는 이름과 긴밀하게 결부되어 있었다. 예컨대 교육은 생활사태에서 발생하는 즉각적인 문제를 해결하도록 도와주는 과정이라든지(생활적응교육), 발달, 흥미 등 아동의 심리적 조건은 교육의 내용과 방법을 결정하는 유일 절대의 기준이 된다는 사고방식(아동중심교육) 등이 그것이다. (이런 사고방식이 어떤 문제점을 내포하고 있는가 하는 것은 다소간 앞의 제4장과 제5장에 논의되어 있다.) 사실상, 앞에 부분적으로 인용한 '교육학적 신조'는 말할 것도 없고, 듀이가 스스로 자신의 철학의 가장 체계적이고 종합적인 진술이라고 말한 「민주주의와 교육」[3]에도 직접 위와 같은 원리를 시사하는 듯한 견해가 나타나 있다. 이러한 견해는 상상력과 창의력이 부족한 사람들에 의하여 아전인수(我田引水) 식으로

3) Dewey, J.(1916), *Democracy and Education,* New York: Macmillan.

해석되었고, 그 결과로 미국 교육은, 흔히 비판된 바와 같이, 지적 방향감을 상실한 채 아동을 '즐겁게' 하는 데만 급급하는 교육으로 전락하였다. 70회 생일을 맞이한 듀이의 눈에는 그러한 징조가 역력히 보였을 것이다. 그때 그는 당시의 미국 교육이 자신의 의도와는 무관하게 흘러가고 있다는 것을 지적함으로써, 그 사태에 대하여 그가 전적으로 책임을 져야 할 것은 아니라는 것을 말하고 싶었는지도 모른다. 그로부터 11년 뒤에 「경험과 교육」[4]에서 듀이가 자신의 의도를 다시 천명하고 그 당시 실천되고 있던 '진보주의 교육'의 위험을 경고한 것은 스스로 인내의 한계를 드러낸 것이라고 볼 수 있다.

그러면 앞의 연설문에서 듀이가 보았다는 '새로 일어나고 있는 일'이라는 것은 어떤 것인가? 듀이의 교육이론은 주로 그 '새로 일어나고 있는 일'에 대한 교육적 처방을 제시하기 위한 것이었다고 볼 수 있다. 듀이가 그의 교육이론('교육학적 신조'와 그 후의 저작)을 형성할 당시, 미국 사회는 산업화 과정의 초기단계에 있었다. 사람들은 산업의 발달에 있어서 과학기술이 가지고 있는 무한한 잠재력을 인식하였고 그 과학기술의 적용이 경제적 부와 함께 사회의 개선을 가져다주리라는 낙관을 가지고 있었다. 산업화의 과정은 직업기술 교육의 필요성을 부각시켰다. 미국은 전 세계로부터 약속의 땅으로 주목을 받게 되고, 사람들은 세계 각지에서 새로운 부를 찾아 모여 들었다. 그들의 대부분은 미국 말조차 할 수 없는 사람들이었다. 그들은 일자리가 있는 도시 여기저기에 '빈민촌'을 이루고 살았다. 새로운 이민들을 '미국화'하는 것과 그들의 생활 조건을 개선하는 것이 큰 사회적 문제로 등장하였고, 실지로 이 문제를 해결하기 위한 노력이 전국에서 체계적으로 이루어지고 있었다. 그 당시 미국 사회가 품고 있던 낙관주의에 비추어 보면, 인간은 그 지식 – 자연과 사회에 관한 이해 – 으로써 이런 문제들을 충분히 해결하고 사회의 진보를 실현할 수 있을 듯이 보였다. 다윈의 진화론

4) Dewey, J.(1963), *Experience and Education*, New York: Collier Books. (originally 1938)

을 생물 현상에서 사회 현상으로 확대 적용한 '사회적 진화론'은 그러한 믿음을 이론적으로 뒷받침하였고, 습관의 형성을 강조한 '기능주의' 심리학은 인간이 학습에 의하여 그러한 믿음을 실천할 수 있다는 가능성을 보여주었다.[5] 거기에다가 명제의 진위는 그 결과가 만족스러운가 아닌가에 따라 결정된다는 미국 특유의 철학 – '실용주의' 철학이 있었다.

이러한 사태에서 교육이 그 역할을 새롭게 규정해야 한다는 것은, 앞의 연설문에서 듀이가 말한 바와 같이, 다소간의 '민감성'을 가지고 있는 사람이라면 누구에게나 명백하였다. 이 새로운 사태에 비추어 보면, 그 당시 교육의 가장 중대한 결함은 사회와의 관련을 도외시하는 데에 있었다. 그 당시 일반적으로 받아들여지고 있던 교육이론에 의하면, 교과는 인간의 정신을 이루고 있는 몇 가지 일반적인 능력들 – 지각, 기억, 추리, 상상 등 – 을 '도야'하는 수단으로 중요시되었다. 이 능력들은 마치 몸의 근육과도 같은 '마음의 근육'(심근)이며, 따라서 그것은 몸의 근육이 신체적인 운동에 의하여 단련되는 것과 마찬가지로 정신의 운동(반복적인 연습)에 의하여 도야되는 것이었다. 교과는 이 심근을 도야하는 데에 효과적인 한 가치가 있는 것이었으며, 따라서 그 '내용'이 어떤 것인가 하는 것은 그다지 중요한 문제가 아니었다. (교과가 기르고자 하는 '심근' 또는 일반적 능력은 구체적인 내용과 관련을 맺지 않은 '형식' 그 자체로 가치를 가질 수 있다는 뜻에서, 이런 이론을 '형식도야이론'이라고 부른다.) 고전어(라틴어와 희랍어)와 수학, 천문학 등 명백하게 실생활과는 관계가 없는 내용을 학생들에게 맹목적으로 암기시키는 교육(소위 '주입식 교육')은 그러한 형식도야이론에 의하여 안전하게 자행될 수 있었다. 이러한 교육이 그 당시 미국의 사회적 필요를 충족시키기에 부적합했다는 것은 말할 필요도 없다.

---

5) 그 당시 미국 사회가 나타내고 있던 움직임을 한 마디로 표현하는 말이 있다면, 그것은 '진보주의'(progressivism) – 인간의 지식은 사회 진보의 수단이라는 주장 – 이다. 진보주의 교육(progressive education)은 진보주의가 교육의 분야에 적용된 것, 즉 '진보주의의 교육판'(progressivism in education)이라고 보아야 한다.

새로운 사태에 적합한 것이 되기 위해서는 무엇보다도 교육이 '사회적 기능'임을 명백히 인식할 필요가 있었다. 교육은 사회에 의하여 '필요성'과 '가능성'의 두 가지를 동시에 부여받으며 이 점에서 그것은 사회적 기능이다. 「민주주의와 교육」의 처음 두 장(제1장 삶의 필요로서의 교육, 제2장 사회적 기능으로서의 교육)은 각각 교육과 사회 사이에 존재하는 이 두 가지 관련을 명백히 보여주고 있다. 교육의 가장 근본적인 존재 이유는 개체로서의 인간이 유한한 생명을 가지고 있다는 데에 있다. 인간은 생물학적으로 그 생명을 유지해야 할 뿐만 아니라 '사회적으로' 그 생명을 유지하지 않으면 안된다. 이 사회적 연속성을 보장하는 수단(생물학적인 번식, 또는 유전에 비유되는 수단)이 교육이다. 뿐만 아니라, 사회는 교육을 가능하게 하는 환경('사회적 환경')을 제공한다. 듀이에 의하면, 환경은 단순히 물리적으로 인간의 주위에 있는 사물들을 가리키기보다는 인간에게 특정한 반응을 일으키는 수단이다. 환경은 인간에게 특정한 방향의 반응을 유발함으로써 지적 도덕적 성향을 형성하며 인간은 이 환경에 능동적으로 참여함으로써 그 사회 성원으로서의 '마음'을 부여받는다. 이것이 교육이다(신조 제1조). 듀이에 의하면, '마음'이라는 것은 형식도야이론에서 보는 바와 같이, 기성의 고정된 능력들로 구성되어 있는 것이 아니라 '반응의 경향'을 의미하며, 이 반응의 경향은 환경에 '능동적으로 참여'함으로써, 점차 조직된 지적 반응을 할 수 있는 상태로 발전한다. 이것이 교육의 과정이다.

교육과 사회와의 관련을 이런 방식으로 맺는다는 것은, 보통 생각하듯이, 교육과 사회를 두 가지 별개의 것으로 보고 그 사이를 '관련짓는' 것이 아니라, 두 가지를 동일한 것으로 보는 것이다. 사회는 바로 교육이 일어나는 곳이요, 교육은 바로 사회에서 살아가는 과정이다('교육은 생활의 과정이며 장차의 생활을 위한 준비가 아니다.' 신조 제2조). 물론 이러한 식의 관련이 구체적으로 무엇을 의미하는가 하는 것은 그다지 명백하지 않다. 그것은 듀이의 사상 전체에 비추어 세밀하게 해석되지 않으면 안된다. 그러나 듀이의 이론을 실천에 옮긴 사람들은 이 일을 하는 대신에 교육과 사회와의 관련을 지나치게 단도직입적으로 해석하여 교육이 사회생활의 수단이 되어야 한다고 생각하였다. 아동을 생활에 '적응'시키는 것이 교육이라는 생각은 바로 그러한 해석에 기초를 두고 있다.

교육을 '사회적 기능'으로 보는 관점은 다시 몇 가지 포인트를 논리적으로 함의하고 있다. 첫째로, 형식적인 교육기관으로서의 학교는 바깥의 사회생활과 그 교육기능에 있어서 본질상 다름이 없다(신조 제2조). 교육은 '학교에서만 일어나는 것이 아니며'(우리는 얼마나 자주 이 말을 들어 왔고 또 우리 스스로 하고 있는가!) 학교 밖의 생활은 학교교육보다 훨씬 더 지속적이고 중요한 효과를 발휘한다. 듀이에 의하면, 학교는 사회가 '복잡해짐에 따라서' 필요하게 되며, 학교가 사회와 다른 점은 오직 동일한 교육내용을 보다 '정련된' 형태로 제시한다는 데에 있다. 둘째로, 교육의 과정에 대한 아동의 '능동적 참여'는 환경이 교육적 효과를 내는 데에(다시 말하면, 아동의 반응을 유발함으로써 그의 '마음'을 형성하는 데에) 기본적인 조건이 된다. 아동은 그가 '관심'(이 단어는 영어에서는 '흥미'라는 단어와 동일하다)을 가지고 있는 대상('환경')에 능동적으로 참여한다. 교육이 일방적인 통제와 구별되는 점은 교육을 받는 사람이 교육의 과정에 관심(또는, 흥미)을 가진다는 데에 있다(신조 제4조). 셋째로, 만약 교육이 사회적 기능이라면, 한 사회에서의 교육의 질은 바로 그 사회의 질, 다시 말하여 사회에서 사람들이 살아가는 모습에 의하여 결정된다. 듀이에 의하면, 사회의 질을 판단하는 기준은 (1) 그 성원 사이에 공유되는 '관심'(흥미)의 양과 종류, 그리고 (2) 그 성원 사이의 상호작용의 자유와 범위의 두 가지이다. 민주주의 사회의 특징은 (1) 성원 사이에 공유되는 관심의 양이 많을 뿐만 아니라, 그 관심을 사회 통제의 유일한 수단으로 삼는다는 것('자발적 통제')과 (2) 성원 사이의 상호작용이 자유로울 뿐만 아니라, 그 상호작용이 사회적 문제 해결의 수단으로 사용된다는 것이다. 사회의 질을 판단하는 이 두 가지 기준은 바로 교육(즉, 환경과의 상호작용을 통한 지적 도덕적 습관의 형성)의 기준이다. 이런 의미에서 '민주주의'와 '교육' 사이에는 논리적인 관련이 성립된다. 구체적으로 말하면, 진정한 교육은 민주주의 사회에서만 가능하며, 민주주의 사회에서의 생활 그 자체가 진정한 교육인 것이다. 물론 듀이는 민주주의를 '의도적이고 의식적인 노력'(교육)의 결과라고 보는 데에 대해서는 회의를 가지고 있었지만(Dewey, 1916, p.101), 교육과 사회생활이 별개의 것이 아닌 하나인 한, 듀이에게 있어서 교육은 또한 사회 개조와 불가분의 관계를 맺을 수밖에 없었다(신조 제5조).

교육을 사회적 기능으로 보는 관점에 함의되어 있는 또 하나의 포인트는 '교과'의 의미이다(신조 제3조). 이것은 목하 우리의 핵심적인 관심인 만큼 절을 달리하여 약간 자세하게 고찰할 필요가 있다.

2. 경험과 교과

듀이가 본 바와 같은 '교육과 사회의 관련'에서, '경험'은 교육과 사회를 '개념상으로' 연결짓는 개념이 된다. 다시 말하면, 경험은 사회생활이 어떻게 교육에 연결되는가를 설명하는 데에 필요한 개념이다. 듀이의 이론에서 '경험'이 얼마나 중요한 위치를 차지하고 있는가 하는 것은 잘 알려져 있다. 듀이에 의하면, 교육은 '경험의 부단한 재조직 또는 재구성'으로 정의되며, 이 과정은 '그 경험에 의미를 더해 주고 다음에 올 경험의 방향을 조정하는 능력을 증대시켜 준다'(Dewey, 1916, pp.89-90).

듀이가 말하는 경험은 우리가 일상생활에서 '그것은 참 좋은 경험이 되었다'든가 '나는 그것을 경험으로 알고 있다'와 같은 말을 할 때의 '경험'과 반드시 일치하는 것은 아니지만, 그 의미를 한층 더 명백하게 하는 것임에는 틀림이 없다. 우리가 어떤 것을 '경험했다'고 말할 때는 단순히 그것에 접촉했다든가 그것을 대면했다는 것만 아니라 그것에 관하여 '생각'해 보았다는 것을 뜻한다. 듀이의 경험에서는 이 '생각'하는 과정이 훨씬 강조되어 있다. 일상생활에서 쓰는 보다 상식적인 의미와 구별하자면, 듀이의 경험('의미있는', 또는 '사회적' 경험)은 '사고가 개입된' 경험을 뜻한다. ('사고는 교육적 경험의 방법이다.' Dewey, 1916, p.192) 듀이가 말한 경험의 두 측면 – 능동적 측면과 수동적 측면 – 은 경험에서의 사고의 중요성을 말해주는 것이라고 볼 수 있다(Dewey, 1916, p.163). 경험은 단순히 '해 보는 것'(능동적 측면)만을 가리키는 것이 아니라 '결과를 당하는 것'(수동적 측면)을 가리키기도 한다. 이와 같이 어떤 일을 해 보고 그 결과에 관하여 곰곰이 생각할 때 우리는 '경험'을 가진다. 그리고 '경험'은 그 일의 의미를 밝혀 줄 뿐만 아니라 장차 경험('해 보는 것'과 '당하는 것')의 방향을 조정할 수 있게 해준다.

이러한 경험의 의미에 비추어 보면, '경험의 부단한 재구성'이라는 뜻에서의 교육이 앞에서 말한 '사회적 기능'으로서의 교육과 일치된다는 것은 쉽게 설명된다. 사회(정확하게 말하면, '사회적 환경')에 능동적으로 참여하는 동안에 학생들은 '경험'을 하게 되고 그 과정에 들어있는 사고의 결과로 그 사회의 지적 도덕적 습관을 획득하게 된다. 그리고 이 과정은 '계속적인' 성장의 과정이다. ('성장은 더욱 더 성장한다는 것 이외에 다른 목적을 가지지 않으며, 교육은 더욱 더 교육받는 것 이외의 다른 것에 종속되지 않는다.' Dewey, 1916, p.60)

그러나 이 말을 하는 순간에 우리는 학생들에게 주어야 하는 '경험', 그리고 그것을 통하여 학생들이 획득하기를 바라는 '지적 도덕적 습관'이 어떤 것인가 하는 문제에 봉착한다. 물론 듀이도 사회적 환경의 모든 것들이 교육적 경험을 구성하는 것은 아니며, 그 중에서 '가치 있는 것'을 선택하여 학생에게 제시해야 한다는 것을 강조하고 있다(예컨대 Dewey, 1916, p.96; 1963, p.40). (물론 학교는 이 '가치있는 것'을 뽑아서 가르치기 위하여 필요하다.) 위의 문제에 대한 대답을 듀이는 소위 경험의 두 가지 '기준' – '계속성'과 '상호작용' – 에서 찾고 있다(Dewey, 1963, 제3장). 즉, 교육적으로 가치있는 경험은 (1) '계속적인 경험의 성장'을 위하여 도움이 되는 것이어야 하며, (2) 학생의 '마음'과 의미있게 상호작용할 수 있는 것이어야 한다는 것이다. 이 기준에 비추어 말하면, 교육자는 학생의 계속적인 성장에 도움이 되는 것과 방해가 되는 것을 분간할 수 있어야 하며(그렇지 않으면 그가 어째서 교육자인가?), 주위 환경의 교육적 잠재력을 명백히 인식하고 그것을 교육의 목적에 활용할 수 있어야 한다.

그러나 이러한 설명은 우리에게는 여전히 추상적인 것으로 들린다. 그러한 설명을 듣고 난 뒤에도 우리는 여전히 그 '가치있는 것', '계속적인 성장에 도움이 되는 것'이 구체적으로 무엇을 가리키는가를 문제삼을 수 있다. 이 문제는 근본적으로 경험과 교과와의 관련, 또는 경험 안에서의 교과의 위치에 관계되는 문제이다. (「경험과 교육」의 첫째 장에서 듀이는 바로 이것을 문제삼아야 한다고 주장하고 있다.) 듀이에 의하면, 교과는 '경험의 내용'으로서 '경험 속에' 들어 있다. 다시 말하면, 학생들이 경험을 할 때, 교과는 학생들이 그 경험을 하는 동안에(또는, 사고를 하는 동안에) 저절로 취급된다고 볼 수 있는 것이다. 그러나 물론, 경험은 교과와 동일한 것이 아니다. '학생이 배우는 교과[경험]는 잘 체계화되고 정련되고 공식화된 어른의 교과와 동일할 수가 없다. 어른의 교과는 책이나 예술작품에 들어 있다. 이러한 교과는 학생이 갖추고 있는 상태의 교과가 아니라 장차 갖추게 될 "가능성"의 교과이다'(Dewey, 1916, p.215). 교사는 아동의 원초적이고 혼란된 '경험'으로부터 그것이 발전할 형태의 '교과'를 찾아낼 수 있어야 하며 그것을 더 발전된 형태로 이끌어 줄 수 있어야 한다(신조 제3조).

이것은 곧 학생의 경험과 그 속에 원초적인 형태로 내재해 있는 교과 사이의 연속성을 가정하는 것이다. 그러나 이 연속성을 강조하는 동안에 듀이는 때로 경험과 교과 사이의 차이보다도 그 동일성을 강조하는 듯한 인상을 준다. 다음과 같은 극단적인 발언은 그 대표적인 보기이다.

> 불에 덴 아이는 특정한 색깔로 보이는 물체를 만지면 뜨겁게 아프다든가, 어떤 색깔은 열을 낸다는 것을 '알게' 된다. 실험실에서 불꽃에 대하여 연구하는 과학자가 하는 일은 이와 조금도 다름이 없다.[6]... [불에 덴 결과로] 아이

는 불꽃의 의미를 알게 된다. 연소, 산화, 빛과 온도에 관하여 우리가 알고 있는 모든 것들이 그 아이의 지적 내용의 내재적인 한 부분이 된 것이다'(Dewey, 1916, p.90).

이것은 도저히 믿기 어려운 말이다. 이렇게 극단적으로는 아니더라도, 듀이가 경험과 교과 중에서 경험 쪽을 더 중요시한 것은 틀림없는 사실이다.

젖먹이에게 비프 스테이크를 주지 않는 것은 그 영양가를 몰라서가 아니다. 초등학교 1학년이나 5학년 아이에게 삼각함수를 가르치지 않는 것은 그것이 가치없는 것이기 때문이 아니다. 교과 그 자체가 교육적인 가치를 가진다든가 성장에 도움이 되는 것은 아니다. 학습자의 성장단계와 [그리고 그 단계에서의 흥미와] 무관하게 본질적으로 교육적 가치를 가진 교과는 없다… 교육적 가치는 추상적으로 존재하는 것이 아니다(Dewey, 1963, p.46).

교육적 가치가 '추상적으로' 존재할 수 있다고 생각한 것은 바로 형식도야이론의 오류라고 볼 수 있다. 그러나 그 반대의 오류도 물론 있을 수 있다. 위와 같은 듀이의 말은 비프 스테이크의 영양가나 삼각함수의 가치를 아는 사람들에게만 의의를 가지며, 또 그런 사람들만 할 수 있는 말이다. 이러한 말은 교과의 가치를 절대적인 것으로 인정하고 그것을 지나치게 일방적으로 강요하는 데에 대한 '낭만주의적 저항'으로서는 충분히 의미를 가진다. 그러나 낭만주의적 저항이 의미를 가지는 경우는 오직 확고한 고전주의적 기초와 관련을 맺을 때이다. 낭만주의가 그 기초와의 관련을 떠나서 그것이 지배적인 이론이 될 때에는, 어찌 알겠는가, 사람들이 비프 스테이크나 삼각함수의 가치를 모르고 젖먹이의 이유식(離乳食)이나 즉각적인 경험을 전부로 알 가능성도 있는 것이다. 때로 듀이에게 책임이 돌아가는 온갖 교육적 넌센스는 사람들이 낭만주의적 저항을 고전주의적 기초의 위치에다

6) 브루너의 '물리학을 공부하는 초등학교 3학년 학생은 물리학자와 동일한 일을 한다'는 말과 비교해 보라.

가 잘못 올려놓았기 때문에 생긴 것이라고 보아야 할 것이다. 그리고 듀이의 이론에 관하여 그토록 엇갈린 해석이 나오는 것도 듀이의 이론 중에서 저항 그 자체를 강조해서 보는가, 아니면 저항이 저항하고자 한 기초를 강조해서 보는가에 달려있다고 말할 수 있다.

듀이는 교육을 '문제해결'의 과정으로 보았다. (물론 이것은 그의 '실용주의적' 학문관과 관련이 있다.) 그러나 앞의 제5장에서 고찰한 바와 같이, 교과를 배우지 않은 상태에서 '부딪치는' 문제는 당장 생활에 불편을 일으키는 문제요, 그 문제해결 과정에서 필요한 지식, 그리고 그 과정에서 습득되는 지식은 십중팔구 '하는 지식'일 것이다. '보는 지식'에 관련되는 문제는 일상생활을 통하여 '부딪칠' 가능성도 없거니와, 성격상 '문제해결'에 도움이 되는 것도 아니다. '보는 지식'이 필요한 이유가 있다면, 그것은 '문제해결'이 아니라 '문제발견' – 없는 문제를 만들어 내는 일 – 에 있다고 보아야 한다. (「탈무드」에 나오는 이야기: 어떤 사람이 큰 길을 뛰어가면서 고함을 지른다. '내가 해답을 가지고 있다. 누가 문제를 가지고 있는가?')

3. 어떤 해후

어느 날 이미 고인이 된 듀이(1859-1952)와 현재 생존 중인 브루너(1915-)가 한국교육연구소에서 만났다. 여러 가지 이야기를 주고받는 가운데 탐구학습에 관한 활발한 의견 교환이 있었다. 그 부분을 여기에 옮겨 본다.

듀이: 잘 만났소. 그러지 않아도 한 번 만나려고 했는데, 이렇게 한국에서 만나다니, 꿈같은 일이오. 만나기 전에는 한 바탕 야단을 치려고 했지만, 만리타국에서 만나니 우선 반가운 마음이 앞서는구료.

브루: 말씀을 듣자 하니까, 제가 무슨 몹쓸 짓이라도 한 것 같습니다.

듀이: 다소간 그렇소. 내가 말하고 싶었던 것은 무엇보다도 선생이 쓴 "존 듀이

가 가고 그 뒤에 오는 것은 무엇인가"라는 글에 관해서였소. 선생 자신의 생각을 주장하는 것은 좋지만, 그렇게 하기 위해서 남의 생각이 틀렸다는 말을 할 필요가 있었을까? 그것도 「민주주의와 교육」이나 「경험과 교육」과 같이, 내 생각을 비교적 자세하게 적어 놓은 책을 읽고 내 생각이 틀렸다는 말을 했다면 모르지만...사실은 선생이 그 글에서 주로 참고한 '나의 교육학적 신조'라는 글은 내가 마흔도 되기 전에 쓴 글이오. 게다가 그 글은 일종의 선언문 형식으로 쓴 글이니 만큼, 불가피하게 과장되어 있다고 보아야 할 것이오. 물론 나는 그것이 전적으로 내 생각이 아니라고 말하는 것은 아니오. 오히려 그 반대라고 해야 하오. 사실상 그 후에 나온 내 글을 자세하게 읽어보면 알 수 있겠지만, 그 글은 내 교육이론의 설계도라고도 할 수 있소. 그러나 나중에 사람들이 그 글에 나온 언설만을 믿고, 그 언설 뒤에 들어있는 의미를 각자 멋대로 해석한 데에 대해서는 언제나 가슴 아프게 생각해 왔소. 지금쯤 선생도 내 말이 무슨 뜻인지 알 때가 되었다고 생각하지만...

브루: 말씀하신 그대로입니다. 먼저, 선생님께서 말씀하신 저의 글 "존 듀이가 가고..."라는 글에서 '존 듀이'라는 말은 선생님 자신 또는 선생님의 생각을 나타내는 말이라기보다는 '생활적응교육'을 나타내는 말입니다. 그때 저는 선생님의 생각 그 자체에 관심이 있었다기보다는, 많은 사람들이 선생님의 생각에 바탕을 두었다고 생각한 생활적응교육에 관심이 있었던 것입니다. 이렇게 생각하면, 제가 선생님의 '교육학적 신조'를 참고한 것은 충분히 이해될 수 있다고 생각합니다. 거기에는 나중에 생활적응교육의 이론적 길잡이가 될 만한 생각들이 매우 간결하게 또 강력하게 제시되어 있기 때문입니다. 요컨대 "존 듀이가 가고..."라는 글에서 저는 '생활사태'를 교육내용으로 삼아 거기에 잘 적응하는 사람을 길러내는 데에 교육의 목적이 있다고 하는 교육관과, 제가 주장하는 대로, 학문을 교육내용으로 삼아 그 학문의 밑바닥에 깔려 있는 사고방식, 이것을 제가 만들어낸 말로는 '지식의 구조'라고 합니다마는, 이러한 '지식의 구조'를 가르치는 데에 교육의 목적이 있다고 하는 교육관을 대비시키고자

했던 것입니다.

듀이: 내가 하고 싶었던 말이 바로 그것이오. 그 후에 나를 올바르게 이해하려고 한 사람들 중에, 그러한 극단적인 생활적응교육이 내가 원래 의도한 바가 아니었다는 해명을 여러 차례 써서, 친절하게도 지하의 우리 집으로 보내 준 사람들이 있소. 선생도 언제든지 오면 볼 수 있을 것이오. 그것은 그렇고, 아까 내가 선생도 지금쯤은 내 심정을 알 때가 되었다고 한 것은...

브루: 잘 알고 있습니다. 아닌게 아니라, 선언문을 두고 말하면, 우즈 호울 회의의 보고서로 제가 대표 집필한 「교육의 과정」은 선생님의 '교육학적 신조'에 못지않게 선언문 형식으로 쓰였다고 할 수 있습니다. 그 후 근 20년이 되어 갑니다마는, 그 동안 이 선언문은 거의 전 세계 교육에 선풍적인 인기를 불러일으켜서, 오늘날 '지식의 구조'라든가 '탐구학습'이라는 말은 거의 모든 교사의 입에 오르내리는 말이 되어 있습니다. 아까 선생님께서도 그런 뜻으로 말씀하신 줄로 생각합니다마는, 그 교사들 중에 그 말의 의미를 알고 있거나 열심히 알려고 노력하는 사람들이 몇이나 될까를 생각해 보면, 차라리 그런 말을 하지 않았던 편이 더 낫지 않았을까 하는 생각도 듭니다. 더구나 우즈 호울 회의에 참석하고 그 보고서를 썼을 뿐만 아니라, 그 후에 이 방면에 관한 글을 몇 편 쓴 제 자신에게도 그 의미가 확실하지 않은 것을 생각하면...

듀이: "존 듀이가 가고..."라는 글에서 내가 느낀 것과는 다르지만, 참으로 학자다운 훌륭한 태도요. 사실상 교육에 관한 어떤 아이디어가 교사의 입에 오르내릴 때쯤 되면, 그것은 필경 온갖 넌센스 같은 교육 실제를 미화하는 구실이 된다는 것 – 이것은 어떤 종류의 것이든지 교육에 관한 아이디어가 겪어야 할 비운이 아닌가 생각하오. 그러나 그렇다고 해서 지식의 구조나 탐구학습이라는 말을 안했던 편이 나았다고 생각할 필요는 없소. 교육개혁가로서 우리의 할 일은 그때그때 교육이 안고 있는 문제점을 지적하고 그 개선방향을 시사해 주는 것이라고 볼 수 있소. 그래서 이야기인데, '탐구'라는 말은 나에게도 아주 낯익은 말이오. 내가 쓴 책에도 그

말은 자주 나오는 것을 볼 수 있을 것이오. 사실상 내 생각을 이해하려고 한 사람 중에 누군가가 나의 견해를 한 마디로 요약하여, 존 듀이는 '획득'(acquiring)이 아니라 '탐구'(inquiring)를 교육의 본질로 삼았다고 말하는 것을 들었을 때, 나는 전적으로 공감이었소.

브루: 선생님께서 그토록 '탐구'를 강조하신 것은 무엇 때문입니까? 다시 말씀드리면, 선생님께서는 그 당시 교육의 주된 문제점을 무엇이라고 보셨기에 '탐구'를 교육의 본질이라고 주장하셨습니까?

듀이: 만시지탄(晩時之歎)이라는 말은 분명히 이런 것을 두고 하는 말일 것이오. 아, 사람들이 내 생전에 질문을 그런 방식으로 했더라면! 나에게 대해서 뿐만 아니라 선생에게 대해서도 좀 더 빨리 사람들이 그런 질문을 했더라면, 아마 사람들은 선생의 아이디어나 내 아이디어를 훨씬 잘 이해할 수 있었을 것이오. 그런데 선생이 한 그 질문은 그대로 선생 자신에게도 해당되는 질문이오. 먼저 선생의 대답부터 들어 봅시다.

브루: 순서에는 맞지 않습니다마는, 제가 먼저 대답해 보겠습니다. 「교육의 과정」에 보면, 그 책이 나타내고 있는 한 가지 '핵심적 확신'에 관하여 언급한 부분이 있습니다. 거기서 저는 이렇게 말했습니다. 즉, 지금까지 교육에서는 '교과'를 가르친다고 하면서 교과가 아닌 다른 어떤 것, 이것을 우즈 호울 회의에서는 '교과의 중간언어'라고 했습니다마는, 이러한 '교과의 중간언어'를 가르쳐 왔다는 것입니다. 말하자면 교과를 '교과답게' 가르치고 있지 않다는 것입니다. 이 이상 중요한 문제가 교육에 또 있을까 하고 저는 생각합니다. '지식의 구조'나 '탐구학습'은 결국 이 문제점을 해결하는 방법으로 제시된 것입니다.

듀이: 그러니까, 선생이 말한 탐구학습이라는 것은 곧 교과를 교과답게 가르치는 방법을 뜻하는 것이라고 볼 수 있겠소마는, 여기서 문제가 되는 것은 교과를 교과답게 가르치는 것과 '탐구'라는 것 사이에 어떤 관련이 있는가, 다시 말하여 교과를 교과답게 가르치기 위해서는 왜 '탐구'를 해야 하는가 하는 데에 있는 것 같소. 이 문제를 해답하는 데는 또한 교과를 '교과답게' 가르치는 것이 어떻게 하는 것인가, 그리고 그 뿐만 아니라

'교과답지 않게' 가르치는 것이 어떻게 하는 것인가 하는, 매우 어려운 질문이 해답되어야 할 것이오.

브루: 그렇습니다. 제가 보기에 교과라는 것은 대부분의 경우에 학문으로 구성되어 있기 때문에, 교과를 교과답게 가르친다는 것은 곧 그 교과를 구성하고 있는 학문의 성격에 맞게 가르치는 것을 의미합니다. 그리고 학문의 성격에 맞게 가르친다는 것은 학생들로 하여금 학자들이 하는 일과 동일한 일을 할 수 있도록 가르치는 일입니다. 물론 학자들이 하는 일은 여러 가지겠습니다마는, 그 일의 특징을 한 마디로 표현할 말이 있다고 하면, 그것은 '탐구'라는 말이 아닐까 하고 저는 생각합니다. 제가 '물리학을 공부하는 초등학교 3학년 학생은 물리학자와 동일한 일을 한다'고 말한 것은 바로 이런 뜻에서입니다.

듀이: 논리 치고는 훌륭한 논리요. 그러나 나는 아직도 내가 바라는 대답을 얻은 것 같지 않소. 방금 선생이 말한 '초등학교 학생과 학자가 동일한 일을 한다'는 말은 나에게는 확실히 놀라운 말이오. 아마 다른 사람에게도 그 말은 확실히 놀라운 말로 들렸을 것이오. 그러나 어쨌든 초등학교 3학년 학생은 물리학자와 동일한 일을 하면 어떻게 된다는 것이오? 그렇게 가르침으로써 이루고자 하는 바가 무엇이오? 마찬가지 질문이지만, 왜 교과의 '중간언어'를 가르치면 안된단 말이오?

브루: 바로 그것이 제가 본 교육의 문제점과 직결됩니다. 제가 보기에 물리학을 중간언어로 가르치면, 그 물리학은 '학생의 것'이 아닌 채로, 학생의 바깥에 머물러 있게 되는 것입니다. 다시 말씀드리면, 물리학을 '물리학자들이 하는 일'로 가르치지 않고, 물리학자들이 발견한 지식을 학생들에게 그냥 일러주기만 한다면, 설사 학생들이 그 지식을 외운다 하더라도 그것은 학생이 물리 현상을 보는 데에 하등 영향을 미치지 못하게 됩니다. 이것은 애당초 물리학을 가르치는 의도에 어긋나는 것이 아니겠습니까?

듀이: 선생의 말을 듣자니까, 무어라 말할 수 없는 착잡한 심정이 되는구료. 지금 내가 느끼고 있는 것은, 교육의 문제점이란 언제나 동일한 것이 아닌

가 하는 것이오. 왜냐하면 선생의 말을 듣는 동안, 나는 마치 그 당시 내가 본 교육의 문제점을 선생이 대신 말해주는 것 같은 인상을 받았기 때문이오. 내가 본 문제점은 교사들이 교과서에 적혀 있는 지식들을 마치 금과옥조인양 생각하고 그런 고정된 지식을 학생들에게 맹목적으로 암기시킨다는 데에 있었소. 이것은 바로 선생이 말한 '교과의 중간언어'를 가르치는 것과 동일한 것이 아니겠소? 그렇게 배운 지식이 학생들에게 의미가 있을 리가 없소. 이 문제에 대한 나의 견해는 이렇소. 즉, 그러한 지식이 학생들에게 의미있는 것이 되기 위해서는, 그것을 맹목적으로 암기해야 할 고정된 지식으로 가르칠 것이 아니라, 학생이 생활하는 동안에 당면하는 문제사태를 자발적으로 탐구하는 과정을 통하여 스스로 습득하도록 하지 않으면 안된다는 것이오. 이 점으로 보면, 나의 이론 중에 자발적인 탐구와 함께 생활사태가 강조되었던 것은 매우 당연하오.

브루: 선생님의 심정이 어째서 착잡한지, 대강은 짐작하겠습니다. 말하자면 선생님과 저는 동일한 문제점을 보았으면서도, 한쪽은 생활사태를, 또 한쪽은 학문을 강조했다니, 참으로 기이한 일이 아닐 수 없습니다. 선생님께서도 인정하시리라고 생각합니다마는, 생활사태를 강조하는 교육이 나중에 가서는 아무런 중요한 '교육내용'도 가르치지 않았다는 비난을 받지 않았습니까?

듀이: 그것이 아까 내가 가슴 아프다고 한 바로 그 점이오. 원래 생활사태라는 것은 '교육내용'을 의미있게 가르치는 수단으로 중요시되었던 것이오. 이 의도에 의하면, 생활사태라는 것은 교육내용과의 관련에서만 의미가 있는 것이오. 그러나 일단 교육내용과의 관련을 떠나서 생활사태 그 자체가 교육내용이 된다면, 교사들은 그야말로 무엇을 가르쳐야 할지 모르게 될 것이오. 극단적인 생활적응교육이 빚어낸 넌센스는 바로 여기에 원인이 있었다고 볼 수 있소. 어쨌든 그것은 이제 모두 지나간 일이 되어 버렸소. 인제 문제는 선생의 아이디어에 있소. 선생이 주장하는 '학자들과 동일한 일을 하도록' 하는 방법은 구체적으로 어떤 것이오?

브루: 거기에 대해서는 지금 많은 사람들이 연구하고 있는 줄 압니다마는, 대

체로 말하면, 문제사태를 제시하고 그 사태를 설명하는 원리를 학생들이 스스로 탐구하고 발견하도록 하는 방법이라고 말할 수 있을 것입니다.

듀이: 당연히 그렇게 나올 줄 알았소. 내가 묻고 싶은 것은 학생들이 어떻게 그러한 원리를 탐구하고 '발견할' 수 있는가 하는 것이오. 만약 구체적인 문제사태를 제시해 주고 학생들에게 '탐구하라, 발견하라'고 말하는 것 이외에, 교사가 무슨 일인가를 해야 한다면 그것은 어떤 일이오? 당장 선생에게서 이 질문에 대한 답을 들으려고 하는 것은 아니지만, 탐구학습을 하려고 하는 사람은 이런 종류의 질문을 심각하게 제기해야 하지 않겠소?

브루: 사실, 그렇습니다. 세계를 통틀어 여기저기서 탐구학습의 구체적인 방법이 제시되고 있습니다마는, 대부분의 경우에 그것은 교사가 따라야 할 '공식'으로 제시되고 있고, 무슨 내용이든지 그 '공식'에 맞추어서 가르치면 바로 탐구학습이 된다고 생각하는 경향이 있는 것 같습니다.

듀이: 선생이 그런 문제를 의식하고 있다니, 탐구학습의 장래는 참으로 밝은 것 같소. 약간 과장해서 말하면, 탐구학습을 만족스럽게 하기 위해서는 모든 교사가 소크라테스와 같은 교육적 예지를 가지고 있어야 한다고 말할 수 있을 것이오. 그렇지 않고, 방금 선생이 말했듯이, 대부분의 교사가 그 근본 정신은 알려고 하지 않고 탐구학습을 공식으로 취급한다면 어떻게 되겠소? 십중팔구 탐구학습은 선생이 "존 듀이가 가고..."라는 글에서 비판한 바로 그 생활적응교육과 동일한 운명을 겪게 될 것이오. 그도 그럴 것이 탐구학습에서 학생들에게 제시되는 '문제사태'는 바로 '생활사태'와 동일한 것이 아니겠소? 그러나 이제 이 모든 것은 선생이 떠맡아야 할 문제요. 나는 요즘 소크라테스 선생을 좀 공부하고 있는데, 며칠 전에 약속한 소크라테스 선생과의 면담시간이 다 되어가는 것 같아, 이만 가봐야겠소. 연구 많이 하기 바라오.

제 7 장

소크라테스의 교육방법

'지식의 구조'라는 말을 탄생시킨 우즈 호울 회의를 회고하는 글에서 브루너는 그 당시 회의 참석자들이 '교과를 잘 가르치는 것'의 의미를 따져보는 동안에 소크라테스가 노예 소년을 상대로 기하학을 가르친 방법에서 무슨 시사를 끌어낼 수 없을까를 끊임없이 생각해 보았다고 말하고 있다.[1] 이하에 인용하겠지만, 플라톤의 대화편 「메논」(*Menon*)에 나와 있는 소크라테스와 노예 소년의 이야기를 읽어보면, 소크라테스의 교육방법과 이 책의 제2장에 설명된 '탐구학습' 사이에는 표면상 명백한 관련이 있음을 알 수 있다. 말하자면 두 가지는 모두 학생에게 탐구할 문제를 내어 주고 학생 자신의 노력으로 그 해답을 찾도록 한다는 것이다.

이 표면상으로 드러난 명백한 관련 뒤에 보다 깊은 의미는 없는가? 만약 그 보다 깊은 의미가 확인된다면, 그것은 탐구학습의 의미(또는, 그것과 관련된 것으로서, '지식의 구조'의 의미)를 보다 깊이 이해하는 데에 도움이 될 것이 아닌가? 이 장에서는 이런 관점에서 소크라테스의 교육방법에 관하여 고찰하고자 한다. 전해오는 바에 의하면, 소크라테스는 스스로 자기

1) Bruner, J. S.(1971), *The Process of Education* Reconsidered, R. R. Leeper(ed.), *Dare to Care/Dare to Act: Racism and Education*, ASCD Annual Conference Report, pp.377-379.

자신을 가리켜 '헤아릴 수 없는 인간'이라고 말했다고 한다.[2] 아마 그의 교육방법에 관해서도 마찬가지 말을 할 수 있을 것이다. 물론 소크라테스의 교육방법을 고찰하는 의의는 오직 그것과 지식의 구조와의 관련을 파악하는 데에만 있는 것은 아니다. 그러나 여기서는 주로 지식의 구조와 탐구학습의 의미에 비추어 그의 교육방법이 나타내는 특징을 파악하고자 한다.

1. 인간 소크라테스

교사로서 품을 수 있는 가장 높은 이상이 한 가지 있다면, 그것은 그의 가르침을 받은 제자들이 그 가르침과 그의 인간됨을 분리해서 생각할 수 없는 그런 경지가 아닌가 생각한다. 말하자면 제자들이 그를 인간으로서 좋아하지 않고는 그의 가르침을 받아들일 수 없는 경지, 그의 가르침을 받아들이려고 하면 그의 인생관이나 생활방식까지도 동시에 받아들일 수밖에 없는 그런 경지에 도달하는 것이다. 이 경지는 바로 그 교사의 가르침이 그의 인간됨이나 삶과 혼연일체가 되어 있는 경지라고 말할 수 있다.

이런 경지에 도달한 교사의 한 전형적인 보기로서 우리는 소크라테스를 들 수 있다. 소크라테스에 있어서는 그의 사상이 그의 인간됨과 떨어져서 '추상적으로' 이해될 수 없다. 소크라테스 이외에도 이런 사람들이 없는 것은 아니지만, 대부분의 학자에 있어서 우리는 그 학자의 삶과 특별히 관련을 맺지 않고도 그 사상을 이해할 수 있다. 말하자면 그 사람의 사상은 '책'에 있는 것이다. 그러나 소크라테스의 경우에는 그렇지 않다. 플라톤이 쓴 대화편을 통하여 소크라테스의 생각을 이해하려고 하면, 우리는 벌써 소크라테스가 구체적인 인간으로서 우리 옆에 와 있는 것을 느낄 수 있다. 소크라테스의 교육방법을 이해하려고 하는 경우에도 마찬가지이다. 아니, 이

---

2) Martin, G.(1969), *Sokrates*, 박갑성(역)(1974), 소크라테스 평전, 서울: 삼성문화문고, p.4. 이 책은 소크라테스라는 인물을 이해하는 데에 크게 참고가 된다.

경우에는 더욱 그러하다고 말해야 한다.

소크라테스는 어떤 삶을 살았는가? 우선, 소크라테스가 일흔의 나이로 법정에서 자기 자신을 어떻게 변호했는가를 보자. 이때의 증언을 통하여 소크라테스는 자신의 삶의 모습을 우리에게 보여주고 있다. (이것은 플라톤의 대화편 「소크라테스의 변명」(*Apology of Socrates*)에 기록되어 있다. 우리나라에서는 흔히 '변명'으로 번역되어 있지만, 이것은 차라리 '변호', '해명' 또는 '증언'으로 번역하는 것이 좋을 것이다.) 재판을 받을 때의 소크라테스의 죄목은 두 가지였다. 하나는 아테나이가 인정하지 않은 '나쁜 신'을 섬긴다는 것이요, 또 하나는 청년들을 타락시킨다는 것이었다. 법정에서 소크라테스는 이 두 가지 죄목에 대하여 해명을 하는 동안에 자신이 어떤 삶을 살았는가를 우리에게 보여주고 있다.

소크라테스를 고소한 사람은 표면상으로는 멜레토스, 아뉘토스, 뤼콘 등이었다. 그러나 소크라테스 자신의 말에 의하면, 그를 재판에 걸고 사형시키고자 하는 사람들은 그 세 사람 이전에 '눈에 보이지 않는 고소인들'이며, 멜레토스 등은 그들의 하수인에 불과하다. 소크라테스는 먼저 그 '눈에 보이지 않는 고소인들'을 상대로 해명을 한다. – 내가 그들에게 고소당할 만한 일을 한 것은 지금부터 약 30년 전, 내가 마흔 살 때 일어난 어떤 사건 때문이었다. 내 친구 카이레폰이 어느 날 델포이 신전에 가서 아테나이에서 소크라테스보다 더 지혜있는 자가 있는가 하고 물었다. 그랬더니 신탁의 대답은 놀랍게도 '없다'는 것이었다. 내가 처음 이 말을 전해 들었을 때, 나는 믿을 수가 없었다. 나는 신이 실수를 했거나, 아니면 농담을 한 것이라고 생각하였다. 아니, 내가 가장 지혜있는 자라니! 나는 지혜라고는 조금도 없는 사람이 아닌가? 그러나 신이 무엇 때문에 그런 실수나 거짓말을 한단 말인가? 그것은 신답지 않은 일이다. 그렇다면 신은 틀림없이 무슨 뜻을 전하기 위하여 그 말을 했을 것이다. 나는 그 말 뒤에 숨은 의미를 찾아내지 않으면 안되었다.

그리하여 소크라테스는 그날부터 신의 말이 과연 정말인가를 '증명'하러 나섰다. 만약 아테나이에서 자신보다 지혜있는 자를 단 한 사람이라도 찾아낸다면, 신의 말은 거짓말이 되고 만다. 자신보다 지혜있는 자를 찾아내기 위해서는 그 당시 지혜있기로 소문난 사람들을 찾아다니면서, 그 사람이 가장 잘 알만한 문제에 관하여 물어보기만 하면 충분하였다. 소크라테스는 먼저 정치가를 찾아갔다. 과연 그는 지혜있는 것처럼 보였다. 그러나 소크라테스는 그 정치가가 확실히 자기 자신보다 지혜있다는 판단이 내려질 때까지 질문을 하였다. 그러나 질문을 하는 동안에, 그 정치가는 자신도 모르는 문제에 대하여 아는 것처럼 뻐기고 있다는 것이 점점 명백해졌다. 그는 다른 사람이 보기에나 자기 자신이 보기에 지혜있는 것처럼 보이지만, 사실은 지혜있는 것이 아니었다. 소크라테스는 스스로 아무 것도 모른다고 생각하는 데에 비하여, 그 사람은 자신이 모르는 것에 대해서도 알고 있다고 생각하는 것이다. 그리하여 소크라테스는 자신이 모른다는 것을 안다는 그 '사소한 정도에서' 그 사람보다 지혜있다고 생각하였다. 이런 식으로, 다음에는 시인, 그 다음에는 기술자 등등, 소문난 현자들을 찾아다녔으나 결과는 마찬가지였다. 다만, 그러는 동안에 소크라테스는 그 소문난 현자들을 모두 적으로 만들었을 뿐이었다. 한낱 이름없는 석공에게 무지를 폭로당한다는 것은 그들로서는 참을 수 없는 모욕이었을 것이다. 소크라테스를 직접 고소한 세 사람은 말하자면 그 눈에 보이지 않는 적들을 대표하는 사람들이었다. 멜레토스는 시인이며, 아뉘토스는 정치가와 기술자, 그리고 뤼콘은 변론가를 대표하는 사람들이었다.

그러나 이 일을 하는 동안에 소크라테스는 차차 델포이 신전의 신탁이 한 말의 의미를 깨닫게 되었다. 소크라테스는 신이 자신에게 모종의 사명을 부여한 것이라고 생각하게 되었다. 신은 소크라테스를 통하여, 진정한 지혜(*sophia*)는 신만이 가질 수 있는 것이며 인간으로서 가질 수 있는 최고의 지혜는 '지혜를 사랑하는 것'(*philosophia*), 즉 무지를 자각하는 것임을 사람들에게 알리고자 했다는 것이다. 스스로 아무 것도 아는 것이 없다고 생각한 소크라테스를 아테나이 제일의 현자로 지명한 것은 바로 그 신의 메시지를 참으로 '신답게' 전달하는 방법이었다고 볼 수 있다. 소크라테스는 나머지 생애를 신께 봉사하기로 결심하였다. 그는 누구든지 만나는 사람에게 그 신의 메시지를 전달하고자 하였다. 그 일을 하느라고 그는 정치도, 사사로운 일도 돌볼 겨를이 없이 '극도의 가난'을 맛보게 되었다. 우리가 알고 있는 소크라테스는 바로 마흔 살 이후, 모든 사람에게 '지혜를 사랑하는 것'을 가르치고 있는 교사로서의 소크라테스이다.

소크라테스에게 있어서 가르친다는 것은 무지를 깨닫게 하는 것과 동일한 것이었다. 이 일을 위해서는 변론가들이 쓰는 것과 같은 찬란한 장광설은 하등 도움이 되지 못할 뿐만 아니라, 오히려 방해가 되었을 것이다. 그는 언제나 목수, 대장장이, 요리사, 구둣방 주인과 같은 일상 볼 수 있는 사람들을 예로 들어 일상 쓰는 평범한 용어로 짤막짤막한 이야기를 주고받았다. 사실상 그의 외모 또한 이 일에 아주 적합하였다고 볼 수 있다. 소크라테스는 신발을 신는 것이 아테나이의 뉴스가 될 정도로 언제나 맨발이었고, 옷도 거의 갈아입는 적이 없었다. 게다가 유명한 그의 생김새 – 그는 때로 반인반수의 괴물인 삼림의 신 마르쉬아스에 비유되었다. (이 마르쉬아스는 아폴로와 풀루트 경연을 할 만큼, 풀루트로 사람들을 걷잡을 수 없이 매혹시킬 수 있다. 마르쉬아스와 소크라테스 사이에 차이가 있다면 그것은, 소크라테스는 풀루트 없이 맨 입으로 사람들을 매혹시킨다는 것이다.)

그러나 소크라테스는 자신의 외모를 주제로 삼아 사람들을 웃기고 자신도 따라 웃었다. 크세노폰의 「향연」(*Symposium*)이라는 글에는 소크라테스와 그 당시 아테나이의 미남 청년 크리토불로스와의 '미남 경연대회' 장면이 기록되어 있다. 크리토불로스가 소크라테스에게 그 유명한 '대화법'으로 자기보다 미남임을 증명해 보라고 도전한다. ('다만, 불빛을 약간 가까이 갖다 대고'라고 크리토불로스는 덧붙인다.) 그리하여 '대화'가 시작된다.

소크: 미(美)라는 것은 사람에게만 있는가, 아니면 다른 물건에도 있는가?
크리: 말이나 소, 다른 무생물에도 있습니다. 예컨대 아름다운 방패, 창, 칼 등

이 있는 것과 같습니다.

소크: 그렇다면, 이런 물건들끼리 하등 닮은 것이 없는데도 어떻게 그것들이 아름답다고 할 수 있는가?

크리: 물론 그럴 수 있지요. 그것이 쓰이는 목적에 잘 맞게 만들어져 있거나 우리의 필요에 맞게 되어 있으면 각각 아름답다고 말할 수 있습니다.

소크: 좋아, 그러면 눈은 무엇에 쓰는가?

크리: 물론 보는 데에 쓰지요.

소크: 그렇다면 내 눈은 자네 눈보다 아름답다고 할 수 있네. 자네 눈은 똑바로 앞밖에 보지 못하지만, 내 눈은 툭 불거져 나와서 옆으로도 볼 수 있으니까.

크리: 그렇다면 동물 중에서 게 눈이 가장 아름답다고 할 수 있겠군요.

소크: 물론이지, 단단한 정도로 따지더라도 게 눈이 가장 잘 만들어졌다고 볼 수 있지.

크리: 좋아요. 그러나 코는 누가 잘 생겼을까요?

소크: 안됐지만 내 코가 더 잘 생겼네. 만약 신이 코를 냄새 맡는 데에 쓰라고 했다면 말일세. 자네 콧구멍은 땅을 향하고 있지만, 내 것은 온통 앞으로 열려 있어서, 여기저기서 널리 냄새를 맡는단 말이야.

크리: 그렇지만 납작한 코가 어찌하여 오똑한 코보다 더 아름다울 수가 있단 말입니까?

소크: 왜냐하면 눈으로 보는 데에 거치적거리지 않고 아무데나 볼 수 있게 하니까. 그것에 비하면, 오똑한 코는 높은 벽처럼 시야를 가린단 말이야.

크리: 입에 관해서는 아예 항복입니다. 만약 입이 음식을 무는 데에 쓴다면 선생의 입은 훨씬 큰 덩어리를 물테니까요.

소크: 뿐만 아니라, 내 두꺼운 입술은 키스할 때 훨씬 부드럽지 않을까?

크리: 그 말대로 하면 내 입은 당나귀 입보다 더 못생겼다고 하겠군요...

크리토불로스의 제안에 따라 투표에 붙인 결과는 크리토불로스의 압도적인 승리였다. 그러나 소크라테스는 크리토불로스가 심판들에게 뇌물을

주었다고 항의하였다.[3)]

소크라테스가 대화를 한 주제는 주로 윤리학적인 것이었다. 사실상 이것은 소크라테스의 목적 – 사람들의 무지를 일깨우는 것 – 에 비추어 보면 극히 당연한 것이었다고 볼 수 있다. 윤리학적인 문제, 다시 말하면 어떻게 사는 것이 올바르게 사는 것인가 하는 문제는 사람들이 저마다 일가견을 가지고 있다고 생각하고, 또 그러면서도 참으로 올바른 대답을 얻기가 어려운 문제이다. 소피스트들은 그러한 일가견을 가지고 있다고 생각한 대표적인 사람들이었다. 프로타고라스와 고르기아스 등, 일류급 소피스트들은 바로 윤리학적인 문제에 대하여 확실한 대답을 가지고 있고 누구든지 (돈만 가지고 오면) 그 대답을 가르쳐 주겠다고 호언장담한 사람들이었다. (소크라테스와 그들과의 대화는 각각 그 이름이 붙은 대화편「프로타고라스」(*Protagoras*)와「고르기아스」(*Gorgias*)에 기록되어 있다.) 이런 사람들과의 대화에서 소크라테스는 끊임없이 '모른다'는 말을 되풀이했고, 그들이 소피스트 특유의 장광설을 늘어놓을 때는,「프로타고라스」에서 확인할 수 있는 바와 같이, 자신은 '기억력이 없어서 쉽게 잊어버리는' 사람이므로, 짤막짤막하게 한 번에 한 가지씩 말하자고 능청을 떨었다. 자신은 모른다고 말하면서, 철저한 '논리'(*logos*)에 의하여 그들의 견해를 따지고 들쑤시고 뒤집어 놓는 소크라테스의 어조가 흔히 야유조를 띠게 되는 것은 어쩔 수 없을 것이다.[4)] (우리말의 '역설'로 번역되는 '아이로니'의 희랍어 '에이로네이아'(*eironeia*)는 '무지를 가장하는 것' – 알면서도 모르는 체하는 것 – 이라는 뜻을 가지고 있다.) 이 일을 했을 때, 소크라테스는 사실상 인간집단 전체가 공통으로 가지고 있는 약점 – 자신이 모르는 부분에 대해서 안다고 생각하는 것 – 에 저항한 것이며, 그 일을 하다가 단순히 아테나이 사람들이 아닌

---

3) Guthrie, W. K. C.(1971), *Socrates*, Cambridge University Press, pp.67-68.

4) 니체는 그의「비극의 탄생」에서 소크라테스를 가리켜 '논리의 폭군'이라고 말하였다. Vlastors, G.(1971), The Paradox of Socrates, Vlastos, G.(ed.), *The Philosophy of Socrates*, New York: Anchor Books, p.17.

인간집단 전체의 손에 죽었다고 볼 수 있다.

소크라테스의 대화가 그 직접 상대자에게 어떤 영향을 주었는가 하는 것과는 별도로, 그 대화는 그것을 옆에서 지켜보는 사람들, 특히 청년들에게 말할 수 없는 흥미와 감동을 일으켰다. 이 점은 플라톤의 대화편 「향연」(*Symposium*)에서의 알키비아데스의 말에 잘 나타나 있다. 알키비아데스는 향연 도중에 술이 반쯤 취해 들어와서 '평소에 말할 수 없던' 소크라테스와 자신과의 관계를 말하는 동안, 소크라테스를 마르쉬아스(반인반수의 삼림신)에 비유하고 난 뒤에 소크라테스를 향하여 다음과 같이 말한다.

> 그러나 당신은 풀루트를 불지는 않는다고요? 물론 안 불지요. 아닌게 아니라, 당신의 연주는 그보다 훨씬 훌륭합니다. 마르쉬아스는 악기가 있어야 입으로 사람들을 매혹시킬 수가 있어요... 그러나 당신, 소크라테스는 악기도 없이 순전히 말로써 효과를 낸다는 점에서 마르쉬아스보다 월등합니다. 적어도 우리는 아무리 세련된 웅변가라 할지라도 웅변가들이 말할 때는 거의 주의를 기울이는 법이 없습니다. 그러나 당신이 하는 말은, 심지어 누군가 말재주 없는 사람이 당신이 한 말을 슬쩍 일러주는 것까지도, 우리 마음을 송두리째 뒤흔들고 주문(呪文)처럼 우리를 사로잡습니다. 여자나 남자나 아이들에게도 이것은 마찬가지입니다. 여러분은 내가 완전히 취했다고 생각할지 모르겠습니다마는, 나는 여러분에게 맹세로써 소크라테스의 말이 나에게 어떤 효과를 내는지를 말씀드릴 수가 있습니다. 저 분의 말을 듣고 있으면, 나는 언제나 마치 종교적인 열정에 사로잡힌 것처럼 가슴이 뛰고 눈에 눈물이 흘러내립니다. 나 뿐만 아니라 옆에 있는 다른 사람들도 나와 마찬가지라는 것을 볼 수 있습니다. 페리클레스나 그 밖의 훌륭한 웅변가의 말을 들을 때는 절대로 이런 일이 없었습니다. 물론 그 사람들이 말을 잘 하는 것은 사실이지만, 내 영혼을 혼란에 몰아넣고, 이때까지 내 삶이 노예의 삶보다 하등 나을 것이 없다는 생각에 가슴이 메어지게 한 사람은 아무도 없었습니다.

이 말에서 '노예의 삶보다 하등 나을 것이 없다'는 말은 알키비아데스 자신이, 소크라테스의 가르침을 따라 '영혼을 돌보는 일'을 하지 않고, 부와 권력을 찾아 아테나이의 정계에 뛰어다녔다는 것을 가리킨다. 알키비아데스는 소크라테스를 볼 때마다 수치감을 느꼈으나, '대중의 갈채'는 그에게는 도저히 뿌리칠 수 없을 만큼 강한 유혹이었다.

만약 상당히 많은 수의 청년들이, 알키비아데스처럼, 소크라테스의 말에서 '종교적인 열정'을 경험한 나머지, 보통의 사람들이 소중히 여기는 돈과 지위보다 '영혼을 돌보는 일'에 더 관심을 가지고, (실지로 그 관심을 실천하든지 않든지 간에) 그러한 대다수 사람들의 생각에 대하여 비판적인 태도를 갖게 된다면, 이것은 관점에 따라서는 청년들을 '타락'시키는 것이라고 볼 수 있을지 모른다. 그러나 법정에서 소크라테스는 그 죄목으로 자신을 고발한 사람들이 그릇된다는 것을 증언한다.

소크: 이봐, 멜레토스, 자네는 청년들이 좋은 영향을 받아야 한다는 것을 무엇보다도 중요시하지 않는가?

멜레: 그렇습니다.

소크: 그렇다면, 여기 있는 사람들에게 그 '좋은 영향'을 주는 사람들이 누구인가 말해보게. 자네가 그토록 거기에 관심이 많으니까, 틀림없이 알고 있을 걸세. 청년들에게 나쁜 영향을 주는 사람이 나라는 것은 자네가 말해서 알고 있고, 또 그것 때문에 내가 지금 재판을 받고 있다는 것도 알고 있네. 그러나 좋은 영향을 주는 사람은 누구인가? 어째서 입이 붙은 채 말을 못하는가? 참으로 이상하지 않은가? 그것만 보더라도, 내가 이때까지 말한 바와 같이, 자네가 그 문제에 하등 관심이 없었다는 충분한 증거가 아닌가? 어디 말해 봐, 청년들을 선도하는 사람이 누구인가를.

멜레: 법입니다.

소크: 아니 내가 물은 것은 그 뜻이 아니야. 나는 그 '사람'이 누구인가를 물은 거야. 법이라면, 법을 아는 사람이 누군가 하는 뜻이야.

멜레: 여기에 있는 배심원들입니다.

소크: 이 사람들이 청년들을 가르치고 좋은 길로 인도한다는 뜻인가?

멜레: 물론입니다.

소크: 그 중의 몇 명만 그러한가, 아니면 그 사람들 전부가 그러한가?

멜레: 전부 그렇습니다.

소크: 얼마나 좋은 일인가, 그토록 청년들을 선도하는 사람들이 많이 있다는 것은! 그리고, 이 법정에 있는 방청객들은 어떤가?

멜레: 그 사람들도 좋은 영향을 줍니다.

소크: 그리고 참의원 의원(500명)과 국사원 의원(아테나이 남자시민 전체)들은?

멜레: 그들도 좋은 영향을 줍니다.

소크: 그렇다면, 아테나이 사람들 전체가 청년들을 선도하는데, 나만 나쁜 영향으로 주는 것이 아닌가? 이것이 자네가 말하고자 하는 것인가?

멜레: 틀림없이 그렇습니다.

소크: 자네 말대로라면, 나야말로 불행한 사람일세. 그러나 말(馬)의 경우를 두고 생각해 보세. 말을 좋은 방향으로 길들이는 것은 인류 전체요, 그 중에서 한 사람만 나쁜 영향을 준다고 생각할 수 있는가? 아니면, 그 반대로 말을 좋은 방향으로 이끄는 것은 한 사람이거나 기껏해야 몇 사람 안되는 조마사요, 나머지 사람들은 도대체 말을 다룬다면 형편없이 못쓰게 만들어 놓을 것이 아닌가? 말이나 사람이나 이 점에 있어서는 마찬가지가 아닌가? 그럼에도 불구하고 아테나이 청년들에게는 오직 한 사람만이 나쁜 영향을 주고 그 나머지 모든 사람들은 좋은 영향을 준다면, 아테나이 청년들이야말로 참으로 말할 수 없는 행운을 누리고 있는 셈일세...

소크: 또 한 가지, 멜레토스, 좋은 사람들 사이에서 사는 것과 나쁜 사람들 사이에서 사는 것 중에 어느 쪽이 더 좋은가? 대답해 보게, 이것은 하등 어려울 것이 없는 문제니까, 나쁜 사람은 주위에 있는 사람에게 나쁜 영향을 주고, 좋은 사람은 좋은 영향을 주는 것이 아닌가?

멜레: 그렇습니다.

소크: 어떤 사람이든지, 주위에 있는 사람들에게 이득을 입는 것보다 해를 입는 것을 더 좋아할 사람이 있겠는가? 대답을 하게. 법(자네가 좋아하는

그 법)에 따라 자네는 대답을 해야 하네. 해를 받기를 더 바라는 사람이 있겠는가?

멜레: 물론 없습니다.

소크: 자네가 나를 이 법정에 불러내어, 청년들을 나쁘게 만든다는 이유에서 재판을 받게 했을 때, 그것은 내가 고의로 청년들을 나쁘게 했다는 뜻인가, 아니면 모르고 그랬다는 뜻인가?

멜레: 고의로 그랬다는 뜻입니다.

소크: 아니, 멜레토스, 자네는 자네의 그 젊은 나이에 벌써 나같이 늙은 사람보다 더 지혜가 있단 말인가? 자네는, 나쁜 사람들은 그 주위에 있는 사람들에게 나쁜 영향을 주고 좋은 사람은 좋은 영향을 준다는 것을 알지 않는가? 그럼에도 나는 주위에 있는 사람에게 나쁜 영향을 주면 그 해가 바로 나에게 돌아오리라는 것도 모를 만큼 형편없이 무지하지 않은가? 그렇지 않고서야 내가 그 잘못을 고의로 저지를 리가 없지 않은가? 아니, 그렇지 않네, 멜레토스. 내가 나쁜 영향을 주지 않거나, 주더라도 그것은 고의가 아닐세. 어느 경우에나 자네의 고소는 그릇된 것이 되네. 만약 내가 모르고 나쁜 영향을 준다면, 그러한 비고의적 비행에 대한 올바른 처방은 이런 법정에 불러 세우는 것이 아니라, 가만히 조용한 곳에 데리고 가서 가르치고 훈계하는 것이네. 나도 눈을 뜨게 되면, 내가 의도하는 바가 아닌 일은 그 이상 하지 않을 것일세. 그러나 자네는 지난날에 나를 멀리하고 가르쳐 주기를 꺼리다가, 이제 와서 이 법정에 끌어내는 것이 아닌가? 이 법정은 벌을 받아야 할 사람이 오는 곳이지, 계도를 받아야 할 사람이 오는 곳이 아닐세...

철저하게 '논리' 또는 '이성'(*logos*)이 명하는 바에 따라 살고자 했던 소크라테스가 그와 동시에 '정령'(精靈, *daimonion*)의 신비스러운 목소리를 믿었다는 것은 소크라테스의 삶이 나타내고 있는 몇 가지 근본적인 파라독스 중의 하나이다. 「변명」에서 소크라테스가 말하고 있는 바와 같이, 이 '정령'은 젊었을 때부터 소크라테스의 언동을 '소극적으로' 규제해 왔다. 다시 말하면, 소크라테스가 하고자 하는 말이나 행동이 그릇된 것일 때에는 귀에서 그 '정령'이 금지를 했고, 소크라테스는 한 번도 그 금지를 어겨본 일이 없었다. 만약 재판을 받으러 올 때나 법정에서 증언할 때, 그 행동이나 말이 그릇된 것이었더라면, 정령은 틀림없이 그 언동을 제지했을 것이다. 대화편 「크리톤」(*Kriton*)에서 크리톤이 감옥에 와서 탈옥을 종용했을 때, 그것을 거부한 소크라테스의 생각이 그릇된 것이었더라면, 정령은 틀림없이 그 생각을 수정하도록 했을 것이다. 그러나 그 동안에 정령은 한 번도, 그릇된 생각을 할 경우에는 어김없이 행사하는 그 제지를 행사한 일이 없었다.

피타고라스 학파의 공통된 믿음인 오르픽교(Orphicism)에 따라, '영혼의 윤회'를 믿은 것도 합리적인 소크라테스의 비합리적인 요소라고 볼 수 있다. (독약을 마시기 직전에 한 대화: 「파이돈」(*Phaidon*)에 나타나 있는 바와 같이, 소크라테스는 마지막 순간에 '영혼의 윤회'에 관한 '합리적인' 논의를 한다.) 소크라테스가 믿은 바에 의하면, 영혼은 영원히 불멸이며, 다른 몸을 빌어 다시 태어난다. 그러나 영혼이 '다시 태어난다'는 것은 사실은 영혼이 다시 육체의 감옥에 갇히는 것이며, 육체를 떠날 때 비로소 영혼은 자유를 도로 찾는다고 보아야 한다. 육체에 갇혀 있는 동안은 말하자면 영혼의 시련기이며, 이 '시련기'라는 것은 문자 그대로 육체적인 욕망의 극복에 의하여 영혼을 깨끗하게 만들어야 하는 시기라는 뜻이다. 사람은 누구나 살아있을 동안에(즉, 영혼이 육체에 갇혀 있을 동안에) 그 영혼이 육체를 떠날 때 어떤 상태로 되어 있을 것인가에 늘 관심을 가지고, 그때 영혼이 가장 깨끗한 상태로 되어 있도록 돌볼 의무가 있다. 소크라테스가 마지막 순간에 의신(醫神) 아스클레피오스에게 닭을 갖다 바치라고 친구들에게 부탁한 것은 이제 자신의 영혼이 육체에 갇혀 있는 병으로부터 치유되었다는 것을 암시한 것이다.

2. 산파술

소크라테스의 교육방법이 어떤 것인가를 알기 위해서는 플라톤의 대화편(특히 초기작품)[5)]을 읽을 수밖에 없다. 대화편에 나타난 그의 교육방법을 간단하게 몇 마디 말로 특징짓는 것은 불가능하지만, 일반적으로 소크라테스의 교육방법은, 그 자신이 쓴 말을 빌어, '산파술'이라고 규정되고 있다. 대화편 「테아이테토스」(*Theaitetos*)에서 소크라테스는 테아이테토스에게 '비밀 이야기'를 한다고 하면서, 자신이 하는 일을 산파의 일에 비유하고 있다.

> 나의 산파술은 여러 가지 점에서 보통 산파들과 같지만, 다른 점도 있다네. 나는 여자를 상대로 하는 것이 아니라 남자를 상대로 한다는 것과, 영혼이 진통할 때 그것을 돌보는 것이지 육신을 받아내는 것이 아니라는 것이네. 내 산파술의 요체는 젊은이의 마음에서 나오는 생각이 가짜 인형인지 진짜 귀족의 아기인지를 철저하게 분간해 내는 데에 있는 것일세. 보통의 산파들과 마찬가지로 나도 불임(不姙)일세. 그리하여 흔히 사람들이 나에 대하여 비난조로 하는 말, 즉 나는 다른 사람에게 질문만 할 뿐, 그 대답은 알지 못한다는 말은 완전히 옳은 말이네. 이유인 즉, 신은 나를 산파로 점지했지만, 아기를 낳지는 못하도록 한 것일세. 따라서 나는 지혜도 없고 내가 창안한 것이라든지 내 영혼의 소산도 없네. 다만, 나와 이야기를 하는 사람들은 이득을 본다네. 그 사람들은 처음에는 바보 같지만, 차차 나와의 관계가 깊어가는 동안에, 만약 신이 은총을 베푼다면, 놀랄만한 진보를 보인다네. 당사자가 보기에 그럴 뿐만 아니라 옆에서 다른 사람이 보기에도 마찬가지일세. 그 사람들이 나에게서 아무 것도 배운 바가 없다는 것은 분명히 말해 줄 수 있네. 그들은 훌륭한 것들을 많이 알게 되지만, 그것은 모두 그들이 낳은 것이라네.

---

5) 플라톤이 특정한 대화편을 언제 썼는가 하는 문제는 그 내용이 소크라테스적 영향과 플라톤 자신의 견해를 어느 정도로 반영하고 있는가 하는 문제와 관련하여 철학자들 사이에 매우 중요한 문제로 취급되어 왔다. 일반적으로 합의되는 바에 의하면, 초기 작품으로는「변명」,「크리톤」,「유티프론」,「프로타고라스」,「국가론」Ⅰ권,「메논」,「고르기아스」등이 있다.

대화편 「메논」(*Menon*)에는 이 말의 구체적인 실례가 제시되어 있다. 그것이 앞에서 말한 '노예 소년과의 대화'이다. 「메논」에서는 소크라테스가 '덕을 가르칠 수 있는가'라는 메논의 물음에 대하여 그와 대화를 하는 동안에, '학습'이라는 것은 모르는 것을 남에게서 배워서 알게 되는 과정이 아니라 그 전에(영혼이 현재의 육체에 '갇히기' 전에) 알았다가 잊어버렸던 것을 '회상'해 내는 과정임을 예시하기 위하여 노예 소년에게 기하학을 '회상'시킨다.

메논: 소크라테스, 당신의 말로는 사람들이 '학습'하는 것이 아니며, '학습'이라고 하는 것은 단지 '회상'의 과정에 지나지 않는다고 하는데, 어째서 그런지 나에게 설명해 줄 수 없겠습니까?

소크: 쉽지는 않지만, 최선을 다해 보겠네. 그대가 데리고 있는 많은 시종 중에서 누구든지 하나만 불러 주겠나? 내가 그를 데리고 내가 한 말을 시범해 보이겠네.

메논: 그러십시오. 애야, 이리 오너라.

소크: 이 아이는 희랍 사람이고 희랍어를 하지?

메논: 그렇습니다. 이 아이는 이 집에서 태어났습니다.

소크: 잘 보게. 이 아이가 내 말을 배우는가, 아니면 회상해 내는가를.

메논: 그러겠습니다.

소크: 애야, 이런 모양을 정사각형이라고 한다는 것을 아느냐?

아이: 예, 압니다.

소크: 그리고 정사각형에서 이 네 변이 같다는 것도 아느냐?

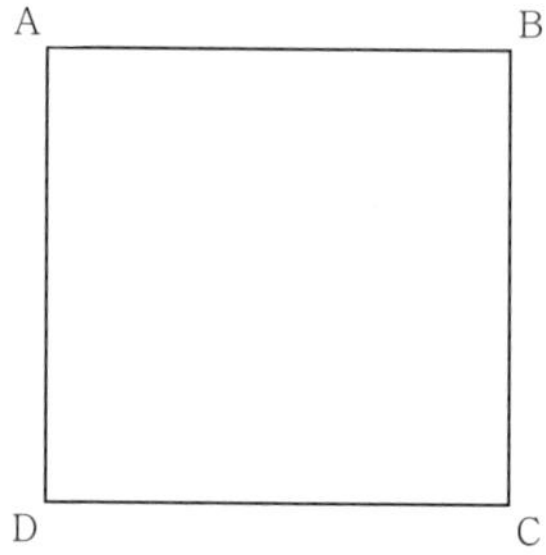

아이: 예, 그렇습니다.

소크: 그리고 정사각형의 가운데에 그은 선이 같다는 것도?

아이: 예.

소크: 사각형의 크기는 여러 가지가 있겠지?

아이: 그렇습니다.

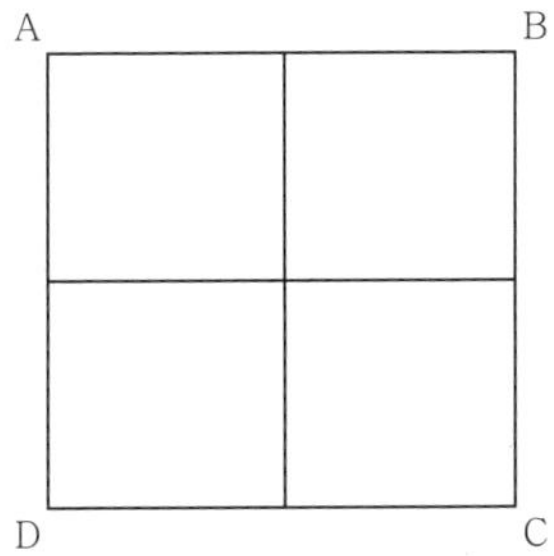

소크: 만약 이 그림의 한 변(AB)이 2자(尺)이고, 다른 한 변(AD)도 2자이면, 전체는 얼마이겠느냐? 내가 자세히 일러주지. 한쪽으로 길이가 2자이고 또 한쪽으로 길이가 1자이면 넓이는 2자를 한 번 한 것이지?

아이: 예.

소크: 그러나 또 한쪽이 2자이니까, 2자가 두 번 있는 것이지?

아이: 그렇습니다.

소크: 그렇다면 이 정사각형은 2자의 2배이지?

아이: 예.

소크: 2자의 2배는 얼마지? 세어봐.

아이: 넷입니다.

소크: 이제, 이와 똑같은 모양으로, 네 변의 길이가 같은 정사각형으로서, 넓이가 이것의 2배되는 정사각형이 있지 않겠느냐?

아이: 그렇습니다.

소크: 그 넓이는 얼마이겠느냐?

아이: 8자입니다.

소크: 그러면 이 8자 정사각형을 이루고 있는 한 변의 길이는 얼마가 되겠느냐? 생각해 봐. 이 한 변은 2자인데, 그 한 변은 얼마이겠느냐?

아이: 그야, 2배가 되어야 하겠지요.

소크: 잘 보게. 메논, 나는 이 아이에게 어떤 것을 가르치고 있이 것이 아니라, 질문만 하고 있다는 것을. 이제 이 아이는 8자 넓이의 정사각형이 되려면 한 변이 얼마나 되어야 하는가를 아는 것처럼 생각하고 있는 것이 아닌가?

메논: 예.

소크: 그러면 이 아이가 정말로 알고 있는 것인가?

메논: 물론 모르고 있습니다.

소크: 이 아이는 넓이가 2배이기 때문에 길이도 2배라고 생각하는 것이 아닌가?

메논: 그렇습니다.

소크: 자, 이제 이 아이가 올바른 순서를 따라 한 단계 한 단계씩 회상하게 되는 것을 보게.

소크: (아이에게) 얘야, 너는 넓이를 2배로 하려면 길이가 2배가 되어야 한다고 생각하지? 나는 기다란 사각형을 말하고 있는 것이 아니라, 네 변이 모두 같은 정사각형, 그리고 넓이가 이것의 2배인 정사각형을 이야기하고 있다는 것을 알아야 해. 그래도 아직 넓이를 2배로 하려면 길이가 2배로 되어야 한다고 하겠느냐?

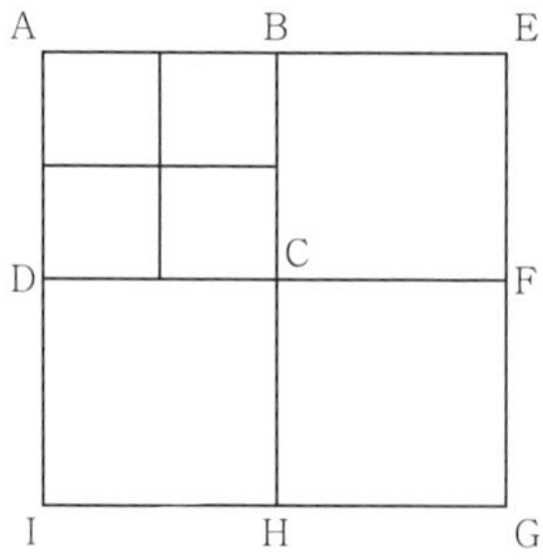

아이: 그렇습니다.

소크: 그럼, 여기에 이와 꼭 같은 변(BE)을 하나 덧붙이면 이 변(AB)의 2배로 되겠지?

아이: 그렇습니다.

소크: 그렇게 하면 이런 변 네 개로 되는 정사각형의 넓이가 8자가 된단 말이지?

아이: 예.

소크: 그 그림을 그려 보자. 이것이 8자짜리 정사각형이란 말이냐?

아이: 그렇습니다.

소크: 그런데 이 그림에는 정사각형이 네 개가 있고 각각의 넓이는 4자가 아니냐?

아이: 맞습니다.

소크: 이것은 4자의 4배가 아니냐?

아이: 그렇습니다.

소크: 그런데 4배와 2배는 다르지 않으냐?

아이: 다릅니다.

소크: 따라서 길이가 2배로 되면 넓이는 2배로 되는 것이 아니라 4배로 되는 것이다.

아이: 옳습니다.

소크: 4자의 4배는 16자가 아니냐?

아이: 그렇습니다.

소크: 8자 넓이가 되려면 한 변이 얼마라야 되겠느냐? 네가 구한 것은 4배의 넓이, 즉 16자가 아니냐?

아이: 예.

소크: 그리고 4자 넓이는 이 한 변(AE)의 반(AB)으로 된 정사각형이었지?

아이: 예.

소크: 좋아, 그러면 8자라는 정사각형은 이 정사각형(ABCD) 넓이의 2배이고, 또 전체 정사각형(AEGI)의 반이 아니냐?

아이: 그렇습니다.

소크: 그러면 그 정사각형의 한 변은 이 변(AB)보다 길고 또 이 변(AE)보다는 짧을 것이 아니냐?

아이: 예, 그런 것 같습니다.

소크: 좋아, 이제 잘 생각해서 말해봐. 이 변(AB)은 2자이고, 이 변(AE)은 4자가 아니냐?

아이: 그렇습니다.

소크: 그러면 넓이 8자의 정사각형의 한 변은 2자가 되는 이 변(AB)보다는 길고, 4자가 되는 이 변(AE)보다는 짧아야 할 것이 아니냐?

아이: 그래야 합니다.

소크: 그러면 얼마일까 생각해 봐.

아이: 3자입니다.

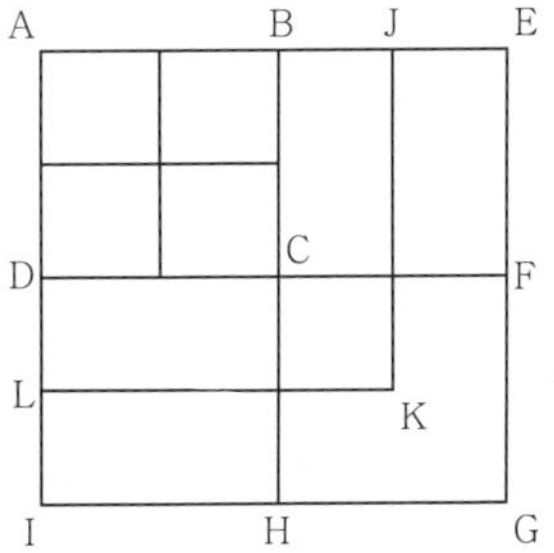

소크: 자, 이 변(AB)의 반을 덧붙이면 3자가 되겠지? 여기가 2자(AB)이고 여기가 1자(BJ), 또 이 쪽으로도 2자(AD)와 1자(DL), 이것이 네가 말한 정사각형이지?

아이: 그렇습니다.

소크: 그렇지만 이 쪽이 3자이고 저 쪽이 3자

이면 전체 넓이는 3×3자가 아니냐?

아이: 분명히 그렇습니다.

소크: 3×3자는 얼마이냐?

아이: 9자입니다.

소크: 그런데 원래 우리가 구하고자 하는 것은 넓이 얼마의 정사각형이냐?

아이: 8자입니다.

소크: 그러면 8자 정사각형은 3자의 변으로 된 정사각형이 아니지?

아이: 아닙니다.

소크: 그렇다면 그 한 변의 길이는 얼마이겠느냐? 어림짐작으로 하지 말고 정확히 말하면 말이다. 잘 생각해 보고 그 변의 길이를 나에게 보여라.

아이: 정말이지, 모르겠습니다.

소크: 메논, 잘 보게, 이 아이의 회상하는 힘이 어떻게 진보했는가를. 이 아이는 넓이 8자 되는 정사각형의 한 변이 얼마인가를 처음에도 몰랐고 지금도 모르고 있네. 그렇지만 처음에는 스스로 안다고 생각하고 마치 아는 듯이 자신있게 대답하고 아무런 곤란감을 느끼지 않았지. 그런데 지금 이 아이는 곤란감을 느끼고 있고 스스로 안다고 생각하지도 않네.

메논: 그렇습니다.

소크: 이 아이는 자신의 무지를 아는 편이 훨씬 좋지 않겠나?

메논: 그럴 것 같습니다.

소크: 우리가 이 아이로 하여금 의심을 품게 하고 경악심을 가지게 했다 하더라도 그 아이에게 무슨 해로운 짓을 한 것인가?

메논: 그렇지 않을 것입니다.

소크: 쉽게 느낄 수 있다시피, 우리는 이 아이가 진리를 발견하는 일을 어느 정도 도와준 것이 분명하네. 그리하여 이제 이 아이는 자신의 무지를 고치고 싶어할 것이네. 이에 반하여 맨 처음 상태라면 이 아이는 번번이 넓이가 2배로 되기 위해서는 길이가 2배로 되어야 한다고 주장했을 것이네.

메논: 그렇습니다.

소크: 그렇지만 이 아이가 스스로 알고 있다고 생각하지만 사실상 모르고 있었

던 것을 탐구하거나 학습하기 시작한 것은 언제인가? 그것은 자신이 모른다는 것을 알게 되고, 배우고 싶다는 것을 느끼게 됨으로써 곤혹감에 빠졌을 때가 아닌가?

메논: 그럴 것입니다, 소크라테스.

소크: 그러면 우리가 이 아이에게 준 경악감은 이 아이를 위하여 좋은 것이 아닌가?

메논: 그렇습니다.

소크: 이제 지금부터 어떻게 되는지 잘 보게. 나는 이 아이에게 질문만 할 뿐, 가르치지는 않을 것이네. 메논, 자네는 내가 혹시 이 아이의 의견을 묻는 것 이외에 무엇인가를 가르쳐주거나 설명을 하지 않는지 잘 지켜보게.

소크: (이어 소크라테스는 아이를 데리고 처음부터 다시 시작하여 한 변의 길이가 2배가 되면 넓이가 2배로 되는 것이 아니라 4배가 된다는 점에 주의를 환기시킨다.) 자, 이제 정사각형의 한 모서리와 다른 모서리를 연결하는 선(DB, BF, FH, HD)은 이 넓이를 각각 반씩 나누지?

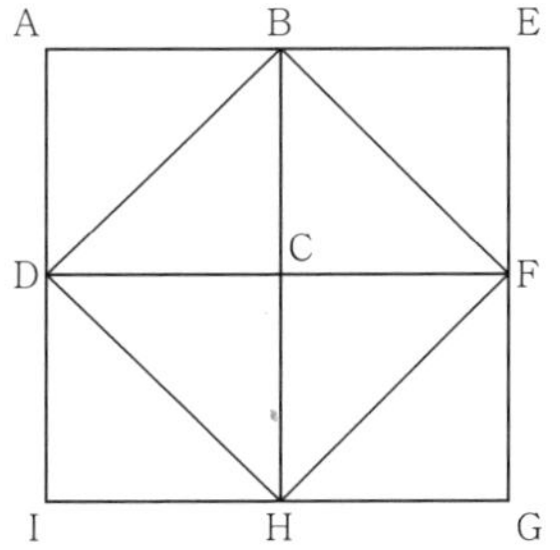

아이: 예.

소크: 그리고 이들 4개의 선은 모두 길이가 같고 그것은 또 하나의 넓이를 이루지 않느냐?

아이: 그렇습니다.

소크: 이 넓이가 얼마나 되는지 생각해 보아라.

아이: 모르겠습니다.

소크: 모서리를 연결하는 선은 네 사각형의 넓이를 각각 반으로 나누지 않았느냐?

아이: 그렇습니다.

소크: 이 넓이(DBFH) 안에 그런 반 조각이 몇 개 있느냐?

아이: 4개입니다.

소크: 이 사각형(ABCD) 안에는 몇 개 있느냐?

아이: 2개입니다.

소크: 4개는 2개의 몇 배이냐?

아이: 2배입니다.

소크: 그리하여 이 넓이(DBFH)는 몇 자냐?

아이: 8자입니다.

소크: 이 8자 넓이의 정사각형을 이루고 있는 변은 어느 것이냐?

아이: 이것(DB)입니다.

소크: 말하자면 넓이 4자 정사각형의 한 모서리와 다른 모서리를 연결하는 선 말이지.

아이: 예.

소크: 이 선은 학자들이 대각선이라고 부르는 선이다. 이것이 그 이름이라고 하면, 너, 메논의 시종인 너는 넓이 2배가 되는 정사각형은 그 대각선으로 된 정사각형임을 인정한단 말이지?

아이: 확실히 그렇습니다.

소크: 메논, 이 아이가 한 일에 대하여 어떻게 생각하는가? 이 아이의 대답은 모두 자기 자신의 머리에서 나온 것이 아닌가?

메논: 그렇습니다. 모두 그 아이의 대답입니다.

소크: 그렇지만 우리가 말했다시피, 처음에는 이 아이가 몰랐던 것이 아닌가?

메논: 그렇습니다.

소크: 그렇다면 현재 모르는 사람도 그가 모르는 문제에 대한 올바른 의견을 가지고 있는 것이 아닌가? 그리하여 지금 우리가 본대로 그런 의견이 마치 꿈에서처럼 휘저어진 것일세. 만약 동일한 질문을, 형식을 바꾸어 자주 이 아이에게 하면 마침내는 아주 정확하게 그 문제를 알게 될 것이 아닌가?

메논: 그럴 것입니다.

소크: 질문만 하더라도, 누군가의 가르침이 없이도 지식을 되찾을 것이 아닌가?

메논: 그렇습니다.

소크: 그의 마음 속에 일어난 이 자발적인 지식의 회복이 곧 회상이 아닌가?
메논: 그렇습니다.

위의 대화는 소크라테스가 말한 '산파술'이라든가 '회상'의 과정을 잘 예시해 주고 있다. 뿐만 아니라, 그것은 '무지의 자각'이 학습이나 탐구에서 얼마나 중요한 위치를 차지하고 있는가 하는 것도 보여주고 있다. 그러면 소크라테스의 교육방법은 그와 같이 산파술이나 회상의 과정이라는 말로 충분히 이해될 수 있는가? 아니다. 이 장의 첫머리에서 말한 바와 같이, 우리는 그 교육방법의 이면에 보다 깊은 의미가 없는가를 생각해 보고자 하는 것이다. 그러기 위해서는 위의 예시 이외에 대화편에 나타난 대로 소크라테스 대화의 중요한 특징 중에서 적어도 두 가지는 더 고려하여야 한다.

첫째로, 앞에서도 말한 바와 같이, 소크라테스는 누구를 상대로 대화를 하든지 자신은 아무 것도 모른다고 말하였다. 소크라테스가 참으로 '아무 것도' 몰랐는가, 아니면 그것은 사람들을 옭아 넣기 위한 위장(에이로네이아)에 지나지 않았는가 하는 것은 이따금 철학자들 사이에 의견 차이가 있고, 그 당시 대화에 참여했던 사람들 사이에도 때로, 소크라테스의 무지는 문자 그대로 '위장된 것'이라는 의심이 있었던 것이 사실이다. 그러나 소크라테스 자신은 결코 그렇지 않다는 것을 여러 곳에서 강조하고 있다. 예컨대 「메논」에서, 메논이 '소문에 듣건대, 소크라테스 당신은 흡사 아테나이 앞 바다에 있는 가시고기 – 이 고기는 그것을 만지는 사람을 마비시킨다 – 처럼 사람을 마비시킨다고 하던데, 과연 듣던 바와 같군요'라고 말한 데에 대하여, 소크라테스는 다음과 같이 대답한다: '만약 그 고기가 자기 자신이 먼저 마비됨으로써 다른 사람을 마비시킨다면 그 비유는 맞지만, 그렇지 않으면 그 비유는 맞지 않네. 사실은 내가 대답을 알고 있으면서 다른 사람을 혼란에 빠뜨리는 것이 아니라, 내가 혼란에 빠져 있기 때문에 그 혼란이 다른 사람에게 감염되는 것이네.' 또한 소크라테스는, 특히 「고르기아스」에서 확인할 수 있는 바와 같이, 심지어 다른 사람의 대답을 충분히 짐작할 수 있는 경우에도 그 사람이 자신의 입으로 직접 말하도록 하면서 상대방이 말하지 않으면 자신도 말하지 않겠다고 버티었다. 스스로 아무 것도 아는 것이 없다고 말하고 다른 사람으로 하여금 먼저 말하도록 할 때, 소크라테스는 그 동기가 결코 사적인 데에 있는 것이 아니라 논의 그 자체에 있음을 강조하였다. 다시 말하면, 그 동기는 다른 사람을 궁지에 몰아넣는다거나 다른 사람과의 논쟁에서 이기자는 데에 있는 것이 아니라 논의의 논리를 따름으로써 자신이 가지고 있는 혼란에서 벗어나고, 따라서 스스로 그릇된 의견에 빠지는 것을 막자는 데에 있다는 것이었다.6) 감옥에서 크리톤이 도망가라고 충고했을 때, 소크라테스는 한 평생 '논리'(*logos*)가 명하는 바를 거역해 본 일이 없다는 것을 자랑으로 여긴다고 말하였다.

둘째로, 이와 관련된 것으로서, 대화에서의 소크라테스의 관심은 다른 사람이 아닌, 그 대화의 상대자 바로 그 사람이었다. 예컨대 메논이 '덕은 무엇인가'라는 문제에 관하여 고르기아스가 말한 것을 듣지 못했는가 하고 소크라테스에게 물었을 때, 소크라테스는 '나는 잘 잊어버리는 사람이라서' 잘 모르겠다고 하고, '어차피 고르기아스는 여기 없으니까 그는 젖혀 두고' 메논 자신이 그 문제에 관하여 어떻게 생각하는가를 말해보라고 했다. 또한 「고르기아스」에서 소크라테스는 웅변가들이 생각하는 '증거'와 자신이 생각하는 '증거'의 차이점을 말하는 부분에서 다음과 같이 말하고 있다.

> 사실, 지금 자네는 법정에서 사람들이 하듯이, 웅변술로써 내가 그릇되다는 것을 증명해 보이려고 하고 있네. 그런 사람들은 자기 말을 옳다고 생각하는 사람들이 많고 거기에 비하여 반대편을 드는 사람이 한 명밖에 없으면 이긴 것으로 생각하지. 그러나 이 따위 증거는 진리를 찾는 데는 아무 짝에도 쓸모가 없네... 나는 비록 한 명에 지나지 않지만, 자네 말에 찬성하지 않네. 자네

6) 우리의 관심으로 보면, 소크라테스의 동기가 여기에 있는 한, 그 무지의 고백이 위장된 것인가 아닌가 하는 것은 그다지 중요한 문제가 아니다. 소크라테스의 동기에 관해서는 다음의 책을 참조하라. Popper, K.(1995), *Open Society and Its Enemies*, vol.1, London: Routledge & Kegan Paul.

> 는 내가 찬성해야 할 하등의 이유를 제시하지 않고, 그 대신 수많은 가짜 증인들을 세워 내가 가지고 있는 합법적인 재산인 진리를 빼앗으려고 하고 있네... 내 방법은 내 말이 옳다는 증거로서 단 한 명, 즉 내가 대화하고 있는 바로 그 사람을 증인으로 하여 그의 지지만 얻겠다는 것일세. 그 밖에 나머지 세상 사람들은 나와는 하등 상관이 없네. 나는 그 사람들과 이야기하고 있는 것이 아니니까.

위의 두 가지 특징은 가르치는 일이 산파의 일과 같다든가, 학습이라는 것은 배우는 사람의 마음 속에 이미 들어있는 것을 스스로 회상해 내는 일이라는 말에 들어있는 보다 깊은 의미를 짐작하는 데에 중요한 단서가 된다고 볼 수 있다. 사실상 이러한 말들은 오직 교육에서 학습자 자신의 눈으로 보는 바를 학습자 자신의 말로 말하도록 하는 일이 중요하다는 것을 나타내는 것이 아닌가? 만약 교육이 참으로 사람들의 '안목'에 영향을 미치려고 하면, 교육은 당연히 현재 그 학습자가 가지고 있는 '안목'에서 출발해야 할 것이 아닌가? 아마 교육에 있어서의 '아동중심주의', 또는 보다 일반적으로 '학습자 존중'의 원리가 가지고 있는 보다 근본적인 의미가 여기에 있다고 할 것이다. 이렇게 생각해 보면, '학습자 존중'은 흔히 해석되는 것처럼 학습자를 하나의 인간으로서 존중해야 한다는 도덕적인 의미에서만 아니라, 교육 그 자체의 의미에 비추어서도 당연히 준수되어야 할 원리라고 보아야 한다. 즉, 교육은 학습자의 안목을 바꾸어 놓는 일인 것이다.

3. 삶과 탐구

대화편 「고르기아스」는 표면상 웅변술의 본질이 무엇이며 웅변가는 어떤 일을 하는 사람인가를 다루고 있지만, 사실은 '어떤 삶을 살아야 하는가' 라는 윤리학의 근본 문제를 다루고 있다. 「고르기아스」의 뒷부분 반 이상은 소크라테스가 고르기아스의 신봉자인 칼리클레스를 상대로 철학(즉,

'지혜를 사랑하는 것')이 우리의 삶에 있어서 어떤 의미를 가지는가를 말하는 부분으로 되어 있다. 그것은 칼리클레스가 소크라테스에게 아이들의 장난과 같은 '철학'을 그만두고 어른의 일인 정치(또는, 관직에 종사하는 일)를 하라고 '선의'의 종용을 하는 데서 시작된다.

칼리: 나이가 그렇게 되도록 아이들이나 하는 철학을 못 버리고, 밤낮 구두장이가 어떻고, 요리사가 어떻고, 하는 식의 시시한 말이나 씨부렁대고 있으니, 자네는 우리가 '마음 놓고' 따귀를 갈겨도 할 말이 없을 걸세.

소크: 그러나 내가 왜 철학을 그만 두지 않으면 안되는가?

칼리: 자네가 철학을 그만두지 않으면, 세상 사람들이 자네를 걸어 재판을 하더라도 스스로를 변호할 수 없게 될 걸세.

소크: (이 부분에 와서 소크라테스의 말은 보통의 그의 스타일과는 달리, 다소간 열띤 웅변조로 고조된다.) 그렇고 말고. 만약 세상 사람들이 나를 재판한다면, 나는 죽을 수밖에 없을 걸세. 그것은 마치 제과점 주인이 아이들 앞에 의사를 고소하는 것과 마찬가지일 것이니 말일세. 제과점 주인은 말할 걸세. "얘들아, 저 의사는 나쁜 사람이야, 너희들 이빨을 뽑고, 무서운 칼로 자르고, 하지 않니? 그러나 나를 봐, 너희들이 좋아하는 과자를 만들어 주지 않니?" 이때 의사는 아이들에게 어떤 말을 할 수 있으며, 아이들이 그 말을 곧이 들겠는가? 그러나, 칼리클레스, 나는 할머니들이 흔히 하는 이야기를 믿네. 우리가 죽으면 머리에 쓴 관도, 몸에 걸친 옷도, 심지어 몸 그 자체도 없이 영혼만 저 세상으로 간다는 이야기 말일세. 그러나 육체가 죽는 순간에 그 모습이 달라지지 않는 것과 마찬가지로 (키가 큰 사람은 키가 큰 대로, 팔이 잘린 사람은 잘린 대로 있는 것과 마찬가지로) 영혼도 그럴 걸세. 만약 자네가 살아있는 동안에 영혼 돌보는 일을 게을리한 나머지 그 영혼이 온통 상처 투성이가 된 채로 저 세상에 가서, 영혼을 심판하는 신 앞에 선다면 어떻게 되겠나? 그때 자네는 도저히 영혼의 상처를 감출 수가 없을 걸세. 그때 자네는 이 세상의 재판에서 내가 스스로를 변호할 수 없는 것과 꼭 마찬가지로 스스로를 변호할 수

> 없을 걸세. 그때 자네는 이 세상에서의 내가 그렇듯이 눈을 멀겋게 뜨고 정신이 얼떨떨하여 어찌할 수 없을 걸세. 그러면 신은 자네의 목덜미를 잡고, 또 어찌 알겠나, 자네가 말하듯이 '마음 놓고' 따귀를 갈길지도.

소크라테스에게 '영혼을 돌보는 일'은 곧 '철학하는 일' – 무엇이 옳은가를 끊임없이 추구하는 일 – 을 의미하였다. 그는 스스로 그 일을 하였고 다른 사람에게도 그 일을 하도록 일깨웠다.「변명」에서 그가 말한 바와 같이, 그는 '삶의 의미에 관하여 성찰해 보지 않고 사는 삶은 살 가치가 없다'는 확신을 가지고 있었고 그 확신을 실천하였다. 그가 아테나이를 위하여 하고자 한 것은 바로 그 확신의 의미를 깨우쳐 주는 일이었다. – 지금 나를 재판하는 여러분이 생각하는 것과는 달리, 나는 아테나이를 위하여 참으로 중요한 봉사를 하였다. 만약 여러분이 나를 죽이면, 해를 입는 사람은 나보다도 여러분 자신이다. 왜냐하면 여러분은 내가 해 온 일과 똑같은 일을 할 사람을 구하기가 쉽지 않을 것이기 때문이다. 우습게 들릴지 모르지만, 사실인 것이, 신은 나를 특별히 이 도시에 지명하여, 마치 한 마리의 준마가 너무 살이 쪄서 빈둥빈둥 게으름을 피우게 될까봐 쉬파리의 자극이 필요하듯이, 나에게 그 쉬파리의 역할을 하도록 한 것이다. 나는 내 역할에 충실하게 내내 앵앵거리며 여러분을 졸음에서 깨어나게 했다. 이제 여러분은 그 쉬파리가 귀찮아져서, 아뉘토스의 말을 좇아 일격에 나를 죽이려고 하고 있다. 아마 여러분은 그 쉬파리 한 마리가 없어지면, 다시는 쉬파리가 나타나지 않으리라고 생각하는지 모르지만, 결과는 그 반대일 것이다. 내 뒤에 오는 쉬파리는 훨씬 수가 많고 또 젊은 쉬파리들이어서 여러분을 더욱 귀찮게 할 것이다.

수가 과연 늘었는가 아닌가는 알 수 없지만, 소크라테스의 예견대로 역사상 어느 시대에나 역사적 인물 소크라테스 바로 그 사람은 아니더라도 그의 정신을 이어받으려는 사람들이 반드시 몇 명은 있었고 앞으로도 있을 것이다. 이런 사람들은 소크라테스를 미워하고 그를 사형에 처했던 사람들과 같은 종류의 사람들에게, 사형까지는 당하지 않는다 하더라도, 틀림없이 숨이 막히고 있을 것이다. 그러나 또 한편 그들을 숨 막는 바로 그 사람들이 스스로 소크라테스의 정신을 이어받았다고 생각하는지 누가 알겠는가? 이리하여 소크라테스의 비극은 늘 되풀이되고 있는 것이 아닌가?

제 8 장

교육내용으로서의 충효

앞 장에서 고찰한 소크라테스의 교육방법은 지식의 구조나 탐구학습의 보다 깊은 의미를 찾아보는 데에 그 주안점이 있었다. 여기서는 앞 장에 뒤이어, 그 의미를 현재 우리나라 교육의 주요과제인 충효교육과 관련지어 보고자 한다. 이 장에서 고찰되는 내용은 충효교육 뿐만 아니라 도덕과 교육 일반에 적용될 수 있을 것이며, 또 그 근본 원리에 있어서는 도덕과 뿐만 아니라 다른 교과를 가르치는 데에 있어서도 시사하는 바가 있을 것이다. 만약 지식의 구조나 탐구학습의 원리가 모든 교과에 공통으로 적용된다면, 이러한 기대는 충분히 근거있는 기대라고 볼 수 있다.

1. 충효는 가르칠 수 있는가

약 2천 4백년 전에 소크라테스는 프로타고라스에게 '덕은 가르칠 수 있는가'라는 질문을 하였다. 여기서 다루고자 하는 '충효는 가르칠 수 있는가'라는 질문은 당장 소크라테스의 그 질문을 연상시킨다. 그러므로 여기서는 소크라테스가 어떤 뜻에서 그 질문을 하였으며 또 그것에 대하여 어떤 식으로 해답을 했는가에 비추어서 '충효는 가르칠 수 있는가'라는 문제를 생각해 보고자 한다. 먼저, '덕은 가르칠 수 있는가'라는 질문과 '충효는 가르칠 수 있는가'라는 질문이 성격상 동일한 것으로 해석될 수 있는가를 고찰할 필요가 있다.

우선, 소크라테스가 말한 '덕'이라는 것은 어떤 뜻을 가지고 있는가, 그리고 그것은 우리말의 충효와 그 의미가 정확하게 일치하는가 하는 문제가 있다. 소크라테스가 말한 덕에 해당하는 희랍어는 '아레테'(*arete*)이다. 이 말은 다른 서양말에서도 정확한 번역어를 찾기 어려운 말로서, 구태여 우리말에 가장 비슷한 말을 찾아본다면, '뛰어나는 것' 또는 '가장 잘 하는 것'이라는 말로 대신할 수 있을 것이다. 그리하여 아레테라는 것은 목수 일을 하든지, 올림픽 경기를 하든지, 그 밖에 무슨 일을 하든지 간에 그 일을 가장 잘 하는 상태, 또는 그 일을 하는 동안에 자기 자신을 이끌어 올리고자 하는 완벽한 경지를 가리키는 말로 생각될 수 있다. 아마 희랍 사람들에게 이러한 경지는 바로 신의 경지와 같은 것으로 생각되었을 것이다. 그리고 이런 뜻에서의 아레테가 희랍 사람들의 교육은 말할 것도 없고 생활 전체를 지도하는 이념이 되었다는 것은 짐작하기가 별로 어렵지 않다. 그렇다고 하면, 소크라테스가 말한 덕(즉, 아레테)과 우리의 충효는 그 의미가 상당히 다른 것이라고 보아야 할지 모른다. 물론 그 사이에는 의미의 차이가 있다. 그러나 또한 이 두 말은 적어도 '덕은 가르칠 수 있는가'라는 질문과 '충효는 가르칠 수 있는가'라는 질문을 성격상 동일한 것으로 취급해도 좋을 만큼, 서로 중요한 점에서 일맥상통한다는 것도 부인할 수 없다.

첫째로, 아레테라는 말이 우리말의 덕으로 비슷하게나마 번역될 수 있다는 사실은 곧 아레테와 충효 사이의 유사성을 암시해 주고 있다. 앞에서 말한 바와 같이, 아레테라는 말은 '가장 잘 한다'는 의미를 가지고 있으며, 이 '가장 잘 한다'는 의미 속에는 또한 공정이라든가 인간존중과 같은 도덕적 의미가 들어 있다. 충효 또한 그러하다. 충효가 현대 사회의 맥락에서 무엇을 의미하는가 하는 것은 이 글의 범위를 벗어나는 문제이지만, 적어도 충효가 국가나 부모, 또는 보다 일반적으로 이웃에 대한 올바른 태도를 나타낸다는 것은 분명하다. 비록 아레테와 같이 신의 경지처럼 완벽한 경지를 나타내는 말은 아니라 하더라도, 충효는 인간으로서 갖추어야 할 가장 훌륭한 태도를 나타내는 말이다. (아레테와 유사한 점으로 말하면, 충효보다는 '도'(道)라든가 '인'(仁)이 아레테에 더 가깝다고 말해야 할 것이다. '도'는 성인(聖人)의 경지를 나타내며 '인'은 충효를 그 한 부분으로 포함하는 포괄적인 덕목이다.) 그리고 아레테가 희랍 사람들의 교육과 생활 전체를 이끌어가는 지도 이념이 되었던 것과 마찬가지로, 충효도 우리나라 사람들의 경우에, 무슨 일을 하든지 언제나 명심하여야 할 행동의 지도원리가 되어 왔다고 볼 수 있다.

소크라테스의 '덕은 가르칠 수 있는가'라는 질문과 '충효는 가르칠 수 있는가'라는 질문이 성격상 동일한 질문이라고 보는 데는 덕과 충효 사이에 보다 중요한 또 하나의 유사성이 있다는 점을 지적할 수 있다. 즉, 소크라테스의 덕이나 우리의 충효는 둘 다 특정한 종류의 일을 가리키는 말이 아니라, 무슨 일이든지 그 일을 하는 동안의 '마음의 자세'를 가리키는 말이다. 앞에서 말한 바와 같이, 아레테라는 것은 목수 일이나 올림픽 경기와 같은 구체적인 일의 종류를 가리키는 말이 아니라 그 일을 가장 잘 하려는 태도를 가리키는 말이며, 이 태도는 그 일의 '종류'에 나타나는 것이 아니라, 그 일을 하는 '방식'에 나타난다. 이 점에서는 우리의 충효도 마찬가지이다. 충효의 구체적인 의미는 차치하고라도, 충효는 장사를 하거나 정치를 하거나간에 그 일을 하는 동안에 부단히 관심을 집중해야 하는 관심의 구심점을 나타내는 말이다. 말하자면 충효라는 것은 사람이 무슨 일을 하면서 살아가든지, 그 일을 하는 동안에 관심의 구심점이 국가와 부모, 그리고 보다 일반적으로 이웃 사람들의 복지에 있어야 한다는 것을 나타내는 말이라고 볼 수 있다.

충효라는 것이 '마음의 자세'를 나타낸다는 말에 대하여, 사람들 중에는 다음과 같은 이의를 제기할 사람들이 있을 것이다. 즉, 만약 충효가 마음의 자세라고 하면, 그러한 마음의 자세가 있는지 없는지 어떻게 알 수 있는가? 설사 있다고 한들, 그것이 '마음의 자세'로만 머물러 있고 구체적인 '일' 또는 '행동'으로 나타나지 않는다고 하면, 그 마음의 자세는 무슨 소용이 있는가? 그 뿐만이 아니다. 오늘날 충효교육이 새롭게 제창되지 않으면 안되는 도덕적 현실은 충효를 '마음의 자세'로 보아서는 안된다는 명백한 증거가 된다. 만약 충효라는 것이 구체적인 일을 하는 것과는 관계없이, 순전히 마음의 자세에 관한 것이라면, 오늘날 충효교육은 따로 할 필요가 없다. 오늘날 학생들 중에 '국가를 사랑하고 부모를 공경해야 하는가'라는 질문에 대하여 '물론 그래야 한다'고 대답하지 않을 사람이 한 사람이라도 있는가? '마음의 자세'를 두고 말한다면, 이런 사람들은 확고한 마음의 자세를 가지고 있다고 보아야 한다. 이런 사람들에 있어서 문제는 마음의 자세가 갖추어져 있지 않다는 데에 있는 것이 아니라, 충효를 실지로 실천하지 않는다는 데에 있다. 그러므로 오늘날 충효교육의 과제는 충효가 중요하다는 것을 알도록 하는 데에 있는 것이 아니라, 충효를 행동으로 실천하도록 하는 데에 있다, 등등. 이런 식으로 생각하는 사람들은 아마 충효라는 것은 마음의 자세라기보다는 예컨대 산에 나무를 심는 것이나 양로원에 위문을 가는 것과 같은 구체적인 일 또는 행동을 가리킨다고 생각할 가능성이 있다.

뿐만 아니라, 충효를 '가르치는 방법'에 관하여 생각해 보면, 충효가 마음의 자세라고 생각하는 데는 더욱 심각한 문제가 따라오는 것처럼 생각된다. 만약 충효가 특정한 일이나 행동을 가리키는 것이라면, 충효를 가르치기 위하여 우리가 무슨 일을 해야 하는가 하는 것은 비교적 명백하다. 그것은 곧 충효라는 말에 내포된 행동들 – 예컨대 산에 나무를 심는 것이나 양로원에 위문을 가는 것 – 을 실지로 실천하도록 하는 일이다. 물론 그것을 실천하도록 하는 일도 그다지 쉬운 일은 아니다. 그러나 적어도 그 일이 어떤 성격의 일인가 하는 것은 분명하며, 따라서 '원칙상' 할 수 있는 일이라고 보아야 한다. 이 점에 관계되는 한 가지 성공적인 사례는 오늘날 거의 대부분의 사람들이 국기(國旗)와 국가(國歌)에 대하여 극진한 존경을 표시하고 있다는 사실에서 찾아볼 수 있을 것이다. 요즈음은 하기식 때에 애국가가 연주되면 거의 모든 시민들이 하던 일을 멈추고 국기를 향하여 부동자세를 취하고 있는 것을 볼 수 있다. 이러한 광경은 불과 몇 년 전만 하더라도 보기 드물었던 광경이라고 생각된다. 충효를 행동이라고 생각하는 사람의 입장에서 보면, 국기에 대한 경례는 분명히 충효라는 말에 내포되어 있는 한 가지 행동이라고 볼 수 있을 것이다. 아마 이 국기에 대한 경례의 경우는 행동의 습득이 어떤 과정을 거쳐서 이루어지는가를 확인할 수 있는 좋은 사례가 될 것이다. 그리고 국기에 대한 경례가 습득될 수 있는 것이라면, 그것과 비슷한 과정을 통하여 그 밖의 다른 행동들도 습득될 수 있을 것이다.

그러나 충효를 마음의 자세라고 볼 경우에는 사정이 아주 다르다. 충효라는 마음의 자세를 가르치는 '방법'이 무엇인지, 그것을 가르친다는 것이 어떤 성격의 일인지가 명백하지 않은 것이다. 충효를 가르치는 '방법'은 고사하고 그러한 마음의 자세를 가지도록 하는 일이 도대체 가능한 것인지조차가 문제라고 할 수 있다. 그리하여 우리는 2천 4백년 전에 소크라테스가 한 '덕은 가르칠 수 있는가'라는 질문과 정면으로 마주치게 된다. 그리고 충효가, 소크라테스가 말한 덕이 그렇듯이, 마음의 자세라고 하면, '충효는 가르칠 수 있는가'라는 질문은 소크라테스와 같은 괴팍한 철학자들이나 하는 한가한 질문이 아니라, 우리에게 매우 심각한 본격적인 질문으로 대두된다는 것을 알 수 있다.

물론 그 질문은, 위에서 말한 바와 같이 충효가 마음의 자세를 가리키는 것이 아니라 특정한 일이나 행동을 가리키는 것이라고 하면, 훨씬 간단하게 해답될 수 있을 것이다. 그러나 누군가가 말한 바와 같이, 우리 생각의 가장 무서운 적은 '간단하지 않은 것을 간단하게 생각하는 것'이다. 이 계율을 따르자면, 충효라는 것은 이른바 '행동'으로 그 의미가 파악되어서는 안 된다. 물론 이와는 달리 상당히 많은 사람들은 충효나 도덕을 행동으로 이해하고 있고 또 그런 관점에서 충효나 도덕을 가르쳐야 한다고 믿고 있을 것이다. 그런 사람들은 또한 충효나 도덕을 가르치는 데에 있어서는 마음의 자세가 아니라 행동을 가르쳐야 한다고 믿고 있을 것이다. 이렇게 많은 사람들이 믿고 있는 내용이 전적으로 틀렸다고 보기는 아마 어려울 것이다. 뿐만 아니라, 그렇게 많은 사람들이 믿고 있는 내용을 일격으로 부정할 만한 결정적인 근거를 찾는 일도 그렇게 쉬운 일이 아니다.

그러나, 비록 '결정적인' 이유는 아니라 하더라도, 적어도 충효를 특정한 행동이라고 보는 데에 대하여 한 가지 매우 사소한 의문을 제기할 수 있다. 그것은 만약 충효라는 것이 특정한 행동을 가리킨다면, 그 행동이 아닌 다른 행동을 하는 동안에는 충효를 생각하지 않아도 좋은가, 또는 반드시 생각하지 않는다고 할 수 있는가 하는 의문이다. 이 의문에 대해서는 대부분의 사람들이 그렇지 않다고 대답할 것이다. 충효라는 것이 참으로 우리의 행동을 지도하는 이념이 되려고 하면, 우리는 무슨 행동을 하든지 충효라는 마음의 자세 또는 '관심의 구심점'을 잊어버리지 말아야 할 것이다. (예컨대 밤늦게 이 원고를 쓰는 저자의 경우는 어떠한가?) 이와 마찬가지의 의문을 그 반대쪽에서도 표현할 수 있다. 즉, 표면상 충효에 해당되는 행동을 한다고 해서, 그 사람이 반드시 충효라는 마음의 자세를 가지고 있다고 볼 수 있는가 하는 것이다. 이 의문의 의미는 앞의 보기에서 하기식 때에 국기에 경례하는 사람들의 마음의 자세가 모두 한결같은가를 생각해 보면 분명해질 것이다. 그리하여 여기서는, 충효는 마음의 자세라고 전제하고, 소크라테스가 '덕은 가르칠 수 있는가'라는 질문을 다룬 방식에 따라, 충효는 과연 가르칠 수 있는가, 그리고 가르칠 수 있다면 어떤 방법으로 가르칠 수 있는가 하는 문제를 생각해 보고자 한다.

소크라테스의 '덕은 가르칠 수 있는가'라는 질문은 「메논」과 「프로타고라스」의 두 대화편에 취급되어 있다.

「프로타고라스」에서 그 당시 소피스트의 제1인자인 프로타고라스는, 덕은 가르칠 수 있고, 현재 그 자신이 청년들에게 덕을 가르치고 있다고 말한다. 여기에 대하여 소크라테스는 의문을 표시한다. 그 이유는 두 가지이다.

첫째로, 목수 일이나 대장장이 일, 구두 만드는 일, 장사하는 일 등은 모두 그 일을 전문적으로 하는 사람이 있고, 따라서 이런 일을 배우고자 하는 사람은 각각 그 일을 전문적으로 하는 사람 밑에서 그 기술을 배운다. 말하자면 이런 기술은 그것을 전문적으로 가르치는 선생이 있다. 그러나 덕은 그것을 전문적으로 가르치는 선생이 없다. 이것을 보면 덕은 가르칠 수 있는 것이 아님을 알 수 있다. 둘째로, 만약 덕이 가르칠 수 있는 것이라면, 예컨대 페리클레스와 같이 그 당시 아테나이에서 덕으로 이름 높은 사람들은 자신의 아들에게 다른 어떤 것보다도 덕을 가르치려고 했을 것임에 틀림없으며, 따라서 그 아들도 마찬가지로 높은 덕을 가지고 있어야 한다. 그런데도 페리클레스의 아들은 그 아버지 만큼 덕 있는 사람이 되지 못하였다. 이것으로 미루어 보면, 덕은 가르칠 수 있는 것이 아니라고 보아야 한다.

이 두 가지 이유에 대하여 프로타고라스는 자기대로 대답을 한다. 첫째 이유에 대하여, 프로타고라스는 덕이라는 것을 목수 일이나 대장장이 일 등등의 기술과는 달리, 모든 사람들이 다 가지고 있다고 말한다. (프로타고라스는 어째서 모든 사람들이 덕을 가지지 않으면 안되었는가를 보여주는 신화를 들려준다. 본 장의 말미 참조) 이 점에서 덕이라는 것은, 어느 편인가 하면, 모국어를 말하는 것과 비슷하다고 프로타고라스는 말한다. 그러나 덕을 모든 사람들이 다 가지고 있다고 해서 그것은 반드시 날 때부터 타고나는 것도 아니요, 또 반드시 가르칠 수 없다고 보아야 할 이유도 없다. 프로타고라스에 의하면, 사실상 희랍의 모든 부모나 어른들은 아이들이 어렸을 때부터 권유나 징벌 등, 온갖 방법을 써서 덕을 가르치려고 하고 있다. 그럼에도 불구하고 어째서 페리클레스와 같이 덕 있는 사람이 그 아들에게 덕을 가르칠 수 없었는가? 이 질문에 대한 프로타고라스의 대답은, 그것은 바로 덕이라는 것은 모든 사람이 가지고 있고, 또 가지고 있어야 하는 것이기 때문에 나타나는 현상이라는 것이다. 만약 덕이 아닌 다른 기술, 예컨대 피리부는 기술을 모든 사람이 가지고 있고 또 모든 사람들이 배워야 한다면, 과연 훌륭한 피리장이의 아들이 반드시 그 아버지 만큼 훌륭한 피리장이가 될 수 있겠는가 하고 프로타고라스는 반문한다.

「프로타고라스」에서는 이런 식으로 프로타고라스와 소크라테스가 '덕은 가르칠 수 있는가' 하는 문제에 관하여 대화를 하다가 거의 대부분의 대화편에서와 마찬가지로 결론을 맺음이 없이 소크라테스가 볼 일이 있다고 하고 나감으로써 대화가 끝난다.

대화편 「메논」에서는 메논이 소크라테스에게 '덕은 가르칠 수 있는가' 하고 단도직입적으로 질문함으로써 대화가 시작된다. 이 대화편은 덕을 가르치는 문제 뿐만 아니라, 교육 일반에 대단히 중요한 시사를 주는 것이기 때문에 다소 자세하게 고찰할 필요가 있다.

첫 부분에서 소크라테스는 메논의 질문에 대하여, '덕이 무엇인지(본질) 모르는 판국에 그것을 가르칠 수 있는가 없는가(속성)를 어떻게 말할 수 있겠는가'라고 말하면서, 덕을 정의하기 위한 대화를 한다. 그러다가 이 부분은 덕의 정의에 도달하지 못한 채 실패로 끝난다. 뒤이어 메논은 그 당시 소피스트 사이에 널리 퍼져 있었던 일종의 궤변에 대하여 소크라테스의 의견을 묻는다. 그 궤변은 '무슨 지식이든지 다른 사람에게 가르쳐 주는 것은 불필요하거나 불가능하다'는 것이다. 그 의미는 이러하다. 즉, (1) 알든가 모르든가 둘 중의 하나다. (2) 아는 사람에게는 가르쳐 줄 필요가 없다. (3) 모르는 사람은 무엇을 배워야 할지 모르며, 설사 배운다 하더라도 그것이 바로 자기가 알고자 하는 그것인지 모른다. 그러므로 지식을 가르쳐 주는 것은 불필요하거나 불가능하다는 것이다. 이 궤변에 대하여 소크라테스는 그것이 그릇되다는 것을 증명하기 위하여 메논이 데리고 있는 노예 소년을 상대로 기하학의 문제를 가르쳐 보인다(제7장 참조).

그러나 여기서 '가르친다'는 말은 특별한 의미를 가지고 있다. 이 말은 우리가 보통 생각하듯이 기하학을 모르는 노예 소년에게 그 해법을 '일러준다'는 뜻이 아니라, 마치 여자가 아기를 배듯이 노예 소년의 마음 속에 이미 들어있는 것을, 마치 산파가 아기를 받아내듯이 '회상'시켜 내는 것, 또는 '일러준다'는 말과 대비시켜 말하면, 노예 소년으로 하여금 그 자신의 눈으로 '보도록 한다'는 뜻을 가지고 있다. 이것이 소크라테스의 교육방법으로 오늘날 우리에게 널리 알려져 있는 '산파술'이라는 것이다.

「메논」의 마지막 부분에 가서 소크라테스는 메논이 처음에 물은, '덕은 가르칠 수 있는가'라는 질문을 취급한다. 그는 이 질문에 직접 대답하는 대신에 다음과 같이 간접적인 방법으로 대답한다. 즉, 만약 덕이 가르칠 수 있는 것이라면 그것은 지식이다. (소크라테스는 무엇이든지 가르칠 수 있는 것이면 그것은 반드시 지식이라고 가정하고 있다.) 그러나 덕은 가르칠 수 있는 것이 아니다. (덕은 가르칠 수 있는 것이 아니라고 보아야 할 이유로서 소크라테스는 다시 「프로타고라스」에서 든 그 두 가지 이유를 들고 있다.) 그러므로 소크라테스는 덕을 지식처럼 가르칠 수 있는 것이 아닌 그 무엇이라고 말한다.

그러나 그 무엇이라는 것은 과연 어떤 것인가? 소크라테스에 의하면, 덕은 마치 신의 계시와도 같이 신비스러운 과정을 통하여 인간에게 주어진다. 소크라테스가 덕은 지식과 달리 가르칠 수 없다고 말한 것은 바로 이 점을 나타내는 것이라고 볼 수 있다. 덕에 관한 소크라테스의 이러한 견해는 분명히 영혼불멸에 대한 그의 믿음과 관계가 있다. 소크라테스는, 육체는 죽더라도 영혼은 죽지 않고, 다른 육체를 빌어서 다시 태어난다고 믿었다. 그렇기 때문에 새로 태어나는 영혼은 백지상태의 영혼이 아니라, 그 전에 이미 여러 육체를 거쳐 여러 번 살았던 영혼이며, 따라서 그렇게 여러 번 사는 동안에 축적했던 지혜를 잠재적인 상태로 가지고 태어난다는 것이다. 이런 그의 믿음에 비추어 보면, 소크라테스가 사람은 누구든지, 마치 여자가 아기를 배듯이, 생각을 마음 속에 가지고 있다고 믿고, 또 지식을 가르치는 것은 곧 그 생각을 회상시켜 내는 것이라고 믿은 것은 극히 당연하다고 볼 수 있다.

그러나 「메논」의 맨 마지막 부분에서, 소크라테스는 '덕은 가르칠 수 없다'는 자신의 결론이 반드시 확실한 것은 아니라고 말하고, 덕을 가르칠 수 있는가 없는가 하는 것은 역시 덕의 본질이 밝혀지기 전에는 말할 수 없다고 하면서, 「프로타고라스」에서 한 것과 마찬가지로, 볼 일이 있어 가야 한다고 말하고 결론을 맺지 않은 채 대화를 끝내어 버린다.

2. 충효교육의 내용

이상으로 '덕은 가르칠 수 있는가'라는 문제에 대한 소크라테스의 견해를 살펴보았다. 이제 그러한 소크라테스의 견해가 '충효는 가르칠 수 있는가'라는 우리의 문제를 해답하는 데에 어떤 빛을 던져 주는지 생각해 보자.

사실상 이 문제에 대하여 이 이상 무엇인가를 말한다는 것은 분명히 소크라테스의 정신에 위배된다고 볼 수 있다. 소크라테스는 사람이면 누구든지 동일한 정도의 판단능력을 가지고 있다는 것을 믿었다. 소크라테스는 누구든지 각자 자신의 눈으로 볼 능력을 가지고 있으며, '볼 수 있도록' 해주면 누구든지 볼 수 있게 된다는 것을 믿었다. 「메논」에서 노예 소년에게 기하학을 가르친 것은 바로 이 점을 증명하기 위해서였다. 그리하여 만약 소크라테스의 견해가 '충효는 가르칠 수 있는가'라는 문제에 무엇인가 실마리를 준다고 하면, 그 문제에 대해서는 누구나 의견을 말할 수 있고, 또 그 문제에 대한 한 사람의 의견이 다른 사람들의 의견보다 낫다는 절대적인 보장은 아무 데도 없다. 아래에 제시하는 의견은 이러한 정신을 배경으로 하고 있다.

앞에서 우리는 충효라는 것이 소크라테스가 말한 덕과 마찬가지로 마음의 자세를 나타낸다고 말한 바 있다. 그리고 두 대화편에 나타난 바에 의하면, 소크라테스는 적어도 표면상으로 덕은 가르칠 수 없다는 결론을 내리고 있다. 그렇다면 우리는 어쩔 수 없이 '충효는 가르칠 수 없다'는 결론을 내려야 할 것처럼 보인다. 그러나 순전히 앞의 고찰만을 기초로 '충효는 가르칠 수 없다'는 결론을 받아들이는 것은 너무 성급하다고 볼 수 있다. 이 결론 – 오늘날 교육의 현실로 보면, 그것은 분명히 우울한 결론이다 – 을 받아들이기에 앞서서, 우리는 소크라테스가 어째서 덕은 가르칠 수 없다고 말했는가를 우리 나름으로 충분히 재음미할 필요가 있다.

소크라테스는 어째서 덕은 가르칠 수 없다고 생각하였는가? 그것은 위에서 거의 지나가는 말처럼 말한 소크라테스의 정신, 즉 사람이면 누구든지 대체로 동일한 판단능력을 가지고 있다는 것, 그리고 누구든지 각자 볼 수 있도록 해 주기만 하면 누구나 볼 수 있다는 것과 관계가 있다. 소크라테스는 이러한 판단능력을 '올바른 의견'이라고 불렀다. 그리하여 소크라테스는 누구나 올바른 의견을 가질 수 있고, 그것은 신의 계시와 같은 신비스러운 작용에 의하여 덕으로 나타난다고 보았다. 이 점에 있어서는 앞에서 소개한 두 대화편의 몇 가지 내용이 묘하게 일치한다는 것을 알 수 있다. 즉, 소크라테스가 덕에 있어서는 전문적으로 가르치는 선생이 없다고 한 점이나, 프로타고라스가 덕이라는 것은 목수 일이나 대장장이 일과 같이 특정한 일을 하는 사람만이 아니라 사람이면 누구나 가지고 있다고 한 점이 그것이다.

그러면 덕은 가르칠 수 없다는 소크라테스의 견해는 참으로 타당한가? 우리가 보기에 소크라테스의 이 견해에는 한 가지 이해할 수 없는 부분이 있다. 그것은 다음과 같다. 소크라테스는 '올바른 의견'은 누구나 가지고 있다고 말하고 그것은 모종의 신비스러운 작용에 의하여 덕으로 나타난다고 말하면서, 또 한편 그 '올바른 의견'은, '지식'과는 달리, 걷잡을 수 없고 흔들리기 쉬운 것이라고 말한다. 그렇기 때문에 소크라테스에 의하면, 올바른 의견은 이성의 힘에 의하여 보다 안정되고 항구적인 지식으로 '고삐 매어져야' 한다. 지식을 가르치는 일은 불가능하다는 궤변을 부정하기 위하여 노예 소년에게 기하학을 회상시켰을 때, 소크라테스는 바로 노예 소년이 가지고 있는 '올바른 의견'을 '지식'으로 '고삐 매는' 일을 한 것이다. 이것이 소크라테스의 경우에 '지식을 가르친다'는 말의 의미이다. 다시 말하면, 소크라테스의 경우에 지식을 가르친다는 것은 자신의 의견에 비추어 올바르다고 생각되는 것을 다른 사람에게 말할 수 있고 또 보다 확실한 근거에 의하여 그 의견을 변호할 수 있게 되도록, 그리하여 옆에서 다른 사람들이 그릇된 말을 하더라도 그것에 쉽게 흔들리지 않게 되도록, 한 마디로 말하여 자신의 이성에 의하여 믿게 되도록 한다는 것을 의미한다. 소크라테스의 경우에 지식을 가르치는 것이 이런 것임에도 불구하고 어째서 그는 덕은 가르칠 수 없다고 말할 수 있었는가? 이것이 우리가 이해하기 어려운 점이다.

이제 이러한 의문과 그 밖의 몇 가지 사실들을 기초로, 덕을 가르치는 문제에 관한 소크라테스의 견해를 올바르게 이해하고 나아가서 '충효는 가르칠 수 있는가'라는 문제에 올바르게 대답하려고 하면, 우리는 '가르친다'는 말이 적어도 두 가지 뜻을 가지고 있다는 사실을 중요시하지 않으면 안될 것이다. 이 두 가지 의미는 「메논」에서 소크라테스가 한 말에 이미 시사되어 있고 앞에서도 그 의미를 구별하여 말한 바 있다.

첫째로, '1919년에 3·1운동이 일어났다'든가, '물은 섭씨 100도에서 끓는다'는 것을 가르치는 경우를 생각해 보자. 이 경우에 가르친다는 것은 어떤 뜻을 가지고 있는가? 이 경우에 가르친다는 것은 모르는 사람에게 그것을 '일러준다'는 뜻이다. 1919년 3·1운동이 일어났다든가, 물은 100도에서 끓는다는 것을 가르칠 때, 우리는 그것을 학생들에게 일러주고, 만약 학생들이 그것을 입으로 말할 수 있거나 얼마 동안 시간이 지난 뒤에도 그것을 잊어버리지 않으면 우리는 학생들이 그것을 배웠다고 생각한다. 그리고 이 경우에도 틀림없이 우리는 '가르친다'는 말을 쓸 수 있다. 이런 뜻에서의 '가르친다'는 말을 편의상 '일러준다'는 말로 나타낼 수 있을 것이다.

이런 첫째 의미에서 가르친다는 말을 쓸 경우에, 우리가 가르치는 내용은 어떤 성격을 가지고 있는가? 1919년 3·1운동이 일어났다든가, 물은 100도에서 끓는다는 것과 같은 교육내용을 우리는 보통 '사실'이라고 부른다. 그리하여 가르친다는 말을 '일러준다'는 뜻으로 쓸 경우에 그 가르치는 내용은 바로 '사실'이다. 교육내용으로서의 '사실'은 어떤 논리적(또는, 심리적?) 성격을 가지고 있는가? 3·1운동의 연대나 물의 비등점과 같은 '사실'을 배우는 경우를 잘 분석해 보면, 교육내용으로서의 '사실'은 언제나 학습자의 '바깥'에 있다는 것을 알 수 있다. '사실'이라는 것은 학습자의 '안쪽', 다시 말하여 학생 자신의 보는 눈이나 생각하는 방법과는 하등 관계가 없다. 순전히 '사실' 그 자체만을 두고 말하면, '사실'을 배울 때 학생들은 그 사실을 자신의 눈으로 보거나 자신의 마음으로 생각할 필요가 전혀 없을 것이다. (그러나 이런 뜻에서의 '순전한 사실'이라는 것이 과연 있을 수 있는가?)

가르친다는 말의 둘째 의미를 생각해 보기 전에, '충효를 가르친다'고 할 때 가르친다는 말이 '사실을 가르친다'고 할 때 가르친다는 말과 동일한 의미를 가지고 있는가를 생각해 보자. 만약 이 두 말이 동일한 의미를 가지고 있다면, 충효는 '사실'을 가르칠 때와 마찬가지 방법으로 학생들에게 충효를 '일러줌으로써' 가르칠 수가 있을 것이다. 그러나 충효를 그러한 방식으로 가르치는 것이 옳다고 생각하는 사람은 별로 없을 것이다. 교육내용으로서의 충효는 교육내용으로서의 사실과는 달리, 학생 자신의 보는 눈이나 생각하는 방법과 '하등 관계없는 것'이 되어서는 안된다. 교육내용으로서의 충효는 학생의 마음 '바깥'에 있는 것이 아니라, 바로 학생 자신의 '마음의 자세'를 가리키는 것이다. 소크라테스가 덕은 가르칠 수 없다고 말한 것은, 관점에 따라서는, 이와 같이 사실을 가르치듯이 '일러주어서' 덕을 가르칠 수 없다는 뜻으로 해석할 수 있다. 교육내용으로서 충효를 단순한 사실로 볼 수 없다는 것을 생각하면, 가르친다는 말에는 '일러준다'는 뜻 이외에 또 하나의 의미가 있다는 것을 알 수 있다. 가르친다는 말에는 학생의 마음 바깥에 있는 것을 '일러준다'는 뜻 이외에도 학생 자신의 눈으로, 또는 학생 자신이 가지고 있는 마음의 눈(心眼)으로 '보도록 한다'는 뜻이 있다. '일러준다'는 뜻과 대비시켜 이런 뜻에서의 가르친다는 말은 '보도록 한다'는 말로 나타낼 수 있을 것이다.

교육내용으로서의 충효는, 만약 그것이 가르칠 수 있는 것이라면, 이 둘째 의미, 즉 '보도록 한다'는 의미에 해당하는 교육내용이다. 그리고 첫째 의미, 즉 '일러준다'는 의미에 해당하는 교육내용을 '사실'이라고 부른다면, 이 '보도록 한다'는 의미에 해당하는 교육내용은 '원리'라고 부를 수 있다. 예컨대 1919년에 3·1운동이 일어났든가, 물은 섭씨 100도에서 끓는다는 것은 '사실'이지만, 3·1운동의 역사적 의의라든가, 물의 비등에 관한 과학적 법칙은 '원리'이다. 교육내용으로서의 '원리'는 교육내용으로서의 '사실'과 그 논리적(또는, 심리적?) 성격을 근본적으로 달리한다. 원리라는 것은 사실과는 달리, 그 사실을 '보는 방법'을 의미하며, 그것은, 사실이 그렇듯이 학생의 '바깥'에 있는 것이 아니라, 학생의 '안쪽'에 있다. 우리는 '사실을 가르친다'든가, '원리를 가르친다'든가 하는 식으로, 두 가지 경우에 모두 '가르친다'는 말을 쓰지만, 그 가르치는 내용의 성격이 다른 만큼 그 두 경우에 '가르친다'는 말은 근본적으로 다른 의미를 가지고 있다고 보아야 한다. '사실'의 경우에 가르친다는 말은 학생이 모르는 것을 '일러준다'는 뜻인데 비하여, '원리'의 경우에 가르친다는 말은 학생 자신의 눈으로 '보도록 한다'는 뜻이다.[1)]

소크라테스가 '덕은 가르칠 수 있는가'라는 질문을 했을 때, 그 의도는 아마 이런 '원리로서의 덕'을 가르칠 수 있는가, 덕이라는 것을 학생 자신의 눈으로 보도록 하거나 마음으로 느끼도록 하는 일이 과연 가능한가 하는 데에 있었던 것으로 보인다. 그리고 이 질문에 대하여 소크라테스는 표면상 '그럴 수 없다'는 식으로 대답했다. 그러나 이 대답은 분명히 기이한 대답이다. 왜냐하면 소크라테스는 노예 소년을 상대로 한 산파술을 통하여, 노예 소년으로 하여금 그 자신의 눈으로 기하학 문제의 해답을 '보도록' 할 수 있다는 증거를 자기 자신이 보여주었기 때문이다. 그러나, 또 한편, 이

---

1) '사실'과 '원리'는 여기에 설명된 만큼 명확히 구분되는 것은 아니라고 보아야 할지도 모른다. 도대체 어떤 '사실'을 '사실'로서 성립시키는 데는 반드시 모종의 원리가 개재된다고 볼 수 있기 때문이다. 그러나 남이 일러주는 것을 맹목적으로 받아들인 내용과 자기 자신의 눈으로 보는 데에 동원되는 내용 사이에는 개념상 명백한 차이가 있다. 「교육목표 분류학」에서, 동일한 '원리'에 관한 검사 문항이라 할지라도, 학생이 '그 검사 문항에 나타난 상태로' 그 원리를 이전에 배운 일이 있으면 그것은 '지식'(1.00)을 평가하는 문항이며, 학생이 처음 접하는 문항이면 '이해'(2.00) 또는 '적용'(3.00)에 해당한다는 말과 비교해 보라.

경우에 가르친다는 말은 사실을 가르친다고 할 때의 '일러준다'는 것과는 근본적으로 다른 것이며, 가르친다는 말을 일러준다는 뜻으로 해석하는 관점에서 보면, '과연 덕은 가르칠 수 있는가'라는 질문이 충분히 제기될 수 있고, 또 관점에 따라서 이 질문에 대하여 '가르칠 수 없다'는 대답도 충분히 주어질 수 있다. (앞에서 말한 소피스트의 궤변, 즉 '지식을 가르치는 것은 불필요하거나 불가능하다'는 것은 과연 궤변인가?)

그러나 이상의 논의와는 관계없이, 아마 누구든지 충효는 가르칠 수 있다고 생각할 것이다. 그러면 충효를 가르칠 때 우리는 어떤 방법으로 가르치고 있는가? 앞에서 말한 바와 같이, 사실을 가르친다고 할 때와 충효를 가르친다고 할 때의 가르친다는 말에 그토록 근본적인 차이가 있음에도 불구하고, 충효를 가르치는 장면에 와서 우리는 흔히 그 중요한 차이를 간과하기 쉽다. 이때 우리는 마치 사실을 가르치듯이, 충효에 관하여 학생들에게 일러주는 것이 곧 충효를 가르치는 것이라고 생각하게 된다. 우리는 충효라는 것이 국가생활, 또는 부모나 이웃과의 공동생활에 관계되는 현상을 보는 관점 또는 원리를 나타낸다는 점을 잊어버리고, 충효를 마치 하나의 사실로 취급하여 가르치는 경향이 있다. 우리는 학생들로 하여금 자기 자신의 눈으로 그 사실을 '보도록' 해 주는 것이 아니라, 이미 그런 관점을 가지고 있는 어른의 수준에서 그 어른이 보는 바를 학생들에게 일러주고 학생들도 그러한 관점에 따라 그 사실을 볼 수 있으리라고 쉽게 짐작하는 경향이 있다. 적합한 보기는 아니라고 생각하지만, 중학교 학생을 위한 교육과정 중에서, 학생들에게 '민족의식'을 가지도록 하는 교육자료의 한 부분을 인용해 보겠다.

> 우리의 선열들은 피와 땀으로써 귀중한 정신유산, 즉 민족 주체성을 우리들에게 물려주었다. 그것이 힘들여 얻은 것일수록, 우리는 목숨을 걸고 지켜야 하며 더욱 확고히 발전시켜 나가야 한다.
>
> 그런데 우리는 과연 이러한 우리의 책임을 다하고 있다고 자부할 수 있겠

는가? 만일 조금이라도 소홀한 점이 있다면, 오늘의 현실에서 우리는 어떻게 그것을 되살릴 수 있겠는가?

긴 역사를 소급할 필요도 없다. 8·15 해방 이후 우리들이 걸어온 발자취만을 더듬어 보더라도 우리는 민족 주체성을 확립하였다고 단정하기 어렵다는 것을 바로 알 수 있다. 지난날을 생각해 보자. 우리들 스스로를 업신여기고 외래의 것에만 도취하는 풍조는 없었던가? 외국인들 앞에서 지나치게 저자세를 취하거나 우리들끼리 서로 다투어 추태를 연출함으로써 그들의 빈축을 사고 수모를 자초한 일은 없었던가? 우리 스스로의 힘과 능력으로 해결할 수 있고 또 해결해야 할 문제까지 남의 힘에 의존하려 하지는 않았던가? 우리들의 자랑스러운 문화와 역사적 전통에 대하여 올바른 인식을 가지지 못하고 그 소중함도 제대로 깨닫지 못하는 일은 없었던가? 이와 같이 우리 자신을 냉철히 반성해 보면, 우리 모두가 민족 주체성을 바르게 계승해 왔다고 단언하기가 어려울 것이다.

1960년대부터 우리는 이러한 반성을 토대로 하여 민족 주체성을 오늘에 되살리는 길을 찾게 되었다. 정치, 경제, 사회, 문화, 교육 등, 국민생활의 모든 영역에 걸쳐 우리는 오늘의 현실에서 민족 주체성을 확립하고 되살리려는 힘찬 노력을 시작하게 되었다. 그것은 우리 민족의 자주적인 힘을 배양하고 우리의 국력을 증대시키려는 노력이었다.

오늘날 우리는 농어촌과 도시, 공장과 직장, 학교와 관청 등 전국 방방곡곡에서 내일의 번영을 위하여 힘차게 일하고 있다. 뿐만 아니라, 중동과 미주, 아프리카와 유럽, 태평양과 인도양 등 우리 한국인의 손이 미치는 곳이면 세계 어디서나 한국 민족의 힘찬 맥박을 느낄 수 있다. 그리고 한국인이 호흡하고 생활하는 모든 곳에서 우리는 발전 한국의 영상을 심어주고 있다. 부지런하고 정직하며, 협동하고 봉사하며, 자주적으로 행동하고 창의적으로 사고하는 모든 한국인들은 그들의 처지에서 제 나름대로 우리 민족의 주체성을 오늘에 되살리며 내일을 빛내려고 노력하고 있다.

오늘은 내일에 이어지며 우리들 모두는 서로 하나의 민족이라는 운명 공동체로 맺어져 있기에 우리는 오늘을 소중히 여겨야 하며, 나 한 사람의 노력을 소홀히 할 수 없는 것이다. 민족 주체성을 살리는 길은 결코 먼 곳에 있지 않으며 나 자신의 오늘의 실천과 행동에 달려 있음을 깨달아야 하겠다.

이 인용문은 학생들에게 민족의식이나 애국심을 고취하기 위하여 우리가 할 수 있는 말로서는 아마 전형적인 보기일 것이다. 이 글의 필자는 민족의식을 가져야 할 필요성에 대한 자신의 생각을 말하고 학생들에게 그러한 의식을 가지도록 권유하고 있다. 이 글에 나타난 내용의 타당성이나 이 글을 쓴 필자의 성실성에 대해서는 추호도 의심할 여지가 없을 것이다. 우리가 궁금하게 생각하는 것은 다만 충효를 가르칠 때에 우리가 학생들에게 하는 일이 바로 이런 종류의 말을 '일러주는 것'이라고 하면, 그 말을 듣는 동안에 학생들은 과연 무엇을 배울 것인가, 학생들은 과연 자신이 이제까지 가지고 있던 것과는 다른 눈으로 민족이나 국가를 볼 수 있게 될 것인가, 그리고 그 결과로 학생들은 과연 그렇게 배운 민족관이나 국가관을 그들의 행동의 지도 원리, 또는 관심의 구심점으로 삼을 수 있을 것인가 하는 데에 있다. 학생들에게 이러한 효과를 나타낼 수 없다면, 그런 종류의 말은 그저 입에서 입으로 겉돌아 다니는 공허한 말이 되고, 학생들의 '마음의 눈'에는 아무런 영향을 미칠 수 없게 될 것이다. 그리하여 교과로서의 도덕은 열심히 가르치고 학생들은 교과서에 나와 있는 내용을 무조건 외우고 시험을 치고 하지만, 학생들의 행동은 여전히 달라지지 않는 사태가 발생하는 것이다.

충효를 가르치는 올바른 방법은 무엇인가? 아직 연구가 충분하지 않은 탓으로, 그 방법이 확실히 알려져 있지 않다. 사실상 앞으로 연구를 한다 하더라도 그 방법이 찾아질지조차 의문이다. 그러나 이 점에 대하여 한두 가지는 말할 수가 있다. 첫째로, 충효를 가르치는 방법은 소위 '행동적' 시범에서 모색될 것이 아니다. 이때까지 이 장의 논의를 이해한 사람들 중에도 아마 이와는 다르게 생각하는 사람들이 있을지 모른다. 즉, 충효를 가르치는 방법이 사실을 가르칠 때처럼 '일러주는' 방법이 아니라, '보도록 하는' 방법이라고 하면, 충효를 가르치는 방법은 오직 행동을 통하여 충효를 시범하는 방법밖에 없다는 것이다. 행동적 시범이 중요하다는 것은 아마 인정해야 할지 모른다. 그러나 이 방법에는 중대한 문제점이 있다. 다른 사람들의 행동적 시범이 학생들의 '보는 관점'에 영향을 주는 것은 오직 학생들에게 그러한 행동을 해석하는 능력이 있을 때에 한해서이다. 우리가 충효교육에서 학생들에게 가르쳐 주어야 하는 것은 바로 그러한 해석능력이다. 충효가 '마음의 자세'라는 것은 바로 이 점을 말하는 것이다.

둘째로, 충효를 가르치는 방법의 보다 적극적인 시사는 요즈음 많은 교과에서 학문적 원리를 가르치는 방법으로서 활발하게 논의되고 있는 '탐구학습' 또는 '발견학습' 방법에서 찾을 수 있다. 앞에서도 말한 바와 같이, 일반적으로 말하여 학문적 원리를 가르치는 방법으로서의 탐구학습이라는 것은 교사가 학생들에게 사실을 일러주는 것이 아니라, 학생들로 하여금 스스로 그 사실의 의미를 보도록 하는 방법을 말한다. 탐구학습을 위한 구체적인 수업방법이 어떤 것인가 하는 문제에 대해서도 아직 많은 연구가 필요하다. 그 중에서 가장 중요한 것은 아마 학생들의 '발견'을 가장 효과적으로 촉진할 수 있는 조건을 탐색해 내는 연구일 것이다. 그리고 그러한 연구의 결과는 충효교육에 관해서도 보다 구체적인 방법을 시사할 수 있을 것이다.

3. 「대학」의 지혜

이 글에서 내어 건 질문인 '충효는 가르칠 수 있는가'라는 질문에 대한 우리의 마지막 결론은 무엇인가? 질문과 해답 방식이 모두 소크라테스에 의존했던 것인 만큼, 결론 또한 그에게 의존하는 것이 안전할 것이다. 「프로타고라스」와 「메논」, 그리고 대부분의 대화편에서 소크라테스가 한 것과 같이, 우리도 결론을 말하지 않은 채 작별을 고하는 것이 옳다고 생각한다.

그러나 작별을 고하기 전에 마지막으로 한 가지 더 말해야 할 것이 있다. 그것은, 맨 처음에도 말한 바 있지만, 충효의 의미를 구체적인 행동으로 파악하고 충효를 가르칠 때에도 실지로 행동을 하도록 해야 한다는, 오늘날 상당히 널리 퍼져 있는 생각에 관한 것이다. 이 문제에 대해서는 옛날부터 우리의 학문과 인격수련에 가장 중요한 지침이 되어 온 「대학」(大學)에 적힌 말로 대답하는 것이 좋다고 생각한다. 결론부터 말하면, 충효교육은 행동을 가르치는 것이라고 하는 생각은 그 「대학」의 지혜를 배반하는 것이다. 「대학」 수장(首章)에는 다음과 같이 적혀 있다.

> 古之欲 明明德於天下者 先治其國 欲治其國者 先齊其家 欲齊其家者 先修其身 欲修其身者 先正其心 欲正其心者 先誠其意 欲誠其意者 先致其知 致知在格物 物格而後 知至 知至而後 意誠 意誠而後 心正 心正而後 身修 身修而後 家齊 家齊而後 國治 國治而後 天下平
>
> 옛날부터 명덕(明德)을 천하에 밝히고자 하는 사람은 먼저 치국(治國)을 하고, 치국을 하고자 하는 사람은 먼저 제가(齊家)를 하고, 제가를 하고자 하는 사람은 먼저 수신(修身)을 하고, 수신을 하고자 하는 사람은 먼저 그 마음을 바르게 하고(正心), 그 마음을 바르게 하고자 하는 사람은 먼저 그 뜻을 성실하게 하고(誠意), 그 뜻을 성실하게 하고자 하는 사람은 먼저 지(知)에 이르러야 하며(致知), 지에 이르는 것은 곧 물을 격함(格物)에 있다. 물을 격한 뒤에 지에 이르며, 지에 이른 뒤에 뜻이 성실하게 되며, 뜻이 성실하게 된 뒤에 마음이 바르게 되며, 마음이 바르게 된 뒤에 수신이 되며, 수신이 된 뒤에 제가가 되며, 제가가 된 뒤에 치국이 되며, 치국이 된 뒤에 천하가 태평하게 된다.

이 말에 비추어 보면, 일체 도덕의 근본은 격물과 치지에 있다고 보아야 한다. 그러면 격물과 치지는 무엇을 가리키는가? 약 500년 전 명나라의 왕양명(王陽明)은 이 「대학」 수장을 해석하여, 격물은 '원래의 올바른 상태로 되돌리는 것', 또는 '본심이 가리게 된 것을 드러내어 원래의 상태로 되잡는 것이요, 이것이 곧 양지에 이르는 것'(致良知)이라고 하였다. 누구나 알고 있다시피 왕양명은 지행합일을 강조한 사람이었다. 그러나 왕양명이 강조한 지행합일이라는 것은, 때로 사람들이 생각하는 것처럼 먼저 알고 난 뒤에 그 안 것을 실천에 옮기는 식의 지행합일이 아니라, 지와 행은 하나라는 식의 지행합일, 다시 말하여 지를 하되 행하지 않고는 못 배기도록 또렷하게 지를 해야 하며, 이렇게 또렷하게 지를 하는 것이 곧 행으로 나아가는 유일 확실한 길이라는 식의 지행합일이다. 왕양명이 말한 바, 또렷하게 지를 한다는 것은 곧 양지에 도달하는 것이요, 이것은 곧 가려진 본심을 드러내는 격물과 같은 뜻이다.

「전습록」(傳習綠)에 나오는 왕양명과 제자와의 문답을 옮긴 부분을 인용하면 다음과 같다.2)

양명의 제자 서애(徐愛)가 양명을 향하여 묻되 '선생의 말씀 같이 지선(至善)의 선을 다만 심(心)에서 구할진대, 천하 사리에 다하지 못함이 있을까 두렵습니다.'

양명이 가로되 '심이 곧 이(理)라, 세상에 마음 밖 일이 있으며, 마음 밖 이치가 있을까.'

애가 가로되 '사부(事父)의 효와 사군(事君)의 충과 교우의 신(信)과 치민(治民)의 인(仁) 사이에 허다한 도리가 있나니 살피지 아니할 수 없을까 합니다.'

양명이 이에 탄식하며 이르되 '저런 말이 [판단을] 가려온지 오래다. 어찌 한 말로써 깨닫게 할 수 있으리오. 우선 묻는 그것에 대하여 말하리라. 아비를 섬김에 있어서 아비에게 가 효의 이치를 찾아냄이 아니요, 인군(仁君)을 섬김에 있어서 인군에게 가 충의 이치를 찾아냄이 아니요, 벗을 사귀거나 백성을 다스림에 있어서 벗에게, 백성에게 가 신과 인의 이치를 찾아냄이 아니라, 모두 이 마음에 있나니, 마음이 곧 이라. 이 마음이 사리적 욕구의 가리움이 없을진대 곧 천리니, 외면에서 일분(一分)을 첨부할 것이 없다. 이 순연한 천리의 마음으로써 아비 섬김에 발하매 문득 이 효요, 인군 섬김에 발하매 문득 이 충이요, 교우, 치민에 발하매 문득 이 신이요, 이 인이니, 오직 이 마음의 인욕(人慾)을 없애고 천리를 둠에 있어 공부할진대 곧 더함이 없을지니라.'

---

2) 정인보(1972), 양명학연론, 서울: 삼성문화문고, pp.29-31.

애가 가로되 '종시 약간의 의심이 없지 못합니다. 아비 섬기는 한 일만 가지고라도 그 속에 온·청·정·성(溫·淸·定·省: 겨울에 따스하도록, 여름에 서늘하도록, 저녁에 편토록, 아침에 살핌이니 효자의 사친하는 일을 가리킴) 등의 종류 허다한 절목이 있으니 이것은 강구하지 않겠습니까.'

양명이 가로되 '어찌 강구치 아니하리오. 다만 두뇌(頭腦)에 있나니, 이 마음의 인욕을 없애어 천리를 둚에 대하여 강구할지라. 가령 동온(冬溫)을 강구한다 하자, 다만 이 마음의 효를 다하려 하여 털끝만치라도 인욕이 이에 섞일까 두려워하고, 하청(夏淸)을 강구한다 하자, 다만 이 마음의 효를 다하려 하여 털끝만치라도 인욕이 이에 섞일까 두려워 하여, 오직 이 마음에 있어 강구함이라. 이 마음이 만일 인욕이 없고 순연히 천리일진대, 이 효친에 정성스러운 마음이 겨울이면 자연히 부모의 추위를 생각하여 문득 스스로 덥게 할 도리를 구할지며, 여름이면 자연히 부모의 더위를 생각하며 문득 스스로 서늘하게 할 도리를 구할지니, 저는 다 성효(誠孝)의 마음으로써 나온 조건이라. 저 성효심이 있은 뒤라야 저 조건이 나올지니, 수목에 비하면 성효의 마음은 근(根)이요, 허다한 조건은 지엽(枝葉)이라. 먼저 근이 있어 가지고 지엽이 있는 것이지, 지엽부터 먼저 찾아낸 뒤에 근을 심는 것이 아니니라.'

혹시 왕양명이 모든 도덕의 근본이라고 생각한 '치양지', 즉 본심 또는 천리에 도달하는 것은 소크라테스가 말한 '지식', 즉 올바른 의견을 이성의 힘으로 고삐 매는 것과 동일한 것이 아닌가, 또는 우리의 설익은 표현을 쓰면, 각자 자신의 '마음의 눈'(心眼)으로 볼 수 있게 되는 것과 동일한 것이 아닌가 하고 생각해 볼 수 있다. 그러나 과연 그런지 아닌지는 소크라테스의 질문 '덕은 가르칠 수 있는가'라는 질문이 그렇듯이, 두고두고 논의되어야 하는 문제일 것이다.

[참고] 프로타고라스가 들려준 신화

아득한 옛날, 이 세상에는 신들만 살고 있었다. 때가 이르자, 신들은 흙과 불을 섞어 온갖 동물을 빚어 만들고, 프로메테우스와 에피메테우스의 두 신으로 하여금 동물에게 각각 알맞은 장비와 능력을 나누어 주도록 하였다. 그러나 에피메테우스는 프로메테우스에게 그 일을 자신에게 맡겨 달라고 부탁하였다. 자기 혼자 그 일을 해 놓은 뒤에 프로메테우스가 검사만 하면 된다는 것이었다. 프로메테우스는 그렇게 하자고 했다.

에피메테우스는 곧 일에 착수하였다. 그는 어떤 동물에게는 힘을 주고 또 어떤 동물에게는 재빠른 다리를 주었다. 어떤 동물에게는 든든한 무기를 주고 무기가 없는 작은 동물에게는 그 밖의 다른 능력을 주어 각기 종족을 보존할 수 있도록 하였다. 작은 동물들은 날개로 날 수 있게 하거나 땅속에 숨어 살도록 하였다. 몸집이 큰 동물은 몸집 그 자체가 무기가 되었다. 이런 식으로 하여 에피메테우스는 이른바 평형의 원칙에 따라 장비와 능력을 분배하여, 어떤 동물도 완전히 멸망하는 일이 없도록 하였다.

그 다음에 에피메테우스는 동물들에게 각각 하늘이 내린 계절에 대비할 수 있게 해 주었다. 겨울의 추위에 대비해서는 두꺼운 털이나 단단한 가죽을 주었다. 이것은 더위에 대한 방비도 되고 잠자리에 들 때는 편안한 이불이 될 수도 있었다. 또한 발에는 발굽을 신기거나, 아예 단단한 피부로 덮어서 아무리 험한 길을 걸어도 피가 나지 않도록 하였다.

마지막으로, 에피메테우스는 동물에게 각각 알맞은 먹이를 마련해 주었다. 어떤 동물에게는 땅 위의 풀을 주고, 또 어떤 동물에게는 나무 열매나 뿌리를 주었다. 어떤 동물에게는 다른 동물들을 잡아먹고 살도록 하였지만, 이런 동물은 너무 많이 번식하지 않도록 하고 그 대신 잡혀 먹히는 동물은 많이 번식하도록 하였다. 그렇게 해야 종족이 끊어지지 않기 때문이다.

그런데 에피메테우스는 약간 머리가 멍청하였다. 자신도 모르는 사이에 동물들에게 모든 장비를 다 나누어 주고 나니까, 어렵소, 아직 인간에게는 아무 것도 준 것이 없었다. 에피메테우스가 어쩔줄 몰라서 쩔쩔 매고 있을 때, 프로메테우스가 작업결과를 검사하러 왔다. 프로메테우스의 눈에, 인간은 가련하기 짝이 없었다. 다른 동물은 장비와 능력을 골고루 분배받은 데에 비하여, 오직 인간만은 벌거벗고 신발도 신지 않은 채, 잠자리도 무기도 없지 않는가? 그러나 이미 약속한 시간이 되어, 모든 동물들과 함께 인간도 생명을 받고 흙에서 태어났다. 프로메테우스는 달리 인간을 구제할 도리가 없어서, 헤파이스토스 신과 아테나 신으로부터 기술과 불을 훔쳐다가 인간에게 주었다. 불이 없으면 아무도 그 기술을 가질 수도, 쓸 수도 없기 때문이다. 이렇게 하여 인간은 충분히 생명을 유지할 수 있게 되었다. 그러나 아직 인간에게는 정치의 지혜가 없었다. 이 지혜는 주신(主神) 제우스가 보관하고 있었는데, 프로메테우스는 제우스가 살고 있는 곳에 들어갈 권리도 없고 더구나 제우스의 집을 지키는 문지기가 몹시 사나워서 들어갈 엄두도 내지 못했던 것이다. 다만, 프로메테우스는 헤파이스토스와 아테나의 집에는 몰래 들어가서 기술과 불을 훔쳐낼 수 있었다. 이로써 인간은 생명 유지의 수단을 가지게 되었으나, 그 후 프로메테우스는 에피메테우스의 실수 덕분에 도둑질의 죄목으로 재판을 받게 되었다.

인간은 신과 닮은 데가 있고 신성(神性)의 일부를 간직하고 있었기 때문에, 다른 어떤 동물과도 달리 신을 믿었다. 인간은 제단을 쌓고 신의 상을 만들었다. 또한 인간은 그들이 가진 기술로써 머잖아 온갖 이름을 만들어 말을 할 줄 알게 되고 집과 옷과 신발과 잠자리를 발명하고 땅에서 음식을 얻을 수 있게 되었다.

인간은 처음에는 여기저기 흩어져 살았을 뿐, 도시를 이루어 살지는 않았다. 인간은 힘센 짐승들보다 모든 점에서 약세에 있는지라, 결국 그것들에게 잡혀 먹히게 되었다. 인간이 가진 기술은 생명을 유지하는 데는 충분하였지만, 짐승들과 싸우는 데는 전혀 도움이 되지 않았다. 짐승들과 싸우는 데는 전쟁의 기술이 필요하였고, 이 전쟁의 기술은 정치의 기술에서 나오는 것이다. 그러나 인간에게는 정치의 기술이 없었다. 얼마 뒤에 인간은 종족을 보존하기 위하여 튼튼한 성곽을 쌓고 도시에 모여 살게 되었다. 그러나 인간은 아직 정치의 기술이 없었기 때문에, 한 곳에 모여 살면서도 서로서로 해치기만 하였고, 그러다가 결국 다시 흩어져서 계속 짐승들의 밥이 되었다.

제우스는 인간의 멸종을 염려하여, 헤르메스 신을 시켜 인간에게 타인 존중과 정의감의 덕을 불어넣도록 하였다. 인간의 도시에 질서를 확립하고 인간 사이에 우애와 단결심을 북돋우기 위한 것이었다. 헤르메스는 제우스에게 그 덕을 어떤 방식으로 나누어 줄까를 물었다. '덕도 기술을 나누어 주듯이 나누어 주리까? 의사의 기술이나 그 밖의 전문적 기술을 각각 특정인에게만 주듯이, 덕도 특정인에게만 주어야 하리까? 아니면 모든 사람에게 골고루 나누어 주어야 하리까?' 제우스는 대답하였다. '모든 사람에게 분배하라. 모든 사람이 덕을 갖추도록 하라. 기술처럼, 몇몇 사람들만이 덕을 갖춘다면 도시는 결코 생기지 않으리로다. 이것은 인간에게 내리는 나의 율법이니, 인간 중에 누구라도 그 두 가지 덕을 갖출 능력이 없는 자는 도시를 해치는 악역(惡疫)으로서 마땅히 죽음을 당하리로다.'

제 9 장

교육과정 운영

이 책의 제1장 첫머리에서 우리는 '교과란 무엇인가'라는 질문이 교사에게 어떤 의미가 있는가에 관하여 다음과 같은 요지의 말을 하였다. 즉, 표면상 대부분의 교사에게 그 질문은 별로 의미를 가지지 않는다. 여기서 의미를 가지지 않는다는 말은 그 질문에 대하여 별로 심각하게 생각해 보지 않더라도 나날이 수업하는 데에 별로 지장이 없다는 뜻이다. 교사들은 그날그날 수업해야 할 '교과'(즉, 교과서의 한 부분)가 있고 그것이 있는 한, '교과란 무엇인가'라는 질문을 새삼스럽게 할 필요가 없는 것이다. '교과란 무엇인가'라는 질문이 교사에게 의미를 가지기 시작하는 것은 오직 교사가 자신의 '가르치는 행위'에 관하여 비판적인 성찰을 할 때이다. 이 비판적인 성찰이 교사의 '가르치는 행위'를 개선하는 데에 어느 정도로 영향을 미치는가 하는 것은, 흔히 생각하는 것처럼, 단도직입적으로 명백한 것이 아니다. 아마 이 비판적 성찰과 가르치는 행위를 하는 것 사이에는 제5장에서 말한 '학문'과 '살아가는 것' 사이의 관계와 비슷한 관계가 있다고 보아야 할 것이다. 말하자면 교사는 가르치는 행위를 하면서 그것에 대하여 비판적 성찰을 하고, 비판적 성찰을 하는 동안에도(아마, 여전히 '동일한 방식으로') 가르치는 행위를 할 것이다.

이 장에서는 우리나라의 교육과정 운영을 전체적으로 들여다보고 이때까지 이 책에서 고찰한 바에 비추어 교육과정 운영이 어떤 모양으로 되어야 할 것인가를 생각해 보고자 한다. 여기에도 위에서 말한 추측이 그대로 적용된다. 우리나라에 있어서 교육과정 운영의 법적 공식적 기준은 교육부령으로 제정되고 공포되는 「교육과정」이다. (이 교육과정령은 초등학교, 중학교 등 '학교 급별'로, 또 공민학교, 특수학교, 실업계학교 등 '학교 종별'로 별도의 책자로 발간되어 있다.) 보기에 따라서 이 「교육과정」은 이때까지 교육과정 운영의 기준으로서 충분히 제구실을 다해 왔다고 볼 수 있다. 우리나라의 교과서는 이 영을 기준으로 하여 제작되며, 학교 교과목의 시간배당도 이 영에 규정된 바를 따르고 있다. 사실상, 만약 이때까지 우리나라 교육이 충분히 잘 이루어지지 않았다 하더라도, 그것이 교육과정 운영의 법적 기준인 그 「교육과정」이 잘못되었기 때문이라고 생각할 사람은 거의 없을 만큼, 「교육과정」은 그 나름으로 법적 기준의 구실을 해 왔다.

그러나 또한 우리는 마찬가지의 말을 그 반대편에서 할 수 있을 것이다. 다시 말하면, 이때까지 교육이 별로 잘 되지 않은 것이 그 기준이 잘못된 탓은 아니라 하더라도, 그 기준이 교육을 잘 되게 하는 데에 과연 얼마나 기여했는가 하는 질문도 마찬가지로 무게를 지닌다. 마치 교사가 자신의 가르치는 행위에 대하여 비판적인 성찰을 하듯이, 이 장에서 우리는 종래 문교부령으로서의 「교육과정」이 우리나라 교육과정 운영을 위하여 어느 정도로 '좋은' 기준이 되어 왔으며, 앞으로 더욱 '좋은' 기준이 되려고 하면 어떤 모양을 갖추어야 할 것인가를 생각해 보고자 한다. 이 장의 마지막 절에서는 교육과정 운영의 최전선에서 일하는, 또 그런 의미에서 중추적인 역할을 하는 교사에 관하여 생각해 보겠다.

1. 교육부 교육과정령

「교육과정」이라는 책자는 학교 급별로, 학교 종별로 발간되며, 각각의 책자는 '총론'과 '각론'으로 되어 있다. '총론'에는 교육과정 구성과 운영의 일반적인 원리가 적혀 있으며, 각론에는 각 교과별로 교과의 '일반 목표', '학년별 목표', '학년별 지도내용', '지도상의 유의점' 등이 제시되어 있다. (현행 교육과정에서는 '특별활동'이, 교과는 아니지만, 교과와 동등한 것으로 취급되어 있다.)

해방 이후 1955년 각급 학교 '교과과정'이 제정 공포될 때까지 사용된 '교수요목'을 제외하면, 현행 「교육과정」은 제3차 교육과정이다. 제1차 교육과정은 1955년에 제정된 것이며, 제2차 교육과정은 1963년, 그리고 제3차 교육과정은 1973년에 각각 제정 공포되었다. 이 세 차례에 걸친 교육과정의 변천과정은 흔히 '교과 교육과정', '경험 교육과정'(또는, '생활 교육과정'), '학문 교육과정'의 변천과정으로 파악되고 있다.[1] 다시 말하면, 1차에서 3차에 이르는 교육과정은 각각 '교과', '경험', '학문' 교육과정의 정신을 나타내고 있다는 것이다. 앞의 제2장에서 말한 바와 같이, 그 세 가지 교육과정의 사조는 교과의 의미를 파악하는 상이한 관점을 나타내고 있다. 그러므로 세 차례에 걸친 우리나라의 교육과정이 교과, 경험, 학문 교육과정의 특징을 나타낸다는 말은 곧 그 세 차례의 교육과정이 교과(또는, 교육내용)를 각각 '교과', '경험', '학문'의 의미로 파악하고 있다는 뜻이다. ('미래 지향적인' 사고를 하는 사람들 중에는 벌써부터 다음에 올 교육과정은 무슨 교육과정일 것인가를 예견하는 사람들도 있다. 대체로 그런 사람들은, 차기의 것은 '교과', '경험', '학문'이 아닌 다른 것이어야 한다는 생각에서, 그것이 어쩌면 '인간' 또는 '인간중심' 교육과정일 것이라고 예견하는 경향이 있다. 그들의 예견 자체가 그 예견을 실현시킬 가능성이 있다. 그러나 그 예견이 참으로 실현될 만한 것인가 하는 것은 별도로 따져 보아야 한다.)

세 차례에 걸쳐 개정되어 오는 동안 교육과정이 달라진 것은 사실이다. 교과편제도 다소간 달라지고, 제시되는 세부적인 내용 항목에도 변화가 있

1) 때로는 교과중심, 경험중심 등으로 '중심'이라는 말을 덧붙인다. 경험 교육과정과 생활 교육과정의 관련에 관해서는 제2장 1절을 참조하라.

었다. 그러나 그 세 차례의 교육과정이 각각 '교과', '경험', '학문' 교육과정의 특징을 나타낸다고 할 만큼, 그것에 제시된 교육내용의 '성격'이 달라졌다고 보기는 어렵다.[2] 교육내용의 의미가 달라진다면, 「교육과정」에 제시되는 내용의 성격도 응당 달라질 것을 기대할 수 있다. 그러나 세 차례의 교육과정에 제시된 내용 항목들을 비교해 보면, 세부적인 항목 그 자체는 달라졌다 하더라도, 그 항목의 '성격'은 어디서나 동일하다는 것을 알 수 있다. 말하자면 이때까지 「교육과정」에서 '교육내용'이라고 한 것은 '교육내용을 요약해서 부르는 이름'(교과서의 '단원명'과 같은 것)을 의미하는 것이며, 이때까지 우리나라의 교육과정이 '교과', '경험', '학문' 교육과정을 거쳐 변천해 왔다는 말에서 논리적으로 시사되는 것과는 달리, 이때까지 우리나라 교육과정에서는 교육내용을 언제나 동일한 의미로 파악해 왔다고 보는 편이 더 타당하다.

그럼에도 불구하고 어째서 사람들은 흔히 우리나라의 교육과정이 교육과정이론의 일반적인 동향을 따라 세 단계로 변천해 왔다고 말하는가? 그 이유는 바로 그것이 교육과정이론의 '일반적인 동향'이라는 데에 있다. 교육과정의 '총론'을 집필하는 사람들은 주로 교육과정의 일반론을 공부하는 사람들이며, 따라서 그들은 세계의 교육과정 동향을 호흡하고 있다. 그리고 그들은 '총론'을 쓸 때, 그 당시의 동향을 '총론'에 반영하려고 노력할 것이다. (사실상 제2차 교육과정의 '총론'에는 '학생들의 생활경험을 통하여 교육한다'는 대목이 있고, 제3차 교육과정에는 '지식의 구조를 이루는 기본개념과 탐구방법을 익힐 수 있는 지도내용을 정선한다'는 표현이 사용되고 있다.) 그러나 문제는 이러한 총론의 정신이 각론을 구성하는 데에 실지로 반영되었는가, 또는 반영될 수 있도록 총론이 서술되어 있는가에 있다.

총론이 각 교과의 교육과정을 구성하는 데에 실지로 영향을 주려면, 그

2) 사소하지만, 유일한 예외라고 볼 수 있는 것은 제2차와 제3차 사이의 과학과 교육과정이다. 그 두 곳에서 제시된 내용 항목들을 비교해 보면, 내용을 보는 관점에 상당한 변화가 있었다는 것을 알 수 있다.

것은 각 교과의 교육내용을 '선정'하고 '조직'하는 구체적인 기준을 제시하여야 한다. 다시 말하면, 그것은 그 교과에 포함되어야 할 내용이 무엇이며 그것을 각 학교 급 또는 각 학년 수준에서 어느 정도로 폭넓고 깊이있게 다루어야 하는가를 결정하는 기준을 제시해야 하는 것이다(제2장, 제3장 참조). 이때까지 총론이 이러한 구실을 해 왔는가는 의문이다. 이러한 사태는 다소간 교육과정 구성의 작업절차와도 관련이 있다. 일반적으로 인정되는 바와 같이, 이때까지 총론은 각론 작업과 별도로 이루어졌고, 각론의 작업은 총론에서 제시되는 기준에 의해서라기보다는 그 교과 자체의 '논리'에 따라 이루어 졌다. 총론과 각론이 별개의 작업으로 이루어진 것과 마찬가지로, 각 교과 내에서 학교 급별 교육과정을 구성하는 사람들도 각각 별도로 작업한 것이 사실이다. 아마 대표적인 경우라고는 볼 수 없을지 모르지만, 현행 교육과정에서 초등학교 6학년 사회과의 '국사' 부분과 고등학교 '국사과'의 내용 항목이 다음과 같이 된 것은 그것을 여실히 증명한다고 볼 수 있다.

[초등학교 6학년]

⑴ 우리 민족의 성장
가. 민족의 기원과 부족국가
나. 삼국과 통일신라
다. 고려시대의 생활
라. 조선시대의 생활
⑵ 근대 사회로의 전환
가. 근대 조선 사회
나. 일본의 침략정치와 독립투쟁
다. 민주 대한의 발달

[고등학교]

㈎ 고대 사회
㈏ 고려 사회
㈐ 조선 사회
㈑ 근대 사회
㈒ 현대 사회

위에 열거된 항목들은 주요 항목들만을 뽑아 적은 것이지만, 세세한 항목을 모두 적어 넣는다 하더라도 초등학교 6학년 국사 부분의 내용 항목과 고등학교 국사과의 내용 항목에는 별 차이가 없다는 것은 명백하다. 초등학교 6학년에서 배우는 것이나 고등학교에서 배우는 것이나 배우는 내용이 '국사'인 이상 그 내용이 다를 수가 없다는 점에서 이것은 오히려 불가피하다고 볼 수도 있다. 또한 아무리 두 쪽에 동일한 내용을 적어 놓는다 하더라도 국사과 교육과정을 '운영'하는 사람들(즉, 교과서 집필자, 교사 등)은 그 내용을 각각의 수준에 맞게 적절히 해석하면 된다고 볼 수도 있다. 그러나 이렇게 보는 것은 교육과정령의 중요성을 불필요하게 과소평가하는 것이며, 극단적으로 말하여 교육과정령이 없어도 교육과정을 운영하는 데에 별 지장이 없다는 견해를 나타내는 것이나 다름이 없다. 어쨌든 위에 예시한 바와 같은 현행 교육과정이 학교 급간의 종적 관련(계열)에 있어서의 문제점을 가지고 있다는 것은 분명하다. 이 문제점은 초등학교 6학년의 경우에는 국사가 사회과 중의 한 '부분'을 이루고 있는 데에 비하여 고등학교의 경우에는 국사가 독립 교과로 되어 있다는 점을 생각하면 더욱 심각해진다. (「교육과정」에 제시된 '내용' 뿐만 아니라, '목표'에 관해서도 마찬가지 문제점을 지적할 수 있다. 초등학교 사회과의 '일반 목표' 중에서 국사과에 해당되는 목표, 6학년의 '학년 목표' 중에서 국사과에 해당되는 목표, 그리고 고등학교 국사과의 '일반 목표'를 비교해 보면, 어느 것이 어느 것보다 '낮은 단계'의 목표라는 판단은 도저히 내릴 수 없다.)

학교 급간의 종적 관련이 현재와 같이 부적절하게 맺어지게 된 한 가지 보다 근본적인 이유를 지적할 수 있다. 실지로 작업하는 순서야 어떻든지 간에, 적어도 개념상으로는, 초등학교의 교육내용을 먼저 정하고 그 '위에' 그것보다 더 높은 수준의 내용을 각각 중학교와 고등학교의 교육내용으로 정해야 한다는 것이 종래의 통념이었다고 볼 수 있다. 게다가 교육내용도, 앞에서 말한 바와 같이, '내용 항목'(단원명)으로 제시되므로, 초등학교 단계에서부터 이미 그 교과에 일반적으로 포함되어야 한다고 생각되는 모든 항목들을 열거할 수밖에 없다. (앞의 초등학교 6학년 국사 부분의 내용 항목이 바로 그 보기이다.) 물론 중학교와 고등학교의 교육과정을 구성하는 사람들은 (적어도 관념상으로는) 각각 그 전단계의 교육내용에 비추어 그보다는 높은 수준의 교육내용을 선정하려고 노력하겠지만, 이 경우에는 학교 급간의 적절한 계열을 마련할 여지가 극히 제한될 수밖에 없다. 그리하여 결과적으로 우리가 오늘날 보는 것과 같은 교육과정이 나오게 되는 것이다.

이러한 고찰은 교육과정령이 교육과정 운영에 보다 확실하고 타당한 기준이 되려고 하면 장차 어떻게 개선되어야 하는가를 이미 시사하고 있다. 먼저, 학교 급간의 종적 관련이 원만하게 맺어지도록 교육내용을 '조직'하는 방안부터 생각해 보겠다. 한 교육내용에서 학교 급간의 교육내용을 관련짓는 한 가지 보다 적절한 방법은 현재와 같이 초등학교에서 위로 쌓아 올라가는 방법(편의상 이것을 '상향식' 교육과정 구성이라고 부를 수 있다)이 아니라, 고등학교에서 아래로 훑어 내려가는 방법(편의상 이것을 '하향식' 교육과정 구성이라고 부를 수 있다)일 것이다. (학생의 학습이 초등학교에서 위로 올라가는 순서를 밟는다고 해서 교육과정 구성이 마찬가지의 순서를 밟아야 할 필요는 없다. 제2장 3절 참조) 이 '하향식' 방법에는 종래의 '상향식' 방법에 비하여 종적 관련이라는 관점에서 보아 명백한 이점이 있다. 고등학교 단계에서는 중학교나 초등학교에 비하여 교과가 분화되어 있으며, 이 단계에서의 교육과정은 초등학교에서 고등학교에 이르기까지 우리나라 학교에서 가르쳐야 할 교육내용의 총체적 판도를 제시한다. 다시 말하면, 고등학교의 교육과정은 우리나라의 학생들에게 가르쳐야 한다고 결정한 모든 교육내용을 담고 있어야 한다. (이와 마찬가지 논리에서, 그 내용은 또한 우리나라에서 가르치고 있는 교사라면 학교 급에 관계없이 누구나 알아야 하는 교육내용의 총체이다. 비록 초등학교에서 가르치는 교사라 하더라도, 그 수준에서 자신이 가르치고 있는 내용이 장차 고등학교 수준에서는 어떤 아이디어로 발전하는가, 다시 말하여 초등학교에서 취급되는 아이디어가 결국은 고등학교 수준의 어떤 아이디어의 '초등학교판'인가를 알아야 한다.) 이 교육내용의 원천은 대학에서 가르치고 있는 '학문'(및 '기능')이다. 그러나 대학에서 가르치는 모든 학문의 내용을 고등학교에서 가르칠 필요는 없다. 그러므로 고등학교 교육과정은 대학의 교육내용 중에서 고등학교 학생들이 필수적으로 배워야 할 것들만을 '선정'하여 제시하여야 한다. 고등학교 교육과정을 구성하는 사람들이 해야 할 일은 각 교과별로 그러한 교육내용을 '선정'하고 '조직'하는 일이다.

교육과정의 종적 관련이라는 관점에서 보면, 중학교와 초등학교의 교육과정은 고등학교의 교육과정을 각각의 수준에 맞게 '번역'하는 것이어야 한다. 바로 이것이 교육과정의 종적 관련을 맺는 길이며, 여기에 또한 하향식 교육과정 구성의 이점이 있다. 구체적인 작업방식과 관련지어 말하면, 중학교와 초등학교 교육과정을 구성하는 일은 곧 고등학교 교육과정에 담겨 있는 내용 중에서 각각의 수준에 알맞은 것을 '선정'하여 각각의 교과구조에 적합한 형태로 '재조직'하는 일이다. (예컨대 '사회과'에서와 같이 고등학교에서는 별개의 교과로 취급되는 내용이 중학교에서는 통합교과로 취급되는 경우가 있다.) 고등학교 교육과정과는 별도로 중학교와 초등학교의 교육과정을 구성해야 한다는 것은 곧 중학교와 초등학교의 교육내용이 그 수준에 있어서 고등학교의 그것과는 달라야 한다는 가정을 나타내고 있다.

그러나 고등학교의 교육내용을 중학교나 초등학교에서 어느 수준으로 가르쳐야 하는가를 결정하기는 쉬운 일이 아니며, 교과에 따라서는 그 수준을 구별하는 일이 원칙상 불가능한 것으로 생각되는 경우도 있을 것이다. (예컨대 체육과의 경우, 현행 「교육과정」에서 학교 급별 교육내용을 비교해 보라.) 만약 어떤 특정한 교과가 성격상 후자에 속하는 것이라면, 어째서 그 교과에서는 학교 급별(또는, 학년별) 교과내용의 수준을 구별하기가 어려운가를 그 교과의 '성격'을 밝히는 부분에서 명백히 제시하고 학교 급별 교육과정 운영상의 고려사항들을 아울러 제시하여야 할 것이다. 그와는 달리, 상당히 많은 교과에서는 원칙상 각 학교 급별(또는, 학년별)로 수준에 차이를 둘 수 있고, 또 그 수준의 차이를 명시하는 것이 대단히 중요하다.

이것을 위해서라도 「교육과정」에 제시되는 '교육내용'은 현재의 그것과는 다른 형태를 취할 필요가 있다. 현재 제시되어 있는 대로의 교육내용(현재 각 교과별 교육과정은 '목표'와 '내용'으로 구분되어 있다)은 주로 '내용 항목'으로 제시되어 있지만, 이와 같이 '내용 항목'으로 제시하는 한, 교육내용에 있어서 학교 급별 수준의 차이를 명시하기는 거의 불가능하다. 앞에서 예시한 국사과의 경우를 보더라도 알 수 있는 바와 같이, '내용 항목'에 있어서는 초등학교 6학년의 경우와 고등학교의 경우를 구분하기가 사실상 어려운 것이다. 학교 급별 수준의 차이를 명시하려고 하면, 교육내용은 '내용 항목'으로 제시할 것이 아니라, '아이디어'(개념 및 원리)로 제시하여야 한다(제2장 3절 참조). '내용 항목'과 '아이디어'의 차이를 설명하기는 매우 어렵지만, '아이디어'는 현재 「교육과정」에 제시되어 있는 '내용 항목'을 가로 질러서, 어느 '내용 항목'을 가르치든지 간에, 학생이 그것을 배우고 난 뒤에 가지게 되기를 바라는 관점, 안목, 또는 쉬운 말로 사고방식을 가리킨다고 말할 수 있을 것이다. '아이디어'와 '내용 항목'과의 차이는 또한 '교육내용'과 '교과서'의 관련에 비추어서도 설명할 수 있다. 만약 「교육과정」에 제시되는 교육내용이 '아이디어'의 형식으로 제시된다면, 교과서를 제작하는 일은 이 아이디어를 다시 토픽('내용 항목' 또는 '단원명')으로 조직하고 그 토픽별로 아이디어를 적절하게 표현하는 학습자료를 고안하는 일로 된다. (교과서에 수반되는 '교사용 지침서'는 교육과정에 제시된 '교육내용'과 교과서에 표현된 '학습자료'와의 관련을 명시하여야 한다.) 교육내용을 이러한 아이디어로 제시할 경우에는, 내용 항목으로 제시하는 경우와는 달리, 학교 급별로 그 아이디어가 어느 정도로 깊이있게 또는 치밀하게 다루어져야 할 것인가를 명시하기가 보다 용이해진다.

교육내용의 선정과 조직을 위와 같은 방식으로 한다고 가정하면, 「교육과정」 책자는 현재와 같이 학교 급별로 편집되기보다는 교과별로 편집되는 편이 더 낫다. 다만 교육내용의 선정(핵심적 아이디어의 선정)이 고등학교 교과편제에 의한 교과별로 이루어져야 하는 것과는 달리, 「교육과정」 책자는 초등학교 교과편제에 의한 교과별로 편집되는 것이 좋을 것이다. 각 책자의 목차를 예시하면 다음과 같다. (초등학교의 경우에는 한 교사가 전 교과를 가르쳐야 하는 만큼, 교사의 편의를 위하여 '초등학교 교육내용' 만을 따로 모아 '총론'과 함께 별도의 책자를 만들 수도 있을 것이다.)

1. 총론(전 교과 공통)
2. 교과의 성격
3. 교과의 내용
4. 고등학교 교육내용
5. 중학교 교육내용
6. 초등학교 교육내용
7. 학교 종별 교육내용
8. 평가를 위한 지침

'1. 총론'에는 대체로 다음과 같은 내용이 포함될 수 있다. 첫째로, 현행 교육과정의 '일반 목표'에 해당하는 내용이 수록될 수 있다. 이것은 한 교사가 가르치는 교과가 무엇이든지 간에, 우리나라 학교에서 가르치는 교사라면 누구든지 그 교육활동에서 부단히 주의를 기울여야 할 교육의 역점을 제시하는 부분이며, 따라서 그 역점이 분명히 부각되도록 자세하게 써야 한다. 둘째로, 교육과정 구성 및 운영의 일반원리가 수록될 수 있다. 이 부분은 특히 각 교과 교육과정을 구성하고 운영하는 데에 구체적인 지침이 될 수 있는 사항을 자세하게 제시하여야 한다. 그러한 지침 중에는 특히 각 교과의 교육내용을 선정하고 조직하는 데에 실지로 작용할 수 있는 기준이 반드시 포함되어야 한다. 셋째로, 필수적으로 포함되어야 할 부분으로서, 학교 급별, 학교 종별로 교육목적과 교과의 편제 및 시간배당이 수록되어야 한다.

'2. 교과의 성격'에서는 그 교과에 포함되는 학문영역,[3] 그 교과에서의 강조점, 그 교과에 있어서의 학교 급별 강조점의 차이(만약 있으면), 총론에 제시된 일반 목표와의 관련성(그 교과는 어떤 측면에서 그 일반 목표에 기여하는가, 등등), 그 교과의 학교교육에서의 위치, 다른 교과와의 관련 등을 기술한다. 교과의 성격을 밝히는 일은 교과에 따라 매우 어려운 경우가 있을 것이며, 여기에는 교과교육 전문가 사이에 상당한 의견 차이도 있을 수 있다. 예컨대 국어과가 교과로서 어떤 성격을 가지며 그것에 포함되어야 할 내용 항목을 어떻게 구분하는가 하는 것은 그다지 쉽게 결정될 수 있는 일이 아니다. 교과의 성격을 결정하는 데에 보다 특수한 한 가지 난점은 '지식'교과와 '기능'교과를 어떻게 구분하는가 하는 것이다. 이 점에서 예체능과 실업교과의 성격은 충분히 재검토되어야 할 것이다.

'3. 교과의 내용'에서는 그 교과에 포함된 핵심적 아이디어('기능'교과의 경우에는 '핵심적 기능')를, 고등학교 교과편제에 의한 교과별로, 또 고등학교 수준을 염두에 두고 자세하게 제시한다. 여기서는 그 교과의 내용 전체를 파악할 수 있도록 하는 데에 강조점을 둔다.

4∼6에 이르기까지의 학교 급별 교육내용에는 고등학교에서 다루어질 교육내용을 기준으로 하여 각 학교 급에서 다루어질 수준(고등학교 수준의 핵심적 아이디어가 각 학교 급 또는 학년 수준에서 어느 정도로 깊이있고 치밀하게 다루어지는가)을 명시한다. 그와 아울러 각 학교 급별 '지도상의 유의점'을 부기한다. 고등학교의 경우에는 '3. 교과의 내용'이 여기에 해당할 것이기 때문에 학교 급별 교육내용을 별도로 명시할 필요가 없다.

'7. 학교 종별 고려사항'은 공민학교나 고등공민학교, 특수학교, 실업계 학교 등 학교 종별로 3∼6의 내용을 어떤 방식으로 가르쳐야 하는가, 유의할 점은 무엇인가 등을 기술한다. 예컨대 공민학교는 초등학교의 수준에 준하되, 특히 이러이러한 점을 고려하여야 한다든가 특수학교에는 초등학

3) 예컨대 실과의 경우를 생각해 보라. 대학 예비고사를 출제할 경우에 각 교과를 대표하는 대학교수 한 명씩을 부른다면, 실과에는 어떤 학과의 교수들을 불러야 하는가?

교에서 고등학교에 이르는 전 과정을 포함하되 이러이러한 점을 고려하여야 한다는 것 등이다. (현재의 「특수학교 교육과정」과 이 방안을 비교해 보면, 이 방안의 장점을 알 수 있을 것이다.)

'8. 평가를 위한 지침'에는 좋은 평가의 기준이나 평가의 유형 등 일반적인 지침 이외에, 각 학교 급별로(또는, 전체적으로) 학생들이 핵심적 아이디어를 이해했다는 증거를 어떤 방식으로 나타내어야 하는가(다시 말하면, '교육내용과 행동적 증거와의 관련')를 명시한다(제10장 삽입절 참조).

마지막으로, '특별활동'에 관하여 언급하겠다. 앞에서도 말한 바와 같이 현재 특별활동은, 교과는 아니지만, 교과와 마찬가지로 '정규 교육과정'의 한 부분으로 취급되고 있으며, 각급 학교에서는 주당 1.5-2.5시간을 특별활동에 할애하게 되어 있다. 특별활동의 의미나 교육적 가치에 관해서는 「교육과정」에 상세하게 해설되어 있고, 또한 그것에 대해서는 의심할 여지가 없다. 그러나 특별활동의 성격으로 보아 그것을 「교육과정」의 한 부분으로, 모든 학생에게 '강제로' 이수시켜야 할 것인가 하는 점은 다시 생각해 볼 필요가 있다. 특별활동을 교육과정의 한 부분으로 보아야 하는가 아닌가는 결국 '교육과정'을 어떻게 규정하는가에 달려 있다. 흔히 말하는 바와 같이, '학교에서 학생이 하는 모든 경험'을 교육과정이라고 보면, 물론, 특별활동은 교육과정의 한 부분이다. 그러나 그 논리에 의하면, 점심 먹는 것, 청소하는 것도 마찬가지로 교육과정의 한 부분이 되어야 한다. 교사가 어떻게 지도하는가에 따라 이런 것들도 충분히 의미있는 '교육적 경험'이 될 수 있을 것이다. 그러나 이와 같이 교육과정을 학교에서의 생활 전체와 동일시하면 교육과정의 의미는 걷잡을 수 없이 막연해질 것이다.

현행 교육과정에서 '특별활동'에 포함되는 활동은 (1) 학급활동, (2) 아동회활동, (3) 클럽활동, (4) 학교 행사의 네 가지이다. 이 중에서 클럽활동을 제외한 나머지 세 가지는 학교에 다니는 학생이라면 누구나 참여할 수밖에 없는 활동이며, 그런 활동에는 반드시 교사의 지도가 수반되어 교육적으로 의미있는 효과를 나타낼 수 있다. 이렇게 보면, 특별활동에서 참으로 '교육과정의 한 부분으로서 강제해야 할 것인가'가 문제되는 것은 오직 '클럽활동'의 경우라고 볼 수 있다.

클럽활동을 교육과정에 포함시켜야 할 것인가를 생각하는 데에 있어서는 교육과정의 개념 뿐만 아니라, (1) 클럽활동 자체의 성격, (2) 그것을 강제적으로 부과하는 데서 오는 현실적 문제점, (3) 강제적인 경우와 선택적인 경우 중의 어느 쪽이 더 실효를 거둘 수 있는가 하는 문제 등을 고려하여야 할 것이다. 뿐만 아니라, 이때까지 특별활동의 취지는 우리 교육계에 잘 알려져 있어서, 교육담당자의 양식으로 보아 만약 사정이 허락한다면 당연히 그 중요성에 합당할 만한 정도로 운영할 것이라고 보아도 좋을 것이다. 이 점으로 보면, 그것은 「교육과정」에서 규제하기보다는 학교장의 재량에 맡겨 두어도 좋으며, 오히려 그 편이 더 좋다는 생각도 있을 수 있다.

2. 행정적 고려

이상의 제안은 매우 좋은 것처럼 들리지만, 그것은 과연 실천 가능한가? 이제, 잠깐 그 제안을 실천하는 데에 필요한 행정적 조치에 관하여 생각해 보겠다.

종래 교육과정의 제정(또는, 개정) 작업은 세 가지 종류의 위원회가 담당하게 되어 있었다. 즉, '학교 급별' 위원회와 '교과별' 위원회, 그리고 이 두 위원회의 작업을 총괄적으로 조정하는 운영위원회가 그것이다. 이러한 위원회 조직은 표면상 타당성이 있어 보이지만, 실지로 교육과정을 구성하는 작업과정과 결부시켜 생각해 보면 문제가 있다. 예컨대 중학교 과학과 교육과정은 교과별로는 과학과에 해당하고 학교 급별로는 중학교에 해당하는 것이므로, 교과별로는 '과학과위원회', 학교 급별로는 '중학교위원회'의 소관사항이 된다. 그러나 중학교 과학과 교육과정을 실지로 '구성'하는 일은 누가 하는가? 그 뿐만 아니라 이들 위원회는, 적어도 실질상으로는, 교육과정 개정작업을 할 당시에만 기능을 발휘하는 '임시' 위원회이며, 따라서 이런 제도 하에서는 해당 교과교육에 관련된 누적적인 연구결과를 교육과정 개정에 반영시킬 기회가 매우 제한된다고 볼 수밖에 없다. 이러한 문제점에 비추어서, 장차에는 해당 교과의 교육과정의 발전에 관하여 계속적인 관심을 자극하고 그 연구결과를 누적적으로 다음의 개정에 반영시킬 제도적 장치가 필요하다.

앞 절에서의 제안을 실천에 옮기려고 하면, 장차에는 교과별로 해당 교과 교육과정의 구성과 운영에 관한 전반적인 사항을 관장할 (교과별) '교육과정 연구단'을 '상설'로 설치할 필요가 있다. 이 연구단은 고등학교 교과편제에 의한 교과별로, 해당 교과에 관하여 가장 권위적인 식견을 가진 교과전문가 4~5명으로 구성되는 것이 바람직하다. 이 연구단이 1차적으로 해야 할 일은 해당 교과에 포함될 교육내용(핵심적 아이디어)의 총체를 확인하는 일과, 각급 학교 및 이에 준하는 학교(특수학교, 고등공민학교 등)에서 교과교육의 실무에 종사하는 다수의 자문위원들(주로 장학사와 교사)의 자문을 받아, 그 교육내용을 각 학교 급과 학년 수준으로 계열화하는 일이다. 교과별 교육과정 연구단과 마찬가지로, 교육과정 구성 및 운영의 일반원리(총론)를 담당할 '교육과정 원리 연구단'도 있어야 하며, 이들도 각각 관련된 자문위원들로부터 자문을 받는다.

교과별 교육과정 연구단은 해당 교과 교육과정의 개선과 발전을 위하여 부단히 연구적인 관심을 기울이며, 특히 그 교과에서 교육내용의 선정과 조직이 적절한가를 계속적으로 확인하여야 한다. 이들은 해당 자문위원들과 함께, 교과 전체를 통틀어서, 또는 학교 급별로, 교육과정 운영에 관한 정기 세미나를 개최한다. 이 세미나를 통하여 교과교육에 관한 정보가 교환되고 현행 교육과정 및 교과서의 문제점이 확인될 것이다. (이 점에서 이 세미나는 종래 개정작업에서의 '심의'와 '실험'(pilot study)의 효과를 동시에 나타낸다.) 이 세미나의 결과는 누적되어 다음의 개정에 반영된다. 교육과정 원리 연구단은 '총론'의 내용을 부단히 검토하는 것 이외에, 교과별 교육과정 세미나에 참석하거나 그 결과를 보고받음으로써, 각 교과교육의 동향을 파악하고, 만약 필요하면, 그것에 비추어 총론의 내용을 수정할 수 있다.

교과별 교육과정 연구단의 자문위원은 각급 학교(및 특수학교, 고등공민학교 등)를 골고루 망라하도록 위촉하되, 그 수는 많을수록 좋다. 자문위원은 각급 학교에서 다소간 전문적인 관심과 식견을 가진 실무자로서 각 교과 교육과정 운영에 자문을 할 사람들이므로, 자문위원에 위촉된다는 것은 교과교육의 실무자(장학사와 교사)로서 누릴 수 있는 최고의 영예로 인정되어야 한다. 이러한 사람들이 많으면 그 만큼 우리나라 교과교육은 발전된 셈이므로, 자문위원의 수는 제한할 필요가 없다. 다만 교과별 교육과정 세미나를 할 때에는 세미나 운영에 적합한 수 만큼(윤번제로, 또는 연구의 업적을 참작하여) 초청할 수 있을 것이다. 세미나에 참석하지 않는다 하더라도, 자문위원은 각각 주어진 위치에서 교육과정의 정신을 현장에 보급하는 데에 중요한 역할을 한다. 교과별 교육과정 연구단은 해당 교과교육의 국내외 동향에 민감해야 하며, 따라서 이들은 예컨대 대한교육연합회의 연구대회와 같은 통로를 통하여 우수한 교사들을 발굴하고 그들을 자문위원으로 위촉하도록 추천할 책임을 가진다.

교육과정과 교과서의 개정은, 우연히 대부분의 교과를 동시에 개정할 필요성을 느끼는 경우를 제외하고는, 교과별로 이루어진다. 이 가능성은 앞 절에서 제안한 바와 같이 「교육과정」 책자를 교과별로 편찬한다는 점에 의하여 더욱 현실성을 띤다. 교육과정과 교과서의 개정 시기는 거의 전적으로 교과별 교육과정 연구단과 자문위원의 연구성과에 따라 결정된다. 그들이 하는 정기 세미나는, 말하자면, 교육과정이나 교과서 개정을 위한 준비작업에 해당한다. 교육과정과 교과서의 개정은 그들의 연구결과에 비추어서 개정의 필요가 있다고 판단되는 때에 한하여, 그리고 그 교과에 한하여 이루어져야 한다. 이렇게 할 때 비로소 개정의 필요성이 명확해지고, 따라서 '개악'(改惡)될 가능성이 배제되는 것이다.

교육과정 연구단에게는 매년 정액의 연구비가 지급되어야 하며, 그들이 하는 세미나에도 행·재정적 지원이 주어져야 한다. 교과별 교육과정 자문위원을 위해서는 어떤 형태로든지 응분의 인정이 주어져야 한다. 또한 그들의 계속교육을 위하여, 만약 필요하다고 생각하면, 교육대학원에 특별과정을 설치하고 일정기간 동안 수학할 수 있도록 편의를 제공하여야 한다. 이러한 조치는 여러 가지로 의미가 있지만 그 중에서 특히 대학에서 교과교육을 연구하는 사람들과 현장에서 실무에 종사하는 사람들 사이에 비교적 장기간의 상호작용을 가능하게 한다는 데에도 의미가 있다.

3. 교직의 전문성

교육과정 운영의 최전선에서 일하고 있는 교사가 어떤 자질과 태도를 가지고 있어야 하는가에 관해서는 이 책 여기저기에 간접적으로 시사되기도 하고 직접 언급되기도 하였다(특히 제5장). 여기서는 특히 교직의 '전문성'의 의미에 관하여 생각해 보겠다.

교직이 전문직인가 아닌가 하는 문제가 단순히 지적 호기심 때문에 거론되는 경우는 거의 없다. 대부분의 경우에 이 문제는 특정한 상황이나 맥락에서 제기되고 해답된다. 그러면 교직이 전문적인가 아닌가 하는 문제가 거론되는 그 특정한 상황이나 맥락은 어떤 것인가? 다시 말하면, 우리는 어떤 경우에, 또는 어떤 목적을 염두에 두고 그 문제를 거론하는가?

교직의 전문성 문제가 거론되는 맥락은 크게 두 가지로 구분할 수 있을 것이다. 하나는 교직의 처우개선이나 교권의 옹호와 관련되는 맥락이다. 예컨대 교직단체에서 교직을 전문직으로 규정하고자 하는 것은 주로 소위 '전문직'에 상응하는 대우를 교직에도 베풀어야 한다는 것을 주장하기 위해서라고 볼 수 있다. 그렇게 하기 위해서는 대체로 전문직이라는 것은 어떤 것인가를 규정하는 기준들을 열거하고 교직도 그 기준에 맞는다는 것을 보인다. 우리가 흔히 들을 수 있는 바와 같이, 전문직이라는 것은 그 직능을 수행하는 데에 고도의 지적 능력이 필요한 직업이라든가, 거기에 종사하기까지 상당히 장기간에 걸친 특수한 교육과 훈련을 받아야 하는 직업이라든가, 그 자체의 업무 수행능력을 향상시키고 근무조건을 개선하기 위한 자율적인 조직을 가지고 있는 직업이라든가 하는 주장들은 주로 그와 같이 교직에 응분의 인식과 대우가 주어져야 한다는 것을 주장할 목적으로 사용된다. 이러한 맥락에서 교직의 전문성을 논의할 때, 가장 흔히 사용되는 전문직의 모형은 의사직이나 법관직이다. 그리하여 교직도 전문직인 만큼 의사직이나 법관직에 비교될 만한 사회적 인식과 대우를 받아야 한다는 주장이 성립한다.

이때까지 교직의 전문성에 관한 논의는 대부분이 위와 같은 맥락에서 이루어져 왔다고 보아서 틀림이 없을 것이다. 여기에 대하여 교직의 전문성이 논의되는 또 하나의 맥락이 있다. 이 둘째 맥락에서 교직의 전문성이 논의되는 경우는 첫째의 경우에 비하여 훨씬 드물다. 이 둘째 맥락은 교사의 자질과 관련되는 맥락이다. 교사의 자질이 문제되는 맥락에는 다시 몇 가지가 있다. 교사가 되기 전에 받는 소위 '직전교육' 뿐만 아니라, 교직에 종사하는 동안에 받는 체계적 연수과정이나 교사 자신의 독자적 노력 등은 모두 교사의 자질을 구비시키고 향상시키는 데에 그 목적이 있다. 이런 사태에 교직의 전문성 문제가 관련된다는 것은 명백하다. 교직은 전문적인가, 그렇다면 어떤 뜻에서 전문직인가 하는 문제에 대한 해답의 방향에 따라 교사를 어떻게 양성해야 하며 현재 교직에 종사하고 있는 사람들이 자신의 질적 향상을 위하여 어떤 방향으로 노력해야 하는가가 대체로 결정될 것이다.

이상과 같이 교직의 전문성 문제가 거론되는 맥락을 구분하는 것이 중요한 이유는 그 맥락이 어떤 것인가에 따라 교직의 전문성 문제를 취급하는 각도가 달라진다는 데에 있다. 첫째 맥락에서는 교직이 전문직인가 아닌가 하는 문제가 주된 관심사가 된다. 앞에서도 말한 바와 같이 이 맥락에서는 전문직의 기준이 무엇이며 교직이 그 기준에 부합되는가 아닌가가 주로 논의된다. 그러나 둘째 맥락에서는 교직이 전문직인가 아닌가 하는 문제보다는 교직의 전문성이 어떤 '내용'을 가지고 있는가, 다시 말하여 교사가 '전문적인' 일을 하고 있다면 그 일의 내용은 무엇인가, 그 일은 어떤 전문적인 자질을 요구하는가 하는 문제가 주된 관심사로 된다. 첫째 맥락에 있어서의 논의가 사회 인사들에게 교직에 대한 응당한 인식과 대우를 촉진한다는 뜻에서 '밖으로 향한' 논의라고 하면, 둘째 맥락에 있어서의 논의는 교직에 종사하고 있는 사람들이 스스로의 자세를 가다듬기를 다짐한다는 뜻에서 '안으로 향한' 논의라고 할 수 있을 것이다.

오늘날과 같이 교사에 대한 대우가 사회적 문제로 되어 있는 사태에서 '밖으로 향한' 논의가 중요하다는 것을 충분히 인정하면서도, 또 한편 교직의 전문성 문제가 '안으로 향한' 것으로 취급되는 경우가 매우 드물다는 사실 한 가지만으로도 문제를 이런 각도로 취급해 볼 필요가 충분히 있다고 생각된다. 그 뿐만 아니라, 사회를 향하여 교직에 대한 보다 나은 대우를 촉구하는 노력과 동시에 교직자 내부에서 그 이름에 합당한 자세를 갖추는 노력도 이루어져야 하며, 어떤 관점에서 보면 이러한 '안으로 향한' 노력이 '밖으로 향한' 호소에 대한 호응을 앞당기는 계기가 될 수도 있다.

교사가 '전문적으로' 하는 일은 어떤 일인가? 이 질문에 대한 대답은 단도직입적으로 명백하다. 그것은 바로 '교육' 또는 '가르치는 일'이다. 그러나 이 대답은 사실상 새로운 질문을 일으키는 것에 불과하다. 그렇게 대답하는 순간에 우리는 '교육 또는 가르치는 일을 전문적으로 한다'는 것이 무엇을 의미하는가, 그때 교사는 구체적으로 어떤 일을 하는가, 그 일을 하는 교사는 어떤 모습을 갖추어야 하는가 하는 질문에 부딪치게 되는 것이다.

이러한 관점에서 교사가 '전문적으로' 하는 일의 성격을 파악하는 하나의 실마리는 다음과 같은 사실에서 찾아볼 수 있다고 생각된다. 즉, 직업인으로서의 교사는 그 직업이 봉사하는 대상으로서의 학생과 '동일한 종류'의 일을 하고 있다는 것이다. 이 특성은 사회의 다른 직업에서는 어디에서도 찾아볼 수 없는 교직 특유의 특성이다. 의사나 변호사, 또는 그 밖의 어떤 전문적인 일을 하는 사람이든지 간에, 자신이 봉사하고자 하는 사람과 동일한 일을 해야 하는 경우는 없다. 그러나 교사는 예외이다.

학생이 하는 일을 일반적인 말로 표현해서 '공부'라고 하면, 교사는 바로 그 공부를 직업으로 하고 있는 사람이다. 물론 직업적인 교사가 아니더라도 다른 사람들에게 무엇인가를 가르쳐 주는 경우가 있다. 그러나 이런 사람은 자신이 가르치는 사람들이 하는 일과 동일한 일을 직업으로서 할 필요는 없다. 여기에 비하여 교사는 학생이 하는 일, 즉 공부를 직업으로서 하고 있다. 다시 일반적인 말로 표현해서, '공부'라는 것이 주로 책을 읽고 그 의미를 파악하는 일이라고 하면, 교사는 책 읽는 일을 직업으로 삼는 사람이라고 말할 수 있다. 물론 교사가 아닌 사람도 책을 읽는다. 그러나 그 사람은 책 읽는 일을 직업으로 하고 있는 것이 아닌 데에 비하여, 교사에게 있어서는 책을 읽는 일 그것이 바로 직업이다.

아마 공부를 한다든가, 책을 읽는다는 것만으로 교사가 전문적으로 하는 일의 성격을 충분히 규정할 수는 없을지 모른다. 다만 한 가지 첨가되어야 할 것이 있다면, 교사는 그 일을 일정한 기간 동안은(즉, 교실에서 수업을 하는 동안은) '학생들이 보는 앞에서' 해야 한다는 점일 것이다. 다시 간추려서 교사가 전문적으로 하는 일의 성격을 말한다면, 교사는 학생이 하는 일과 동일한 일을 하면서, 일정한 기간 동안은 그 일을 학생들 앞에서 시범하는 일을 직업으로 삼고 있는 사람이라고 말할 수 있다.

교사의 일을 이런 각도로 파악하는 데서 우리는 교직의 전문성에 관한 몇 가지 중요한 결론을 이끌어낼 수 있을 것이다. 가장 명확한 것으로서, 위의 관점은 교직이 가지고 있는 사회적 의의를 명확하게 파악하는 데에 도움이 된다. 공부하는 것이 어째서 중요한가 하는 것은 교육철학에서 복잡하게 논의되는 문제이지만, 그것의 가치를 전적으로 부정하는 사회는 역사상 없었고 앞으로도 있을 것 같지 않다. 현재 우리 사회에서 공부의 가치에 대하여 회의적인 태도를 표명하는 사람들을 간혹 볼 수 있지만, 이것은 다분히 냉소적인 의미를 가지고 있는 것으로 이해해야 할 것이다. 공부하는 일이 가치가 있다면 그것을 직업으로 하는 사람은 그 만큼 사회에서 존경을 받아야 마땅하다. 그와 마찬가지로 공부의 가치를 낮게 평가하는 사회일수록 그 만큼 교직이 존경받지 못하는 것도 또한 당연하다.

둘째로, 교직에 종사하는 사람은 공부하는 일이 그 자체로서 좋은 일이요 가치있는 일이라는 확신을 가지고 있어야 한다. 이 확신이야말로 교사가 갖추어야 할 전문적인 자질 중에서 가장 기본적이면서도 가장 중요한 것이라고 볼 수 있다. 물론 이 확신은 공부를 다소간 깊이 해본 사람이 아니면 생기지 않는다. 그것은 마치 낚시질을 다소간 오래 해본 사람이 아니고는 낚시질이 좋고 가치있다는 것을 알리가 없는 것과 마찬가지이다.

공부의 가치에 대한 확신이 교사의 자질로서 어느 정도로 중요한 것인가 하는 것은 그러한 확신이 없이 교직에 들어온 사람의 처지가 얼마나 딱할 것인가를 생각해 보면 쉽게 짐작할 수 있을 것이다. 틀림없이 그런 사람은 가르치는 일이 오직 봉급을 받기 위한 수단이라고 생각하고, 만약 조금이라도 봉급을 더 주는 일자리만 생기면 서슴없이 교직을 팽개쳐버릴 것이다. 자기 스스로 가치를 인정하지 않는 일을 할 이유가 없는 것이다. 이런 교사는 또한 자신의 직업을 수행하는 양태를 통하여 학생에게도 학문에 대한 혐오를 심어 줄 가능성이 있다.

셋째로, 교사는 철학, 사회학, 심리학 등 여러 학문의 관점에서 교육 현상을 이해하는 일을 하여야 한다. 이와 같이 각각의 활동에 관련된 현상을 이해하는 것은 교직 뿐만 아니라 다른 전문적인 직업에도 마찬가지로 중요하다. 그러나 특히 교직의 경우에, 교육에 관련된 현상을 이해하는 일은 다른 직업에서와는 다른 특별한 의미를 가지고 있다. 즉, 교직의 경우에 그 일은 바로 교사가 직업으로 하고 있는 '공부'와 동일한 종류의 일이며, 따라서 그 일은 교사가 전문적으로 하는 일의 한 필수적인 부분으로 간주된다는 것이다. 결국, 교사는 자신이 전공하는 교과를 공부하면서 그와 동시에 여러 학문적 관점에서 교육 현상을 이해하는 일을 직업으로 삼고 살아가는 사람이라고 말할 수 있다.

'밖으로 향한' 교직의 처우개선을 위한 호소는 교사가 위와 같은 일을 전문적으로 할 때 비로소 실감을 가질 수 있다. 그러나 아이러니컬하게도, 교사가 그 전문적 자질을 만족스럽게 갖추고 있는 사회에서는 '밖으로 향한' 호소가 불필요하게 될지도 모른다.

제 10 장

재는 학력과 가르치는 학력

교육의 목적을 여러 가지 고상한 말로 규정한다 하더라도, 구체적으로 교육을 하는 장면에 와서는 대부분의 사람들의 마음 속에 교육은 '학력을 높이는 일'이라는 생각이 크게 자리를 차지한다. 실지로 교육을 하는 사람들이 자신의 하는 일을 그런 식으로 생각하고 있고, 또 옆에서 보는 사람들이 그 일을 그런 식으로 규정해도 별로 무리가 없기 때문이다. 그러나 '학력을 높이는 일'이라는 식으로 교육을 규정할 때, 우리는 그 '학력'을 주로 어떤 것이라고 생각하는 것인가? 그리고 그 생각에 따라 '학력을 높이는 일'을 규정할 때, '학력을 높이는 일'은 또한 어떤 의미를 가지는가? 그것을 교육이라고 보아서 과연 별 무리가 없는가? 이것이 이 장에서 생각해 보고자 하는 문제이다.

1. 평가적 개념과 수업적 개념

학력이라는 말이 교육계에 쓰이게 된 것이 언제부터인지는 알 수 없지만, 짐작컨대 그 말은 반드시 '측정'이나 '평가'와 밀접한 관련을 맺고 사용되었을 것이다. '학력측정'이나 '학력평가'라는 말이 널리 쓰이고 또 매우 자연스럽게 들리는 것을 보면, 학력의 의미는 분명히 평가와 측정에 본바탕을 두고 있다는 것을 알 수 있다. 이와 같이 학력이 '평가적 개념'이라고 하면, 학력의 의미를 구체적으로 파악하기 위해서는 반드시 그것을 '재는 방법'을 분명히 밝히지 않으면 안된다.

이것은 전혀 이상한 일이 아니다. 학력이라는 것은 시력이나 근력과 마찬가지로 개인이 가지고 있는 '성향'이며, 그것이 무엇인가, 또는 개인이 그것을 얼마나 가지고 있는가 하는 것은 반드시 그것을 어떤 방법으로 잴 수 있는가, 그리고 그 방법에 따라서 잰 결과가 무엇인가 하는 것에 비추어서 대답되어야 한다. 시력이나 근력을 '눈의 힘'이나 '근육의 힘'이라고 해도 그것이 구체적으로 무엇인지에 관하여 충분한 해답을 들었다는 느낌이 들지 않는 것과 마찬가지로, 학력을 '배우는 힘'이라든가 '배운 뒤에 생기는 힘'이라고 설명을 해도 충분한 설명을 들었다는 느낌이 들지 않는 것은 그 때문이다.

시력을 나타내는 데에 흔히 쓰고 있는 1.2, 1.5 등은 안과병원에서 볼 수 있는 시력 검사표를 읽도록 하여 얻는다. 전문적으로 체력을 검사하는 기관에서는 근육의 힘을 측정한다. '국어 학력', '산수 학력'(동일한 교과인데도 '수학 학력'이라는 중·고등학교 용어보다는 '산수 학력'이라는 초등학교 용어가 더 자연스럽게 들리는 것은 어째서인가?), '사회과 학력' 등은 어떤 방식으로 측정되는가? '학력검사'라고 불리는 시험문제가 바로 그 측정방법이다. 이러한 생각에 의하면, 학력이라는 것은 곧 시험의 결과로 나타난 점수(마치 1.2, 1.5 등의 시력과 같은 것)를 의미한다.

문교당국이나 교육행정가들, 또는 학부모들이 학생들의 '학력저하'에 대하여 우려를 표명할 때, 그들은 주로 시험의 결과로 나타난 점수로서의 학력, 즉 '재는 학력'을 염두에 두고 있다고 볼 수 있다. 교사의 경우와 마찬가지로, 그들의 입장에서도 요즘 학생들의 학력이 어느 정도인가 하는 것은 당연한 관심사일 것이다. 그것을 알고 싶을 때 그들은 학력검사를 실시하고, 그 결과가 기대에 미치지 못할 때 그들은 당연히 '학력저하'에 대하여 우려를 표명하며 그 사태를 시정하기 위하여 무슨 조치든지 강구할 필요를 느낄 것이다.

그러나 무슨 조치를 취해야 하는가? 학력저하의 사태를 시정하기 위한 조치를 나타내는 말로서 요즘 와서는 '학력제고'라는, 다소 어색하고 낯선 표현이 사용되고 있다. 학력평가나 학력측정이라는 말이 자연스럽게 들리는 반면에 학력제고라는 말이 어색하게 들리는 것은 학력이라는 말의 의미의 본바탕이 '드높이는 일'(제고)보다는 '재는 일'(평가와 측정)에 있다는 것을 암시하고 있다. 여기에 비하여 학력제고라는 말은 원래 평가라는 본바탕에서 쓰이던 학력이라는 말을 제고라는 새로운 바탕에 이식하기 위하여 새롭게 만들어낸 표현이라고 볼 수 있다.

그러면 이와 같이 지금까지 평가와 관련하여 의미를 가져왔던 학력이라는 말을 제고에 직접 이식시킬 때, 학력제고라는 말은 어떤 의미를 가지게 되는가? 얼른 생각하면, 이 경우에 학력제고라는 것은 학력평가라고 할 때의 학력이 나타내는 것, 즉 재는 학력(또는, 시험점수)을 '드높이는' 것을 뜻한다고 볼 수 있다. 이것 만큼 논리적으로 자명한 것은 없을 것이다. 학력저하라는 것이 시험점수가 낮은 사태를 가리키는 만큼, 그 사태를 시정하기 위한 조치는 당연히('논리적으로') 시험점수를 높이는 일이 될 수밖에 없을 것이기 때문이다.

아마 학력제고의 필요성을 절감하고 그 조치를 취하기 위하여 어떤 일이든지 해야 되겠다고 생각하는 사람들 중에도 학력제고의 의미를 위에 적힌 대로 '시험점수를 높이는 일'이라는 식으로 해석하는 데에 대해서는 저항을 느끼는 사람들이 많이 있을 것이다. 그 저항은 어디서 오는가? 그것은 '시험점수를 높이는 일'이라는 것이 여러 가지 의미를 가질 수 있다는 것과 그 의미 중의 어떤 것은 학력제고의 의미로서 올바르지 않다는 점에서 오는 저항일 것이다. 보다 구체적으로 말하면, 시험점수를 높인다는 것은 즉각적으로 '시험준비 교육'을 연상시킨다는 것이다.

시험준비 교육이라는 것이 어떤 것이며, 그것이 얼마나 교육의 의미를 그릇된 방향으로 이끌고 있는가 하는 것은 우리가 모두 잘 알고 있다. 시험준비 교육이라는 것은 학습내용 중에서 시험에 나올 만한 것만을 골라 그것을 시험문제의 형식과 되도록 가까운 형식으로 연습하는 교육이며, 이 연습은 아마 시험을 위한 준비로서는 가장 이상적인 조치라고 볼 수 있을 것이다.

학력제고의 의미를 시험준비 교육과 동일한 의미로서의 '시험점수를 높이는 일'로 파악하는 것이 논리적으로 지극히 당연한 것처럼 보임에도 불구하고 우리가 그것에 대하여 저항을 느끼는 것은 학력제고의 의미를 그런 식으로 파악하는 것이 그릇되다는 것을 암시한다. 다시 말하면, 학력제고라고 할 때의 학력의 의미는 학력평가라고 할 때의 학력의 의미와 동일하다고 생각해서는 안된다는 것이다. 학력제고를 마치 시험준비와 동일한 것이라고 생각하는 것은 학력평가에서의 학력의 의미와 학력제고에서의 학력의 의미를 동일한 것이라고 생각하는 데서 나온 그릇된 생각이라는 것이다. 이것이 그릇된 생각이라는 것은 곧 학력은 그것을 '재는' 입장에서 생각하는가, 아니면 '가르치는' 입장에서 생각하는가에 따라 상이한 의미를 가질 수 있다는 것을 말해 주는 것이다. 학력제고를 시험준비와 동일한 것이라고 생각하는 것은 이 두 가지 학력의 의미, 즉 '재는 학력'(평가적 개념)과 '가르치는 학력'(수업적 개념)을 혼동하는 것이다.

시험준비와는 다른, 학력제고의 또 하나의 의미, 즉 '가르치는 학력'이라는 것은 무엇인가? 학력을 제고하기 위하여 시험준비가 아닌 다른 방법이 있다면 그 방법은 어떤 것인가? 이 문제는 대답하기가 결코 쉽지 않다. '가르치는 학력'의 의미를 설명하기는 적어도 '재는 학력'의 의미를 설명하는 것보다는 훨씬 더 어렵다. 시험준비 교육, 또는 보다 심각한 문제로서 '입시위주의 교육'이 그릇되다는 것은 누구나 역설하면서도, 그런 교육이 아닌 '정상적인' 교육이 과연 어떤 것인가에 대해서는 별로 확실한 견해를 제시할 수 없는 것은 바로 '가르치는 학력'이 어떤 것인가를 쉽게 설명할 수 없기 때문이라고 볼 수 있다. 혹시 입시위주의 교육에 대한 대안으로서 정상적인 교육에 대해서 말하는 경우가 있다 하더라도 대부분의 경우에 그것은 '인간교육'이라는, 지극히 막연하고 불투명한 용어로밖에 설명되지 않는다.

인간교육의 필요성을 힘써 외치는 동안에도 학교에서는 여전히 교과를 가르치고 있다. 흔히 생각하듯이 인간교육이 지식 또는 교과를 가르치는 것과 하등 관계가 없다면, 교과를 가르치는 일은 여전히 '입시위주'로 해야 하고 그것과는 별개의 일로 '인간교육'을 해야 한다는 말인가? 만약 인간교육이 그러한 의미로 이해되어야 한다면, 인간교육을 아무리 한다 하더라도 학교에서는 여전히 입시위주의 교육을 할 수밖에 없고 따라서 인간교육은 결코 입시위주 교육을 대치할 수 없을 것이다. 인간교육이 참으로 입시위주 교육의 대안이 되려고 하면, 그것은 교과를 가르치는 일과 별개의 것으로 설명될 것이 아니라, 교과를 가르치는 한 가지 방법으로, 다시 말하여 교과를 가르치되 인간교육을 실현하도록 가르치는 방법으로 설명되어야 할 것이다.

학력제고의 의미를 시험준비 교육과는 다르게 파악하는 방법('가르치는 학력')이 무엇인가를 애써 찾아보면, 아마 인간교육의 의미를 학력의 개념으로 설명하는 관점이 생길지도 모른다. 그러나 그 방법이 무엇인가를 생각해 보기 전에, 먼저 '재는 학력'과 '가르치는 학력'을 혼동하는 생각 그 자체를 다소간 자세하게 고찰할 필요가 있다.

2. 교육목표의 의미

학력제고의 의미를 '재는 학력을 드높이는 일'로 파악하는 것이 논리적으로 자명한 것처럼 보이지만, 여기에는 몇 가지 놀랄 만한 사실이 있다. 우선, 놀라운 사실은 인류가 그토록 오래 동안 교육을 해왔음에도 불구하고

약 50년 전에야 비로소 그 자명한 생각이 체계화된 형태로 나타났다는 사실이다. 그토록 오래 동안 아무도 말할 수 없었던 그 '논리적으로 자명한 생각'을 명백히 말하는 데는 참으로 뛰어난 지혜와 용기가 필요했을 것이다. 그러나 또한, 앞에서 말한 바와 같이 그 생각의 본질을 파악하고 나면 누구나 저항을 느낄 것임에도 불구하고, 그 생각이 발표되고 난 이후로 오늘날까지 그것이 교육에 관한 견해로서 전 세계적으로 받아들여져 왔다는 것도 놀라운 사실이다. 더구나 시험준비식 교육이나 입시위주의 교육이 어떤 폐단을 가지고 있는가를 잘 아는 우리나라에서까지, 한편으로 그 폐단을 열렬하게 지적하면서도 또 한편으로 그 폐단을 이론적으로 뒷받침하는 교육관을 버리려고 하기는커녕, 비판조차 하지 못한다는 것은 분명히 기적에 속하는 일이다.

그러면 약 50년 전에 체계화되었다는 그 생각은 어떤 것이며, 그것은 어떤 점에서 '재는 학력'과 '가르치는 학력'을 혼동한다고 볼 수 있는가? 그 이전의 생각에 의하면, 교육이라는 것은 '교과'(그것이 무엇이든지 간에)를 가르치는 일이며, 평가라는 것은 그 일이 있고 난 뒤에 학생들이 그것을 어느 정도로 배웠는가를 극히 간접적으로, 부분적으로, 또 불확실하게 알아보는 방법에 불과한 것으로 생각되었다. (여기서 '간접적으로, 부분적으로, 불확실하게'라는 말은, 물론, 평가의 이론이 발달한 오늘날 우리의 관점에서 볼 때 그러하다는 뜻이며, 평가이론이 체계화되기 이전의 사람들은 그들의 평가에 대하여 그렇게 생각하지 않았을 것이다. 그들에게 있어서 평가라는 것은 그냥 '시험을 보이는 것'을 의미하였다. 사실상 오늘날 극히 일상적인 경우를 제외하고는 '시험'이 '평가'라는 용어로 완전히 대치되다시피한 데는 위에서 말한 두 학력관의 체계적인 혼동(즉, 가르치는 학력을 재는 학력으로 대치하는 것), 그리고, 결국 똑같은 말이지만, 교육내용과 교육목표의 밀접한 관련, 또는 후자에 의한 전자의 대치가 작용하였다고 말할 수 있다. '목표'라는 것은 그 달성도가 '평가'되어야 하는 것이다.)

그러나 지금으로부터 약 50년 전에 일군의 교육학자들은 '교육목표'라는 말을 우리가 보통 생각하는 상식적인 의미와는 다른 특별한 의미로 규정함으로써 교육과정의 이론을 체계화하였다.[1] 그들에게 있어서 교육목표라는 것은 홍익인간이나 민주시민의 양성과 같이 교육을 통하여 기르고자 하는 이상적인 인간상을 추상적으로 나타내는 말이 아니라, 한 단위의 교육 프로그램을 마친 뒤에 학생들에게 나타날 행동의 변화를 구체적으로 지적하는 용어이다. 한 단위의 교육프로그램을 마친 뒤에 학생들에게 나타날 행동의 변화는 곧 평가의 내용이며, 따라서 평가는 학생들에게 나타날 그 행동의 변화가 실지로 나타났는가를 확인하는 일이다. 물론 홍익인간이나 민주시민의 양성과 같은 '교육목표'도, 어떤 의미에서 보면 한 단위(그 단위가 얼마나 큰 단위인가 하는 것은 젖혀 놓고)의 교육프로그램을 마친 뒤에 학생들이 나타낼 변화라고 볼 수 있으며, 따라서 평가의 내용이 된다고도 볼 수 있다. 그러나 그 교육학자들의 견해에 의하면, 홍익인간이나 민주시민의 양성과 같은 추상적인 교육목표는 평가에서 학생들이 구체적으로 어떤 '행동'을 해야 하는가를 보여주지 못하기 때문에 교육목표(즉, 평가의 내용)로서 제구실을 할 수 없다.

그 교육학자들이 주장하는 바에 따라 교육목표가 제구실을 하도록 하자면, 그것은 평가할 단계에 와서 학생들이 해야 할 '행동'을 구체적으로 지적하는 것이어야 하며, 또한 그 행동을 더 구체적으로 지적하면 할수록 교육목표로서 더 유용하다. 우리나라에도 널리 알려져 있는 블룸의 「교육목표분류학」(I. 지적 영역, II. 정의적 영역)이라는 책[2]은 그러한 교육목표의 의미를 잘 구현하고 있다. 그 책은 지적 영역과 정의적 영역에 걸쳐서 여러 가지 교육목표들을 상세하게 분류하고 각각의 교육목표들이 어떤 '행동적 변화'를 지적하는가를 분명히 밝힌 다음에, 각각의 교육목표에 해당하는 평

1) Tyler, R. W.(1949), *Basic Principles of Curriculum and Instruction*, University of Chicago Press.

2) Bloom, B. S. *et. al.*(1956, 1964), *Taxonomy of Educational Objectives: I. Cognitive Domain, II. Affective Domain*, New York: David McKay, 임의도 외(공역)(1966, 1967), 교육목표 분류학, 서울: 배영사.

가문항을 예시하고 있다.

「교육목표 분류학」의 용도는 여러 가지가 있지만, 아마 시험문제('지식', '이해', '적용' 등 교육목표에 해당하는 시험문제)를 내는 기준이나 지침으로서 가장 널리 사용되었다고 볼 수 있다. 이 면에서 「교육목표 분류학」이 유용하다는 것과 이때까지 이 면에서 그 책이 중요한 공헌을 했다는 것은 의심할 여지가 없다. 그리고 그 책이 시험문제를 내는 지침이 되는 데도 불구하고 어째서 '교육목표'를 분류하는 책이라고 말하는가 하는 것은, 상식적인 사람으로서는 능히 품을 수 있는 의문이지만, 블룸이 따르고 있는 교육관에 비추어 보면 하등 이상한 것이 아니다. 그 교육관은 바로 평가의 내용(평가에서 학생들이 나타낼 행동의 변화)을 교육목표로 보는 견해이며, 교육목표를 세운 뒤에 하는 교사의 활동 – 학습내용을 선정하고 조직하여 학습지도를 하는 활동 – 은 모두 그 교육목표를 달성하기 위한 수단이라고 보는 견해인 것이다.

보다 근래에 와서 이 견해를 끝까지 밀고 나간 사람들 중에는 교육목표를 '행동적 용어'로 상세화해야 한다고 주장하는 사람들이 있다(다음의 '목표의 행동적 상세화'에 관한 삽입절 참조.).[3] (물론 이 주장도, 앞에서 말한 일반적인 견해와 마찬가지로, 우리나라 교육현장에 별다른 비판없이 받아들여지고 있다.) 이 주장에 의하면, '안다'든가 '이해한다'든가 '감상한다'든가 하는, 이른바 '정신적 용어'는 교육목표 – 다시, 평가할 때 와서 학생이 나타내어 보여야 할 행동적 증거 – 에 쓰이는 용어로서는 부적합하다는 것이다. 이런 용어가 부적합하다고 볼 근거가 무엇인가 하는 것은 '교육목표'의 의미에 비추어 쉽게 짐작할 수 있다. 예컨대 '안다'는 말이 교육목표를 진술하는 용어로 사용될 경우에('삼각함수의 원리를 안다'), 평가할 단계에 와서 학생이 과연 '아는' 행동을 하는지 안하는지, 어떤 행동이 과연 '아는' 행동인지 알 수 없을 것이며, 따라서 그 만큼 그 교육목표는 제구실

---

3) 예컨대 Mager, R. F.(1962), *Preparing Instructional Objectives*, San Francisco: Fearon, 정우현(역)(1972), 행동적 수업목표의 설정, 서울: 교육과학사.

을 하지 못한다는 것이다. 교육목표가 그 원래의 의도에 충실하려고 하면, 교육목표는 그런 용어로 규정될 것이 아니라, '쓴다'든가 '문제를 푼다'든가 '지적한다'든가 '열거한다' 등과 같이 '바깥으로 드러나는 행동'을 명시하는 용어, 그리하여 다르게 해석할 여지가 없이 명백한 용어로 규정되어야 한다는 것이다. '안다'는 말과는 달리, '쓴다'는 말은 평가할 단계에 와서 학생이 해야 하는 행동이 어떤 것인가를 '명백히' 지시해 주는 것이다.

한 가지 구체적인 예를 들어서, 위에 제시된 견해가 어떤 성격의 것인가, 또는 그 견해가 과연 '재는 학력'과 '가르치는 학력'을 혼동하고 있는가를 생각해 보겠다. 예컨대 삼각함수를 가르치는 교사는 그것을 가르치기 전에 먼저 '교육목표'를 설정하여야 한다. 이 교육목표는 삼각함수를 배운 뒤에 학생이 나타내어야 할 행동의 변화를 지적하는 것이어야 하며, 그것이 막연한 공염불이 되지 않으려고 하면 교육목표는 평가에서 학생이 해야 할 행동을 '구체적으로'(즉, '행동적인 용어'로) 지시할수록 좋다. 그리하여 교사는 예컨대 다음과 같은 목표를 설정한다. 즉, '직각삼각형의 빗변의 길이와 높이, 그리고 그 사잇각을 알면 (삼각함수표를 보고) 나머지 한 변의 길이를 구할 수 있다.' 물론 이것은 삼각함수를 배운 뒤에 평가할 단계에 와서 학생이 해야 할 많은 '행동' 중의 한 가지에 불과하다. 그러나 그 밖에 삼각함수를 배운 뒤에 학생들이 해야 할 '모든' 행동들('모든' 교육목표들)을 나열한다 하더라도 그것은 본질상 위에 예시한 것과 다른 것일 수 없다.

'직각삼각형의 빗변, 높이, 그 사잇각이 주어졌을 때 다른 한 변의 길이를 구하는 행동'은 삼각함수에 관한 수학적 원리를 배운 학생이라면 당연히 할 수 있어야 한다. 그리하여 학생들에게 삼각함수를 가르친 뒤에 학생들이 과연 삼각함수를 잘 배웠는가를 알아보고 싶은 교사는 여러 가지 시험 문제 중의 한 가지로서 그런 시험 문제를 내어 주고, 만약 학생들이 그런 문제를 풀지 못하면 교사는 자신이 충분히 가르치지 않았거나 학생이 열심히 배우지 않았다는 식으로, 교육의 효과에 대하여 일단 의심을 품어 볼 수 있다. 학생들이 삼각함수를 잘 배웠다고 말하면서도 그런 문제를 풀지 못한다면(또는, 그 역으로, 그런 문제를 풀지 못하면서도 삼각함수를 잘 배웠다고 말한다면) 이것은 분명히 모순을 저지르는 것이다. 앞에서 쓴 용어를 쓴다면, '...다른 한 변의 길이를 구할 수 있다'는 것은 분명히 삼각함수에 관한 '재는 학력'의 한 부분이라고 말할 수 있다.

그러나 앞에서 다소 자세하게 설명한 교육관에 의하면, '...다른 한 변의 길이를 구할 수 있다'는 것은 '재는 학력'일 뿐만 아니라, 그 이상으로 '가르치는 학력'이 되기도 한다. 그러한 행동을 '교육목표'라고 부르는 것이 바로 그 점을 강하게 시사하고 있다. 그 교육관의 핵심은 평가에서 학생들이 나타내어야 하는 행동의 변화를 '교육목표'라고 보는 데에 있으며, 그것을 '교육목표'라고 보는 이유는 교사가 삼각함수를 가르치는 동안에 해야 할 일이 바로 그러한 행동을 하도록 학생들을 이끄는 일이라는 데에 있다. 다시 말하면, 삼각함수를 가르치는 동안에 교사가 하는 여러 가지 활동은 주로(또는, 오직) 그러한 교육목표(그리고 그 밖에 여러 가지 그와 동일한 종류의 교육목표)를 달성하기 위한 수단으로서 의미를 가진다는 것이다. 그리고, 우리가 지금까지 고찰한 바와 같이, 그러한 '교육목표를 달성한다'는 것은 예컨대 삼각함수라는 '내용'을 배운 뒤에 학생들이 시험문제에 대하여 정답을 하고 따라서 높은 시험점수를 받는 것을 의미한다. 그리하여 '재는 학력'을 높이는 일이 곧 바로 가르치는 일('가르치는 학력'을 높이는 일)로 되는 것이다.

그러나 문제는 교사의 '가르치는 일'의 의미를 이와 같이 '교육목표를 달성하는 일'로 파악해도 좋은가 하는 데에 있다. 이러한 의문은, 학력제고의 의미를 보통 의미에서의 '시험준비 교육'으로 파악하는 데에 대하여 저항을 느끼는 사람이라면, 당연히 품을 만한 의문이다. (시험준비 교육에 대해서는 저항을 느끼면서도, 가르치는 일은 곧 평가에서 학생이 나타내어야 할 행동으로서의 '교육목표'를 달성하는 일이라는 견해를 당연한 것으로 받아들이는 사람이 있다면, 그 사람은 자신의 입장을 어떻게 해명할 수 있을지 궁금하다.)

위의 의문을 심각하게 품는 사람은 또한 '가르치는 일'의 의미를 '목표를 달성하는 것'과는 다른 방식으로 파악하고자 할 것이다. 아마 그런 사람은 예컨대 삼각함수를 가르치는 경우라면 '가르치는 일'이라는 것은 삼각함수라는 '내용', 다시 말하여 삼각함수의 수학적 원리를 가르치는 일로 파악되어야 한다고 생각할 것이며, 여기서 삼각함수의 수학적 원리를 배운다는 것은 그것을 배우고 난 뒤에 그것을 배웠다는 증거로서 이러이러한 행동을 할 수 있다는 것(즉 '재는 학력')과는 반드시 일치하지 않으며 적어도 그것만으로는 충분히 규정되지 않는다고 생각할 것이다.

'재는 학력'과는 달리, '가르치는 학력'으로서의 삼각함수는 수학의 한 가지 '아이디어'이다. '교육내용'으로서 삼각함수를 배운다는 것은 삼각함수라는 '아이디어'를 활용하여 '수학적 현상'을 볼 수 있게 된다는 뜻이다. 수학 뿐만 아니라 우리가 학교에서 가르치는 교과들은 각각 관련된 현상들(국어, 과학, 역사, 예술 등등)을 보는 아이디어로 구성되어 있다. 교과를 배울 때, 학생들은 그것을 배운 뒤에 치르게 될 시험준비를 하는 것이 아니라, 그 교과에 담겨 있는 아이디어를 배우며 그 아이디어를 써서 그 아이디어가 요구하는 안목으로 사물과 현상을 보는 방법을 배운다. (이 책의 여기저기서 설명한 바와 같이, '지식의 구조'라는 것은 이와 같이 각 교과를 대표하고 있는 '아이디어'를 가리킨다.)

이때쯤 다음과 같은 반문이 있을 수 있다. 즉, 각 교과를 대표하고 있는 아이디어라든가 '지식의 구조'라는 말은 매우 고상하게 들리지만, 그것은 도대체 어떤 것인가? 그런 것이 설사 있다 하더라도, 그것이 무엇인가 하는 것은 결국 '그것을 배운 뒤에 학생이 어떤 행동을 할 수 있는가'라는 관점으로밖에 달리 파악할 방도가 없지 않은가? 예컨대 삼각함수가 나타내고 있는 수학적 아이디어라는 것은 삼각함수를 배우고 난 뒤에 풀 수 있는 문제가 어떤 것인가를 말하는 것 이외에 어떤 방식으로 구체적으로 보일 수 있단 말인가? 그리하여 약 50년 전에 체계화된 교육과정이론은 곧 '수학의 아이디어를 가르친다'고 하는 애매한 말의 의미를 구체적으로 밝히고 그것을 가르쳐야 한다는 주장이 아닌가?

이 반문은 아마 있을 수 있겠지만, 그것은 교육목표를 강조하는 입장을 받아들일 때에만 무게를 지니는 반문이다. 물론 수학이나 과학, 또는 그 밖의 다른 교과들에 스며있는 아이디어를 분명하게 '구체적으로'(적어도 그것을 배우고 난 뒤에 어떤 시험문제를 풀 수 있어야 하는가를 제시하는 만큼 '구체적으로') 제시하기는 어렵다. 그러나 그렇다고 하여 그것을 오직 '평가에서의 학생의 행동'으로만 구체화해야 한다든지, 나아가서 그러한 행동을 하도록 하는 것이 곧 그 아이디어를 가르치는 것이라고 생각하는 것은 옳지 않다. 우리가 분명히 말할 수 있는 것은, 그러한 생각은 교과에 관한 우리의 일반적인 생각과는 다르다는 것이다. 우리의 일반적인 생각에 의하면, 비록 구체적으로 명문화하여 제시하기는 어렵다 하더라도, 각 교과에는 각각 상응하는 '사고방식' 또는 '관점'(즉, 아이디어)이 있으며, 교과를 가르칠 때 우리의 일차적인 관심은 학생들이 세부적인 시험문제를 답할 수 있는가 없는가가 아니라 그런 사고방식이나 관점을 가지게 되는가 아닌가에 있다.

3. '목표의 행동적 상세화'에 관한 삽입절

그렇다면 저자는 교육목표를 행동적 용어로 상세화하는 것에 대하여 전적으로 반대하거나 교육목표를 그런 식으로 상세화하는 데는 하등의 의미도 없다고 생각하는 것인가? 특히 저자의 다른 책[4]을 읽은 사람이라면 더욱 이런 결론을 내릴 가능성이 있다. 그렇기 때문에 여기서는 그것이 저자의 생각이 아니라는 점을 밝히기 위하여 약간의 설명을 삽입하고자 한다.

교육목표를 행동적 용어로 상세화하는 것에 대한 저자의 태도는 전적으

---

4) 이홍우(1992), 증보 교육과정 탐구, 서울: 박영사.

로 그 행동적 상세화를 '무엇 때문에' 해야 한다고 주장하는가에 달려 있다. 만약 교육목표를 행동적으로 상세화해야 한다고 주장하는 이유가 평가(학력측정)의 편의에 있다고 하면 여기에 대해서는 하등 반대할 이유가 없다. 평가라는 것은 본질상 학생이 어떤 교육내용을 배웠다는 '증거'를 찾는 일이며, 이 증거는 예컨대 어떤 질문에 대하여 대답하는 것과 같이, 반드시 '바깥으로 드러나는'(즉, '행동적인') 것이어야 한다. 이런 뜻에서 교육목표를 행동적으로 상세화한다는 것은 평가할 때 증거를 어디서 찾아야 하는가를 지시하는 것이며, 따라서 이 일은, 적어도 평가를 해야 하는 한, 하지 않을 도리가 없거나, 적어도 하는 편이 더 좋을 것이다.

그러나 타일러 이후 메이거에 이르기까지, 교육에서 '목표'(그들이 의미하는 바의 '목표')를 중요시해야 한다든지, 그 목표를 행동적인 용어로 상세화해야 한다고 주장하는 사람들은, 그것이 평가에서의 증거를 지시하는 데에 유용한 것 이상으로, 그것이 '교육의 내용'을 구체적으로 파악하는 데에 중요한, 또는 심지어 유일한 수단이 된다고 주장한다. (앞에서 쓴 용어로 표현하면, 그들은 학력의 '평가적' 개념과 '수업적' 개념을 체계적으로 혼동하는 것이다.)

이 생각은, '잘 가르치는 것'과 '잘 가르쳤다는 것을 다른 사람에게 보이는 것'을 동일한 것으로 취급하는 것이 그릇된 만큼, 그릇되다. 교육목표를 행동적으로 상세화하는 것이 교육내용을 구체적으로 파악하는 수단이 된다고 믿는 사람의 논리 – 이 논리야말로 그들이 자기 자신과 다른 사람들을 설득시키는 거의 유일한 수단이다 – 에 의하면, 잘 가르치는 것과 잘 가르쳤다는 증거를 보이는 것은 동일하며, 잘 가르쳤다든가 잘못 가르쳤다고 판단할 수 있는 결정적인 증거가 없는 한, 잘 가르친다는 말은 의미를 가질 수 없다는 것이다. 그러나 잘 가르치는 것과 잘 가르쳤다는 증거를 보이는 것은 과연 동일한가? 이것이 그렇지 않다는 것은 어떤 교사가 '잘 가르치려고' 노력할 때와 '잘 가르쳤다는 것을 다른 사람에게 보이려고' 노력할 때, 그 가르치는 행동이 과연 동일한 것인가를 생각해 보면 충분히 알 수 있을 것이다.

뿐만 아니라, 학생이 한 단위의 교육내용을 학습했다는 증거를 찾기 위하여 교육목표를 상세화하는 데도 문제가 없는 것은 아니다. 교육내용과 그것을 배웠다는 증거와의 관련이 흔히 생각하는 만큼 명백하지 않은 것이다. 다시 말하면, 한 교육내용을 배웠다는 증거를 어디서 찾아야 할 것인가를 결정하기가 매우 어렵다는 것이다. 예컨대 제1장에서 본 역사수업의 경우에, 만약 학생이 '중세의 경제적 기본 단위는 무엇인가'에 대하여 '장원'이라고 대답한다면, 이것은 그 수업에서 다룬 교육내용을 배웠다는 증거가 된다고 볼 수 있는가? 여기에 대한 대답은, 물론, 그 교육내용을 무엇이라고 보는가에 따라 다를 수 있다. '중세의 경제적 기본 단위가 무엇인가에 대하여 장원이라고 대답하는 것' 그 자체를 교육내용이라고 본다면 문제는 간단하다. (교육목표의 상세화를 주장하는 사람들은 바로 이런 생각을 가지고 있다.) 그러나 만약 중세의 제도와 그 안에서의 사람들의 생활방식을 보는 안목(또는, '아이디어')이 교육내용이라면, 문제는 그렇게 간단하지 않은 것이다. 도덕과의 평가가 그토록 어려운 문제가 되는 것도 이 점에 비추어 설명될 수 있다. 도덕과의 내용을 잘 배운 사람은, 마치 소크라테스가 그랬듯이, 도덕이란 무엇인가, 사람은 어떻게 살아야 하는가에 관하여 심각한 질문을 품게 된 사람이라고 말할 수 있다. 그러나 이 상태의 행동적 증거는 무엇인가? 그 질문을 입으로 말하기만 하면 되는가? 그러나 그 질문을 말하는 사람의 마음 속에 들어있는 내용(교육내용)은 사람에 따라 참으로 천차만별일 것이다.

그러나 이것은 교육목표를 행동적 용어로 상세화하지 말아야 할 이유가 된다기보다는 차라리 평가의 제한점을 명백히 인식해야 할 이유가 된다고 보아야 한다. 평가의 결과는 학생이 교육내용을 학습했는가의 여부를 판단하는 데에 극히 한정된 간접적인 자료가 될 뿐이다. 만약 (평가를 위해서) 교육목표를 행동적으로 상세화해야 한다고 주장하는 사람들이 이러한 평가의 제한점을 인식한다면, 그들은 또한 교육목표를 상세화하지 않고 교사의 소위 '주관적 판단'에 의하여 평가를 해야 한다고 생각하는 사람들을 무조건 '안일하고 몰지각한' 사람으로 몰아치지 않을 것이다. 이른바 '주관적 평가'를 주장하는 사람들 중에는 교사의 눈에 산견되는 우발적인 증거가 사전에 상세화된 행동적 목표보다 더 타당한 증거가 된다고 믿는 사람들이 반드시 있을 것이기 때문이다. 이런 사람들은 학생이 특정한 교육내용을 배운 뒤에 이러이러한 행동을 할 수 있어야 한다고 판단하는 경우, 그 '행동적 증거'와 '교육내용' 사이에 과연 엄밀한 논리적 관련이 성립하는가에 대하여 의심을 품고 있으며, 그들의 의심은 전혀 근거없는 것이 아니다. 그리고 그 의심은 교과를 가르치는 장면에서나 그 결과를 평가하는 장면에서 다같이 존중되어야 한다.

4. 인간을 기르는 교육

앞에서도 말한 바와 같이 각 교과에 스며있는 아이디어, 또는 '가르치는 학력'이 어떤 것인가를 명쾌하게 제시하기는 어렵다. 아마 그것이 어떤 것인가를 알기 위해서는 그 교과를 다소간 깊이있게 공부하지 않으면 안될 것이다. '가르치는 학력'을 가르치고 배우고 하는 일이 어떤 성격의 일인가를 파악하는 데에 다소 도움이 될까 하여, 그것과 관련된 두 가지 문제를 더 고찰하고자 한다. 하나는 학력제고의 한 가지 중요한 관건이 되는 학습동기에 관한 문제요, 또 하나는 앞에서도 잠깐 언급한 바 있는 인간교육과의 관련에 관한 문제이다.

학생들이 학력이 저하되는 데는 여러 가지 원인이 있겠지만, 그 중의 한 가지 중요한 원인은 분명히 학생들이 공부를 하기 싫어한다는 데에 있다고 볼 수 있다. 학생들은 왜 공부를 하기 싫어하는가? 사실상 학생들은 왜 공부를 하기 싫어하는가 하는 질문이 어색하게 들릴 정도로 공부하기 좋아하는 학생은 별로 없다. 다시 말하면 학습동기라는 것은 처음부터 학생들에게 보장되어 있다기보다는 교과를 가르치는 과정을 통하여 개발된다고 보지 않으면 안된다. 문제는 교과를 가르칠 때에 어떻게 가르치면 그것을 배우는 동안에 학생들이 공부에 재미를 붙이게 될 것인가 하는 데에 있다.

이제 이 글에서 대비시킨 두 가지 교육적 견해가 학생들의 학습동기에 어떤 영향을 미칠 것인가를 잠깐 생각해 보자. 먼저 '재는 학력'을 가르치는 경우, 다시 말하여 학생들로 하여금 '평가에서 학생들이 나타내어 보여야 할 행동'을 하도록 하는 경우에 학생들은 공부에 재미를 느낄 것인가? 물론 시험성적이라는 것은 이때까지 이른바 '외적 동기'를 일으키는 중요한 원천이 되어 왔다(제4장 2절). 이 경우에 학생들이 많은 구체적인 '교육목표들'(그것은 바로 평가에서 학생들이 풀어야 할 시험문제들이다)을 달성해야 하는 이유는 학습내용이 학생들에게 중요한 의미가 있어서라기보다는 시험성적과 관련된 외적 동기 때문이라고 보아야 할 것이다. 말하자면 그러한 문제가 시험에 나오고 그 시험에서 나쁜 점수를 받으면 당장 재미없는 일이 벌어지기 때문에(경우에 따라서는 한 평생 재미없기 때문에) 공부를 한다고 볼 수 있다. 사실상 '시험 때문에' 공부를 한다는 것은 바로 공부가 재미없다는 것과 같은 뜻이다. (어떤 관점에서 보면, '시험 때문에' 공부를 열심히 하는 학생은 '시험 같은 것쯤 대수롭지 않게' 생각하는 학생들보다 더 '교육적으로 문제가 있는' 학생인지도 모른다.)

학생들이 공부를 재미있는 것으로 생각하게 되기 위해서는 그 공부가 자신에게 의미있는 것이 되어야 한다. 또한 그러기 위해서는 학생들이 그 공부에서 중요한 아이디어를 배울 수 있어야 하고, 그 아이디어는 이때까지 학생들이 보지 못하던 새로운 세계를 볼 수 있도록 하는 것이어야 한다. 그 새로운 세계를 볼 수 있게 될 때 학생들은 유쾌한 '경악'을 느끼게 될 것이다. 흔히 아르키메데스의 '에우레카'라는 탄성으로 대표되는 '발견의 희열'이라는 것은 바로 이 유쾌한 경악감을 가리킨다.

물론 이때까지 보지 못하던 새로운 세계를 경험하는 동안에 학생들은 우리가 흔히 알고 있는 '시험에 나올 만한 내용'에 접할 가능성이 많다. 우리가 그런 내용을 시험에 내는 것은 그 내용 자체가 '교육목표'이기 때문이 아니라, 학생이 그런 내용을 아는가 모르는가를 시험해 봄으로써 우리가 가르치고자 하는 그 아이디어를 학생이 배웠는가 안배웠는가를 확인하는 간접적 증거를 찾을 수 있다고 생각하기 때문이다. 교육목표를 강조하는 교육관의 난점은 바로 그 시험을 '교육목표'로 생각하면서 그 시험에서 높은 점수를 받도록 하는 것이 곧 '교육목표를 달성'하는 것이라고 생각하는 데에 있다.

요즘 우리나라 교육계에서는 학력과 인간교육이 각각 별개의 것으로 강조되는 듯한 인상을 받는다. 한편으로는, 이때까지 우리나라 교육은 지식을 가르치는 데에 치중해 왔고 인간을 만드는 일에는 소홀했다는 비난과 함께 지식교육보다는 인간교육이 더 중요하다는 주장이 있다. 그러나 바로 이러한 주장을 하는 사람 자신도 학력의 중요성을 따지는 장면에 와서는 학력이 중요하지 않다고는 말하지 않을 뿐 아니라, 오히려 학력저하도 인간교육의 부재에 못지않게 탄식의 대상이 되며, 학력신장이나 학력제고도 인간을 만드는 일에 못지않게 중요한 교육적 과제라고 생각할 가능성이 많다.

이런 사람들은 지식교육(학력제고)과 인간교육 사이의 딜레마를 어떻게 해결하는가? 아마, 그 중의 한 가지 방법은 지식교육'도' 해야 하고 인간교육'도' 해야 한다는 식으로 '두 마리 토끼를 좇는 것'이 아닐까 생각해 본다. '인간교육이 중요하다고 해서 누가 지식교육을 하지 말아야 한다고 말하는가? 지식교육이 중요한 만큼 인간교육도 중요하다는 것 뿐이다', 등등. 그러나 다른 방향으로 달아나는 두 마리 토끼를 좇다가는 필경 어느 한 마리도 잡지 못한다. 분명한 것은, 지식을 가르치는 일과 인간을 기르는 일을 별개의 것으로 생각하는 사고방식에서는 지식을 가르치는 것이 (그 양태 여하에 따라서는) 인간을 기르는 유일하고 확실한 방도가 된다는, 가장 타당한 가능성이 등한시된다는 것이다.

생각컨대 지식교육과 인간교육이 별개의 것이라는 사고방식은 '재는 학력'과 '가르치는 학력'을 혼동하는 교육관에서 쉽사리 촉진되고 또 그것 때문에 영속되는 것이나 아닌가? 만약 학생들이 자신에게 하등의 의미도 중요성도 없는 시험문제를 오직 시험에 나온다는 이유만으로, 또 오직 시험에 나오는 것과 거의 동일한 형식으로, 되풀이 연습하고 그 결과로 시험에서 좋은 점수를 얻는다 하더라도, 그것 때문에 학생들이 '인간적으로' 더 나아질 가능성은 극히 희박하다. 입시위주 교육이 인간교육에 하등 도움이 되지 않는다는 것은 바로 이런 사태를 가리키는 것이다.

그러나 만약 학생들이 교과를 배우는 동안에 그 교과에 들어있는 아이디어를 배우고 그 결과로 학생들이 학문에 의하여 도야된 관점이나 안목을 가지게 된다면, 학생들은 바로 그것 때문에 인간적으로 더 나아질 것임에 틀림없다. 인간이 된다든가 인간적으로 훌륭하다는 말의 의미에 관하여 조금만 깊이 생각해 보면, 거기에는 반드시 학문으로 도야된 관점을 가지게 되었다는 뜻이 들어 있음을 알 수 있을 것이다. 인간이 된다는 말의 의미를 학문과는 무관하게 규정하는 관점은, 상식적인 수준에서는 통할지 모르지만, 엄밀한 철학적 분석을 견디어내지는 못한다. 도대체 학문이 인간을 인간답게 하는 데에 도움이 되지 않는다면, 어째서 그것이 학문이며, 설사 학문이라고 하더라도 어째서 모든 사람들이 그것을 배워야 하는지 전혀 불분명한 것이다.

이때까지 이 글을 읽은 사람 중에는 요새 우리나라 교육도 사람들에게 도야된 안목을 가지도록 하는 데에 전혀 도움이 되지 않는 것은 아니라는 점, 그래도 학문을 한 사람이 하지 않은 사람보다는 인간적으로 훌륭하다는 점을 지적하는 사람이 있을지 모른다. 아마 이러한 지적은 옳을지 모른다. 그러나 만약 오늘날 우리나라에서 학문을 한 사람들, 또는 우리나라 학교에서 교과를 배우고 있는 학생들이 오직 '시험공부'만을 한 결과로 그러한 인격을 갖추게 되었다면, 그것은 순전히 우연적인 결과라고 볼 수밖에 없다. 분명히 말하여 교육은 우연적으로도 일어날 수 있는 일을 필연적인 것이 되게 하는 일이다.

주제 색인

이 책이 전체적으로 다루는 주제가 있다면, 그것은 교과란 무엇이며 교과를 잘 가르친다는 것은 무엇을 의미하는가 하는 것이다. 이 책은 이 한 가지 주제를, 아마 지나치게 광범위하고 다양한 맥락에서 고찰한 책이라고 말할 수 있다. 이 책을 다 쓰고 난 뒤에 책의 내용 전체를 돌이켜 보는 지금, 저자의 눈에는 그 주제를 전개하는 데에 동원된 일련의 작은 주제들이 여러 가지 맥락에서 되풀이되어 있는 것 같이 보인다. 저자의 입장에서 말하자면, 그런 주제들은 위의 질문에 관한 저자 자신의 생각을 나타내는 것이요, 따라서 독자도 한 번 그런 관점에서 생각해 볼 수 있을 것이다. 혹시 여기에 도움이 될 수 있을까 하여, 이제 '주제 색인'이라는 제목 아래 장절(章節) 조직을 가로질러서 그러한 주제들을 별도의 방식으로 엮어 보겠다. 결과적으로 보면, 이것은 책의 내용을 자유롭게 요약하는 셈이 될 것이다. (괄호 안의 숫자는 이 책의 페이지를 나타낸다.)

1. 일반적으로 교과(또는, 교육내용)의 성격을 파악하는 한 가지 관점은 '교과'와 '경험'을 대립적으로 양분화하는 것에서 찾아볼 수 있다(30ff, 221). '교과 교육과정'과 '경험 교육과정'이라는 용어는 교육과정의 강조점을 단순화하여 나타낸다는 점에서는 의의가 있지만, 그와 동시에 교과와 경험이 상호 배타적인 것이라는 그릇된 생각을 불러일으키는 경향이 있다. 좀 더 자세하게 분석해 보면, 교과의 성격을 나타내는 용어로서의 교과와 경험은 상이한 실체를 나타낸다기보다는 동일한 실체를 규정하는 상이한 관점을 나타낸다(34).

2. 교과의 성격을 '경험'으로 파악해야 한다는 견해를 체계적으로 천명한 사람은 듀이이다. 듀이의 이론에 비추어 보더라도, 교과와 경험을 상호 배타적인 것으로 보는 것은 분명히 잘못된 것이다(157ff). 듀이에 의하면, 교과는 '경험의 내용'으로서 '경험 속에' 들어 있다(159). 물론 듀이의 이론은 그 당시 미국의 사회적 현실을 배경으로 하고 있었으며, 전체적으로 보아 그 사회적 요구를 교육에 반영하기 위한 것이었다고 볼 수 있다(152-154). 교육과정에 있어서의 듀이의 위치는 '형식도야이론'이라는 고전주의적 기초에 대한 낭만주의적 저항으로 파악되어야 한다. 흔히 듀이의 이론 탓으로 돌리는 교육 실제의 넌센스는 '저항'을 '기초'의 자리에 잘못 올려놓은 데서 빚어진 것이라고 말할 수 있다(160-161, 152-153).

3. 교과의 성격을 '학문'으로 규정하는 관점('학문 교육과정')이 그것을 '교과'나 '경험'으로 파악하는 관점과 어떤 관련을 맺고 있는가 하는 것은 충분히 탐구해 볼 여지가 있는 문제이지만, 이 문제에 대한 한 가지 해답은 교과로서의 '학문'은 교과로서의 '교과'와 '경험'을 통합한다고 보는 데서 찾아질 수 있다(36, 49-50). 다시 말하여 '학문'을 교육내용으로 삼아야 한다는 주장은 '교과'가 학생들에게 '경험'될 수 있도록 가르쳐야 한다는 주장이다. '학문'이라는 것은 각각 관련된 현상을 '이해하는 눈'('기본적 아이디어'), 또는 그 눈을 써서 현상을 이해하는 활동을 가리킨다(53-55, 43-44, 129-130, 251ff).

4. 우리가 '현상을 이해한다'고 할 때의 '이해'는 학생들이 '교과를 이해한다'고 할 때의 '이해'와 본질상 동일한 의미를 가진다. 이런 의미에서의 이해는 교육의 핵심적인 관심사가 되어 왔으며, 학생들에게 이해를 가져다주지 못하는 수업은 교육 본래의 의의를 저버리는 것으로 비판되어야 한다(8ff, 13ff, 25ff). 만약 교과를 이해한다는 것이 교과(학문)를 써서 현상을 보는 일을 의미한다면, 교과를 가르칠 때 우리는 그 교과가 학생의 '안'에 들

어가서 학생의 마음의 한 부분으로 되도록 하지 않으면 안된다(45-48). 이 점에서 '가르친다'는 말은 '일러준다'는 뜻으로서가 아니라, '보도록 한다'는 뜻으로 해석되어야 한다(206-208). 물론 가르친다는 말의 이러한 해석은 교육내용의 성격 뿐만 아니라('사실'과 '원리'), 그러한 내용을 그러한 방법으로 가르쳐야 하는 이유와도 밀접한 관련을 맺고 있다(125ff).

5. '지식의 구조'는 교과의 의미를 학문으로 규정할 때 그 교과의 성격을 지적하여 붙인 이름이다. 그것은 교과를 잘 가르친다는 말의 의미에 관한 학자들 사이의 공통된 가정을 나타내고 있다(39-40). 그 가정에 의하면, 교과를 잘 가르친다는 것은 '교과답게', 또는 각각 '해당 교과의 성격에 충실한 형태로' 가르치는 것을 의미한다(42ff). 그리고 교과를 교과답게 가르친다는 말은 일차적으로 교과를 해당 학문 분야의 학자들이 하는 일로서, 즉 '학문으로서' 가르치는 것을 의미한다. 만약 학자들이 하는 일의 본질을 '탐구' 또는 '발견'으로 규정할 수 있다면, '지식의 구조'를 가르치는 방법상의 원리로서 탐구와 발견이 중요시되는 것은 매우 당연하다(43-44). 이 점에서 '지식의 구조'를 가르쳐야 한다는 브루너의 교육과정 원리는 듀이의 교육이론과 깊은 곳에서 일맥상통한다(161ff).

6. 교과를 잘 가르친다는 말의 의미를 '지식의 구조'에 비추어 규정하는 것은 또한, 그 반대편에서 보면, 교과를 잘못 가르치는 경우가 어떤 것인가를 직접 시사한다(또는, 그 역이다). 그 경우를 일반적으로 표현하면 교과의 '중간언어'를 가르치는 경우라고 말할 수 있다(42). '지식의 구조'를 가르치는 것이 학생들의 교과에 관한 이해를 촉진한다면, '중간언어'를 가르치는 것은 교과가 학생들에게 이해되지 않도록 가르치는 것이라고 말할 수 있으며, 따라서 그것은 교과의 성격에 어긋나는 방식으로 가르치는 것이라고 말할 수 있다(8ff, 13ff, 242ff). '입시위주 교육'의 해독은 그것이 '지식을' 가르치려고 한다는 것과 관련하여 파악될 것이 아니라, 바로 이와 같이 '지식

을 그릇되게' 가르치려고 한다는 것과 관련하여 파악되어야 한다(10, 142ff, 242ff). 보다 구체적으로 말하면, 그것은 학력의 '수업적 개념'을 '평가적 개념'으로 대치한다고 말할 수 있다(242ff, 5-6, 144-145, 211). 그러므로 이와 관련하여 평가가 교육에서 어떤 위치를 차지해야 하는가, 특히 오늘날 교육에서 강조되고 있는 '수업목표의 행동적 상세화'가 어떤 의미를 가져야 하는가가 세밀히 검토되어야 한다(248, 252ff, 21-22). 그리고 그와 동시에 '입시위주의 교육'이 아닌 '인간교육'을 위해서, 지식을 가르치는 일 이외에 그것과는 별도의 일을 해야 한다는 생각도 심각하게 의심해 보아야 한다(47-48, 124ff, 141ff, 256-258).

7. 교육에 있어서의 학습자 존중은 보통 '아동의 필요와 흥미를 존중한다'는 말로 표현되는 피상적인 의미 이외에(23, 27-28, 35, 120-122), 두 가지 측면에서 보다 근본적인 의미를 가지고 있다. 하나는 학습하는 내용이 가치가 있어야 한다는 의미요(145), 또 하나는 학습하는 내용을 학습자 자신의 눈으로 보도록 해야 한다는 의미이다(191). 전자의 의미는 교육내용이 도덕적으로 정당화되어야 한다는 것을 나타낸다는 뜻에서 '도덕적 측면'에서의 의미라고 볼 수 있으며, 후자의 의미는 교육방법상의 원리를 나타낸다는 뜻에서 '기술적 측면'에서의 의미라고 볼 수 있다. 소크라테스의 산파술은 특히 후자의 의미에서의 학습자 존중의 원리를 가장 극적으로 나타내고 있다(181ff). '지식의 구조'라는 교육원리는 현상을 이해하는 '가치있는 안목'(학문)을 그 내용으로 하며(125ff) 그러한 안목이 학생들 자신의 것이 되도록 하는 것(탐구)에 강조를 둔다는 뜻에서(53ff), 위의 두 가지 측면에서의 학습자 존중의 원리와 부합된다. 그리고 바로 이 점에서 외적 동기에 의존하는 교육은 '지식의 구조'를 가르치는 일에 정면으로 위배된다(114ff, 256ff).

8. 학문의 내용을 학생의 발달 수준에 맞게 번역하는 원리는 한 마디로

말하여 '지적 정직성'이라는 용어로 표현될 수 있다(73n). 이 경우에 '지적 정직성'이라는 것은 학생들로 하여금 학자들이 하는 일과 본질상 동일한 일을 하도록, 다시 말하여 나이 어린 학생들에게 학자들의 일을 하도록 하되, 그렇다고 해서 그 일의 성격이 왜곡되거나 손상되는 일이 없도록 해야 한다는 것을 강조하는 원리이다(80ff). 이 원리에 입각하여 운영되는 교육과정이 '나선형 교육과정'이다(73ff). 나선형 교육과정을 운영하기 위해서는 먼저 학자들이 학문을 할 때 사용하는 '기본적 아이디어'가 어떤 것들인가를 확인하여야 하며, 그 다음에 차차 낮은 수준으로 내려오면서('하향식', 225) 각각 수준에 맞도록 그 기본적 아이디어를 번역하여야 한다(54ff, 226ff). 이 점에서 나선형 교육과정은 종래 교육과정 조직의 원칙으로서 강조되어 온 '계열성'의 의미를 특별한 방식으로 규정하는 것이라고 말할 수 있다(75ff). 교육내용을 수준별로 번역하는 원리로서의 '지적 정직성'과, 예컨대 소크라테스의 '무지의 고백'이 나타내는 '지적 정직성', 또는 왕양명의 '실심'(實心)에 대한 강조가 나타내는 '지적 정직성' 사이에 어떤 논리적 관련이 있는가 하는 문제는 깊이 탐구할 만한 가치가 있다(170ff, 213ff).

9. 나선형 교육과정의 원리에 따라 교육내용을 발달 수준에 맞게 번역하는 데에 발달단계에 관한 심리학적 이론이 할 수 있는 공헌은 대개의 경우에 비현실적으로 과장되어 있다(94ff, 103ff). 현재 한 학생이 도달해 있는 발달단계는 교육에서 받아들여야 할 제약을 나타내기는 하지만, 그 단계에서 가르쳐야 할 내용과 방법을 결정하는 기준이 되는 것은 아니다(113). 그러나 지적 발달에 관한 심리학적 이론은 일반적으로 '상징'의 중요성을 강조한다는 점에서 교육에 의미있는 시사를 준다(98ff, 103ff). 상징의 중요성은 근본적으로 '탈맥락성'에 있으며(109), 이 점에서 지적 발달은 교육과 그 방향을 같이 한다고 말할 수 있다.

10. 교육내용으로서의 지식의 성격으로 보아, 지식은 '보는 지식'(이론적

지식)과 '하는 지식'(실제적 지식)이라고 부를 수 있는, 그 성격을 근본적으로 달리하는 두 가지 종류로 나누어 볼 수 있다(129). 이 두 가지 사이의 관련을 어떻게 맺는가, 또는 그 중의 어느 것을 중요시하는가에 따라 교육과 삶을 관련짓는 방식, 그리고 교육을 하는 방식 전체가 달라질 수 있다(124ff). 분명히 듀이의 인식론(실용주의)에 영향을 받았다고 볼 수 있는 '생활적응교육'은 그 두 가지 지식 사이의 구분을 인정하지 않고, 결과적으로, '하는 지식'을 교육내용으로서 더 중요시하는 방향으로 이끌었다고 볼 수 있다(126ff). 이 교육관에 의하면, 교육은 생활에서 당면하는 문제를 해결하는 데에('문제해결') 도움이 되는 내용을 가르쳐야 한다(161). 그러나 '보는 지식'을 중요시하는 교육관에 의하면, 교육은 오히려 '문제발견'의 과정으로 파악되어야 한다. '보는 지식'(학문)을 가지게 된다는 것은 이때까지 전혀 문제('문제해결'이라고 할 때의 문제)가 되지 않던 것이 문제되는 그러한 상태로 된다는 뜻이다(128-130, 136-139). 이와 관련하여 '부정적 수업'('무엇무엇이 아니다'를 가르치는 수업)은 지식의 구조(학문)를 가르치는 방법상의 원리로서 검토해 볼 가치가 있다(57ff). '하는 지식'의 유용성이 누구에게나 명백한 것과는 달리, '보는 지식'의 유용성은 그것을 가지게 된 사람만이 알 수 있다(129). '보는 지식'은 '인간답게' 산다는 것이 어떤 것인가를 알고 그것에 헌신하려는 태도를 가진 사람에게만 중요한 것이다. 사회에서의 교사의 역할은 바로 이 점을 다른 사람에게 전수하고 전파하는 데에 있으며, 한 사회에서 교사가 누리는 지위는 그 사회 전체가 그것을 전수받은 정도('교육받은' 정도)에 달려 있다(130ff). 이 점에서 분명히 소크라테스는 불멸의 교사이다(169ff).

11. 다른 교과에서와는 달리, 도덕과에서는 '하는 지식'과 '보는 지식'의 구별과 관련이 특별한 문제를 일으킨다(134ff). 일반적으로 도덕은 지식이라기보다(또는, 적어도 지식인 것과 동시에) 행동을 의미하는 것으로 간주되고 있으며, 따라서 도덕을 가르치기 위해서는 그것을 지식으로서가 아니

라(또는, 지식으로서 뿐만 아니라) 행동으로서 가르쳐야 하는 것으로 생각되고 있다(197ff, 211ff). 도덕에서 지식과 행동 사이의 관련은 항구적인 철학적 문제가 되어 왔다. 그러나 교과로서의 도덕과의 성격, 또는 도덕교육의 목적은 사회에서 '도덕적으로 살아간다'는 것이 무엇을 뜻하는가에 비추어서 해답되어야 할 것이다(140-141).

12. 교과교육자로서의 교사는 해당 교과를 '이해'하는 일을 직업으로 삼고 살아가는 사람이다(234ff). 교사가 수업의 실제에서 나타내고 있는 교과관('교재해석')은 그 교사의 교과에 관한 이해의 수준을 반영한다(7ff, 16ff, 24ff). 특히 '지식의 구조'라는 용어가 나타내는 교육원리에 비추어 보면, 수업에서의 교사의 역할은 종래와는 상당히 다른 방식으로 규정되어야 할 것이다. 교사는 학생 앞에서 '학자가 하는 일'로서의 '학문'을 시범해야 하며, 그렇게 함으로써 학생들도 그 일을 하도록 이끌어야 한다. 학생들로 하여금 단순히 책에 쓰인 내용을 읽도록 하는 것 이상으로, '살아 있는 교사'가 필요한 것은 바로 이 때문이다(18-19, 26-28, 181ff). 교사가 교육학을 공부하는 것(교육 현상을 이해하는 것)은 그가 직업으로 하고 있는 학문(현상을 이해하는 것)과 동일한 종류의 일이며, 따라서 그것은 교사가 직업으로 삼는 일의 한 필수적인 부분이 된다(238-239). 그러나 교사가 공부하는 교육학(이론적 이해)과 교사의 수업(실제적 활동) 사이에는 단도직입적인 인과관계가 있는 것이 아니다(1-2, 29-30, 219). 사회에서 살아가는 사람들이 '살아가는 일'을 하면서 그와 동시에 '보는 일'을 하는 것과 마찬가지로, 교사도 '가르치는 일'을 하면서 그와 동시에 그 일을 '보는 일'을 한다. 다만, 교사는 자신이 따르고 있는 삶이 가장 고귀한 삶이라는 것을 보다 많은 사람들이 믿도록 할 임무를 띠고 있다(131ff). 이 임무는, 소크라테스의 그것과 마찬가지로, 그야 말로 신에 의하여 부여된 것이다(172-173).

부록

브루너 교육의 과정

J. S. Bruner(1960), *The Process of Education*, Harvard University Press; J. S. Bruner(1971), *The Process of Education* Reconsidered, Robert R. Leeper(ed.), *Dare to Care / Dare to Act : Racism and Education*, ASCD Annual Conference Report.

• 역자해설
• 교육의 과정
• 「교육의 과정」의 재음미

역자 해설

1

여기는 미국 일리노이 주의 어느 초등학교 교실이다. 이 교실에는 한 서른 명 남짓한 학생들이 앉아 있다. 수업이 시작되자 교사는 짤막한 무성영화를 학생들에게 보여준다. 그 영화에는 다음과 같은 장면이 대사(大寫, 클로즈 업)되어 나타나고 있다. 놋쇠로 된 동그란 고리와 그 고리 속을 겨우 빠져 나가는 놋쇠공이 있다. 공을 불에 달군다. 고리를 옆으로 하여 불에 달군 공을 구멍에 올려 놓는다. 아까와는 달리 공이 빠져 나가지 않는다. 얼마가 지나자 공이 다시 빠져 나간다. 여기서 영화는 끝난다.

교사는 서른 명 남짓한 학생들 중에서 열 명 정도를 가려 앞자리에 앉히고 수업을 시작한다. 나머지 학생들은 이 열 명과 교사의 수업을 지켜보고 있다. 수업은 대략 다음과 같이 진행된다.

학생: 공과 고리의 온도는 원래 방안 온도와 같았나요?
교사: 그렇다.
학생: 원래 공은 고리를 빠져 나갈 수 있었나요?
교사: 그렇다.

※ 이하 부록에서는 브루너의 「교육의 과정」과 "「교육의 과정」의 재음미"를 각각 'PE'과 'RE'로 약칭한다. 그리고 그 약칭 뒤에 이어지는 쪽번호는 그 각각의 번역판(1973)을 그대로 옮겨실은 이 부록에서의 쪽수를 표시한 것이다.

학생: 공을 불에다 달군 뒤에는 공이 빠져 나갈 수 없었나요?
교사: 그렇다.
학생: 만약 공을 달구지 않고 고리를 달구었다면 결과가 같았을까요?
교사: 아니다.
학생: 공과 고리를 모두 달구었다면 공은 빠져 나갈 수 있었을까요?
교사: 모른다.
학생: 만약 공과 고리를 [같은 온도로] 달구었다면 공은 빠져 나갈 수 있었을까요?
교사: 그렇다.
학생: 공의 크기는 달구기 전이나 달군 뒤에나 같았을까요?
교사: 아니다.
학생: 만약 공과 고리를 놋쇠가 아닌 다른 쇠붙이로 만들었을 경우에도 실험의 결과가 같았을까요?
교사: 그렇다...[1)]

마치 학생과 교사의 '스무고개'와도 같다. 사실상 바로 '스무고개'라고 볼 이유가 있는 것이다. 우선, 질문은 반드시 학생이 하고 거기에 대하여 교사는 '그렇다', '아니다', '모른다'는 대답만 하게 되어있다. 그 이외의 다른 대답을 요구하는 질문이 나오면, 교사는 대답을 하지 않고 질문을 다시 하도록 한다. 질문은 성격상 두 가지이다. 하나는 아까 영화에서 본 것을 확인하는 질문이요, 또 하나는 어째서 그런 현상이 일어나는가를 '설명'하는 질문이다.

우리는 모두 물리를 공부한 사람들이므로, 이 수업에서 학생들이 배워야 할 것이 무엇인가를 알고 있다. 그렇다, 물체는 열을 받으면 부피가 늘어난다는 아주 쉬운 물리적 법칙이다. 그러나 이 수업에서 중요한 것은 이 물리적 법칙을 학생들에게 '가르쳐 주는' 것이 아니라, 이 법칙에 도달하는 데에

1) Suchman, J. R.(1960), Inquiry Training in the Elementary School, *The Science Teacher*, 24(Nov., 1960).

필요한 조그만 단계들을 밟아 학생들이 스스로 이 법칙을 '발견'하게 하는 것이다. 그러므로 교사의 판단에 비추어 아직 그 단계를 충분히 거치지 않은 때에, 어떤 학생이 불쑥 "그것은 열과 무슨 관계가 있는 것이 아닌가요", 또는 심지어 "공이 열을 받아 '팽창'된 것이 아닌가요"라고 질문하면, 교사는 당연히 대답을 회피해야 하는 것이다. 이리하여 그 법칙에 관계되는 모든 근거를 샅샅이 밟은 뒤에 마침내 그 법칙이 '발견'되면, 옆에서 보고 있던 나머지 학생들은 이때까지의 스무고개에 관하여 종합평가를 한다.

이 스무고개 수업은 실상 1959년경 리챠드 수크만을 중심으로 한 일리노이 대학 연구팀의 '탐구훈련'의 한 장면이다. 수크만의 말에 의하면, 이 훈련의 목적은 학생들로 하여금 스스로 어떤 물리 현상을 설명하는 가설을 설정하고, 그 가설을 '체계적으로' 검증하며, 그 결과를 해석하는 방법을 터득하게 하는 것이다. (여기서 '체계적으로'라는 말은 그 현상을 혹시 설명할지도 모르는 여러 가지 대안적인 가설들을 '모두 샅샅이' 생각해 내어 점검한다는 뜻을 내포하고 있다.) 한마디로 말하여 탐구훈련의 목적은 학생들에게 '독립적으로, 체계적으로, 실증적으로, 귀납적으로' 과학적인 문제를 해결하는 방법을 가르치기 위한 것이다.

2

위의 에피소드는 「교육의 과정」이 태어난 배경의 일단을 보여주고 있다. 미국에서 특히 중등학교 수준의 과학 및 수학교육을 새로운 각도에서 접근하려는 노력은 실상 1957년부터 시작되었다. 물리교육연구회(PSSC) 구성의 계기를 만든 MIT 공과대학의 제롤드 자카리아스(Jerrold Zacharias)는 1956년에 동료 교수에게 보낸 회람에 이렇게 썼다.

> 중등학교 물리교육을 개선하는 노력으로서, 나는 다음과 같은 제안을 하고 싶다. 즉, 물리를 가르치기 위한 영화 단편을 많이 만들고 거기에 맞게 교과

> 서, 문제집, 문답 카드 등을 만들자는 것이다. 그러나 이런 세부적인 작업을 하기에 앞서, 먼저 교과 자체를 들여다볼 필요가 있다. 물리교육의 성패는 거의 전적으로 실험에 관계되는 일체의 장비를 완벽하게 갖추는가 아닌가에 달려 있다. 이것은 마치 하이 파이 음악과도 같다. 축음기 이외에도 훌륭한 작곡가의 곡과 그 곡을 연주하는 연주가가 필요하다. 너무 시끄럽지 않은 좋은 방이 있어야 하고 사람들이 그 곡을 듣고 싶어 해야 한다. 그러나 이것은 곡이 어떤가에 달려 있다...[2)]

자카리아스의 제안은 즉시 수락되어, 1957년에 일류급의 과학자, 기술자, 교육전문가들로 PSSC가 구성되었다. 이 위원회는 즉시 다음과 같은 원칙에 따라 PSSC 물리 교육과정의 제작에 착수하였다. 즉, ① 과정은 지적 도전감이 있을 것, ② 과정은 '현대 물리학의 구조'를 반영할 것, ③ 과정은 학습자의 능동적인 탐구와 발견을 강조할 것, 그리고 ④ 과정에는 학습자료, 특히 일류의 교과서가 부수될 것 등이다.

PSSC의 뒤를 이어 수학과 생물, 화학 등 다른 과학 분야에도 같은 종류의 교육과정 개발사업이 벌어졌다. 1958년의 학교수학연구단(SMSG), 1959년의 생물교육과정연구회(BSCS), 그리고 다소 늦게(1960-1963년) 화학의 CHEM Study와 CBA 등이 그것이다. 브루너가 그의 서문에서 말하고 있는 바와 같이, "[1959년 이전에 이미] 지도적인 물리학자, 수학자, 생물학자, 화학자들에 의하여 교육과정 설계를 위한 노력이 시작되었고 이와 비슷한 사업이 다른 분야의 과학에도 전개될 기세가 있었다. 미국 전체에 걸쳐 무엇인가 새로운 것이 꿈틀거리고 있었다. 그리하여 1959년 여름에 미국을 일주해 본 사람은 다음과 같은 것을 목격할 수 있었을 것이다. 즉, 콜로라도 주의 보울더 시에는 유명한 수학자들이 모여 초등학교, 중학교, 고등학교용 새 교과서를 쓰고 있었다. 캔서스시티에서는 일군의 일급 생물학자들이

---

2) Killan, J. R.(1964), The Return to Learning, R. W. Heath(ed.), *New Curricula*, New York: Harper and Row, p.253.

고등학교 1학년용으로, 세포의 구조와 광합성의 원리 등에 관한 영화를 만들기에 바빴다. 일리노이 주의 어바나 시에서는 초등학교 학생들에게 수학의 기본 개념을 가르치는 연구를 한다고 소란을 피우고 있고, 팔로알토 시에서는 수학자가 초등학교 초급학년 아동에게 기하를 가르치는 학습자료를 시험하고 있었다. 마사추세츠 주의 캠브리지 시에서는 고등학교 학생들을 위한 '이상적' 물리과정을 만드는 일이 진행 중이어서 교과서 편집가와 영화 제작가는 물론, 세계적으로 이름난 이론물리학과 실험물리학의 대가들이 바쁘게 일하고 있었다. 전국을 통하여 여러 센터에서 이 새로운 물리과정을 이미 가르쳐 본 교사들이 다른 교사들을 훈련하고 있었다. 보울더 시에서는 중학교 생물과정에 관한 기초연구가 진행 중이고 오레곤 주의 포틀란드 시에서는 화학자들이 화학 분야에서 이와 비슷한 일을 하고 있었다. 여러 학문 단체들은 그 분야의 학자들과 학교 교육자들이 접촉할 수 있는 방안을 강구하러 나섰고, 또 실지로 강구하였다. 이에 발맞추어, 교육학자와 심리학자들도 교육과정과 교수방법의 성격을 새롭게 조사하기 시작하였고 보다 참신한 접근방법을 모색할 용의가 점점 더 확고해졌다. 이 사태를 전면적으로 평가할 시기가 참으로 무르익은 것이다"(PE, 서문).

이리하여 1959년 9월 우즈 호울이라는 곳에 약 35명의 과학자, 학자, 교육자들이 모여 열흘 동안 미국의 초등학교와 중학교 과학교육의 개선방안을 논의하였다. 말하자면 이 회의는 "과학의 교육과정과 교수방법에 있어서의 새로운 진보와 그것에 대한 새로운 관심이 바야흐로 전개되고 있다는 확신과 앞으로의 발전을 방향짓기 위하여 이 진보와 관심을 전면적으로 평가할 필요가 있다는 확신에서 추진된 것이다"(PE, 서문).

결국, 이 우즈 호울 회의는 1959년 당시 미국 전체에 태동하고 있던 과학교육과정의 개혁에 직접 관여하고 있거나 관심을 가진 사람들이 모여 그 교육과정의 기초가 되는 원리를 찾으려고 했던 노력이다. 「교육의 과정」은 이 우즈 호울 회의의 종합 보고서이며, 따라서 진정한 의미에서의 '교육과정의 원리'라고 볼 수 있다. 그리고 이 교육과정의 '원리'는 그 당시 교육과정의 '실제'에서 불거져 나온 것이며, 단순히 교육과정 전문가들에 의한 탁상의 논의가 아니다. 이것이 「교육의 과정」의 계기를 고찰한 뒤에, 우리가 발견하게 되는 한 가지 중요한 시사점이다.

3

「교육의 과정」을 일관하는 가장 중요한 개념이 '구조'(structure)라는 것은 오늘날 교육학의 상식처럼 되어 있다. (별로 신기할 것도 없는 언어상의 기교를 부린다면, 「교육의 과정」의 구조는 '구조'라고 할 수 있다.) 그렇기 때문에 「교육의 과정」이 대표하고 있는 교육과정의 사조를 흔히 '구조중심' 또는 '학문중심' 교육과정이라고 한다. 이 사조는, 각각의 학문 분야는 그 학문의 독특한 기본 구조를 가지고 있다는 것을 전제로 하여, 교육과정은 이러한 학문의 기본 구조를 중심으로 조직되어야 한다고 주장한다. 즉, 오늘날 널리 인용되고 있는 브루너 자신의 말과 같이, '한 교과의 교육과정은 그 교과의 구조를 나타내는 일반적 원리를 가장 깊이 이해하고 있는 사람들에 의하여 결정되어야 한다'는 것이다.

그러면 구조란 무엇인가? 상식적인 용어로서의 구조는 한 사물을 얽어매고 있는 요소 또는 그 요소가 얽혀 있는 모양을 뜻한다. 우리가 '집의 구조'라고 하는 것은 집에 방이 몇 개나 되며 방, 부엌, 목욕탕, 대문 등이 어디에 놓여 있는가 하는 것을 말한다. '분자의 구조'라는 말도 마찬가지로, 분자를 이루고 있는 원자의 수, 원자 상호간의 위치, 결합의 강약 등을 뜻한다.

쉽게 말하자면, 이런 상식적인 의미가 학문의 구조라는 말에도 적용될 수 있을 것이다. 예컨대 물리학의 경우에도, '집'이나 '분자'의 경우에서와 같이, 그 학문을 이루고 있는 요소들이 있을 것이며, 이 요소들이 서로 얽혀 있는 형태가 있을 것이다. 이것이 바로 '물리학의 구조'이며, 물리학이 물리학인 것은 바로 그 구조가 예컨대 화학의 그것과 다르기 때문이다. (PSSC에서 '구조'라는 말을 처음 썼을 때, 그 말을 보다 상식적인 용어로 풀이하기 위하여 '물리학의 구조, 즉 느낌'(feel)이라는 표현을 쓴 것은 이 점에서 시사하는 바가 크다.)

「교육의 과정」에서 브루너는 구조라는 말을 생물학과 수학과 언어에 비추어 예시하고, 구조가 학문 또는 지적 활동 전반에 어떤 역할을 하고 있는가를 고찰함으로써 그 말의 뜻을 더욱 부연하고 있다. 이 책에서 브루너는 구조를 '학문의 기저를 이루고 있는 일반적 원리', '일반적 아이디어', '기본 개념', '일반적 원리' 등 여러 가지 말로 대용하고 있다(PE, p.302의 역주 10 참조).

우선, 해설의 편의상, 브루너가 말하는 대로 지적 활동에 있어서의 구조의 역할을 제시해 보겠다. 브루너에 의하면, 구조의 이점은 ① 이해, ② 기억, ③ 전이, ④ '고등' 지식과 '초보' 지식의 연속성에 기초가 된다는 것이다. 브루너는 이 이점을 다음과 같이 요약하고 있다.

> 해당 학문 분야의 폭넓은 기본 구조와 관련을 맺지 않은 특수한 사실이나 기술을 가르치는 것은 몇 가지 근본적인 의미에서 비경제적이다. 첫째로, 그런 방식으로 가르치면 학생들은 이미 학습한 것을 앞으로 당면할 사태에 적용하기가 아주 어려울 것이다. 둘째로, 일반적 원리를 파악하는 데까지 미치지 못하는 학습은 지적인 희열이라는 관점에서 볼 때 아무 것도 주는 바가 없다. 교과에 대한 흥미를 일으키는 가장 좋은 방법은 학생들로 하여금 그것이 알 가치가 있는 것임을 느끼도록 하는 것이며, 이것은 다시 학습에서 얻은 지식을 학습사태 이외의 다른 사태에서도 써먹을 수 있도록 할 때 가능하다. 셋째로, 학습에서 얻은 지식을 서로 얽어매는 구조가 없을 때 그 지식은 쉽게 잊어버려진다. 서로 단절된 일련의 사실들은 그 기억 수명이 가련할이 만큼 짧다. 원리나 개념에서 다시 특수한 사실들을 추리해 내는 것만이 인간 기억의 급속한 마모율을 감소시키는, 현재까지 알려진 유일한 방법이다(PE, p.315).

자, 이것이 구조이다! 위와 같이 '해설'하고 「교육의 과정」에 제시된 브루너의 설명을 읽으라고 한 뒤에 '자, 이것이 구조이다'라고 하면 사람들은 모두 행복해질 것인가? 만약 '구조'에 관한 시험답안을 써야 할 사람이라면 그럴 것이다. 그러나 교육의 사태는 교육에 '관한' 시험답안을 쓰는 사태와는 판이하다. 어떤 교과에서 구조를 뽑아내어 학생들에게 실지로 가르쳐야 하는 입장에 있는 사람들은 아직까지도 '구조란 무엇인가' 하고 물을 것이다. 이 물음은 구조에 관하여 아직 몇 가지 명백하지 않은 점들이 있기 때문에 생긴다고 본다. 그것은 얼핏 세 가지로 요약할 수 있다.

첫째로, 아마 가장 초보적인 질문으로서, 학교에서 가르치는 모든 교과(또는, 그 교과가 대표하는 모든 학문)에서 구조를 뽑아낼 수 있는가 하는 질문이 제기된다. 브루너는 물론 그럴 수 있다고 말할 것이다. 그러나 가장 쉬운 예로 문학이나 예술에서 구조를 뽑아내려고 애쓴 사람이면 누구든지 이런 교과에서 구조를 뽑아낸다는 것이 도대체 가능한 일인가, 아니면 적어도, 브루너가 주로 다룬 과학이나 수학의 경우처럼 그렇게 '명확한' 구조를 뽑아 낼 수 있을 것인가 하는 의문을 가졌을 것이다. 이 의문은 다소간 그 자체로서도 추구되어야 하겠지만, 다소간은 아래 두 질문과의 관련에서 추구되어야 할 것이다.

둘째로, 구조의 일반성 수준에 관한 문제가 있다. 앞에서도 말한 바와 같이, 브루너는 구조를 '기본 개념' 또는 '일반적 원리'라는 말과 동의어로 쓰고 있다. 개념이든지 원리든지 간에 거기에는 '일반적'(general)이라는 의미가 내포되어 있으며 이 '일반적'이라는 말은 상대적인 말이다. 한 개념이나 원리(예컨대 차량)는 어떤 개념이나 원리(예컨대 버스)보다는 일반적이지만, 동시에 그 자체가 어떤 다른 개념이나 원리(예컨대 교통기관)의 특수한 사례가 된다. – 즉, 덜 일반적이다. (물론 이 말은 '가장 일반적'인 개념이나 원리가 있을 가능성을 도외시하는 것은 아니다.) 그리하여 일반적인 수준이라는 관점에서 볼 때, 개념이나 원리는 버스 – 차량 – 교통기관이라는 위계를 형성하는 것으로 볼 수 있다. 구조라는 것이 이 위계 중의 어느 특정한 수준을 지목하는 것인가, 아니면 모든 수준을 통틀어 말하는 것인가, 그것도 아니면 그 위계조직 자체를 말하는 것인가? 브루너의 논의에서는 이 논리적 문제의 힌트를 찾을 수가 없다. 이 문제가 분명히 밝혀졌던들, 적어도 수학이나 과학 이외의 다른 과목에서 구조를 뽑아내는 일이 다소간 쉬웠을 지 모른다.

구조에 관한 문제로서는 아마 셋째 것이 가장 중요한 문제라고 생각된다. 그것은 구조를 '정적인' 것으로 볼 것인가, 아니면 '동적인' 것으로 볼 것인가 하는 문제이다. 정적인 것으로 파악했을 때, 구조는 완결된 개념과 원리 그 자체를 가리킨다. 오늘날 사람들은 대체로 이 관점에서 구조를 파악하고 있는 것 같다. 그러나 구조는 우리가 그것을 발견하고 활용하는 과정에서 동적인 측면도 지니고 있다. 브루너의 설명에는 이 두 가지 측면이 문맥 속에 함축되어 있다고는 볼 수 있으나, 명확히 구별된 것으로 제시되어 있지는 않으며, 따라서 구조란 그 두 가지 측면 중의 어느 한 가지, 또는 모두를 가리키는 것인가 하는 문제는 아예 제기될 여지도 없다.

이 문제의 성격을 좀 더 규명하기 위하여 브루너 자신이 제시한 '향성'의 보기를 들어보자(PE, p.291; PE, p.292의 역주5 참조). 정적인 관점에서 향성이라는 개념은 명백하게 생물과의 구조이다. 그러나 이 향성의 개념은 그것이 발견되고 활용되는 과정에서 동적인 측면을 가지고 있다. 즉, 자벌레의 운동이라는 한 특수한 현상에서 향성이라는 일반적 개념이 도출되며, 이렇게 도출된 일반적 개념은 다시 거꾸로 메뚜기 떼의 이동이나 어떤 곤충의 번식행동, 또는 식물의 성장방향 등 생물계의 다른 특수한 현상들을 '설명'하는 데에 적용된다. 그러므로 동적인 측면에서 구조를 파악한다는 것은 곧 한 현상에 관하여 '사고하는 것', 또는 보다 구체적으로, '일반화와 특수화를 하는 것'을 의미한다. 이렇게 볼 때, 브루너가 말한 구조의 이점 중 적어도 이해, 전이, 기억의 세 가지는 오직 '일반화와 특수화'라는 말로 포괄될 수 있다.

이 논의를 한 발자국만 더 발전시키면, 결국 구조중심 교육과정이라는 것은 '사고과정'을 교육과정의 핵심적 요소로 하여야 한다는 주장이라고 해석할 수 있지 않을까? 여기에 구조중심 교육과정의 성격과 의의가 있는 것이 아닐까? 그리고 그 성격과 의의가 여기에 있다고 하면, 구조중심 교육과정은 과연 그토록 새로운 주장이며 그토록 특이한 주장인가? 문제는 사고과정을 교육과정과 관련하여 어떻게 체계화하며 그 체계에 맞게 어떻게 학습내용을 선정, 조직, 제시할 것인가에 있지 않을까?

교육과정에서 사고가 중요하다는 것은 우리 모두가 다 알고 있고 절실히 느끼고 있는 것이다. 사고과정에 주의를 기울이지 않을 때, 우리는 불가피하게 다음과 같은, 다소 과장되기는 했어도, 단순히 웃어넘길 수만은 없는 결과를 당하게 될 것이다. 즉, 수학 응용문제의 '정답'을 용케 찾아내는 학생에게 그 '비결'을 물었더니, 답왈, "문제를 보면 빤히 알 수 있다. 숫자가 두 개 있을 때는 뺀다. 숫자가 많을 때는 더한다. 숫자가 두 개 있어서, 하나가 크고 하나가 작으면 약간 따져봐야 한다. 나누기를 해서 딱 떨어지면 나누고 그렇지 않으면 곱한다." 이런 교육은 바보나 정신병자나 요령꾼 중의 한 가지, 또는 그 이상의 '조합'을 만들 수는 있으나 교육받은 사람은 우연적으로밖에 만들 수 없을 것이다.

4

앞에서 「교육의 과정」을 일관하는 핵심 개념은 '구조'라고 한 이상, 이 책에서 언급된 내용과 구조와의 관련을 잠깐 살펴보겠다. (이것은 적어도 이 책의 내용을 이해, 기억, 전이하는 데에 도움이 될 것이다.) 브루너는 구조에 관련된 「교육의 과정」의 측면으로서 학습의 준비성, 직관적 사고와 분석적 사고, 학습동기, 교구의 네 가지 측면을 논의하고 있다.

학습의 준비성(제3장)과 관련하여, 브루너는 준비성에 관한 종래의 기계적 통념을 부정하고 "어떤 교과든지 지적으로 올바른 형식으로 표현하면 어떤 발달단계에 있는 어떤 아동에게도 효과적으로 가르칠 수 있다"(PE, p.316)는 가설을 제시한다. 브루너는 이 가설의 이론적 근거를 피아제의 지적 발달이론에서 찾고 있다. 즉, 아동은 발달단계에 따라 각각 특이한 방법으로 삼라만상을 지각한다는 것이며 여기서 지적 발달단계는 곧 사물이나 현상의 구조를 파악하는 상이한 방식으로 나타나는 것에 불과하다는 것이다. 그리하여 이 가설에 비추어 보면, 학습의 준비성이라는 것은 각각의 발달단계의 특이한 지각방식에 맞게 학습내용의 구조를 '표현'하는 문제로 된다. 「교육의 과정」 이후 브루너는 피아제의 세 발달단계에 맞는 구조의 세 가지 표현형식을 '작동적 표현', '영상적 표현', '상징적 표현'이라고 이름 붙였다.[3)]

물론 학습의 준비성에 관한 이러한 견해는 구조중심 또는 학문중심 교육과정의 기본 가정이 되는 한 가지 '핵심적 확신'을 전제로 성립한다. 브루너의 말을 빌면,

> 그 핵심적 확신이란 곧 '지식의 최전선에서 새로운 지식을 만들어 내는 학자들이 하는 것이거나 초등학교 3학년 학생이 하는 것이거나를 막론하고 모든 지적 활동은 근본적으로 동일하다'는 것이다. 과학자가 자기 책상이나 실험실에서 하는 일, 문학 평론가가 시를 읽으면서 하는 일은 누구든지 이와 비슷한 활동, 다시 말하여 모종의 이해에 도달하려는 활동을 할 때 그 사람이 하는 일과 본질상 다름이 없다. 이런 활동들에서 차이는 하는 일의 종류에 있는 것이 아니라 지적 활동의 수준에 있는 것이다. 물리학을 배우는 학생은 다름 아니라 바로 '물리학자'이며, 물리학을 배우는 데는 다른 무엇보다도 물리학자들이 하는 일과 똑같은 일을 하는 것이 훨씬 쉬운 방법일 것이다. 물리학자들이 하는 일과 똑같은 일을 한다는 것은 곧 물리학자들이 하듯이 물리 현상을 탐구한다는 뜻이다(PE, p.299).

직관적 사고와 분석적 사고에 관한 브루너의 논의는 아주 요약하기 힘들다. 직관적 사고가 교육의 과정에서 대단히 중요한 역할을 수행한다는 것은 상식적으로도 명백하지만, 이 방면에 관해서는 아무런 체계적인 지식이

---

3) Bruner, J. S.(1963), Needed: A Theory of Instruction, *Educational Leadership*, 20(May, 1963), pp.523-532.

없으며 심지어 직관적 사고가 어떤 것인지도 분명하지 않다. 다만 우리는 이 문제를 다룬 부분(제4장)을 읽으면서, 직관적 사고에는 여러 가지 층이 있다는 것과, 교육적으로 가치있는 직관은 소위 '주먹구구'와는 다른 것임을 유의해야 할 것이다. 이런 조건을 붙인다면, 우리는 구조가 직관적 사고에 중요한 기초를 이룬다는 브루너의 견해를 받아들일 수 있을 것이다.

구조와 학습의 동기(제5장)는 어떻게 관련되는가? 여기서 브루너는 지성보다는 실제성을 강조하는 미국의 문화적 풍토를 비판하고 있다(PE, p.356의 역주28 참조). 즉, 미국의 문화적 풍토에서는 지적인 활동이 주로 눈에 보이고 손에 잡히는 생활의 편의를 가져오는 경우에 한하여 그 가치를 인정받는다는 것이다. 브루너의 말을 빌면,

> 우리는 행동이 바로 사고를 잘 하는 증거라고 생각하는 나라에서 살아왔으며, 아마 서구 열강의 나라 사람들보다도 더, 이론(사고)과 실제(행동) 사이의 간극을 심각한 것으로 생각하였다. 만약 우리가 사고하는 사람들을 숭배한 적이 도대체 있었다고 하면, 그것은 아인슈타인의 경우와 같이 비경의 마법사를 찬양하는 경우이거나('아인슈타인은 불가사의의 인물이지만 역시 똑똑하기는 한 모양이야!') 아니면 실제적인 업적을 칭찬하는 경우였다. 토마스 에디슨은 미국 사람들이 생각하는 과학자상 – 즉, 기술공으로서의 과학자 – 의 대표적인 보기이다. 여기에 비하여 작가, 시인, 이론가, 현자 등은 미국 사람들의 입에 오르내리는 전설적인 인물이 되지 못하였다(PE, p.356).

이것은 분명히 역사적 근원을 가지고 있는 것이며, 당연히 학생들이 공부하는 동기에도 영향을 준다. 여기서 브루너는 지식의 구조를 강조한 결과가 소위 '지적인 희열' 또는 '발견의 희열'을 학생들에게 심어 주고 그 결과가 궁극적으로는 실제성 일변도의 문화를 극복하는 데에 기여하리라는 대담한 전망을 보여주고 있다. 만약 미국의 모든 문화가 브루너의 전망에 충실할 수가 있다면, 미국은 그 인력과 재력으로 세계 지성의 주도권을 잡을 수 있을 것이다. 그러나 과연 그럴 수 있을까?

마지막으로 교구와 구조와의 관련(제6장)은 단도직입적이다. 즉, '교구 자체가 그 목적을 결정하지 않는다'(PE, p.368)는 것이다. 교구는 학습내용의 구조를 제시하는 목적으로 사용될 때 그 가치를 가진다. 그러기 위해서는 교구에 어떤 조건이 구비되어야 하며, 특히 그 자신 일종의 '교구'로서 다른 교구들을 사용하는 교사가 어떤 사람인가가 중요한 요건이 된다. 교사는 단순히 '지식의 전달자'에 그칠 수 있다면 얼마나 다행할 것이며, 교육의 문제 또한 얼마나 단순해질 것인가? 그러나 '불행하게도' 교사는 지식의 전달자임과 동시에 '학문의 모범'이요, '동일시 모형'이다(PE, pp.369-371).

5

마지막으로 「교육의 과정」이 대표하는 구조중심 교육과정에서 우리는 어떤 교육목표를 추출할 수 있는가를 생각해 보자. 이 책에서 브루너는 가장 일반적인 교육목표를 '수월'(excellence)의 함양으로 볼 수 있다고 하고, 그것을 구체화하여 '각 개인으로 하여금 최고의 지적 발달 수준에 도달하도록 도와주는 것'이라고 하고 있다(PE, p.294). 참으로 이것은 너무 일반적인 목표여서, 과연 교육현실을 이끌어나갈 힘이 있을지 의문이다.

오히려 우리가 추출하고자 하는 교육목표는 브루너의 다음과 같은 예리한 발언에서 그 힌트를 찾아볼 수 있다. 즉, "우리는 [예컨대] 초등학교 교과의 선정기준으로서 그 교과가 가장 완벽한 수준으로 발전했을 때를 가상하여, 어른이 알아야 하는 것인가, 또는 아이 때에 그것을 배우면 보다 훌륭한 어른이 될 수 있는가 하는 질문을 제기할 수 있을 것이다. 이 두 가지 질문에 대한 대답이 애매하거나 부정적이면, 그 교과는 교육과정을 어지럽히는 소음에 불과하다"(PE, p.336)라는 말이다. 어른이 그것을 알아야 하는가의 여부, 보다 훌륭한 어른이 무엇인가를 판단하는 기준이 바로 우리가 추출하고자 하는 교육목표이다. 그 기준이 무엇인가에 대한 직접적인 대답은 「교육의 과정」에서는 찾아볼 수 없고, 오히려 그 10년 후에 쓴 "「교육의 과정」 재음미"[4] 의 다음과 같은 말에서 찾아볼 수 있다.

> [「교육의 과정」 당시] 하바드 대학의 동료 교수들이 당면하고 있던 큰 문제점은 현대 물리학과 수학이 학교 교육과정에 반영되어 있지 않다는 것과, 그럼에도 불구하고 현대 과학을 이해한다는 것은 여러 가지 사회적 의사결정을 내리는 데에 기본적인 조건이 된다는 것이었다. 사회 안에서 생활하는 사람들로 하여금 일상생활에서 내리는 의사결정에 대하여 반드시 올바른 근거를 가지게 되도록 모종의 조치를 취하지 않으면 안되었다. 이 조치란 먼저 과학을 가르치는 것이고 그 다음에 다른 교과를 가르치는 것이었다. 사람들로 하여금 일상생활의 의사결정에서 근거를 가질 수 있도록 하는 데는 과학과 다른 교과들을 가르치면 된다는 이 생각은 참으로 단순하고도 순진한 생각이었다... 가장 나쁘게 말하여 이 초기의 생각은 지나친 합리주의의 오류를 범하고 있었다(RE, pp.375-376).

그렇다! 브루너 등이 원래 마음 속에 가지고 있던 교육목표 – 그것은 또한 구조중심 교육과정이 함축하고 있는 교육목표라고 볼 수 있다 – 는 명백히 체계화된 탐구방법과 증거방식을 가진 교과를 가르침으로써 (지적 및) 도덕적 판단(또는, 의사결정)에 '반드시 올바른 근거를 제시하는' 능력과 태도[5]를 기르며, 궁극적으로 이상적인 개방 사회를 실현하고자 하는 것이었다. 이 이상으로 중요한 교육목표가 또 있을 것인가? 이것은 근본적으로 인간의 지성에 대한 절대적인 확신이며, 탐구과정을 통한 지성의 해방이 인간에게 이상향을 약속해 줄 수 있다는 불요불굴의 확신이다. 이 점에서 이들 '구조주의자'들의 교육사상은 가장 깊은 곳에서 반세기 전 존 듀이의

---

4) Bruner, J. S.(1971), *The Process of Education* Reconsidered, R. R. Leeper(ed.), *Dare to Care/Dare to Act: Racism and Education*, ASCD Annual Conference Report, pp.19-30. 이 논문이 발표된 학회의 주제가 '인종차별과 교육'에 관한 것이었으므로, 여기에는 인종차별 문제가 다소간 강조되어 있다. 그러나 이 논문의 논지는 인종차별 문제와 특별한 관련없이 그 자체로서도 성립한다.

5) 이 능력과 태도가 바로 '합리성'의 개념을 정의한다(RE, p.376의 역주1 참조).

교육사상을 재천명하고 있다. 흔히 '존 듀이가 가고 브루너가 왔다'고 하는 말은 아마 엄청난 속단일 것이다.

그러나 이런 생각을 한 지 10년 후 브루너는, 비록 '가장 나쁘게 말하여' 라는 단서를 붙이기는 했으나 그 당시의 생각을 '지나친 합리주의의 오류' 라고 단정하고 있다. 그 10년 동안 브루너가 본 미국 사회는 그런 '단순하고 순진한' 낙관론을 도저히 용납하지 않았던 것일까? 미국의 대외적 전쟁개입, 빈곤과 인종차별로 점철된 국내 현실, 게다가 교육이 그 빈곤과 인종차별을 '영속화'하는 수단이 되고 있다는 사실은 브루너로 하여금 탐구과정을 통한 지성의 해방보다는 학교제도와, 넓게는 사회제도의 개혁에서 더 직접적인 해결책을 찾도록 한 것일까?

한 사람의 지도적 사상가가 10년을 간격으로 그 전의 생각을 근본적으로 반성하는 것은 그 자체로서 존경받을 만한 일이다. 그러나 또 한편 우리는 이 반성의 시기가 적절하였으며 그 방향이 타당하였는가 하는 문제를 제기하지 않을 수 없다. 그리하여 사회 문제가 시급하고 심각하다는 사실이 지적 탐구과정의 가치를 감소시키는 커녕, 오히려 증가시킨다고 볼 수는 없는가? 또한 인간 지성의 해방 이외의 다른 방법으로 사회 문제를 해결한다는 것은 '실제적'으로 불가능하다고 볼 수는 없는가?

교육목표 이야기와 직접적인 관계는 없지만, 「교육의 과정」과 그 "재음미"의 해설은 이 두 문헌을 기점으로 하여 앞으로 세계 교육과정의 동향을 전망하지 않고는 완벽하다 할 수 없을 것이다. 그 동향은 '구조', '잠재적 교육과정', '도덕교육'의 세 가지 캐치프레이즈로 요약할 수 있을 것이다.

첫째, 앞으로 적어도 얼마 동안은 구조중심의 교육과정이론이 중요한 영향력을 가지게 될 것이다. 한편으로, 더욱 많은 교과에서 구조를 밝히려는 노력과 학습자료를 개발하려는 노력이 계속될 것이다. 그리고 또 한편으로, 이 교육과정이론은 철학, 심리학, 사회학 등 인간을 다루는 다른 학문 분야와 더욱 긴밀하게 관련지으면서 그 사상의 폭을 넓혀갈 것이다. 확실히 「교육의 과정」에는 '안다'는 말과 거의 비슷한 빈도로 '모른다'는 말이 자주 나온다. 이 책의 문단이나 장은 거의 후렴처럼 '앞으로 연구할 필요가 있다', 또는 심지어 '연구문제를 확인할 필요가 있다'는 말로 끝난다. 앞으로 사실상 이런 연구문제가 확인되고 연구가 수행되어야 할 것이다.

둘째, 단순히 학교 안에서 학교의 제도나 풍속 때문에 배우게 되는 교육과정이라는 좁은 뜻에서 뿐만 아니라, 보다 넓게 사회의 제도나 풍속 때문에 배우게 되는 교육과정이라는 뜻에서의 잠재적 교육과정에 관한 관심이 증대할 것이다. 이것은 브루너의 "「교육의 과정」 재음미"에서 충분히 강조된 문제영역이다. 보다 특수한 문제영역으로서, 사회 내에 빈곤과 '문화실조'가 그 영향을 받은 다음 세대에 어떻게 영속화되는가 하는 문제를 들 수 있다. 브루너의 말에 의하면, "어떤 사람이 하나의 성인으로서 또는 부모로서 응당 가져야 할 사회적 기반을 가지지 못하고 '국외자'로 떨어져 나가 있을 때, 그 사람의 자녀는 즉시 희망을 상실하게 된다. 이런 아동은 두 살이나 세 살 때부터 벌써 이 '희망의 상실'에 관하여 남몰래 곰곰이 생각하기 시작한다"(RE, p.390). 만약 이것이 사실이라고 하면, 그것은 어떤 기제를 통하여 그렇게 되는가?

셋째, 브루너의 "재음미"에서 간접적으로만 시사되는 것이지만, 오늘날 세계적으로 이미 나타나기 시작한 동향으로서 도덕교육의 강조를 들 수 있다.[6] 브루너의 '소명' 또는 생활태도에 관한 논의가 간접적으로 이것과 관련된다고 볼 수 있다(RE, pp.388-390). 도덕교육은 적어도 근래까지는 잠재적 교육과정의 한 부분으로 간주되어 왔으나, 이제는 그야말로 학생들에게 '올바른 근거에 기초를 둔 사회적 의사결정'을 할 수 있도록 체계적으로 지도해야 할 만큼 세상이 복잡해진 것이 아닌가 생각된다.

이것이 앞으로 우리 모두가 해야 할 일이다. 분명히 역설이겠지만, 오늘날처럼 교육의 문제가 태산 같은 시대에 살고 있다는 것은 교육을 담당하고 있는 사람은 물론 그것에 관심을 가진 시민으로서 기뻐해야 할 일인지도 모른다.

---

6) Beck, C. M., Crittenden, B. S., & Sullivan, E. V.(eds.)(1971), *Moral Education: Interdisciplinary Approaches*, Toronto: University of Toronto Press.

교육의 과정

1. 서론

시대는 각각 독특한 형태의 꿈을 안고 있으며 이 꿈이 그 당시 교육의 모양을 결정한다. 오늘날 우리 시대의 특징이라고 할 만한 것은 무엇인가? 그것은 질적으로 우수한 교육, 지적 성취를 위한 교육에 대한 관심이 넓게 새로이 고조되고 있다는 것이다. 그러나 그와 동시에 전부터 중요시되어 온 교육의 이상, 즉 민주사회의 원만한 시민을 길러야 한다는 이상을 저버리는 것은 아니다. 말하자면 오늘날 미국 교육에서는 상당히 많은 사람들이 최근까지만 해도 극소수의 전문가들만이 관심을 가졌던 질문에 관심을 가지게 되었다. 그 질문은 바로 '학생들에게 무엇을 가르치며 무슨 목적으로 그것을 가르칠 것인가'라는 질문이다. 이 새로운 시대정신은 아마 현대의 모든 생활영역에 깊이 스며있는 과학혁명을 반영하는 것이기도 하지만, 근래 소련이 스푸트니크를 발사했다는 사건이 이 경향에 더욱 박차를 가하고 있는 것도 틀림없는 사실이다. 왜냐하면 이 사건은 거의 확실히 장기적인 국가안보의 위기를 나타내고 있으며, 이 위기를 극복할 수 있는가 없는가는 국민교육의 성패에 달려 있기 때문이다.

교육에 관한 이 새로운 관심이 나타난 곳은 여러 곳이지만, 그 중에서도 특히 초·중등학교 교육과정 계획에 두드러지게 나타났다. 이 방면에 몇 가지 괄목할 만한 발전이 근래 이루어지고 있다. 대학의 과학자와 교수들이 일찌기 유례를 볼 수 없을 정도로 광범하게 교육과정 구성에 참여하고 있다. 이들은 각각의 학문 분야에서 첨단을 걷는 이름난 대가들이다. 이들은 과학이나 다른 학문의 가장 새로운 지식을 토대로 하면서, 동시에 학교교육의 성격에 대한 혁신적인 생각을 가지고 초·중등학교의 교수요목을 작성해 왔다. 이렇게 구성된 교육과정 중에서 가장 잘 조직된 것은 물리교육연구회(PSSC: Physical Science Study Committee)에서 준비한 고등학교용 물리교과일 것이다. 이 교과에 쓰일 교과서, 실험실습 문제집, 영화 그리고 특별한 교사용 지침서가 마련되었고 교사를 위한 훈련과정도 준비되었다. 약 2만 5천명의 고등학교 학생들이 이 PSSC 물리를 배우고 있으며 그 효과가 현재 조사되는 도중이다. 수학에 있어서도 이와 비슷한 것으로 학교수학연구단(SMSG: School Mathematics Study Group), 수학교육위원회(Commission on Mathematics), 일리노이주 학교수학연구회(Illinois Committee on School Mathematics)와 그 밖의 다른 연구회에서 만든 교육과정이 있다. 생물교육과정연구회(BSCS: Biological Science Curriculum Study)는 고등학교 생물교과를 작성하고 있으며 이와 비슷한 성격의 교육과정 계획이 화학과와 기타 다른 분야에서도 진행되고 있다.

이러한 사업이 달성하고자 하는 주요 목표는 교과를 효과적으로 제시하고자 하는 것이다. 교과를 효과적으로 제시한다는 말은 곧 그 교과의 범위뿐만 아니라 교과가 나타내고 있는 구조[1]도 충분히 고려하여 교과를 제시한다는 뜻이다. 이 사업은 각 분야의 기발한 상상력을 과감하게 동원하였고 그 초창기인 현재까지 괄목할 만한 성과를 거두었으며, 이로 말미암아 학습 또는 지식의 전달에 관심을 둔 심리학자들이 이러한 종류의 사업에 깊은 관심을 가지게 되었다. 우즈 호울 회의의 성격과 절차에 관해서는 '서문'에서 언급한 바 있다. 이 회의는 그러한 관심의 한 가지 표현으로 볼 수 있을 것이다. 물리학자, 생물학자, 수학자, 역사가, 교육학자 및 심리학자들이 한자리에 모여 교육의 문제를 새로운 각도에서 고찰하고자 했던 것이다.

---

1) '구조'라는 말의 뜻은 이하 pp.291-293와 앞의 제2장을 읽으면 약간 자세하게 알 수 있다. 또한'구조'의 보다 깊은 의미를 알기 위해서는 p.362의 역주29를 미리 읽어보라.

그 회의를 통하여, 학습의 과정이란 무엇이며 그것은 교육에 어떤 관련을 가지고 있는가, 최근의 새로운 교육과정 운동은 우리가 종래 학습이나 교수라고 생각해 오던 것에 어떤 새로운 의문을 불러일으키는가 하는 문제가 논의되었다. 특히 최근의 교육과정이 우리에게 불러일으키는 의문은 다음과 같은 것들이다. 즉, 무엇을 언제 어떻게 가르칠 것인가? 교육과정 구성을 위한 노력을 촉진하려면 어떤 종류의 연구를 할 필요가 있는가? 수학이건 역사건 간에 한 교과의 구조를 강조한다는 것은 무슨 뜻이며 어떤 점에서 중요한가? 학생들에게 어떤 특정한 학습의 기본적 아이디어를 될 수 있는 대로 빨리 전달하도록 교과를 구조화한다는 것은 무엇을 의미하는가?

현재의 교육과정 개혁운동이 교육사조 전반에 비추어 얼마나 중요한 의의를 가지고 있는가 하는 것은 다음과 같은 점을 생각해 보면 더 분명히 알 수 있다. 과거 반세기 동안 미국에서는 아주 높은 수준의 학문을 연구 발전시키기 위하여 대학원 교육이 크게 일어났다. 그로 말미암아 일류급의 과학자와 교수들은 초·중등학교 교육은 물론, 사실상 대학의 초급 코오스에도 자기가 전공하는 과목을 가르치는 방법을 제시하는 일에 점점 소홀하게 되었다. 학문의 첨단을 걷는 사람들과 학교 학생들 사이의 접촉은 거의 전무한 상태였다. (미국의 경우에는 밀리칸(Millikan)과 같은 유명한 과학자나 비어드(Beard)나 코매거(Commager)와 같은 일류급 역사가 등 소수의 학자들이 고등학교 교과서를 썼을 뿐이다.) 대개의 경우에 학문의 첨단을 걷는 학자들은, 각 분야의 교육내용을 상당히 재조직하는 데에 가장 중요한 공헌을 할 수 있었음에도 불구하고, 초·중등학교 교육과정 계획에 참여하지 않았다. 따라서 학교의 교육내용은 흔히 그때그때 새롭게 발견되는 지식에 비하여 낡고 부정확한 지식을 다루게 되었고 학교교육은 훌륭한 학자들, 지혜있고 노련한 교사들, 그리고 교수와 학습 및 그와 관련된 여러 분야에서 훈련을 쌓은 사람들의 협동적인 노력에서 응분의 혜택을 입지 못하게 되었다. 그러나 근래 교육과정 운동을 통하여 이 경향이 시정되는 것 같다. 이 운동은 결국 미국의 가장 뛰어난 학자들이 각각 자기 분야의 학교 교육내용을 계획하는 일에, 교과서를 마련하고 실험실습을 실지로 보여주는 일에, 또 영화와 텔레비전 프로그램을 제작하는 일에 새롭게 참여함으로써 이룩된 사업이다.

마찬가지로 지난 반세기 동안 미국의 심리학은 학교 현장에서 일어나고 있는 실지 그대로의 학습을 연구해 오던 종래의 관심을 다른 곳으로 돌려 왔다. 학습심리학은 자연상태의 학습을 다루는 것이 아니라 고도로 단순화된 순간적인 학습 현상을 아주 자세하게 기술하는 데에 더 관심을 쏟았고 그 결과로서 학습이 나타내는 장기간의 교육효과는 별로 다룰 수 없게 되었다. 교육심리학자들 역시 적성과 학업성적의 연구나, 가정의 사회・경제적 조건에 따라 학습동기가 어떻게 달라지는가 하는 문제로 관심을 돌려 큰 성과는 거두었지만, 학급에서의 학습활동이 가지고 있는 지적 구조를 직접 다루지는 않았다.

심리학자들이 교육과정 문제를 소홀히 다루어 온 데는 그 밖에도 여러 가지 이유가 있다. 미국의 교육철학이 늘 바뀌어 왔다는 것도 그 한 가지 이유가 된다. 미국 교육의 목표는 언제나 이원적인 성격을 띤 것으로서, 벤자민 프랭클린이 말한 바 '실용적인 것'과 '장식적인 것' 사이의 균형을 유지하려고 늘 애써 왔다. 18세기 중엽에 벤자민 프랭클린이 말한 것을 보면, "학생들이 실용적인 것 전부와 장식적인 것 전부를 다 배울 수 있다면 얼마나 다행한 일이랴. 그러나 배워야 할 것은 많고 배울 시간은 짧다. 그러므로 학생들은 가장 실용적일 듯한 것과 가장 장식적일 듯한 것을 배워야 할 것이다." 프랭클린의 말이나 그 뒤 미국 교육목표에 나타난 바, 그 실용적인 것은 두 가지를 뜻하는 것이었다. 하나는 특수한 종류의 기술이요, 또 하나는 생활의 문제를 더 잘 처리해 나가는 데에 필요한 '일반적 이해'이다. 기술은 직업을 가지고 있는 사람에게 직접적인 관심거리였다. 1750년대에 이미 벤자민 프랭클린은 앞으로 상업을 할 사람에게 불어와 독어와 스페인어를 가르쳐야 한다고 주장했고, 학생들에게 농업을 가르치고 농장 견학 등 실제적인 활동을 곁들여야 한다고 주장했다. 여기에 비하여 일반적 이해는 역사에 관한 지식에다가 수학과 논리공부나 주위 자연계의 세밀한 관찰에서 생기는 지적 도야[2]를 통하여 달성될 수 있는 것이었다. 요컨대 일반적 이해를 위해서는 지적으로 잘 도야되고 지적 내용을 풍부히 갖추는 것이 필요하였다.

미국의 중등교육은 현재까지 그 두 가지 실용성 사이의 균형을 유지하려고 해왔다. 또 그러는 동안 대개는 장식적인 면도 고려해 왔다. 그러나 중등교육을 받는 인구가 비율적으로 증가하고 또한 학교 인구 전체가 비율적으로 증가함에 따라 실용적인 기술과 학문적인 이해 사이의 균형을 유지하는 일이 훨씬 어렵게 되었다. 최근 코난트(J. B. Conant) 박사의 종합고등학교안[3]은 본질상 이 균형 문제를 다룬 것이다.

한 가지 흥미있는 현상은 20세기에 접어들면서부터 학습과정에 관한 심리학의 관점이 일반적 이해를 강조하는 것에서 특수적 기술을 강조하는 것으로 점차 달라져 왔다는 것이다. '전이'의 연구,[4] 다시 말하여 어떤 주어진

---

2) 지적 도야이론은 옛날부터 교육의 가장 기본적인 가정이었다. 즉, 정신기능이라는 것은, 마치 육체의 근육이 단련될 수 있는 것과 마찬가지로, 단련될 수 있는 것이며, 일단 단련되면 여러 가지 구체적인 지적 문제를 잘 해결할 수 있다고 하는 생각이다. 또한 정신기능을 단련하는 방법은 전통적으로 권위있는 학문, 즉 고전어와 역사, 수학과 과학 등을 열심히 공부하는 것이라고 생각되었다. 이러한 견해는 소위 '능력심리학'이라는 심리학적 이론에 의하여 지지되었다. 이 이론에 의하면, 우리의 정신기능은 기억, 추리, 상상 등 몇 가지 능력으로 구성되어 있고 각각의 능력을 단련하는 데는 각각 특이한 방법이 있으며 한 가지 능력을 단련하면 그 결과로 그 능력을 요구하는 문제를 잘 해결할 수 있다. 이하 본문에 언급된 형식도야는 이러한 기억, 추리, 상상 등 특수한 능력을 도야하는 것을 말한다. 그러므로 지적 도야와 형식도야는 흔히 같은 말로 쓰인다. 형식도야나 능력심리학의 이론은 소위 '전이' 현상을 설명하는 이론이라고 해석된다. 전이란 한 내용을 학습하고 나면 그와 비슷한 다른 내용을 학습하기가 쉬워지는 현상을 말한다. 능력심리학의 이론에 의하면, 이 현상이 일어나는 것은 학습하는 동안에 특수한 '능력'이 길러졌기 때문이다(이하의 역주4 참조).

3) 종합고등학교는 코난트가 스푸트니크 발사 사건 직후 미국의 중등학교를 전반적으로 조사한 후에 제출한 그 두 보고서에서 제의한 안이다. ① *The American High School Today*(1959), ② *The Comprehensive High School*(1967). 그 요지는 한 학교에서 인문과목과 실업과목을 다같이 가르치도록 하는 것이다. 근래 이 안이 영국에 보급되어 교육제도에 관한 일대 논쟁을 일으키고 있다.

4) 20세기 초기의 '전이연구'로서 가장 대표적인 것은 손다이크의 연구이다. 그 연구에

학습과제를 통달한 결과가 다른 학습활동에 도움이 되는가 하는 것을 알아보는 연구가 이 점을 여실히 보여주고 있다. 그 점의 연구가 주로 형식도야의 전이 문제 – 즉, 분석, 비판, 기억 등등의 '능력'을 훈련하면 어떤 결과가 나타나는가 – 를 강조하였던 것에 비하여 이 당시의 연구는 주로 동일요소나 특수적 기술의 전이 현상을 탐구하는 데에 더 강조를 두었다. 그 결과로서 20세기 초기의 40여 년 동안 미국의 심리학자들 사이에 학생들이 복잡한 지식에 포함되어 있는 구조나 그 의의를 어떻게 파악하는가 하는 것을 연구한 경우는 거의 없다. 학습과 전이의 본질에 관한 지난 20여 년 동안의 연구결과는 거의 모두가 그 전 40여 년 동안 교육심리학이 그릇된 면을 강조해 왔다는 것을 보여주고 있다. 즉, 원래의 형식도야이론은 학습의 결과가 분석이나 판단 등등 몇 가지 따로따로 분리된 '능력'을 훈련시키는 것으로 보았다는 점에서 이론상 결함이 있기는 하지만, 사실상 잘 학습하면 굉장한 전이효과가 생긴다는 것은 어김없는 사실이며, 심지어 알맞은 조건 하에서 잘 학습하면 '학습하는 방법을 학습할'(learning how to learn) 수도 있다는 것이다. 이러한 연구결과로 말미암아 학교에서 벌어지는 것과 같은 복잡한 학습, 교과의 구조에 관한 일반적 이해를 위한 학습에 새로운 학문적 관심이 유발되었다. 그리하여 결과적으로 학습의 과정에 관심을 둔 심리학자들 사이에 교육과정 문제에 관한 관심이 재연된 것이다.

이때까지 몇 번 교과의 '구조'라는 말을 썼지만 앞으로도 이 말은 자주 쓸 경우가 있기 때문에 교과의 '구조'라는 말이 무슨 뜻인가를 좀 더 자세하

서 밝혀진 것을 몇 가지 예시하면 다음과 같다. 0.5인치와 1.5인치 사이의 길이를 추산하는 훈련은 6인치와 12인치 사이의 길이를 추산하는 데는 아무런 도움이 되지 않는다. 40그램에서 120그램의 무게를 추산하는 훈련은 120그램에서 1800그램의 무게를 추산하는 능력을 39%밖에 증가시키지 않는다. 영어 단어의 동사를 알아내는 훈련은 다른 품사를 알아내는 능력을 3%밖에 증가시키지 않는다. 이런 발견을 기초로 손다이크는 능력심리학을 근거없는 것이라고 주장하고 전이는 두 학습내용 사이의 동일요소 때문에 일어난다고 주장하였다. Thorndike, E. L. & Woodworth, R. S.(1901), The Influence of Improvement in One Mental Function upon the Efficiency of Other Functions, *Psychological Review*, 8.

게 설명할 필요가 있다. 생물학과 수학과 언어의 학습에서 각각 한 가지씩, 세 가지 간단한 보기를 들어보면 구조라는 말을 더 잘 이해할 수 있을 것이다. 먼저 판때기 위에 깔아 놓은 그래프 용지 위를 기어가는 자벌레의 경우를 생각해 보자. 판때기를 기울여 경사각이 위로 30도 되도록 한다. 그러면 자벌레는 직선으로 기어가는 것이 아니라 직선과 45도의 각을 이루며 옆으로 기어간다. 판때기를 60도 기울이면 자벌레는 직선에서 몇 도 옆으로 기어가겠는가? 예컨대 자벌레가 직선에서 75도 옆으로 기어간다고 하자. 이 두 가지 측정치에서 우리는 자벌레가 위로 기어 올라가는 '향성'(向性)이 있으며, 만약 위로 기어 올라가야 한다면 지면과 15도의 경사를 이루며 기어 올라간다는 것을 추리할 수 있다. 다시 말하면 우리는 생물학에서 말하는 '향성'의 원리, 보다 특수하게 '지향성'의 원리를 발견한 것이다. 이것은 유독 자벌레에서만 적용되는 특수한 사실이 아니다. 여기서 출발하여 우리는 단순한 조직의 유기체에서는 어느 것에나 이런 '향성' 현상이 있다는 것을 알게 된다. 향성이란 고정된 본능적 기준을 따르는 운동의 조절을 뜻하며, 보다 구체적으로 말하여 하등생물은 일정한 정도의 광도, 염분도, 온도 등등을 좋아하여 이런 것이 있는 쪽으로 나아가는 경향이 있다는 것이다. 외적인 자극과 생물체의 운동 사이에 있는 이 기본적인 관계를 일단 파악하고 나면, 학생은 그 밖의 많은 현상들을 다루기가 훨씬 쉬워진다.

이러한 현상들은 당장 겉으로 보기에는 새로운 사실 같지만 실상은 이미 알고 있는 사실과 아주 밀접하게 관련된 것들이다. 예컨대 메뚜기 떼가 이동할 때 그 진로의 온도 때문에 메뚜기 떼의 밀도가 조절된다. 산에서 사는 곤충들은 종류에 따라 일정한 양의 산소를 선택하여 움직여 다니고 있으며 산의 높이에 따라 산소의 양이 다르므로 곤충의 종류 사이에 교접이 불가능하게 되고 따라서 종족의 순수성이 유지된다. 이러한 여러 가지 생물학적 현상이 향성에 비추어 이해된다. 그리하여 교과의 구조를 파악한다는 것은 곧 한 가지 현상을 여러 가지 현상과의 관련에서 이해할 수 있게 된다는 것을 말한다. 요컨대 구조를 학습하는 것은 사물이나 현상이 어떻게 관

련되어 있는가를 학습하는 것이다.[5]

이보다 훨씬 간단한 것으로 수학과에서 보기를 들어 보자. 대수는 미지수와 기지수를 방정식에 배열하여 미지수를 기지수로 바꾸는 것이다. 이 방정식을 푸는 데는 세 가지 기본 법칙, 즉 교환, 분배, 결합의 법칙[6]이 있다. 일단 학생이 이 세 가지 기본 법칙에 스며있는 아이디어를 파악하면 현재 풀려고 하고 있는 '새로운' 방정식은 전혀 새로운 방정식이 아니라 자기가 늘 알고 있던 방정식의 한 가지 변용에 불과하다는 것을 쉽게 알 수 있을 것이다. 이 변용에 자기가 알고 있던 것을 적용하는 데에 중요한 것은 이 법칙의 '이름'을 아는 것이 아니라 그 법칙을 '사용'할 줄 아는 것이다.

구조는 흔히 부지불식간에 학습되는 수가 있는데, 이 점은 모국어의 학습에 가장 잘 드러나 있다. 어린이는 일단 한 문장의 미묘한 구조를 파악하고 나면 이 구조를 기초로 급속도로 많은 문장을 생성해 낼 수 있다. 이렇게 생성되는 문장은 내용에 있어서는 처음에 배운 문장과 다르지만 그 구조에 있어서는 동일한 것이다. 뿐만 아니라, 문장의 의미를 바꾸지 않고 문장의 형식을 바꾸는 변형의 규칙 – 예컨대 '개가 사람을 물었다'와 '사람이 개에게 물렸다' – 을 배우고 나면 문장을 훨씬 여러 가지로 바꿀 수 있다. 어린이들은 나날이 말을 배우는 동안에 이러한 언어의 구조상의 규칙을 올바로

5) 이 설명과 관련하여 구조는 정의상 '일반적 성격'을 가지고 있다는 점을 강조할 필요가 있다. 구조가 구조인 것은 바로 그것이 일반적 성격을 가지고 있기 때문이다. 즉, 구조는 특수한 현상을 개별적으로 가리키는 것이 아니라 그런 현상들을 일반적으로 포괄한다. 위의 보기에서 '항성'이라는 구조는 자벌레의 운동이나 메뚜기 떼의 밀도를 개별적으로 가리키는 것이 아니라, 이것과 이 이외의 다른 현상들을 모두 포괄하는 원리이다. 따라서 우리는 구조가 있을 때 비로소 한 현상을 어떤 원리의 특수한 사례로 인지할 수 있고 여러 현상들 사이의 관련과 질서를 파악할 수 있다. 이것을 우리는 '원리의 적용' 또는 '특수화'라고 부른다. 여기에 비하여 특수한 현상들 사이에서 일반적 구조를 발견하는 것을 우리는 '법칙의 발견' 또는 '일반화'라고 부른다. 요컨대 구조는 일반화와 특수화를 가능하게 함으로써 세계에 대한 우리의 인지활동 또는 '이해'에 도움이 된다(PE, 제2장 참조).

6) 교환법칙: $a+b=b+a$, $a \cdot b=b \cdot a$; 분배법칙: $a(b+c)=ab+ac$; 결합법칙: $(a+b)+c=a+(b+c)$, $(a \cdot b) \cdot c=a \cdot (b \cdot c)$.

'사용'할 줄 알게 되겠지만, 그렇다고 해서 그 어린이들이 반드시 그 규칙의 '이름'을 안다고는 할 수 없고 또 알 필요도 없다.[7)]

과학자들은 최근에 물리와 수학의 교육과정을 구성할 때 교과의 구조를 가르치는 문제를 가장 염두에 두었다. 아마 이들 교육과정이 초기에 성공을 거둔 것은 바로 교과의 구조를 강조한 데에 그 원인이 있다고 볼 수 있을 것이다. 그리고 이 때문에 학습과정을 연구하는 사람들은 이 방면에 새로운 관심을 가지게 되었다. 이 책에서 우리는 이하 내내 교과의 구조를 강조하게 될 것이다.

교육과정 구성에서 내용의 선정이나 조직과 같은 특수한 문제들을 생각하기에 앞서 몇 가지 일반적인 문제를 먼저 고찰하여야 할 것이다. 아마 그 중에서 가장 중요한 것은 교육목적에 관한 문제일 것이다. 한 특수한 교육내용의 가치를 따지는 순간, 우리는 이미 교육의 목적을 따지고 있는 것이다. 교육과정은 사회적, 문화적 및 정치적 여건의 변화로 말미암아 학교와 학생의 주위와 교육의 목적이 부단히 달라지는 상황 속에서 구성된다. 우리는 미국 사람, 즉 복잡한 세계 안에서 독특한 사고방식과 필요를 가지고 있는 미국 사람을 위한 교육과정을 구상하고자 하는 것이다. 미국 사람은 변화하는 사람들이다. 미국 사람들은 지리적으로 여기저기 쉽게 또 빈번히 옮아 다니며 살기 때문에 초・중등학교 교육과정에 다소간의 획일성이 반드시 필요하다. 그러나 미국 사회와 미국 생활의 전반적인 다양성 때문에 학교 교육과정에 다소간의 다양성도 마찬가지로 필요하다. 교육이 어느 정도로 다양하며 어느 정도로 획일적인 것인가에 관계없이, 교육은 또한 생산적인 것이어야 한다. 즉, 오늘날의 교육은 과연 시대가 요청하는 학자, 과

---

7) 위에 예시된 능동태의 수동태 변형규칙이 간단하다고 하여, 또는 어린이가 일상생활을 통하여 이러한 규칙을 저절로 학습하게 된다고 하여, 언어 구조상의 규칙을 올바로 '사용'하도록 학생들을 특별히 지도할 필요가 있을까 하고 의아해 하는 독자가 있을지 모른다. 언어 구조상의 규칙을 보통 말로 '어법'이라고 할 때, 현재 중학생들이 작문에서 얼마나 엄청난 어법상의 오류를 범하고 있는가는 누구나 쉽게 알아볼 수 있다. 그래도 이들은 6년 이상 '국어교육'을 받아온 사람들이다.

학자, 시인, 법률가 등을 배출해 내는가 하는 문제가 제기된다. 뿐만 아니라, 학교교육은 만약 민주적인 사회의 일원으로서 또 가정의 일원으로서 원만하게 생활하도록 하는 기능을 수행하려고 하면, 아동 개개인의 사회적, 정서적 발달에 기여하지 않으면 안된다. 이 책에서는 교육의 지적 측면을 주로 강조하기는 하지만, 그렇다고 해서 교육의 다른 목적이 중요하지 않다는 뜻은 아니다.

아마 가장 일반적인 교육목표는 '수월'(excellence)[8]의 함양에 있다고 보아도 좋을 것이다. 그러나 우리는 이 말이 무슨 뜻인가를 분명히 알아야 한다. 여기서 이 말은 좀 더 뛰어난 학생들을 길러내는 것만이 아니라 각 개인으로 하여금 최고의 지적 발달 수준에 도달하도록 도와주는 것을 의미하기도 한다. 교과의 구조를 충분히 고려하는 훌륭한 수업은 아마 머리 좋은 학생들보다 능력이 모자라는 학생들에게 더 가치가 있을 것이다. 왜냐하면 졸렬한 수업 때문에 피해를 입는 학생들은 머리가 좋은 학생들이 아니라 능력이 모자라는 학생이기 때문이다. 이 말은 교과의 진도나 내용이 모든 학생들에게 동일해야 한다는 뜻이 아니다. 물론 우즈 호울 회의에 참석했던 한 사람이 말한 대로 "잘 가르치기만 하면 마치 75%의 학생들이 중간점수 이상을 받는 것과 같은 효과를 낼 수 있다"[9]고 한 말에도 충분히 일리가

---

8) 이 '수월'이라는 개념은 가드너가 즐겨 쓰는 것이다. 여기에 대하여 가드너가 다른 곳에서 말한 바를 인용하면 다음과 같다. "우리는 사회적으로 가치있는 모든 분야에 있어서 그 분야가 아무리 미천한 것이라 하더라도 그 분야에서의 수월한 업적을 찬양할 줄 알아야 하고, 그 분야가 아무리 고상한 것이라 하더라도 그 분야에서의 치졸한 업적을 경멸할 줄 알아야 한다. 수도공 중에도 뛰어난 수도공과 무능한 수도공이 있고, 철학자 중에도 뛰어난 철학자와 무능한 철학자가 있다. 뛰어난 수도공은 무능한 철학자보다 훨씬 더 존경할 만하다. 만약 한 사회가 오직 수도공의 일이 미천한 활동이라는 이유에서 뛰어난 수도공을 경멸하고, 또 오직 철학이 고상한 활동이라는 이유에서 무능한 철학자를 너그럽게 보아준다고 하면, 이 사회는 수도공사도 철학연구도 제대로 할 수 없을 것이다. 수도공의 연관도 철학자의 이론도 물을 담을 수 없을 것이다." Gardner, J. W.(1958), Quality in Higher Education, G. K. Smith(ed), *Current Issues in Higher Education*, San Francisco: Jossey-Bass Inc, p.13.

9) 이것이 바로 우리나라에 널리 소개되어 있는 '완전학습'의 기본적 아이디어이다. 김호권(1970), 완전학습의 원리, 서울: 배영사.

있다. 능력이 서로 다른 학생들을 위하여 교육과정 운영상의 어느 지점에, 또 어떤 종류의 차이를 둘 것인가 하는 것은 세밀한 연구를 한 뒤에야 말할 수 있을 것이다. 그러나 한 가지만은 명백하다. 즉, 만약 모든 학생들이 각자의 지적 역량을 완벽하게 활용할 수 있게 된다면, 우리는 오늘날과 같이 엄청나게 복잡한 기술사회에서 민주주의를 더 잘 유지 발전시킬 수 있으리라는 것이다.

이하의 여러 장에서 이 책은 과학과 수학을 어떻게 하면 가장 잘 가르칠 수 있는가 하는 방향으로 다소 치중되어 있을 것이다. 그러나 이것은 과학이나 과학교육을 강조해야 한다는 주장을 하기 위한 것이 아니다. 과학교육의 강조는 어느 면으로 보면 과거 10년간의 역사적 발전에서 나온 우연적 부산물이다. 이 책이 이 분야의 교육과정을 주로 다루게 된 것은 단순히 이때까지 실험적 교육과정이 주로 이 분야에 관한 것이었고 따라서 이 분야의 교육과정 발전을 조사하기가 훨씬 용이하다는 이유에서이다. 사회과학이나 인문학이나 언어교육에도 전보다 더 많은 노력이 필요한 것은 말할 나위가 없다. 역사나 문학을 통해서 얻는 비극감이나 승리감은 물리를 통하여 얻는 물질의 구조감에 못지않게 현대인에게 중요한 것이다. 요컨대 인문학이나 사회과학이나 자연과학은, 만약 후세대의 교육에 제각기 공헌을 하려고 하면, 모두 똑같이 기발한 상상력과 집요한 노력을 필요로 한다.

공립학교에서 상위 1/4선의 성적을 가진 학생들은 다음 세대의 지적인 리더쉽을 짊어진 학생들로서, 근래까지 학교교육이 가장 등한히 다루었던 집단이다. 과학과 수학교육의 방법을 개선하면 그 때문에 이들 과목에 있어서 재능학생과 평균학생과 지진학생 사이의 간격이 더 현저해 질 가능성이 있다. 현재 상태만 보더라도 이 간격은 여러 가지 어려운 문제를 드러내고 있다. 대개의 경우에 과학과 수학의 적성은 확실히 다른 지적인 재능보다도 조기에 확인할 수 있다. 이상적으로 말하면, 학교는 여러 교과에서 학생 개개인으로 하여금 자기 능력이 닿는 한 될 수 있는 대로 빨리 나아가도록 해 주어야 한다. 그러나 이렇게 하는 데에 따라오는 행정적인 문제는 현재의 학교제도나 행정적인 지원으로서 도저히 해결될 수 없다. 아마도 그것을 해결하기 위해서는 수학을 위시한 몇몇 과목에서 학년제도를 수정 또는 폐지하고 다른 과목의 경우에는 교육내용을 심화하는 프로그램을 설치할 필요가 있을 것이다. 재능학생을 위하여 심화 프로그램을 제공한다거나 그 밖에 특별한 방식으로 재능학생들을 취급해야 한다는 주장은 좀 더 문화 수준이 높고 돈이 많은 학교에서는 틀림없이 호응을 받을 것이며 따라서 이러한 학교는 현재의 교육방법을 수정하고자 할 것이다. 그러나, 국가 전체로 볼 때, 아동이 우연히 가난한 마을이나 지역에 태어났다고 해서 그 지방의 불리한 조건 때문에 그 아동의 발달이 저해되도록 내버려 둘 수는 도저히 없을 것이다. 이것은 민주주의 교육제도의 한 가지 원리인 교육의 기회균등이라는 점에 위배되는 것이다.

이하 이 책의 여러 장들은 네 가지 주제를 다룬다. 첫째 주제에 관해서는 앞에서 이미 언급하였다. 즉, 학습에 있어서 구조는 어떤 역할을 하고 있으며 그것을 교수의 핵심 내용으로 삼으려면 어떻게 할 것인가 하는 것이다. 학습과 교수를 이런 관점에서 계획하게 된 것은 실제적인 이유에서이다. 우리가 도저히 부정할 수 없는 사실은 학생들이 학습내용에 접할 기회가 어쩔 수 없이 제한된다는 것이다. 학생들은 무제한의 내용을 무제한의 시간을 들여 배울 수가 없다. 그렇다면 어떻게 하면 이 제한된 접촉을 통하여 나머지 일생 동안 사고하는 데에 중요한 것을 배울 수 있도록 하는가 하는 문제가 생긴다. 새로운 교육과정을 준비하고 가르친 사람들의 지배적인 견해에 의하여, 이 문제에 대한 대답은 무슨 교과에서든지 학생들에게 그 교과의 기본적 구조를 가르친다는 것이다. 기본적 구조를 안다는 것은 곧 지식을 써먹는 데에, 다시 말하면 학급사태 이외에서 또는 학급사태에서도 나중에 다른 것을 배울 때 그 지식을 적용하는 데에 필요한 최소 필수의 조건을 갖추는 것이다. 단순히 사실과 기술을 습득하는 것과는 달리, 구조를 가르치고 배우는 것은 전이라는 고전적 문제의 핵심을 이루고 있는 문제이다. 이런 종류의 학습에 속하는 것은 여러 가지가 있을 것이며, 그 중에는 일단 이해된 내용을 능동적으로 활용할 수 있도록 좋은 습관과 기술을 배우는 것도 포함될 것이다. 어느 경우에나 먼저 학습된 내용이 나중의 학습을 더 쉽게 하려고 하면 먼저의 학습내용과 나중의 학습내용 사이의 관련을 될 수 있는 대로 명백히 볼 수 있는 전반적인 윤곽을 제시할 필요가 있다.

구조가 중요하다는 것을 인정하면, 이 기본적 구조를 효과적으로 가르치는 방법이 무엇인가, 구조의 학습을 조장하는 학습조건을 어떻게 마련하는가 하는 문제를 알아야 한다. 현재 우리는 이 문제에 관하여 아무 것도 모르고 있는 실정이다. 이 주제를 다루는 장(제2장)에서는 대부분 구조의 학습과 교수를 가능하게 하는 방법과, 구조를 강조하는 교육과정을 구성하는 데에 필요한 연구 분야를 논의할 것이다.

둘째 주제는 학습의 준비성에 관한 주제이다. 지난 10여 년 간의 경험은 오늘날 학교교육이 귀중한 시간을 허비하고 있는지도 모른다는 사실을 우리에게 알려주고 있다. 즉, 학교교육은 여러 중요한 교과가 단순히 너무 어렵다는 근거에서 그 교과를 나중으로 미루고 있다는 것이다. 이 주제를 다루는 장(제3장)의 첫머리는 어떤 교과든지 그 기초는 적절한 형식만 갖추면 어떤 나이의 아동에게도 가르칠 수 있다는 명제로 시작한다. 이 명제가 처음에는 놀라운 것으로 들릴지 모르지만, 그 의도는 단지 교육과정 계획에서 흔히 간과되는 중요한 점을 강조하고자 하는 것이다. 즉, 모든 과학과 수학의 핵심을 이루고 있는 기본적 아이디어나, 인간의 생활과 문학에 형식을 주는 기본적인 주제는 단순하면서도 강력하다는 것이다. 이런 기본적 아이디어에 통달하고 그 아이디어를 효과적으로 사용할 수 있으려면 학습을 통하여 그 아이디어를 점점 더 복잡한 형식으로 다루어 나가면서 그것에 관한 이해를 계속적으로 깊이 할 필요가 있다. 나이 어린 아동이 그런 기본적 아이디어를 이해할 수 없는 것은 오직 그것이 방정식이나 복잡한 언어 개념으로 '형식화'되어 있기 때문이다. 만약 어린이가 먼저 아이디어를 직관적으로 이해하고 스스로의 힘으로 그것을 실험해 볼 기회를 가진다면 그런 기본적 아이디어를 이해하는 것이 그토록 불가능하지는 않을 것이다.

과학, 수학, 사회생활, 문학 등의 조기교육은 이러한 교과의 지적 구조를 가장 충실히 반영할 수 있도록 면밀하게 계획되어야 하며 또 동시에 그러한 기본적 아이디어를 직관적으로 파악하고 그것을 사용하는 데에 강조를 두어야 할 것이다. 이 기본적 아이디어는 교육과정의 전개과정에서 끊임없이 몇 번이고 되풀이되어 반영되어야 한다. 교육과정은 곧 이 아이디어를 바탕으로 건립되며 그 결과로 학생들은 최종적으로 이 아이디어를 본격적인 형식, 즉 수학의 공식이나 언어의 형식으로 표현하는 방법을 알게 된다. 예컨대 4학년 어린이들은 재미있는 놀이를 하는 동안에 저절로 위상기하학이나 집합론의 원리를 터득할 수 있으며, 심지어 놀이를 마음대로 바꾸어 가며 새로운 위상기하나 집합론의 공리를 만들어낼 수도 있을 것이다. 마찬가지로 4학년 어린이들은 비극이란 어떤 것인가를 깨닫게 되고 신화가 인간의 숙명을 어떻게 그려내고 있는가를 파악할 수도 있을 것이다. 다만 4학년 어린이들은 어른들처럼 그러한 원리나 깨달음을 제대로 갖추어진 언어로 표현하거나 언어의 형식에 담아 그 원리들을 조작할 수 없다. 어린이의 사고를 어른의 사고로 발전시키기 위해서는 같은 내용을 점점 더 높은 수준에서 여러 번 반복해서 제시할 필요가 있을 것이다. 이것이 바로 '나선형 교육과정'의 아이디어이다. 여기에 대해서는 아직도 많은 연구가 필요하다. 제3장에서는 나선형 교육과정에 관련된 여러 가지 문제를 고찰하였다.

이 책이 다루고 있는 셋째 주제는 직관의 성격에 관한 것이다(제4장). 직관이란 그럴듯하기는 하나 아직은 확정되지 않은 원리나 지식을 발견하는 방법이다. 직관의 방법으로 발견해 낸 원리나 지식이 타당한가 타당하지 않은가를 최종적으로 확정짓는 것은 분석적 사고이며, 직관적 사고는 말하자면 이러한 분석적 사고의 단계를 거치지 않고 원리나 지식을 생각해 내는 사고과정이다. 직관적 사고 또는 과감한 추측은 학교의 정규 교과에 있어서 뿐만 아니라 일상생활에 있어서도 생산적 사고의 가장 중요한 일면이며, 이것을 어떻게 훈련시킬 것인가 하는 문제는 현재까지 상당히 소홀히 취급되어 왔다. 날카로운 추측, 의미 심장한 가설, 잠정적인 결론으로의 과감한 도약 – 이런 것은 어떤 분야에 있어서든지 사고하는 사람의 가장 중요한 무기이다. 우리는 학교교육에서 학생들에게 이 중요한 재질을 갖추도록 할 수 있을 것인가?

이때까지 말한 세 가지 주제는 모두 한 가지 핵심적 확신에서 풀려 나온 것이다. 그 핵심적 확신이란 곧 '지식의 최전선에서 새로운 지식을 만들어 내는 학자들이 하는 것이거나 초등학교 3학년 학생이 하는 것이거나를 막론하고 모든 지적 활동은 근본적으로 동일하다'는 것이다. 과학자가 자기 책상이나 실험실에서 하는 일, 문학 평론가가 시를 읽으면서 하는 일은 누구든지 이와 비슷한 활동, 다시 말하여 모종의 이해에 도달하려는 활동을 할 때 그 사람이 하는 일과 본질상 다름이 없다. 이런 활동들에서 차이는 하는 일의 종류에 있는 것이 아니라 지적 활동의 수준에 있는 것이다. 물리학을 배우는 학생은 다름 아니라 바로 '물리학자'이며, 물리학을 배우는 데는 다른 무엇보다도 물리학자들이 하는 일과 똑같은 일을 하는 것이 훨씬 쉬운 방법일 것이다. 물리학자들이 하는 일과 똑같은 일을 한다는 것은 곧 물리학자들이 하듯이 물리 현상을 탐구한다는 뜻이다. 종래의 교육에서는 이 일을 하지 않고 주로 '다른 무엇'을 해왔다. 이 '다른 무엇'이란 곧, 예컨대 물리학의 경우라면, 물리학의 탐구결과로 얻는 여러 가지 결론에 관하여 교실에서 논의하거나 교과서를 읽는 것이다. (이것을 우즈 호울 회의에서는 물리학자들의 발견을 학생들에게 전달해 주는 언어라는 뜻에서 중간언어(middle language)라고 부르게 되었다.) 탐구라는 관점에서 볼 때, 오늘날 고등학교 물리교과는 흔히 전연 물리학의 모습을 갖추고 있지 못하고, 사회과는 일상 논의되는 사회와 생활의 문제로부터 유리되어 있으며, 수학 역시 수학의 핵심 개념, 즉 서열의 개념과 관련을 맺지 못하고 있다.

이 책이 다루는 넷째 주제는 배우려는 욕망을 어떻게 하면 자극할 수 있는가 하는 문제에 관련된 것이다. 이상적으로 말하면, 학습과제 자체에 관한 흥미는 학습하는 데에 가장 좋은 자극이며, 여기에 비하여 성적이나 그 다음 사회생활의 경쟁에서 얻는 이득은 이상적인 자극이 못된다. (학습과

제 자체에 관한 흥미를 '내재적' 흥미라고 하면, 성적이나 그 밖의 이득 때문에 가지게 되는 흥미는 '외재적' 흥미라고 할 수 있다.) 경쟁의 압력을 효과적으로 없앨 수 있다거나 없애도록 노력하는 것이 현명하다고 생각하는 것은 확실히 비현실적인 생각이겠지만, 그렇기는 해도 학습 그 자체에 관한 내재적 흥미를 어떻게 자극할 수 있을까 하는 것은 생각해 볼 가치가 있다. 우즈 호울 회의에서는 학교 학습의 분위기를 개선하는 방안에 관하여 많은 논의가 있었다. 그 논의는 사범교육, 학교 시험의 성격, 교육과정의 질 등 여러 가지 주제에 걸쳐 진행되었다. 제5장에서는 이러한 문제를 다루었다.

우즈 호울 회의에서는 교구 – 즉, 영화, 텔레비전, 시청각 기재, 티칭 머쉰, 기타 교사가 수업에 사용하는 기재나 도구 – 에 관하여 상당한 논의가 있었으나 이 문제에 관해서는 전혀 의견의 일치를 보지 못했다. 이 회의에 참석했던 사람들은 거의 전부가 수업의 주역은 교구가 아니라 교사라는 데에 동의를 했지만 또 한편에는 그 교사를 도와줄 교구가 있어야 하지 않겠는가 하는 의견도 있었다. 아마 이 두 진영 사이의 의견의 차이는 (지나치게 단순화하는 위험이 있지만) 결국 교사 자신과 교사가 사용하는 교구 중에서 어느 것에 더 강조를 둘 것인가 하는 것으로 요약할 수 있을 것이다. 두 가지 극단적인 견해를 다소 과장해서 제시하면 다음과 같다. 즉, 교사는 주어진 교과를 어떻게 제시하는가, 그리고 무슨 도구를 쓸 것인가를 결정하는 유일하고 최종적인 결정권자라는 것과, 여기에 반하여 교사는 영화, 텔레비전, 티칭 머신 등으로 이미 준비된 자료를 자세히 설명하고 해석해 주는 주석자가 되어야 한다는 것이다. 전자의 극단적인 견해를 따르면, 교사가 잘 가르치기 위해서는 각자 담당하고 있는 과목에 대하여 깊은 지식을 가질 수 있도록 교사를 교육해야 하며 그와 동시에 교수요목의 요건에 맞도록 코오스를 조직할 때 교사가 선택해서 사용할 수 있도록 가장 좋은 자료를 제공해 주어야 한다. 후자의 극단적인 견해를 따르면, 영화, 텔레비전 프로그램, 티칭 머신에 사용할 수업 프로그램 등을 준비하는 데에 굉장한 노력을 기울여야 하며 이런 자료를 현명하게, 또 교과의 성격에 맞게 사용할 수 있도록 교사를 훈련하여야 한다. 이 두 가지 견해 사이의 논쟁은 참으로 격렬한 바가 있으며, 이 문제가 교육철학에 대하여 가지는 관련 또한 중대하기 때문에 마지막 제6장에서는 이 문제를 취급하였다.

결국, 이 책에서 우리는 네 가지 주제와 한 가지 짐작을 집중적으로 다룰 것이다. 네 가지 주제라는 것은 구조, 준비성, 직관, 흥미 등의 주제이며, 한 가지 짐작이라는 것은 교사의 수업을 가장 잘 도와주는 방안에 관한 짐작이다.

2. 구조의 중요성

어떤 종류의 학습이든지 학습의 첫째 목적은, 그것을 통하여 지적인 희열을 느낀다는 점도 있겠지만 그보다 더 중요한 것으로서, 그 학습이 장차 우리에게 쓸모가 있어야 한다는 것이다. 학습은 우리를 어디엔가로 인도해야 할 뿐더러, 우리로 하여금 그 이상 더 먼 곳까지 더 쉽게 갈 수 있도록 해주어야 한다. 우리가 학습을 장차 쓸모있게 하는 데는 두 가지 길이 있다. 한 가지는 우리가 원래 배운 일과 아주 비슷한 일에 학습의 결과를 그대로 적용하는 길이다. 심리학자들은 이 현상을 가리켜 훈련의 '특수적 전이'라고 한다. 보다 상식적인 용어를 쓴다면, 아마 습관 또는 연상의 연장이라고도 할 수 있을 것이다. 특수적 전이의 유용성은 주로 우리가 보통 기술이라고 부르는 분야에 국한되어 있는 것 같다. 예컨대 승용차 운전을 배운 뒤에는 트럭 운전을 배우기가 훨씬 쉬울 것이다. 학교 학습에서도 나중에 학교, 또는 학교 이외의 다른 사태에 특수적으로 전이되는 기술을 다소간은 배우게 될 것이다. 학습의 결과가 나중의 일을 보다 효율적으로 하는 또 하나의 길은 편의상 '일반적 전이'라고 부를 수 있는 것, 다시 말하여 원리와 태도의 전이를 통해서이다. 본질상 일반적 전이는 원래 기술의 학습이 아니라 일반적 아이디어(개념이나 원리)[10]의 학습과 관계가 있다. 일반적 아이디어를 학습하고 나면 우리는 그 뒤에 부딪치는 문제들을 이미 학습한 일반적 아이디어의 한 특수적 사례로 보고, 그 아이디어에 비추어 새로운 문제들을 해결할 수 있을 것이다. 이것은 앞의 '향성'에 관한 설명에서 우리가 이미 본 바와 같다(PE, p.291). 「교육의 과정」의 핵심을 이루고 있는 것은 바로 이러한 일반적 전이이다. 교육에서의 일반적 전이란 곧 기본적이고 일반적 아이디어로서 부단히 지식의 폭을 확장하고 깊이를 심화하는 것을 의미한다.

일반적 전이, 또는 원리의 전이는 전후 학습 사이를 연결지어 주는 구실을 한다. 일반적 전이가 학습의 연속성을 보장할 수 있는 까닭은 다름 아니라 앞 장에서 설명한 바, 교과 구조의 파악에 있다. 말하자면 한 아이디어가 새로운 사태에 적용될 수 있는가 없는가를 알고 또 그렇게 함으로써 학습의 폭을 넓힐 수 있다면, 우리는 목하 다루고 있는 현상의 일반적 성격을 명확히 파악하지 않으면 안되는 것이다. 우리가 학습한 아이디어가 기본적이고 일반적인 것일수록 그것이 새로운 문제에 적용되는 범위는 넓을 수밖에 없다. 실상 이것은 거의 논리적 순환론이다. 왜냐하면 여기서 '기본적' 아이디어라고 하는 말은 다름 아니라 광범하고 강력한 적용 가능성을 가진 아이디어를 의미하는 것이기 때문이다. 물론 어떤 과목에 있어서든지 기본적 아이디어를 가르치도록 교육과정이나 교수방법을 계획하여야 한다고 주장하는 것은 매우 간단한 일이다. 그러나 이런 주장을 실지로 실천에 옮기는 데는 많은 문제가 있으며, 그런 문제들은 대개 상당한 연구를 한 뒤에야 해결될 수 있는 문제들이다. 아래에 그런 문제들을 몇 가지 살펴보겠다.

10) 이하 '아이디어'라는 말은 '개념과 원리'라는 말과 대치 가능한 것으로 이해해 주기 바란다. 브루너는 이 책에서 구조라는 말을 일반적 아이디어, 기본적 아이디어, 개념, 원리라는 말과 서로 대치될 수 있는 것으로 쓰고 있다. 개념과 원리는 일반적 성격을 가지고 있다는 점에서 바로 구조와 동일하다(PE, p.292의 역주5 참조). 또한 개념과 원리가 '일반적' 성격을 가지고 있다고 할 때, 이 '일반적'이라는 것은 정도의 문제라는 것을 알 필요가 있다. 개념의 경우, '개'라는 개념은 특수한 개1, 개2보다 일반적이며, '개'라는 개념보다는 '포유동물', '동물', '생물' 등이 점점 더 일반적이다. 이 점은 원리의 경우에도 마찬가지이다.

첫째 문제요, 동시에 가장 명백한 문제는 어떻게 하면 '보통의' 교사가 '보통의' 학생들을 가르침에 있어서 여러 가지 학문 분야의 근저에 있는 기본적 원리를 명확하게 반영할 수 있도록 교육과정을 구성할 수 있는가 하는 것이다. 이 문제는 두 가지로 생각할 수 있다. 첫째는 교과에 관련된 기본적이고 강력한 아이디어나 태도를 가장 잘 드러낼 수 있도록 기본 교과를 다시 고쳐 쓰고 교수자료를 다시 짜맞추는 문제요, 둘째는 능력과 학년이 서로 다른 학생들에 맞게 그 교과자료의 수준을 조절하는 문제이다.

과거 몇 년 동안의 경험은 각 교과의 근저를 이루고 있는 구조를 가장 잘 반영하도록 교육과정을 구성하는 문제에 관하여 적어도 한 가지 중요한 교훈을 가르쳐 주었다. 즉, 어떤 특정한 학문의 교육과정을 구성하는 일은 그 학문의 가장 훌륭한 학자가 맡아야 한다는 것이다. 초등학교 학생들에게 미국 역사에서 무엇을 가르쳐야 할 것인가, 산수에서 무엇을 가르쳐야 할 것인가 하는 것을 결정하는 데는 각각 그 분야에서 고도의 식견과 실력을 가지고 있는 사람들의 도움이 절대적으로 필요하다. 대수의 초보적인 아이디어는 교환, 분배, 결합의 기본 법칙이라는 결정을 내릴 수 있는 사람은 수학의 기본을 속속들이 이해하고 그 중요성을 인식하는 수학자 이외에 다른 사람이 아닐 것이다. 학생들이 미국 역사의 사실과 경향을 공부하기에 앞서, 미국 역사에 있어서 서부 개척정신의 중요성을 말한 터너(Frederick Jackson Turner)의 가설을 이해해야 하는가 하는 문제를 결정하는 데도 미국 역사를 깊이 이해하고 있는 학자의 도움이 필요하다. 가장 훌륭한 학자들을 교육과정 구성에 활용할 때 비로소 우리는 방금 공부를 시작하는 학생들에게 학문과 지혜의 열매를 안겨 줄 수 있을 것이다.

그러면 다시 '초・중등학교의 교육과정을 구성하는 데에 가장 유능한 학자와 과학자들의 도움을 얻는 방법이 무엇인가'라는 질문이 제기될 것이다. 그 대답은 적어도 부분적으로는 이미 주어졌다고 본다. 앞에서 말한 SMSG, 일리노이 대학 수학교육과정, PSSC, BSCS 등 교육과정 개발사업에는 사실상 각 분야의 저명한 학자들의 도움이 동원되었다. 그 방법으로서는 주로 여름방학을 틈탔으며, 몇몇 중요한 일을 맡은 사람들의 경우에는 한 해를 온통 휴직한 사람들도 있었다. 이 사업을 하는 동안 그 학자들은 또한 뛰어난 초·중등학교 교사들과 또 특별한 목적을 위해서는 작가, 영화제작가, 디자이너 그리고 그 밖에 그토록 복잡한 사업에 필요한 여러 전문가들의 도움을 받았다.

앞에서 말한 방향으로 교육과정이 전면적으로 재구성된다 하더라도 적어도 한 가지 문제만은 여전히 미해결로 남아 있게 될 것이다. 그것은 지적 활동에 대한 태도에 관한 문제이다. 한 분야의 기본적 아이디어에 완전히 통달하는 데는 일반적 원리를 파악할 필요가 있을 뿐만 아니라, 그와 동시에 학습과 탐구에 대한 태도, 추측과 가설설정에 대한 태도, 혼자의 힘으로 문제를 해결할 수 있다는 자신감 등을 가질 필요가 있다. 마치 물리학자가 자연에는 필경 어떤 질서가 있다는 태도와 그 질서는 인간의 힘으로 발견될 수 있다는 확신을 가지고 있는 것과 마찬가지로, 물리학을 공부하는 학생도 각각 이러한 태도를 가질 필요가 있다. 이러한 태도는 학생 개개인이 자기 학습의 결과를 조직하여 자기의 사고에 의미있게 활용될 수 있도록 하는 데에 반드시 필요한 것이다. 수업을 통하여 그런 태도를 길러 주려면 단순히 기본적 아이디어를 제시하는 것만으로는 안될 것이다. 이 문제에 대해서는 많은 연구가 필요하지만, 그 중의 한 가지 요소는 '발견의 희열'이라고 볼 수 있을 것이다. 즉, 사물이나 현상에서 일찍이 깨닫지 못했던 규칙성을 발견하거나 사물이나 현상 사이에서 유사성을 발견한 나머지 자기 자신의 능력에 대하여 일종의 자신감을 가지게 되는 경우를 말한다. 과학과 수학의 교육과정을 만들어낸 사람들은 각기 학생들에게 학문의 기본적 구조를 제시하되 학생들로 하여금 스스로 발견할 수 있도록 그 과정을 재미있게 꾸밀 수 있다는 것을 여러 가지로 예시하였다.

수업을 효율화하는 수단으로서 발견학습의 중요성을 특히 강조한 것은 학교수학연구위원회와 일리노이 대학 수학교육과정계획이다. 이 사업에 관여했던 학자들은 학생들로 하여금 특수한 연산의 배후에 깔려 있는 일반적 원리(정리)를 학생 스스로 발견해 낼 수 있도록 하는 방법을 고안하는 데에 적극적인 노력을 기울였다. 이 새로운 방법은 종래의 소위 '명제와 증명' 방법과는 대조되는 것으로 볼 수 있다. 종래의 방법에서는 먼저 교사가 일반적 명제(또는, 정리)를 제시하고 학생들에게 그 명제를 증명해 나가도록 한 데에 비하여 이 새로운 방법에서는 특수한 수학적 명제에서 일반적 명제를 학생 스스로가 발견해 내도록 하는 것이다. 그러나 동시에 일리노이 대학 팀에서는 발견학습을 하면 수학과에서 학생들이 알아야 할 모든 내용을 다루기에 너무나 시간이 많이 걸린다는 것도 문제시되었다. 한편으로 학생들에게 발견의 방법을 가르쳐 주는 것과 또 한편으로 알아야 할 모든 내용을 가르쳐 주는 것 사이에 적절한 균형을 유지하는 것은 결코 쉬운 일이 아니며, 이 문제를 밝히기 위한 연구가 현재 진행되고 있고 또 앞으로 더욱 많은 연구가 이루어져야 할 것이다. 연구되어야 할 문제란 예컨대 원리를 가르치는 데는 귀납법과 연역법 중에서 어느 것이 더 좋은 방법인가, 두 가지 중에서 어느 것이 태도에 더 바람직한 영향을 미치는가 하는 것들이다.[11)]

발견학습의 방법은 수학이나 물리학과 같이 고도로 체계화된 교과에 국한될 것이 아니다. 이것은 하바드 대학의 인지문제연구소에서 실시한 사회과의 실험연구에서 이미 밝혀진 바다. 이 연구에서는 6학년 학생들에게 미국 동남부 지역의 인문지리단원을 전통적인 방법으로 가르치고 난 뒤에 미국 북중부 지역의 지도를 보여 주었다. 이 지도에는 지형적인 조건과 자연자원이 표시되어 있을 뿐 지명은 표시되어 있지 않았다. 학생들은 이 지도

11) 이미 우리나라에서 한 연구자가 시도한 대로, 연역법과 귀납법은 그 자체보다는 다른 변인과 어떻게 결합되는가에 따라 상이한 효과를 나타낼 가능성이 있다. 구체적으로 이 연구자는 이 두 방법이 학생의 '인지양식'에 따라 다른 효과를 낸다는 점에 착안하여, '포괄적인 인지양식'을 가진 학생에게는 연역법이, 또 '분석적인 인지양식'을 가진 학생에게는 귀납법이 각각 보다 효과적이라는 것을 발견하였다. 황인창(1971), 학습자의 인지양식에 따른 수업방법의 효과, 서울대학교 교육대학원 석사학위논문.

에서 주요 도시가 어디 있는가를 알아내게 되어 있었다. 학생들은 서로 토의한 결과 도시가 갖추어야 할 지리적 조건에 관한 여러 가지 그럴듯한 인문지리이론을 쉽게 만들어 내었다. 말하자면 시카고가 오대호 연안에 서게 된 경위를 설명하는 수상교통이론이라든지, 역시 시카고가 메사비 산맥 근처에 서게 된 경위를 설명하는 지하자원이론이라든지, 아이오아의 비옥한 평야에 큰 도시가 서게 된 경위를 설명하는 식품공급이론 따위가 그것이다.[12] 지적인 정밀도의 수준에 있어서나 흥미의 수준에 있어서나 할 것 없이, 이 학생들은 북중부의 지리 역시 전통적인 방법으로 배운 통제집단의 학생들보다 월등하였다. 그러나 가장 놀라운 점은 이 학생들의 태도가 엄청나게 달라졌다는 것이다. 이 학생들은 이때까지 간단하게 생각해 온 것처럼 도시란 아무 데나 그냥 서는 것이 아니라는 것, 도시가 어디에 서는가 하는 것도 한 번 생각해 볼 만한 문제라는 것, 그리고 그 해답은 '생각'함으로써 발견될 수 있다는 것을 처음으로 깨달았던 것이다. 이 문제를 추구하는 동안에 재미와 기쁨도 있었거니와, 결과적으로 그 해답의 발견은, 적어도 '도시'라는 현상을 이때까지 아무 생각없이 받아들여 오던 도시 학생들에게는, 충분히 가치가 있는 것이었다.

우리가 가르치려고 하는 기본적 지식을 학생들의 흥미나 능력에 어떻게 부합시킬 것인가? 이것은 다음 장에서 다소간 자세하게 다루게 될 것이므로, 여기서는 한마디만 언급하겠다. 기본적 지식을 학생들의 흥미나 능력에 부합시키는 데는 물리적인 현상이거나 그 밖의 현상들을 제시함에 있어서 재미있고 정확하고 동시에 이해하기 쉬워서 배운 보람이 있도록 제시할 필요가 있다. 이를 위해서는 해당 교과에 관한 깊은 이해와 불굴의 성실성을 동시에 갖추지 않으면 안된다. 예컨대 물리학의 어떤 교수자료를 조사

12) 이 방법의 자세한 내용은 다음의 책을 참조하라. Massials, B. G. & Zevin, J.(1967), *Creative Encounters in the Classroom*, New York: John Wiley and Sons, 이상로 · 이경섭(공역)(1972), 창의성 개발을 위한 지도방법: 발견을 위한 교수-학습의 실제, 대구: 중앙적성연구소, pp.140-174. 이것을 간략하게 요약한 책도 있다. 최용연(역)(1971), 탐구를 통한 학습지도, 교육과학 45.

해 보는 동안에 우리는 저자들이 불굴의 성실성을 기울이기는 했으나 결과적으로 아주 형편없는 자료가 된 것을 보았다. 그것은 저자들이 그 교과에 대하여 깊은 이해를 가지지 못했기 때문이라고 생각된다.

그 좋은 보기는 물리학에서 종래 조석(潮汐)을 어떻게 설명하려고 했는가 하는 데서 찾아볼 수 있다. 오늘날 고등학교 학생들에게 조석 현상이 왜 생기는가를 설명하라고 하면 대부분이 지구 표면에 작용하는 달의 인력으로 말미암아 달이 있는 쪽의 바닷물이 부풀어 오르기 때문이라고 설명한다. 그러면 다시 달의 반대쪽에 있는 바닷물이, 물론 달이 있는 쪽보다는 적게 부풀어 오르지만, 왜 부풀어 오르는가 하고 물으면 대개 제대로 대답을 못한다. 또는 지구와 달의 상대적 위치에 따라 최고조가 일어나는 지점이 어디인가를 물으면 십중팔구 달에서 가장 가까운 지구 표면의 지점이라고 대답한다. 비록 조석이 최고조에 달하는 데는 시간적 간극이 있다는 것을 아는 학생이라 하더라도 대개 왜 그런지 알지 못한다. 어느 경우에 있어서나 학생이 대답을 못하는 것은 지구의 중력이 자유로이 움직이는 유동물질에 어떻게 작용하는가를 바로 알지 못하기 때문이며 관성의 법칙과 지구중력의 법칙을 관련지어 생각할 수 없기 때문이다. 요컨대 종래 물리과에서는 뉴우톤의 만유인력의 법칙과 그 적용방식을 깊이 이해하는 데서 오는 희열을 전연 등한시한 상태에서 조석 현상을 설명해 왔다는 것이다. 정확하고 또 풍부한 시사를 주는 설명은 부분적으로만 정확한 설명, 또한 그렇기 때문에 복잡하고 제한된 설명보다 더 파악하기 쉽다. 교육과정 사업에 참여했던 모든 사람들이 한결 같이 주장한 바이지만, 학습자료를 재미있게 만든다는 것과 그것을 올바르게 제시한다는 것 사이에는 아무런 모순이 없으며, 실상 정확한 일반적인 설명이 다른 어느 것보다도 가장 재미있는 경우가 대부분이다.

이때까지의 설명에서 우리는 교과의 기본적 구조를 가르치는 데에 관련된, 적어도 네 가지 일반적인 주장을 뽑아낼 수 있다. 이제 이 네 가지 주장을 좀 더 자세히 고찰해 보기로 하자.

첫째 주장은 기본적인 사항을 이해하면 교과를 훨씬 쉽게 파악할 수 있다는 것이다. 이것은 우리가 앞에서 주로 예시한 물리나 수학에서 뿐만 아니라, 사회과와 문학에도 똑같이 적용된다. 예컨대 한 국가는 살기 위해서 무역을 해야 한다는 기본적 아이디어를 일단 파악하고 나면 미국 식민지 시대의 삼국통상이라는 현상은 영국의 통상규정을 멋대로 어기어 가면서 당밀과 사탕수수와 럼주와 노예를 사고 판 것 이상의 의미를 지닌 것으로 훨씬 쉽게 이해될 수 있다. 「백경」(*Moby Dick*)이라는 소설을 읽는 고등학교 학생은 멜빌(Melville)의 소설이 대체로 악의 주제와 그러한 악을 제거하려는 사람들(「백경」에서는 고래를 죽이려는 선장)의 운명을 다루었다는 것을 알 때, 비로소 그 소설을 보다 깊이 이해할 수 있다. 또한 소설에서 취급되는 인간의 운명이란 그 수가 비교적 제한되어 있다는 것을 이해하게 되면, 그 학생은 그것 때문에 문학을 더 잘 이해할 수 있게 될 것이다.

둘째 주장은 인간의 기억력에 관한 것이다. 한 세기 동안의 집중적인 연구결과로 오늘날 인간의 기억력에 관하여 우리가 알고 있는 가장 기본적 사실은 이것이다. 즉, 세세한 사항은 그것이 전체적으로 구조화된 형태 안에 들어있지 않은 한 곧 잊어버려진다는 것이다. 세세한 자료가 기억 속에 보존되는 것은 그것이 단순화된 형태로 표현됨으로써이다. 이 단순화된 표현은 소위 '재생성적인' 기능을 가지고 있다. 장기간의 기억이 재생성적인 특징을 가지고 있다는 것을 보여주는 좋은 보기는 과학에서 다음과 같은 것을 들 수 있다. 과학자들은 어떤 시간 동안 어떤 중력장에서 낙체가 낙하한 거리를 일일이 외려고 하지 않는다. 시간이 다르고 중력장이 다름에 따라 외어야 할 낙하거리가 수없이 많을 것이기 때문이다. 그리하여 과학자들은 거리와 시간과 중력상수가 적힌 길고 복잡한 표를 기억하는 것이 아니라 $s=1/2 \cdot gt^2$이라는 공식을 기억하고 있다.

이 공식은 여러 가지 거리와 시간과 중력상수 사이의 관계를 기초로 하여 만들어진 것이지만, 동시에 이 공식을 기초로 하여 일정한 중력장에서 일정한 시간 동안 낙체의 낙하거리를 어느 정도 '재생성'할 수 있다. 마찬가지로 우리는 「로오드 짐」(Lord Jim)이라는 소설에 나오는 주역자 말로우가 주인공의 운명에 관하여 무엇이라고 말했는가를 정확하게 기억할 필요가 없고, 오직 그는 냉정한 방관자로서 로오드 짐이 그런 곤경에 스스로 몸을 던진 데에 대하여 옳다 그르다 하는 판단을 함이 없이 다만 왜 그런 짓을 했는가를 이해하려고만 한 사람이었다는 것을 기억하면 충분하다. 일반적으로 우리가 기억하는 것은 공식, 한 사건의 전체적인 의미를 나타내는 생생한 세부, 일련의 사상들을 대표하는 평균, 사물의 본질을 보여주는 약화나 그림 등이며, 이들은 모두 복잡한 사물을 함축해서 표현하는 기술들이다. 일반적이고 기본적인 원리를 배운다는 것은 다름 아니라 기억에서 사라진다고 해서 전적으로 모든 것이 사라지는 것이 아니라는 보장, 기억을 상실한 뒤에 남아 있는 것이 우리로 하여금, 만약 필요한 경우에는, 세세한 내용을 다시 구성할 수 있도록 해 준다는 보장, 바로 그것이다. 이론이라는 말을 일반적 원리의 체계라는 뜻으로 쓰면, 좋은 이론은 현재 어떤 현상을 이해하는 수단이 될 뿐만 아니라, 장차 그것을 기억하는 수단이 되기도 한다.

셋째로, 앞에서 이미 말한 바와 같이, 기본적 원리나 개념을 이해하는 것은 적절한 '훈련의 전이'를 가능하게 하는 가장 중요한 방법이다. 어떤 사물을 보다 일반적 개념의 한 특수적 사례로 이해한다는 것은(이것이 바로 기본적 원리나 구조를 이해한다는 말의 뜻이다) 한 특수한 사물을 배웠다는 것 뿐만 아니라, 앞으로 당면하게 될, 그것과 비슷한 사물들을 비추어 이해할 수 있는 모형을 배웠다는 것을 의미한다. 백년전쟁이 끝날 무렵 유럽이 경험하였던 그 답답한 분위기를 가장 인간적인 의미에서 파악하고 그것이 어떻게 웨스트팔리아 조약이라는 사건의 계기를 마련하였는가를 이해한다면, 학생들은 그 이후 동서 사이의 이념적 분쟁에 관하여 보다 확실한 견해를 가질 수 있을 것이다. 물론 이 양자 사이의 비유관계는 그렇게 정확한 것은 아니다. 그리하여 세밀한 단계를 거쳐 원리를 이해하게 되었을 경우에 우리는 또한 그 원리의 제한점도 알 수 있게 된다. '원리'나 '개념'의 학습이 전이의 기초가 된다는 생각은 오래 전부터 잘 알려져 왔다. 그러나 여러 학년의 학생들에게 여러 가지 과목을 어떻게 하면 가장 잘 가르칠 수 있는가를 자세하게 알기 위해서는 앞으로 더욱 구체적인 문제들이 많이 연구되어야 한다.

교수에서 구조와 원리를 강조하는 넷째 주장은 '고등'지식과 '초보'지식 사이의 관련에서 찾아볼 수 있다. 즉, 초등학교와 중등학교에서 가르치는 학습자료가 어떤 기본적인 성격을 나타내고 있는가를 끊임없이 재조사함으로써 우리는 고등지식과 초보지식 사이의 간극을 좁힐 수 있다는 것이다. 오늘날 학생들이 초등학교에서 중·고등학교를 거쳐 대학에 진학하는 동안에 생기는 교육과정상의 문제는 그 전에 배운 내용이 그 학문의 발전에 너무나 뒤쳐져 있기 때문에 이미 낡았거나 그릇될 가능성이 상당히 크다는 것이다. 학문의 발전과 학교 교과 사이에 있는 이러한 간극은 앞의 논의에서 강조해 온 방향으로 교육과정이 재구성됨에 따라 훨씬 좁아질 수 있을 것이다.

그러면 이제 우즈 호울 회의에서 상당히 논의되었던 구체적인 문제들을 몇 가지 살펴보기로 하자. 그 중에서 한 가지 다루기 어려운 문제는 소위 '일반 과학'에 관한 것이다. 사실상 거의 모든 분야의 과학에는 몇 가지 공통된 개념이나 원리가 몇 번이고 되풀이되어 나타난다. 만약 한 과학 분야(예컨대 물리)에서 이러한 일반적 개념이나 원리를 잘 공부했다면, 다른 과학 분야(예컨대 화학)에서 그러한 개념이나 원리를 다른 형식으로 다시 공부할 때 훨씬 쉬울 것이다. 교사와 과학자들 중에는 그런 기본적 아이디어는 별도로 취급을 할 필요가 있지 않을까, 다시 말하여 그런 기본적 아이디어는 과학의 특수적 분야와의 관련에서 따로 떼내어 그 자체로서 학생들에게 충분히 자세하게 가르칠 필요가 있지 않을까 하는 의문을 제기하는 사람들이 많이 있었다. 이런 종류에 속하는 기본적 아이디어를 몇 가지 생각나는 대로 예시하면, 분류와 그 용도, 측정의 단위와 그 발달, 과학적 지식의 추론적 성격과 조작적 정의의 필요성 등을 들 수 있다. 예컨대 마지막, 과학적 지식의 추론적 성격에 관해서 말하자면, 우리는 '장력'이라든가 '원자의 결합' 등을 직접 '볼' 수는 없고 다만 일련의 측정치에서 간접적으로 추론할 수 있을 뿐이다. '체온'이라는 것도 마찬가지요, 다른 사람의 마음 속에 있는 '슬픔'이라는 것도 마찬가지이다. 이와 같은 개념들을 저학년 학생들에게 효과적으로, 또 여러 가지 구체적인 예시를 통하여 제시함으로써, 나중에 그런 개념들이 특수한 과목에서 특수한 형식으로 표현될 때 더 쉽게 이해할 수 있도록 해 줄 수 있을 것인가? 나중에 고학년에 가서 보다 세분화된 과학 과목을 공부하기 위한 입문으로서 그런 '일반 과학'을 가르치는 것이 현명한 일인가? 만약 가르쳐야 한다면 어떻게 가르칠 것인가? 이것은 앞으로 많이 연구되어야 할 유망한 연구과제이다. 이 연구에는 '일반 과학'을 가르치는 방법이 유용한가 하는 문제 뿐만 아니라, '일반 과학'에서 가르쳐야 할 기본적 아이디어란 어떤 것인가 하는 문제도 포함된다.

사실상 과학이건 문학이건 나중의 학습과 중요한 관련을 맺고 있는 어떤 일반적 태도나 접근방식을 저학년 학생들에게 가르쳐 줄 필요가 확실히 있을 것이다. 세상 만물이 따로따로 떨어져 있는 것이 아니라 서로 관련되어 있다고 보는 태도가 그 좋은 보기이다. 실지로 유치원 어린이들로 하여금 사물이 서로 관련되어 서로 영향을 주고 있다는 점을 깨닫게 하는 놀이를 만들어낼 수 있을 것이다. 이것은 물리 현상이나 사회 현상에서 흔히 볼 수 있는 바, 사건 사이의 복합적인 인과관계를 알게 되는 첫걸음이다. 진정한 과학자라면 누구나 보통 자기 연구방법의 한 부분으로서 과학적인 사고방식이나 태도에 관하여 무엇인가 말할 거리가 있을 것이다. 역사가들은 역사학에 관하여 이 문제를 많이 취급해 왔다. 문학인들은 문학적인 멋과 생동감을 자아내는 올바른 형식에 관하여 문학평론이라는 하나의 독자적인 영역을 개척해 놓았다. 수학에서는 수학문제를 해결하는 접근방법을 나타내는 말로서 '발견법'이라는 공식적인 이름이 생겼다. 우즈 호울 회의에 참석한 여러 전공 분야의 학자들이 주장한 바와 같이 이러한 태도나 사고방법 중에서 가장 널리 퍼져 있고 가장 유용한 것이 어떤 것인가를 알 필요가 있을 것이며, 또한 저학년의 어린이들에게 이런 태도나 사고방법의 초보를 가르치려면 어떻게 할 것인가를 연구할 필요가 있을 것이다. 이 초보적인 태도나 사고방법은 학년이 올라감에 따라 점점 세련된 형태를 갖출 것이다. 다시, 이러한 주장의 밑바닥에는, 학자가 자기 학문의 최전선에서 하는 일과 어린이가 그 학문을 처음으로 공부할 때 하는 일 사이에는 연속적인 관계가 있다는 기본 가정이 깔려 있다. 이것은 앞의 주장을 실천하는 일이 쉽다는 것을 말하는 것이 아니라, 다만 이 문제는 주도면밀하게 생각하고 연구할 가치가 있다는 것을 말하는 것이다.

일반적 원리와 일반적 태도를 가르치려고 노력할 필요가 있다는 주장에 반대하는 논지도 있을 수 있다. 그 가장 중요한 것은 아마도 다음 두 가지일 것이다. 첫째로 특수적 사실을 거쳐 일반적 원리를 가르치는 것이 더 좋은 방법이라는 것과, 둘째로 진정한 학문의 태도는 공공연히 드러내면서 가르칠 것이 아니라 학문을 하는 과정에 스며있어야 한다는 것이다. 우선 첫째 논지에 관하여 예를 들어 설명하면, 생물과의 핵심적 개념은 '이것이 생물체에 어떤 기능을 수행하고 있는가'라는 질문에 나타나 있다. 이 끊임없이 제기되는 질문의 배후에는 생물체에 들어있는 것은 무엇이든지 모종의 기능을 수행하고 있다는 가정, 그리고 만약 그것이 아무런 기능도 없는 것이라면 현재까지 남아 있을 리가 없다는 가정이 들어 있다. 생물과에서 그 밖의 다른 일반적 개념은 이 질문(또는, 이 질문이 나타내고 있는 위의 가정)에 관련되어 있다. 생물학을 더 깊이 공부함에 따라 학생은 이 질문을 더욱 더 복잡한 형식으로 제기할 줄 알게 되고, 이 질문에 더욱 더 많은 개념들을 관련지을 수 있게 된다. 그 다음 단계에 가서 그는 한 특정한 구조나 과정이 생물체의 전체 기능에 비추어 어떤 기능을 수행하는가 하는 문제를 제기한다. 측정이나 분류는 '기능'이라는 이 일반적 개념을 더욱 명백히 하는 수단으로서 사용될 뿐이다. 그 다음에 한 걸음 더 나아가서 그 학생은 세포조직이나 계통발생 분야로 깊이 들어가서, 보다 종합적인 '기능'의 개념을 중심으로 자기의 지식을 조직할 것이다. 모르기는 해도 어떤 특정한 학문의 사고방식은 일반적 개념의 참된 의미를 따로 떼내어 일반적 말로 가르치는 것보다는 그 의미를 생물 현상과의 관련에서 가르치는 것이 더 효과적일 것이다.

둘째로 '태도'를 가르치는 문제, 또는 수학에서 '발견법'을 가르치는 문제에 관하여 생각해 보면, 앞의 반대 논지는 이런 것이다. 즉, 만약 학생이 자기 자신의 태도나 접근방법에 지나치게 신경을 쓰면 결과적으로 기계적인 방법, 또는 기교 중심의 방법으로 흐를 가능성이 있다는 것이다. 이 문제에 대해서는 아직 이렇다 할 증거가 없고, 앞으로 연구가 필요하다. 현재 일리노이 대학에서 어린이들로 하여금 물리 현상에 관하여 중요한 질문을 더 잘 제기할 수 있도록 훈련하는 연구가 진행되고 있으나[13] 이 문제가 밝혀지려면 더 많은 지식이 필요하다.

우리는 흔히 '행동'과 '이해'를 구별하여 말하는 것을 듣는다. 예를 들어 한 학생이 수학의 원리를 이해하는 것 같기는 하나 그 원리를 써서 실지로 계산해 낼 수 없을 경우에, 사람들은 '행동'과 '이해'란 별개의 것이라고 말한다. 도대체 한 학생이 이해하고 있는가 아닌가는 그의 행동을 보아야 비로소 알 수 있다고 생각하면, 아마 이 구별은 그릇된 구별일 것이다. 그러나 또 한편 이 구별은 교수와 학습에서 무엇을 강조할 것인가 하는 재미있는 문제를 일으킨다. 우리는 문제해결에 관한 고전적인 심리학 서적 – 예컨대 베르타이머(Max Wertheimer)의 「생산적 사고」(*Productive Thinking*) – 에서 '기계적 연습'과 '이해'가 엄격하게 구별되어 있는 것을 볼 수 있다.[14] 그러나 사실인즉, 연습이라고 하여 반드시 기계적이어야 할 이유는 없으며, 서글픈 일이지만, 이해를 강조한 경우에도 학생들이 입으로만 줄줄 외는 결과를 빚어낼 수 있다. SMSG에 참여했던 사람들이 경험한 바로는 수학에서 '계산연습'은 수학의 개념구조를 이해하는 데에 반드시 거쳐야 할 단계라

---

13) '역자 해설'의 첫머리 참조.

14) 베르타이머의 이론에 의하면, '이해'는 사태의 '구조적 특성'(또는, 형태)을 파악할 때 생기는 것이며, 이것을 파악하지 못할 때 사고는 기계적이고 비생산적으로 된다. 자세한 것은 학습이론의 '형태이론'(Gestalt Theory)을 참고하라.

는 것이다. 문학의 경우에도 마찬가지이다. 고등학교 학생들에게 여러 가지 다른 문체를 쓰는 작가들의 글을 읽힘으로써 문체감각을 불어 넣을 수는 있으나, 문체에 대한 최종적인 통찰은 학생 자신이 여러 가지 문체로 글을 써 볼 때 비로소 생긴다. 사실상 실험실 연습을 강조하는 근거는 바로 실지로 해보는 것이 이해에 도움이 된다는 데에 있다. 우즈 호울 회의에서 어떤 심리학자가 말했다시피, "내가 무엇을 하는가를 느끼지 않고 어떻게 내가 무엇을 생각하는가를 알 수 있단 말인가"라고 하는 재담에는 모종의 지혜가 들어 있다고 본다. 어쨌든 '행동'과 '이해' 사이의 구별은 그 자체로서는 별로 유용한 구별이 아니며, 보다 중요한 문제는 다른 데에 있다. 즉, 어떤 특정한 학문 분야에서 학생들에게 학습자료에 관한 지적인 통달감을 주기 위해서는 어떤 연습방법이 가장 좋은가? 수학의 각 영역에서 가장 유효한 계산연습은 무엇인가? 헨리 제임스(Henry James)의 문체를 따라 글을 쓰려는 노력을 하면 학생들은 그 작가의 문체에 관하여 특별히 좋은 통찰을 가지게 될 것인가? 아마도 이런 문제들을 이해하는 첫걸음으로서, 우수한 교사의 교수방법을 조사해 보는 방법이 좋을 것이다.[15] 이러한 조사의 결과는 필경 교수방법, 또는 일반적으로 복잡한 지식을 전달하는 방법 전반에 관하여 수많은 실험실 연구를 할 필요가 있음을 시사할 것이다.

마지막으로 시험에 관하여 잠깐 언급하겠다. 시험이 교육에 좋지 못한 효과를 낼 가능성이 있다는 것은 우리가 모두 잘 알고 있다. 흔히 시험은 교과 중에서 중요하지 않은 구석진 측면을 강조하다. 이런 경향으로 흐른다면, 시험은 교사로 하여금 단편적인 내용을 가르치게 하고 학생들로 하여금 기계적으로 학습하게 할 가능성이 있다. 그러나 흔히 간과되고 있는 사실이지만, 시험은 또한 교육과정과 수업을 개선하는 데에 중요한 구실을 할 수 있다. 선다형과 같은 '객관식'이거나 논문형의 '주관식'이거나 간에, 원칙상 한 교과의 일반적 원리에 대한 이해를 강조하는 방향으로 시험문제

15) 이 방법은 특히 우리나라에서 앞으로 교육과정의 연구방법으로서 한 가지 가장 촉망되는 방법이며, 동시에 이때까지 현저하게 등한시되어 온 방법이다.

를 낼 수 있을 것이다. 사실상 세세한 지식을 시험하는 경우에도 학생들이 특수적 사실 사이의 관련을 이해하지 못하면 정답을 맞출 수 없도록 시험문제를 만들 수 있다. 현재 교육검사연구소(ETS: Educational Testing Service)와 같은 전국적인 검사기관에서 기본적 원리의 이해를 강조하는 시험문제를 만들려는 노력이 진행되고 있다. 이러한 노력은 크게 도움이 될 것이다. 동시에 지방교육당국에서 시험문제의 제작방법을 설명하는 교범을 널리 배포할 필요가 있을 것이다. 학생들의 이해 정도를 깊이 파고 들어가는 시험문제를 만들기란 쉬운 일이 아니며, 그러니 만큼 시험문제 제작에 관한 자세한 교범이 더욱 요청되는 것이다.

요약컨대 이 장이 다룬 주제는 다음과 같다. 즉, 한 교과의 교육과정은 그 교과의 구조를 나타내는 일반적 원리를 가장 깊이 이해하고 있는 사람들에 의하여 결정되어야 한다. 해당 학문 분야의 폭넓은 기본 구조와 관련을 맺지 않은 특수한 사실이나 기술을 가르치는 것은 몇 가지 근본적인 의미에서 비경제적이다. 첫째로, 그런 방식으로 가르치면 학생들은 이미 학습한 것을 앞으로 당면할 사태에 적용하기가 아주 어려울 것이다. 둘째로, 일반적 원리를 파악하는 데까지 미치지 못하는 학습은 지적인 희열이라는 관점에서 볼 때, 아무 것도 주는 바가 없다. 교과에 대한 흥미를 일으키는 가장 좋은 방법은 학생들로 하여금 그것이 알 가치가 있는 것임을 느끼도록 하는 것이며, 이것은 다시 학습에서 얻은 지식을 학습사태 이외의 다른 사태에서도 써먹을 수 있도록 할 때 가능하다. 셋째로, 학습에서 얻은 지식을 서로 얽어매는 구조가 없을 때 그 지식은 쉽게 잊어버려진다. 서로 단절된 일련의 사실들은 그 기억 수명이 가련하리만큼 짧다. 원리나 개념을 중심으로 특수한 사실들을 조직하고 그 원리나 개념에서 다시 특수한 사실들을 추리해 내는 것만이 인간 기억의 급속한 마모율을 감소시키는, 현재까지 알려진 유일한 방법이다.

한 학문 분야의 기본 구조를 반영할 수 있도록 교육과정을 설계하는 데는 그 분야를 속속들이 이해할 필요가 있다. 그러므로 교육과정의 설계는 가장 유능한 학자와 과학자의 적극적인 참여 없이는 도저히 이루어질 수 없다. 지난 몇 년 동안의 경험에 비추어 보면, 그러한 학자와 과학자들은 경험이 많은 현장 교사와 아동발달 전문가의 도움을 받아, 우리가 이때까지 논의해 온 그러한 종류의 교육과정을 준비할 수 있다. 실지로 교육과정 자료를 만들어 내는 데에, 교사를 훈련하는 데에, 또 이 분야에 관련된 연구를 수행하는 데에 더 많은 노력이 필요할 것이다. 이 노력은 오늘날 우리가 겪고 있는 과학적 및 사회적 혁명의 도전을 능히 감당할 수 있을 정도로 우리의 교육을 개선하는 데에 필수적으로 요청되는 것이다.

일반적 원리를 가르치되 어떻게 하면 효과적으로, 또 동시에 재미있게 가르칠 수 있는가 하는 데는 많은 문제가 있다. 그리고 그 중에서 몇 가지 중요한 문제는 앞에서 간략하게 언급하였다. 현 단계로 보아 명약관화한 것은 이때까지 효과적인 방법으로 알려져 있는 것을 조사하는 데에, 실험적으로 실시해 볼 수 있는 교육과정을 구성하는 데에, 그리고 수업을 개선하기 위한 노력 전반에 걸쳐서 방향을 제시할 수 있는 연구를 수행하는 데에 할 일이 산적해 있다는 것이다.

우리가 이때까지 논의해 온 그런 종류의 교육과정을 연령층이 다른 어린이들의 지적 능력에 부합시키는 방법은 무엇인가? 다음 장에서는 이 문제를 다루겠다.

3. 학습의 준비성

우선 첫머리에 하나의 가설을 제시하겠다. 즉, '어떤 교과든지 지적으로 올바른 형식으로 표현하면 어떤 발달단계에 있는 어떤 아동에게도 효과적으로 가르칠 수 있다'고 하는 것이다.[16] 이것은 실로 대담한 가설이며, 그러

16) 또는, '어떤 교과든지 그 지적 성격에 충실한 형태로 어떤 발달단계에 있는 어떤 아동에게도 효과적으로 가르칠 수 있다.' 앞의 제3장 주1을 참조하라.

면서도 교육과정의 성격을 생각하는 데에 필요불가결한 가설이다. 현재 이 가설을 부정할 만한 증거는 하나도 없으며, 반대로 이 가설을 지지하는 증거가 상당히 많이 수집되어 있다.

이 가설이 무슨 뜻인가를 분명히 밝히기 위하여 세 가지 일반적인 문제를 고찰하겠다. 첫째는 아동의 지적 발달과정에 관한 문제요, 둘째는 학습하는 행위에 관한 문제이며, 셋째는 앞에서 이미 언급한 바 있는 '나선형 교육과정'에 관한 문제이다.

(1) 지적 발달

아동의 지적 발달에 관한 연구결과는 대체로 다음과 같은 사실을 밝혀주고 있다. 즉, 발달과정을 통하여 아동은 각각의 단계에 독특한 방식으로 세계를 지각하고 설명한다는 것이다. 따라서 어떤 특정한 연령층의 아동에게 교과를 가르치는 문제는 곧 그 아동의 지각방식에 맞게 교과의 구조를 표현하는 문제이다. 말하자면 교과의 구조를 아동의 지각방식에 맞도록 '번역'하는 문제라고 할 수 있다. 첫머리에 제시한 일반적인 가설은 하나의 신중한 판단을 전제로 하여 성립된 것이다. 그 판단이라는 것은 곧 어떤 아이디어든지 초등학교 1학년 또래 어린이들의 사고방식에 맞도록 충실하고 유용하게 표현될 수 있다는 것이요, 또한 어린이는 차차 학습해 나감에 따라 자기가 최초의 학습에서 익힌 표현방식을 점점 강력하고 정확하게 만들어 갈 수 있다는 것이다. 이것은 그 초기의 학습이 충실하면 할수록 더 쉽게 이루어질 수 있다. 이 견해를 잘 설명하고 또 그것이 옳다는 것을 보이기 위하여 우리는 이제 지적 발달과정을 다소간 자세하게 고찰하고 각각의 발달단계에 맞도록 가르치려면 어떻게 해야 하는가를 알아보겠다.

피아제를 위시한 몇몇 다른 사람들의 연구결과에 의하면, 아동의 지적 발달은 대체로 세 단계를 거쳐 이루어진다. 첫째 단계는 소위 '전조작적 단계'[17]라는 것이다. 이 단계는 주로 학령 전에 해당되기 때문에 여기서는 자세히 고찰할 필요가 없다. 이 단계는 적어도 피아제의 연구대상인 스위스 아동인 경우에는 5살이나 6살까지이다. 이 단계에서 아동의 지적 활동은 주로 경험과 동작과의 관계를 확립하기 위한 것이며, 아동의 주된 관심은 동작을 통하여 세계를 탐색하고 조종하는 데에 있다. 이 단계는 대체로 언어 발달이 시작되는 때부터 아동의 상징(숫자, 문자, 그림 등)을 다룰 줄 알게 되는 때까지에 해당된다. 상징에 관하여 이 단계의 아동이 이룩하는 가장 중요한 업적은 외부 세계를 상징으로 표현할 수 있다는 것이다. 외부 세계를 상징으로 표현한다는 것은 곧 외부 세계를 단순화하고 일반화할 수 있다는 뜻이다. 이것은 실로 대단한 업적이다. 이 업적으로 말미암아 그 전에 하나하나 개별적인 특성을 가진 것으로 지각되던 사물이 모종의 공통성을 지닌 동일한 사물로 지각된다. 그러나 이 단계의 아동이 지각하는 상징적인 세계에서는 아동의 내적인 동기나 감정과 외부의 실재가 명확히 구별되지 않는다. 말하자면 세계는 아동 자신이 바라고 느끼는 대로 움직이고 있다고 생각하는 것이다. 해가 돋는 것은 하나님이 해를 밀어 올리기 때문이며, 별이 지는 것은 별도 아동 자신처럼 잠을 자러 가기 때문이다. 이 단계에서 아동은 자기가 달성하고자 하는 목적과 그것을 달성하는 데에 필요한 수단을 거의 분간할 수 없으며, 실재를 조종하려는 노력이 거듭 실패로 돌아가고 난 뒤에 자기의 활동을 교정하고자 할 때에도 소위 '상징적 조작' 에 의존하는 것이 아니라 '직관적 조절'에 의존한다. 여기서 '직관적 조절' 이라는 것은 깊이 생각해 보고 난 뒤에 행동하는 것이 아니라 닥치는 대로 시행착오를 거듭하는 것을 의미한다.

전조작 단계의 아동에게 모자라는 것 중에 가장 중요한 것은 피아제를 중심으로 한 제네바 학파의 용어로 '가역성의 개념'이라고 하는 것이다. 가역성이라는 것은 쉽게 말하여 물체의 상태가 달라졌다 하더라도, 적어도

17) '조작'(operation)이라는 말은 피아제 이론의 핵심 개념으로서 피아제 자신은 이것을 '가역성과 내면화 가능성을 가지고 있는 지적 활동'이라는 말로 정의하고 있다. 이 정의의 뜻은 이하의 설명에서 밝혀진다. 특히 pp.319-321의 세 문단을 참조하라.

머리 속으로는, 그것이 달라지지 않은 원래의 상태로 되돌아갈 수 있다는 가능성을 말한다. 그리하여 전조작 단계에 있는 아동은 찰흙으로 만든 공의 모양을 바꾸면 그것을 다시 원래의 상태로 만들어 놓을 수 있다는 것을 알지 못한다. 이런 근본적인 사고능력이 없기 때문에 이 단계의 아동은 수학이나 물리학의 기초를 이루고 있는 몇 가지 기본적 아이디어를 이해하지 못한다. 수학에서 일정한 양을 몇 개의 토막으로 나누어 놓더라도 원래의 양에서는 변함이 없다는 것이라든지, 물리학에서 물체의 모양을 바꾸더라도 질량과 무게는 보존된다는 아이디어(소위 '양의 보존 개념')가 바로 그것이다. 그러므로 이 단계에 있는 아동에게 개념을 전달하는 데에 있어서 교사가 할 수 있는 일은, 극히 직관적인 교수방법을 쓴다 하더라도, 아주 제한될 수밖에 없다.

지적 발달의 둘째 단계는 초등학교 입학과 더불어 시작되는 단계로서, 소위 '구체적 조작 단계'라고 불리는 단계이다. 앞의 전조작적 단계가 순전히 동작적인 것에 불과한 데에 비하여 이 단계는 '조작적'이라는 데에 그 특징이 있다. 조작이라는 것은 동작의 한 가지 형식으로서, 물체를 직접 손으로 다룰 때처럼 직접적인 형식을 취하기도 하거니와, 또한 '머리 속으로' 사물이나 사물간의 관계를 나타내는 상징을 다룰 때처럼 내면적인 형식을 취하기도 한다. 대충 말하자면, 조작은 현실 세계의 현상들을 '머리 속에' 넣고, 머리 속에서 그 현상들을 변형하고 조직하여 장차 문제해결에 활용될 수 있도록 하는 수단이다. 예를 들어 아동이 일종의 당구놀이에서 입사각과 반사각 사이에 어떤 관계가 있는가를 알아내는 경우를 생각해 보자. 당구대와 같은 장치의 한 귀퉁이에 딱총으로 공을 벽으로 쏘게 되어 있다. 아동은 여러 가지 각도로 딱총을 쏘아 보면서 딱총을 기울인 각도와 공이 튀어 나오는 각도 사이에 어떤 관계가 있는가를 알아내게 되어 있다. 아주 어린 아동들은 여기서 아무런 문제를 찾아내지 못한다. 말하자면 공은 똑바로 가는 것이 아니라 한 번 꾸부러졌다가 가며 그때 벽면을 건드리고 갈 뿐이다. 열살 가량된 아동은 입사각과 반사각 사이에는 모종의 관계가 있다는 것, 하나가 달라지면 다른 것도 달라진다는 것을 막연하게 안다. 조금 더 나이가 든 아동은 두 각 사이에는 어떤 고정된 관계가 있다는 것을 알며, 대개는 그 두 각이 직각을 이룬다고 말한다. 마침내 13살이나 14살된 아동은 입사각과 반사각이 같다는 원리를 발견한다. 이때 아동들은 흔히 딱총을 벽면에 수직으로 쏘아서 공이 딱총으로 똑바로 튀어 나오는 것(입사각=반사각=0°)을 보아 이 원리를 발견한다. 이 보기에서 당구의 입사각과 반사각이 같다는 현상을 보는 하나하나의 관점은 모두 앞에서 말한 뜻에서의 '조작'의 결과이며, 아동의 사고방식은 곧 아동이 자기의 눈에 비친 현상을 어떤 방식으로 종합하는가에 따라 좌우된다.

조작은 '내면화'되어 있고 '가역적'인 성격을 가지고 있다는 점에서 단순한 동작이나 목표 지향적인 행동과 다르다. '내면화'되어 있다는 것은 아동이 문제를 해결하고자 할 때 실지 동작으로 시행해 볼 필요가 없이 '머리 속으로' 시행해 볼 수 있다는 뜻이다. 이것이 바로 현실 세계의 현상을 '머리 속에' 넣는다는 뜻이다. 조작이 '가역적'인 성격을 가지고 있다는 것은 조작의 특징 그 자체에 비추어 명백하다. 조작은 그 반대되는 조작(역)에 의하여 상쇄될 수 있다는 특징, 소위 '완전 상쇄'라는 특징을 가지고 있다. 조작을 할 수 있는 단계에 이른 아동은 구슬을 몇 개의 작은 무더기로 나누어 놓으면 그것을 도로 모아 원래의 무더기로 되돌릴 수 있다는 것을 직관적으로 파악한다. 또한, 천평저울에서 저울추를 너무 멀리 갖다 놓았기 때문에 저울이 기울어지면, 차차 저울추를 가까이 옮겨놓거나 아니면 점점 가벼운 추를 올려놓거나 하여 평형을 회복할 수 있다. (그렇지만 아동은 때때로 가역성을 지나치게 밀고 나가서 불에 탄 종이도 원상으로 복구될 수 있다고 생각한다.)

구체적 조작의 출현으로 아동은 조작의 기초가 되는 내면화된 정신구조를 가지게 된다. 천평저울의 보기에 비추어 보면, 정신구조란 바로 아동의 마음 속에 들어있는 저울 눈금의 배열이다. 이러한 정신구조는 지적 활동에서 본질적인 중요성을 가지고 있다. 정신구조는 앞의 당구대 예에서 보듯이, 아동이 세계를 지각 또는 표현하는 내면화된 상징적 체계이다. 아동이 어떤 개념이나 원리를 이해하는 것은 그 개념이나 원리가 자기의 정신 구조로 '번역'될 때이다.

구체적 조작 단계의 아동은 '분류'의 논리적 구조를 파악할 수 있다.[18] 그러나 '분류'나 '관계'를 파악하는 것은 오직 즉각적으로 눈에 보이는 실재를 구조화하는 수단에 지나지 않는다. 이 단계의 아동은 자기가 눈으로 보는 사물을 분류하거나 그 사이의 관계를 파악할 수는 있지만, 직접 눈으로 볼 수 없거나 직접 경험할 수 없는 가능성의 세계는 아직 다룰 수가 없다. 이 말은 구체적 조작 단계의 아동은 아직 일어나지 않은 일을 미리 예상할 수 없다는 뜻이 아니라, 어떤 주어진 시점에서 일어날 수 있는 모든 가능성을 체계적으로 상상할 수 없다는 뜻이다.[19] 이 단계의 아동은 당장 눈 앞에 보이는 실재를 초월하여 그 이외에 어떤 일들이 또 일어날 수 있는가를 체계적으로 상상할 수 없다. 열 살과 열네 살 사이의 아동은 지적 발달의 셋째 단계로 넘어간다. 이 단계는 제네바 학파가 '형식적 조작 단계'라고 부르는 단계이다.

이 셋째 단계에서 아동의 지적 활동은 직접 눈 앞에 보이는 것, 직접 경험한 것에 얽매이지 않고 가설적 명제를 조작하는 능력을 가지게 된다. 이제 아동은 가능한 변인들을 생각할 수 있고 나아가서는 가능한 관계를 추리해 내어 그것을 실험이나 관찰로 검증해 볼 수도 있다. 이 단계에서 아동의 지적 활동은 논리학자나 과학자나 그 밖에 추상적인 사고를 하는 사람들과

---

18) '분류'와 '관계'의 논리적 구조는 예컨대 다음과 같은 것을 가리킨다. 즉, '분류'에서 장미꽃(A)과 장미꽃 이외의 다른 꽃(A')을 합하면 꽃(B)이 될 경우에 A+A'=B가 되고, 또한 B-A=A'가 된다. 그리고 '관계'에서 갑돌이(A)가 을순이(B)보다 키가 크고(A>B), 을순이가 병식이(C)보다 키가 크면(B>C), 갑돌이는 병식이보다 키가 큰 것으로 된다(즉, A>C).

19) 모든 가능성을 체계적으로 상상한다는 것은 다음과 같은 것을 말한다. 즉, A, B, C의 세 변인의 모든 조합 가능성은 ① A, ② B, ③ C, ④ AB, ⑤ AC, ⑥ BC, ⑦ ABC임을 사전에 가상할 수 있다는 것이다. A, B, C, D의 모든 조합 가능성을 '체계적으로 상상'해 보라.

똑같은 종류의 논리적 조작을 나타낸다. 이 단계에 와서 아동은 구체적인 경험에 기초를 둔 아이디어를 '형식적'으로 또는 명제적으로 표현할 수 있다. 이전 단계의 경우에 그런 구체적인 아이디어는 아동의 문제해결에 도움이 되기는 했지만, 아동이 그 아이디어를 기술하거나 형식적인 명제로서 이해할 수는 없었던 것이다.[20)]

구체적 조작 단계에 있을 때, 아동은 수학과 과학과 인문학과 사회과학의 여러 기본적 아이디어를 직관적으로 또 구체적으로 파악할 수 있다. 그러나 아동이 그런 아이디어를 파악하는 것은 오직 구체적 조작에 의해서이다. 예를 들면 5학년 아동(구체적 조작 단계)은 고등 수학의 원리가 담겨 있는 장난감을 가지고 놀이를 함으로써 이 원리를 귀납적으로 깨달을 수 있고 또 이 원리를 응용하여 놀이를 해나갈 수 있다. 말하자면 이 아동은 그 수학적인 원리에 따라 자기의 행동을 이끌어 나갈 능력을 충분히 가지고 있는 것이다. 그렇지만 만약 이 아동에게 장난감에 담겨 있는 수학적인 원리를 공식으로 표현하게 하거나, 공식으로 표현하여 가르치려고 하면, 이 아동은 오리무중에 빠지고 말 것이다. 우즈 호울 회의를 하는 동안에 우리는 5학년 아이들로 하여금 쉽게 함수론의 핵심 개념을 파악시키기 위한 시범수업을 참관하였다. 이때 만약 교사가 아동들에게 함수론이란 어떤 것인가를 수학적으로 설명하려고 했다면, 그것은 분명히 헛수고에 그치고 말았을 것이다. 나중에 적당한 발달단계가 되면, 또 구체적 조작의 연습을 충분히 거치고 나면, 그러한 수학 공식을 가르칠 시기가 무르익게 될 것이다.

---

20) 이상에서 설명한 지적 발달의 세 단계를 한 가지 실험사태, 즉 앞에서 이미 언급한 '천평문제'에 비추어 설명하면 다음과 같다. 이 실험사태에서 문제는 아동이 어떤 단계를 거쳐 '무게×거리=무게'×거리''라는 원리를 발견하는가 하는 것이다. 전조작 단계의 아동은 무게와 거리 사이에서 아무런 관계를 느끼지 못하고 '어쩌다가' 평형이 될 때도 있다고 막연히 생각하거나, 자기 손으로 한쪽을 눌러 평형을 유지하려고 한다. 구체적 조작 단계의 아동은 특정한 거리1에서 무게1과 거리2에서 무게2가 평행을 유지한다는 것은 알지만, 무게와 거리를 체계적으로 바꾸어 가면서 '무게×거리=무게'×거리''라는 법칙을 형성할 수는 없다. 이것은 형식적 조작 단계에서 비로소 가능하다.

기본 개념을 가르치는 데에 있어서 가장 중요한 것은 아동의 구체적 조작의 사고방식으로부터 지적으로 보다 적절한 사고방식으로 점진적으로 이행할 수 있도록 도와주는 일이다. 그러나 이 일을 하기 위하여 먼저 논리학에 입각한 수학적 설명을 형식적으로 제시하려고 하는 것은 부질없는 것이다. 이러한 설명은 아동의 사고방식과는 너무나 거리가 멀고 아동의 사고내용에 아무 것도 시사하는 바가 없는 것이다. 오늘날 수학수업의 대부분은 이런 종류의 것이다. 이런 수업에서 아동은 수학적 질서의 이해를 배우는 것이 아니라 계산방법이나 해법을 아무 의미나 관련도 모르고 맹목적으로 적용하는 것을 배운다. 말하자면 그러한 해법이 아동의 사고방식으로 '번역'되지 않은 것이다. 이렇게 출발을 그르쳐 놓으면 아동은 곧 '정확한' 것만이 중요한 일이라고 믿게 되며 여기서 아동이 생각하는 정확성이란 수학적인 정확성이라기보다는 계산상의 정확성이다. 이런 현상을 가장 단적으로 보여주는 보기는 아마도 중학교 학생들이 처음으로 유클리드 기하학을 배울 때일 것이다. 이때 학생들은 단순한 기하학적 도형을 다루어 본 경험도 없고 그것을 다룰 수 있는 직관적인 수단도 없이, 일련의 형식적인 공리와 정리를 배워야 한다. 만약 학생들이 그 전에 자기의 지적 수준에 알맞은 직관적인 기하학을 통하여 기본 개념과 원리를 배웠더라면 그런 공리나 정리의 의미를 훨씬 깊게 또 쉽게 이해할 수 있을 것이다.

그러나 아동의 지적 발달은 마치 시계가 돌아가듯 기계적인 사건의 연속이 아니다. 그것은 또한 환경, 특히 학교환경의 영향을 받는다. 그리하여 가장 초보 단계에 있어서도 과학적인 아이디어의 교육은 아동의 지적 발달과정을 맹목적으로 답습할 필요가 없다. 교육은 또한 아동이 서서히 지적 발달을 이룩해 나갈 수 있도록, 힘에 겹되 알맞은 정도로 힘에 겨운 학습기회를 제공해 줌으로써 지적 발달을 이끌어 나갈 수 있다. 이때까지의 경험에 비추어 보면, 아동이 자라나는 동안 아동으로 하여금 그 다음 발달단계의 학습과제에 접하도록 해줌으로써 다음 발달단계로 이끌어 가려는 노력은 충분히 가치가 있다. 가장 노련한 초등학교 수학교사라고 할 수 있는 데이

비드 페이지(David Page: pp.373-374의 우즈 호울 회의 참가자 명단 참조)가 말했다시피 '유치원에서 대학원에 이르는 학생들을 가르치는 동안, 나는 연령층의 고하를 막론하고 인간의 지적 활동이 비슷하다는 점에 놀람을 금할 수 없었다. 다만 어린이들은 어른들보다 더 자발적이고 창의적이고 정력적이라고 할 수 있을 것이다. 내가 보는 바로는, 어린이들은 거의 무엇이든지, 만약 어린이가 알아듣는 말로 주어지면, 어른들보다 훨씬 빨리 할 수 있는 것 같다. 수학의 자료를 어린이가 알아듣는 말로 또 재미있게 제시하는 데는 궁극적으로 수학 자체를 알아야 하며, 수학을 더 잘 알면 그 만큼 수학을 더 잘 가르칠 수 있다. "이 수학문제는 고등학교 2학년 수준에 적당하다"는 식으로 특정한 수학문제에 절대적인 곤란도 수준을 매기는 것은 조심스럽게 생각해야 할 문제이다. 내가 수학자들에게 4학년 아동들이 "집합론"으로 깊이 들어갈 수 있다고 말하면, 몇몇 사람들은 "물론"이라고 하고 대부분의 사람들은 깜짝 놀란다. 깜짝 놀라는 사람들은 "집합론"이라는 것이 본질적으로 어렵다고 생각하는 사람들이며 이들은 완전히 잘못 생각하고 있다. 그러나 사실인즉 본질적으로 어렵다는 것은 어불성설이요, 오직 우리가 올바른 관점과 그것을 제시하는 올바른 언어를 모를 뿐이다. 어떤 특정한 교과나 특정한 개념을 가르치고자 할 때, 우리는 자칫하면 시시한 질문을 하게 되거나 아동들로 하여금 시시한 질문을 하도록 이끌게 된다. 또한 우리는 자칫하면 아동들이 도저히 대답할 수 없을 만큼 어려운 질문을 하게 된다. 대답을 할 수 있는 질문이면서 동시에 그것을 대답하는 동안에 무엇인가 배우게 되는 중간 정도의 질문을 하는 것이 중요하다. 교사와 교과서의 역할은 바로 여기에 있다.' 이런 잘 정련된 '중간질문'으로 아동은 지적 발달단계를 거쳐 보다 빠르게 수학, 물리 및 역사의 원리를 이해하게 된다. 이 일이 이루어지는 과정에 관하여 우리는 훨씬 더 많이 알아야 한다.

제네바의 인헬더(Inhelder) 교수는 우즈 호울 회의에서 주로 수학과 물리 분야에서 아동이 여러 가지 지적 발달단계를 더 빨리 지나갈 수 있도록 하려면 어떻게 하는가 하는 질문을 받고 회의에 참석한 사람들에게 그녀의 의견을 짤막한 보고서로 발표하였다. 그 보고서 중의 일부를 제시하면 다음과 같다.[21]

'논리적인 것, 산수적인 것, 기하적인 것, 또는 물리적인 것을 막론하고 추리의 가장 기본적인 형식은 "양의 불변(보존)의 원리"에 기초를 두고 있다. 말하자면 전체는 그 부분이 어떻게 배열되어 있든지, 그 모양을 어떻게 바꾸든지, 공간적으로 시간적으로 어떻게 위치를 바꾸든지 그대로 있다는 원리이다. 불변의 원리는 원래 선험적인 마음의 장치도 아니며 순전히 경험적인 관찰의 결과도 아니다. 아동은 과학자들이 과학적인 발견을 할 때와 비슷한 방법으로 불변의 원리를 발견한다. 아동이 불변의 개념을 이해하는 데는 여러 가지 어려움이 있으며, 이 사실을 흔히 교사는 모르고 있다. 어린 아동에게는 수, 공간적 크기, 물리적 양 등이 언제나 일정한 것으로 보이는 것이 아니라, 우리가 어떤 조작을 가하는가에 따라 팽창하기도 하고 수축하기도 하는 것으로 보인다. 상자에 들어있는 구슬의 수는 두 무더기, 세 무더기, 또는 열 무더기로 갈라 놓더라도 그 총 수는 같다는, 어른에게는 아주 명백한 이 사실이 어린 아동에게는 그토록 이해하기 어려운 것이다. 어린 아동은 변화가 오직 한쪽 방향으로만 일어나는 것으로 지각하며, 변화하더라도 어떤 근본적인 모습은 변화하지 않는다든가, 만약 변화하더라도 그 변화는 원래의 모양으로 돌이킬 수가 있다(즉, '가역적'이다)는 생각을 하지 못한다.'

'아동의 불변 개념에 관한 많은 연구결과 중에서 몇 가지 보기를 들면 우리는 그 불변 개념을 아동에게 가르칠 때 어떤 자료를 쓸 수 있는가를 알게 될 것이다. 아동으로 하여금 일정한 수의 구슬이나 일정한 양의 물을 높고 좁은 그릇과 낮고 넓은 그릇으로 이리저리 나누어 담게 한다. 어린 아동은 예컨대 좁은 그릇에 들어있는 것이 낮은 그릇에 들어있는 것보다 많다고

---

21) 쉽게 알 수 있겠지만, 이하의 보고 내용은 모두 피아제와 그의 동료들에 의한 실험결과를 기초로 한 것이다.

생각한다. 그 다음에 이 아동 자신으로 하여금 같은 양을 두 개의 다른 그릇에 담아 보도록 함으로써 물이나 구슬의 양은 그릇의 모양이 어떠한가에 관계없이 동일하다는 것을 구체적으로 관찰하게 한다. 이것을 관찰하는 방법은 어렵지 않다. 구슬은 세어보면 될 것이요, 물은 어떤 표준에 비추어 재어보면 될 것이다. 공간적인 양의 보존 개념도 마찬가지 원리로 가르칠 수가 있다. 즉, 길이가 다른 몇 개의 막대기, 넓이가 다른 몇 개의 판때기나 같은 수의 나무토막을 여러 가지 다른 모양으로 쌓으면서 가르칠 수가 있는 것이다. 물리적인 현상에서는 설탕을 물에 용해하거나 양이 일정한 찰흙의 모양을 여러 가지로 바꿈으로써 마찬가지 원리를 가르칠 수 있다. 만약 우리가 아동을 가르친 결과, 아동이 감각적인 지각에 기초를 둔 원시적인 사고방식에서 불변 개념에 기초를 둔 올바른 직관으로 확실하게 넘어갈 수가 없었다고 하면, 아동은 셈을 셀 수는 있다 하더라도 수량의 불변 개념이 없이 맹목적으로 세게 될 것이다. 또는 기하학적인 측정치를 쓰기는 하되, 만약 A가 B를 포함하고 B가 C를 포함하면 A도 C를 포함한다는 "이행의 조작"은 알지 못할 것이다. (예컨대 철수(C)는 한국인(B)이고 한국인은 사람(A)이므로 철수도 사람이다.) 물리학에서 아동은 무게, 부피, 속도, 시간 등 물리적인 개념을 정확하게 이해하지도 못하면서, 그런 부정확한 개념으로 여러 가지 맹목적인 계산을 할 것이다. 교육방법에서 아동의 자연적인 사고과정을 충분히 고려한다면, 우리는 아동으로 하여금 그러한 불변의 원리를 스스로 발견하도록 할 수 있을 것이다. 이때 아동은 구체적인 자료를 다루는 경험을 통하여 자기 자신의 원시적인 사고방식을 벗어날 기회를 가지게 된다. 말하자면 아동은 높고 좁은 그릇에 든 물이 낮고 넓은 그릇에 든 물보다 더 많아 보이지만 실상은 두 그릇에 든 물의 양이 같다는 것을 알게 되는 것이다. "구체적인" 지적 활동에서 "형식적인" 지적 활동으로의 점진적인 이행과정에서 아동은 수학과 논리의 가역적인 조작에 필요한 정신적 역동성을 갖추게 된다. 아동은 점차로 어떤 변화가 그 역조작에 의하여 말소되거나(덧셈이 뺄셈에 의하여 말소되듯이) 아니면 어떤 변화가 상호 보

상적인 변화에 의하여 상쇄된다는 것을 느끼게 된다.'

'아동은 흔히 한 번에 현상의 한쪽 측면만 집중적으로 생각하기 때문에 그 현상을 잘못 이해하게 된다. 한 현상을 올바로 이해하기 위해서는 대개 몇 가지 측면을 동시에 고려해야 하기 때문이다. 이것은 실험을 통하여 간단하게 가르칠 수 있다. 7살 가량 된 아동은 두 대의 자동차의 속도를 서로 비교할 경우에 종착점에 먼저 도달하는 자동차가 더 빠르다든가, 다른 자동차를 추월하는 자동차가 더 빠르다고 생각한다. 이런 그릇된 사고방식을 고쳐주기 위해서 우리는 장난감 자동차를 써서, 출발점이 다를 경우에는 어느 것이 종착점에 먼저 오는가만 보아서는 그것이 더 빠르다고 할 수 없으며, 한 대가 다른 한 대를 추월한다 하더라도 빙빙 돌기만 해서는 종착점에 먼저 올 수 없다는 것을 보여줄 수 있다. 이것은 간단한 연습이지만, 이런 것을 통하여 아동은 한 사태에서 몇 가지 측면을 동시에 고려할 줄 알게 된다.'

'이 모든 것을 볼 때, 예컨대 유클리드 기하나 측정기하를 초등학교의 마지막 시기에 가서 비로소 가르친다고 하는 것은 아무 근거가 없는 판단이며, 또 십중팔구 그릇된 판단이다. 특히 투영기하를 그 전에 가르치지 않은 경우에는 더욱 그러하다. 물리학의 경우도 마찬가지여서, 물리학 중의 상당한 부분은 귀납적이고 직관적인 수준에서 가르친다면 현재보다 훨씬 일찍 가르칠 수 있다. 수학이나 물리학의 기본 개념은, 만약 그 개념을 수학의 학문적인 표현방식으로 표현하는 것이 아니라 아동이 스스로 다룰 수 있는 자료를 써서 가르친다는 것을 전제로 하면, 일곱 살에서 열 살에 이르는 아동들에게 완전히 이해시킬 수 있다. 그러나 이 전제는 아주 중요한 전제이다.'

'또 한 가지, 특별히 수학 교육과정의 선후관계에 관련된 문제가 있다. 흔히 한 교과에 관한 아동의 지적 발달의 계열은 그 교과에 나오는 개념의 역사적 발달 순서보다는 그 교과 자체 내의 논리적 순서에 더 가깝다. 예컨대 한 도형이 다른 도형에 접해 있다든가, 떨어져 있다든가, 안에 들어 있다든가 하는 위상적 개념은 유클리드 기하나 투영기하의 개념보다 수학사상으로는 나중에 발달한 개념이지만 아동의 발달 과정상으로 보면 먼저 형성된다. 사실 한 교과의 구조를 가르칠 때, 그 자체의 올바른 논리적 순서를 따라 가르칠 것인가, 아니면 역사적 발달의 순서를 따라 가르칠 것인가를 결정하는 데에 있어서 만약 전자를 택할 이유가 있다고 하면 바로 이것이 그 이유이다. 그렇다고 해서 학문의 역사적 발달이 문화적인 또는 교육학적인 관점에서 중요시되어야 할 경우가 전혀 없다는 뜻은 아니다.'

'투시와 투영에 관한 기하학적인 개념을 가르치는 데에 있어서도 실험과 시범은 중요한 역할을 한다. 이런 실험과 시범을 통하여 아동은 구체적인 경험을 분석하는 지적 조작능력을 훈련할 기회를 가지게 된다. 우리는 한 가지 실험에서 지름이 다른 여러 개의 둥근 반지를 촛불과 벽 사이의 여러 지점에 놓고 벽 위에 반지의 그림자가 여러 가지 크기로 나타나는 것을 아동으로 하여금 관찰하도록 하였다. 아동은 반지 그림자의 크기가 광원에서 반지 사이의 거리에 따라 달라진다는 것, 다시 말하여 광원에서 반지 사이가 가까울수록 그림자의 크기가 커진다는 것을 알게 되었다. 이와 같이 간단명료한 사태에서 빛과 그림자의 관계를 구체적으로 경험하도록 함으로써 우리는 아동에게 투영기하에 스며있는 기본적 아이디어를 다루는 능력을 가르칠 수 있고 이것을 통하여 마침내 아동은 그 아이디어를 이해할 수 있게 될 것이다.'

'위에서 든 몇 가지 보기에서 우리는 과학과 수학의 기본적 아이디어를 종래보다 훨씬 어린 나이의 아동에게 가르치는 방법을 고안해 낼 수 있다는 생각을 가지게 된다. 이 어린 나이야말로 체계적인 교수를 통하여 나중에 중등학교 수준에서 매우 유용하게 사용될 기본 사항의 바탕을 닦는 시기이다.'

'통계적 추리는 현대 과학의 어디서나 쓰이는 중요한 측면이지만, 현재의 교육제도 하에서는 대학에 들어가기 이전의 학생들에게는 거의 가르치지 않고 있다. 이와 같이 통계가 학교 과목에서 빠져 있다는 것은 거의 모든 나라에서 학교 교과가 상상할 수 없을 정도로 과학적인 진보에 뒤떨어져 나아간다는 사실 때문일 것이다. 그러나 그것은 또한 표면상 무질서하게 일어나는 현상(또는, "난사상")을 이해하기 위해서는 먼저 사건이 아주 "희귀하다"든지 "빈번하다"든지 하는 것이 무슨 뜻인가를 이해해야 한다는 일반적인 통념 때문이기도 하다. 우리의 연구결과를 보면, 난사상을 이해하는 데는 오히려 어린 아동들이 쉽게 이해할 수 있는 몇 가지 구체적인 논리적 조작 – 물론 이런 조작에는 난삽한 수학적인 표현이 배제되어 있어야 한다 – 을 사용하는 능력이 필요하다. 이러한 논리적 조작 중에서 가장 중요한 것은 이접("A가 진이거나 아니면 B가 진이다")과 결합("A도 진이고 B도 진이다")이다. 제비를 뽑는 놀이, 루울레트 놀이, 그리고 그 결과가 가우스 분포로 예측될 수 있는 놀이는 모두 확률에 관한 기본적인 논리적 조작을 가르치는 데에 이상적인 방법이 될 수 있다. 이러한 놀이에서 아동은 연역적 추리의 확실성과는 엄격히 대조되는, 막연히 "불확실한 사상"이라는 뜻으로서의 "우연"을 순전히 직관적으로 파악한다. 확률이 확실성의 한 부분이라는 생각은 나중에 가서야 비로소 알게 된다. 확률을 불확실성으로 아는 것이나 확실성의 한 부분으로 아는 것은 모두 아동이 확률이론에 나오는 확률 계산법이나 공식적인 표현의 방법을 배우기 이전에 할 수 있는 일이다. 확률적인 성격을 가진 문제에 대한 흥미는 통계적인 과정이나 계산법을 도입하기 이전에 아동에게 개발시키고 발전시킬 수 있다. 통계적인 조작이나 계산은 이 방면에 관한 직관적인 이해가 생기고 난 "뒤에" 사용될 도구에 불과하다. 만약 계산에 관한 여러 가지 지엽적인 내용을 먼저 가르치면 십중팔구 확률적 추리의 발달은 저해되거나 완전히 정지될 것이다.

이 모든 것에 비추어, 누구든지 학교교육의 최초 2년 동안 논리적인 덧셈, 뺄셈, 곱셈, 포함, 계열화 등등의 기본 조작을 드러낼 수 있도록 여러 가지 물체를 다루고 분류하고 순서에 따라 늘어놓는 연습을 시키는 것이 효과적이 아닐까 하는 생각이 들 것이다. 왜냐하면 이런 논리적 조작이야말로 수학과 과학의 모든 분야에서 보다 특수한 조작과 개념의 기초를 이루는 것이기 때문이다. 사실인즉 그러한 조기 과학 및 수학 "사전 교육과정"은 아동으로 하여금 수학과 과학의 주요 개념을 직관적으로, 또 보다 귀납적으로 이해할 수 있도록 해 줄 것이며 아동은 이러한 이해를 기초로 나중의 본격적인 수학과 과학 코스를 배우게 될 것이다. 우리의 의견에 의하면, 이러한 교육방법의 효과는 과학과 수학교육에 연속성을 부여한다는 것과 또한 아동으로 하여금 기본 개념을 보다 잘, 또 보다 확실하게 이해하도록 한다는 것이다. 만약 이런 조기의 기반이 없을 때 아동은 나중에 그 기본 개념을 입에 올릴 수는 있되 그것을 효과적인 방법으로 사용할 가능성은 극히 희박하다.'

말할 것도 없이 사회과나 문학에도 이와 비슷한 방법을 쓸 수 있다. 아동이 이런 과목에 어떤 종류의 개념을 가지고 들어오는가에 관해서는 단편적인 관찰은 많으나 본격적인 연구는 별로 이루어지지 않았다. 아동에게 문학 형식의 구조를 가르치려고 하면 이야기의 첫 부분을 읽어주고 그 이야기를 희극이나 또는 소극(笑劇)으로(이런 용어를 쓰지 않고) 완성하라고 할 수 있을까? 예컨대 '역사적 경향'이라는 개념은 언제 발달하며, 이 개념을 알기 위해서는 그 전에 무엇을 알아야 하는가? 아동으로 하여금 문체에 대한 관심을 가지도록 하려면 어떻게 할 것인가? 아마 똑같은 내용을 완전히 다른 문체로 써서 보여주면(예컨대 비오보옴(Beerbohm)의 「크리스마스 화환」(*Christmas Garland*) 에서와 같이) 아동은 문체의 개념을 이해하게 될 것이다. 그러나 어쨌든 사회과나 문학이라고 해서 지적으로 올바른 형식으로 표현하면 어떤 발달단계에 있는 어떤 아동에게도 가르칠 수 있다는 가설을 의심할 이유는 하나도 없다.

여기서 우리는 즉시 '수업의 경제성'이라는 문제에 직면한다. 즉, 아동이 13살이나 14살 될 때까지 기다렸다가 기하를 가르치기 시작하면, 투영과 같은 직관적인 기하를 가르친 뒤에 그 즉시로 본격적인 형식을 갖춘 기하 수업을 할 수 있기 때문에 오히려 더 좋지 않겠는가 하는 것이다. 처음에는 귀납적인 방법으로 가르쳐서 아동들로 하여금 기본적인 지식을 발견하게 한 연후에 그 교과의 형식적인 조직을 알도록 하는 것이 과연 가치 있는 일인가? 인헬더 교수는 그녀의 보고서에서 초등학교 1·2학년 동안은 수학이나 과학수업의 기초가 되는 기본적인 논리적 조작('분류'와 '관계')을 훈련시키는 데에 보내야 한다고 제의하였다. 이때까지의 증거는 그러한 엄밀하고 적절한 조기교육을 받으면 나중의 학습을 더 쉽게 할 수 있다는 것을 보여주고 있다. 실상 '학습태세'(學習態勢)[22]에 관한 여러 실험은 바로 이 점을 보여주고 있는 것이다. 즉, 우리가 학습할 때는 특수한 학습내용 뿐만 아니라, 학습하는 방법도 학습한다는 것이다. 훈련이 그 자체로서 중요한 것을 보여주는 것으로서, 어떤 문제해결의 훈련을 많이 받은 원숭이와 훈련을 받지 않은 원숭이에게 똑같이 뇌 손상을 입혔을 때, 훈련을 받은 원숭이는 그렇지 않은 원숭이보다 훨씬 해를 덜 입고 회복하는 속도도 빠르다는 사실을 들 수 있다. 그러나 아동에게 조기교육을 하는 데는 또한 원래의 올바른 아이디어를 죽이고 그릇된 아이디어를 심어 줄 위험도 있다. 이 문제에 대해서는 아직 아무런 연구결과가 없고 앞으로 연구되어야 한다.

(2) 학습하는 행위

교과를 학습할 때는 세 가지 과정이 거의 동시에 일어난다고 볼 수 있다. 첫째 과정은 새로운 지식을 '획득'하는 과정이다. 흔히 그 전에 막연하게 또는 명백하게 알고 있던 지식과는 반대되는 지식이 그 전의 지식을 대치하는 수도 있다. 이런 경우에 지식의 '획득'이라는 말을 쓰기가 어색하지만, 적어도 그 전 지식의 정련(精練)이라는 뜻에서, 일종의 획득이라고 말할 수 있을 것이다. 예컨대 뉴우톤의 운동법칙을 배운 학생은 자기의 5관으로 느끼던 것과는 판이하다는 것을 알게 된다. 또는 '에너지의 손실'이라는 말에

22) '학습태세'는 learning set를 번역한 용어이다. learning set라는 것은 우리가 어떤 내용을 학습한 결과로, 다음에 그와 비슷한 내용을 학습할 '방법'까지 학습하게 되는 현상을 가리킨다. 이것은 곧 학습의 결과로 우리에게 어떤 '태세' 또는 '타성'이 형성된 것이라고 해석된다.

나타나 있듯이, 우리는 마치 에너지가 '손실'되는 것처럼 생각하고 있으나, 물리에서 에너지 불멸의 법칙을 배운 학생들은 그런 생각이 잘못되었다는 것을 알게 된다. 대개의 경우에는 종래의 생각과 새로 배우게 된 생각 사이에 이처럼 현격한 차이는 없다. 예컨대 인체의 혈액순환을 자세하게 배울 때, 학생들은 이미 혈액이 순환한다는 것을 막연하게 또는 직관적으로 알고 있다.

학습의 둘째 과정은 '변형'의 과정이라고 부를 수 있는 것으로서, 이것은 획득한 지식을 새로운 문제사태에 들어맞도록 조직하는 과정이다. 학습을 할 때, 우리는 지식을 소위 '파헤쳐서' 새로운 형식으로 외연(外延), 내삽(內插),[23] 변용(變容)할 수 있도록 재조직한다. '변형'이라는 것은 곧 우리에게 주어진 지식을 가지고 원래 주어진 상태 이상으로 그 지식을 다루어 나가는 방법을 말한다.

학습의 셋째 과정은 '평가'의 과정, 즉 우리가 지식을 다룬 방법이 그 문제사태에 비추어 적합한가를 점검하는 과정이다. 우리가 끌어낸 결론이 타당한가, 우리는 주어진 지식을 적절하게 외연하였는가, 지식의 조작과정에 무슨 결함이 없었는가 등의 질문이 여기에 해당한다. 흔히 교사는 학습행위의 평가를 도와주는 데에 중요한 역할을 할 수 있으나 이러한 평가는 대개의 경우에 실지로 학습의 행위가 정확한 것인가를 엄밀하게 점검하지 않고 표면상 그럴 듯 한가 아닌가를 판단하는 것으로 충분하다.

어떤 교과를 학습하든지 간에 학습은 보통 일련의 에피소드를 따라 진행되며 각각의 에피소드는 앞에서 말한 세 가지 과정으로 이루어진다. '광합성'(탄소동화작용)은 생물과의 한 에피소드를 구성할 것이며 이것은 다시 '에너지의 전환'이라는, 보다 종합적이고 일반적인 학습 경험의 한 부분이

23) 내삽(intrapolation)과 외연(extrapolation)은 정보의 간극을 메우는 두 가지 방법이다. 내삽은 편지의 첫 장과 끝 장이 있고 가운데 부분이 없는 경우에 그 가운데 부분을 상상하여 '끼워넣는' 방법이며, 여기에 비하여 외연은 편지의 처음 두 장이 있고 마지막 부분이 없는 경우에 그 두 장을 '바깥으로 연장하여' 마지막 장의 내용을 상상하는 방법이다.

된다. 이상적으로 말하면, 하나의 학습 에피소드는 그 전에 학습한 것을 반영하면서 동시에 그 이상으로 발전할 수 있도록 하는 것이어야 한다.

하나의 학습 에피소드는 길 수도 있고 짧을 수도 있으며 아이디어를 많이 담을 수도 있고 적게 담을 수도 있다. 학생이 얼마나 오래 동안 한 에피소드를 학습할 수 있는가는 그 학생이 목하 학습에서 무엇을 얻고자 하는가에 달려 있다. 학생이 얻고자 하는 것에는 성적과 같은 외적인 보상 뿐만 아니라, 단순히 학습내용을 더 잘 이해한다는 내적인 보상도 있다.

학습자료를 학생의 능력이나 필요에 맞추기 위하여 우리는 보통 여러 가지 방법으로 학습 에피소드를 조절한다. 말하자면 에피소드의 길이를 조절하거나, 칭찬이나 우등상의 형식으로 외적인 보상을 쌓아두거나, 아니면 학습자료를 완전히 이해할 때 맛보게 될 경이감을 과장해서 보여준다. 우리가 교육과정에서 단원을 설정하는 것은 바로 이 학습 에피소드의 중요성을 인정하기 때문이다. 물론 단원 중에는 때로 아무 쟁점이 없이 질질 오래 끌고 나가는 단원도 있다. 여러 연령층의 아동에게 여러 교과를 가르치는 데에 적합한 학습 에피소드를 어떻게 꾸밀 것인가 하는 문제에 대해서는 놀랍게도 연구가 부족한 실정이다. 이 방면에는 세밀히 연구해야 할 문제들이 허다하다. 그 중의 몇 가지를 살펴보면 다음과 같다.

우선, 외적인 보상과 내적인 보상 사이의 균형 문제가 있다. 학습에 있어서의 상벌(외적 보상)의 역할에 대해서는 종래 많이 언급되어 왔으나, 흥미와 호기심과 '발견의 희열'(내적 보상)에 관해서는 거의 언급된 바가 없다. 교사의 의도가 학생들로 하여금 점점 더 오래 동안 한 학습 에피소드에 몰두하는 일에 익숙해지도록 하는 데에 있다고 하면, 학습내용의 이해 그 자체에서 얻는 내적 보상이 교육과정의 세부적인 설계에 훨씬 더 강조되어야 할 것이다. 학생들로 하여금 어려운 학습단원을 학습해 나가도록 하는 방안이 여러 가지로 논의되었지만, 그 중에서도 가장 등한시된 것은 아동에게 그의 지력을 완벽하게 행사할 기회를 줌으로써, 그로 하여금 완벽하고 효과적인 지적 기능에서 즐거움을 발견할 수 있도록 하는 방안이다. 훌륭한 교사는 이 즐거움이 얼마나 강력하게 학생들의 학습의욕을 자극할 수 있는가를 알고 있다. 학생들은 어떤 문제에 완전히 몰두해 있을 때의 기분이 어떤 것인가를 알아야 한다. 오늘날 학교에서 학생들이 이러한 기분을 경험하는 경우는 거의 없다. 교실에서 이런 기분을 맛볼 수 있다면, 적어도 몇몇 학생은 이 기분을 자학자습에까지 이끌고 갈 것이다.

학습 에피소드의 세 가지 과정, 즉 사실을 아는 '획득'과정과 사실을 다루는 '변형'과정과 자기의 아이디어를 점검하는 '평가'과정을 각각 어느 정도로 강조해야 할 것인가 하는 데에 관하여 여러 가지 문제가 있다. 그 문제 중의 하나로서, 어린 아동에게 최소 필수의 사실을 먼저 제시하고 그 다음에 그로 하여금 거기서 가장 풍부한 시사를 뽑아내도록 하는 것이 이상적인 방법인가 하는 문제가 있다. 요컨대 어린 아동에게 제시하는 에피소드에는 새로운 지식을 될 수 있는 대로 적게 포함시키고 그 대신 그 지식을 스스로 활용하여 그것 이상으로 발전해 나가도록 하는 데에 더 강조를 두어야 하는가 하는 문제이다. 4학년 사회과를 맡은 한 교사는 이 방법으로 크게 성공을 거두었다. 그 교사는, 예를 들면 문명은 거의 대부분이 비옥한 강 연안에서 발생했다는 사실 하나만을 학생들에게 가르쳐 주고 학생들로 하여금 토의를 통하여 왜 그러한가, 어째서 문명은 산악지방에서 시작되기 어려운가를 알아내도록 하였다. 이것은 본질상 발견학습의 방법이며, 이 방법의 효과는 학생들이 스스로 지식을 만들어 내고 그 지식을 다시 원래의 지식에 비추어 점검 또는 평가하며, 그러는 동안에 새로운 지식을 더 얻게 된다는 데에 있다. 이것은 명백하게 일종의 학습 에피소드이며, 그것이 적용될 수 있는 범위는 확실히 제한되어 있을 것이다. 그 밖에 어떤 것들이 있으며 학습 주제에 따라 학습자의 연령에 따라 적당한 에피소드는 따로 있는 것인가? '학습하는 것은 무작정 학습하는 것'은 아닐진대, 종래의 연구문헌에는 학습 에피소드를 여러 가지로 달리해야 한다는 것이 거의 지적되어 있지 않다.

학습 에피소드의 가장 적당한 길이에 대해서는 몇 마디 상식적인 말을 할 수 있다. 아마도 이 문제는 앞으로 유용한 연구영역을 시사한다는 점에서 흥미가 있을 것이다. 예컨대 학생이 다음 에피소드를 배울 열의를 가지도록 하자면 에피소드의 길이가 길고 알찬 내용을 담고 있을수록, 학생이 거기서 받는 내적 보상(이해했다는 기쁨)도 그 만큼 커야 한다는 것은 상당히 명백하다. 극단적으로 말하여, 성적이 이해의 기쁨을 완전히 대치하고 있는 경우에, 학생들은 성적이 불필요하게 되는 순간, 즉 졸업과 동시에 학습을 그만두게 될 것이다.

또한, 교과의 구조를 더 잘 파악하고 있을수록, 학생은 그 만큼 길고 내용이 알찬 에피소드를 피로감 없이 학습할 수 있을 것이다. 사실상 한 에피소드에서 학생이 감당해야 하는 새로운 지식의 양은 곧 새로 배운 지식 중에서 학생이 이미 알고 있는 것에 관련지을 수 없는 동떨어진 지식의 양이다. 그리고, 우리가 앞에서 이미 살펴본 바와 같이, 이러한 동떨어진 지식을 얼마나 기억할 수 있는가 하는 데는 엄격한 한계가 있다. 어림짐작으로 말하면, 어른은 한 때에 일곱 가지 정도의 동떨어진 지식들을 다룰 수 있다고 한다. 어린이의 경우에는 몇 가지나 되는지, 한심스럽게도 우리는 아직 모른다.

아동을 위하여 학습 에피소드를 어떻게 꾸미는가 하는 문제에 관해서는 논의해야 할 세부 사항들이 많이 있지만, 앞에서 제시한 문제들을 보면 대강 어떤 것인가를 알 수 있을 것이다. 이 문제는 교육과정의 배열을 이해하는 데에 핵심적으로 중요한 문제인 만큼, 여기에 가장 중요한 연구영역이 있다는 것은 의심할 여지가 없다.

(3) 나선형 교육과정

만약 우리가 자라나는 아동의 사고방식을 존중한다고 하면, 또 만약 우리가 학습자료를 아동의 이론적 형식에 맞도록 세심하게 번역해 주면서, 동시에 아동으로 하여금 그 이상 나아가도록 자극한다고 하면, 우리는 그 아동이 나중에 커서 교육받은 사람이 되는 데에 필요한 아이디어나 사고방식을 조기에 가르쳐 줄 수 있다. 우리는 초등학교 교과의 선정기준으로서 그 교과가 가장 완벽한 수준으로 발전했을 때를 가상하여, 어른이 알아야 하는 것인가, 또는 아이 때에 그것을 배우면 보다 훌륭한 어른이 될 수 있는가 하는 질문을 제기할 수 있을 것이다. 이 두 가지 질문에 대한 대답이 애매하거나 부정적이면, 그 교과는 교육과정을 어지럽히는 소음에 불과하다.

만약 이 장의 첫머리에서 제시한 가설, 즉 '어떤 교과든지 지적으로 올바른 형식으로 표현하면 어떤 발달단계에 있는 어떤 아동에게도 효과적으로 가르칠 수 있다'는 가설이 옳다고 하면, 그것에서 논리적으로 따라나오는 것으로서, 교육과정은 사회의 구성원들이 끊임없이 관심을 가질 가치가 있는 중요한 문제점, 원리 및 가치를 중심으로 조직되어야 한다고 볼 수 있다. 문학과 과학의 경우를 예로 들어 생각해 보자. 예컨대, 만약 아동들에게 인간 비극의 의미와 그것에 대한 공명감(共鳴感)을 가르쳐 주는 것이 바람직하다고 하면, 되도록 어린 나이에 비극문학을 깊이있게 다루되 겁을 주지 않도록 가르칠 수 있지 않을까? 여기에는 여러 가지 방법이 있을 수 있다. 즉, 좋은 신화를 다시 이야기해 주는 것, 아동문학의 고전을 사용하는 것, 교육적으로 가치있는 영화를 보여주고 해석해 주는 것 등이다. 몇 살 때 꼭 어떤 자료를 쓸 것이며, 그 효과가 정확하게 무엇인가 하는 것은 여러 방면으로 연구되어야 할 문제이다. 먼저 우리는 아동이 비극을 어떻게 보고 있는가 하는 것을 알아볼 수 있을 것이다. 여기에는 피아제와 그의 동료들이 물리적 인과관계, 도덕성, 수 등등에 관한 아동의 사고를 연구한 것과 같은 방법이 사용될 수 있을 것이다.[24] 이런 것을 알고 난 뒤에야 비로소 우리는 아동이 학습자료를 어떻게 자기 자신의 말로 번역하는가를 알 수 있으며, 또한 아동이 알아듣는 말로 학습자료를 제시하려면 어떻게 해야 하는가를

24) 피아제의 연구방법의 가장 중요한 특색은 '임상적 관찰'이라는 데에 있다. 즉, 그는 아동에게 연구내용에 관한 문제를 제시하고 그 문제에 어떻게 반응하는가를 세밀히 기록하여 그 결과를 체계화하였다.

알 수 있게 된다.

그러나 그렇다고 해서 모든 연구결과가 나오기까지 기다릴 필요는 없다. 유능한 교사라면 먼저 여러 연령층에 직관적으로 적당하다고 생각되는 것을 실험적으로 가르치면서, 가르치는 동안 점점 그것을 수정해 나갈 수 있을 것이다. 때가 이르면 같은 종류의 문학으로서 점점 더 복잡한 작품을 가르치거나, 그 전에 다룬 작품을 그대로 다시 다룰 수 있다. 중요한 것은 나중의 수업이 그 전의 수업 위에 이루어져서 비극문학에 관한 학생의 이해가 점점 명백하고 성숙된 형태를 취하도록 하여야 한다는 것이다. 문학의 형식이나 주제에 관계없이(말하자면 비극이건 희극이건, 개성을 주제로 다룬 것이건 의리를 다룬 것이건 간에) 훌륭한 문학작품이라면 모두 이러한 방법으로 가르칠 수 있을 것이다.

과학에 있어서도 마찬가지이다. 만약 수, 측정, 확률 등에 대한 이해가 과학을 공부하는 데에 필수적으로 중요하다고 하면, 이런 주제는 아동의 사고방식에 알맞게, 되도록 지적으로 올바르게, 또 일찍부터 가르치기 시작하여야 할 것이다. 그리고 그런 주제는 고학년에 가서 몇 번이고 다시 전개되어야 한다. 그리하여, 만약 대부분의 학생들이 고등학교 1학년 때에 생물을 공부하게 되어 있다면, 그들은 그때 가서 생물에 관해서 아무 것도 모르는 상태에서 처음으로 생물공부를 할 필요가 있을까? 그 전에, 만약 필요하다면 최소 필수의 본격적인 실험실습을 통하여 생물학의 몇 가지 주요 개념들을 아마 정확성은 다소 모자란다 하더라도 훨씬 직관적으로 가르칠 수가 있지 않을까?

대다수의 교육과정은 적어도 그것이 계획될 당시에는, 이 장에서 논의한 것과 같은 원리에 입각하여 계획된다. 그러나 교육과정이 실행될 때, 또는 교육과정이 성장하고 변화함에 따라, 그것은 원래의 원리에서 점점 떨어져서 볼품사납게 전락해 버리는 경우가 많다. 실지로 운영되는 교육과정을 앞에서 언급한 바와 같은 구조상의 문제에 비추어 재음미해야 한다는 것은 결코 빗나간 주장이 아닐 것이다. 정확하게 어떤 형식으로 교육과정이 수정될 것인가 하는 것은 예측하기 어렵다. 실상 이 문제에 대하여 올바로 대답할 수 있기에는 너무나 연구가 미약하다. 우리가 제의할 수 있는 것은 다만 이 문제에 관련된 연구가 활발하게, 또 될 수 있는 대로 빨리 이루어져야 한다는 것이다.

4. 직관적 사고와 분석적 사고

앞에서 우리는 교과내용에 관한 직관적인[25] 이해가 중요하다는 것을 여러 번 지적하였다. 여기서 직관적으로 이해한다는 것은 교과내용을 명백히 형식을 갖춘 언어로 표현하여 이해하는 것이 아니라는 뜻이다. 학교 공부와 시험에서는 대개 명백한 형식으로 언어화하는 능력, 언어적인 또는 수학적인 공식을 재생하는 능력이 강조되어 있다. 아직 이렇다 할 연구결과가 없기 때문에, 이런 것을 강조한 결과가 나중의 직관적 이해에 방해가 되는가 아닌가는 확실히 알 수 없으며, 심지어 직관적 이해라는 것이 도대체 무엇인지조차도 분명하지 않다. 그러나 우리는 적어도 말 못 하는 천재와 말 잘 하는 바보를 구별할 수 있을 것이다. 말 못하는 천재라는 것은 지적 조작을 하는 과정이나 그 결과로 이끌어낸 결론으로 보면 교과를 깊이 파

25) 이 장에서는 '직관' 또는 '직관적 사고'라는 말을 어느 정도 정의하고 있으나 그 정확한 뜻은 파악하기 어렵다. 그러나 브루너가 여기서 쓰는 '직관'이라는 말이 우리가 흔히 쓰는 '직관'이라는 말과 다소간 구별될 필요가 있지 않을까 하는 느낌이 든다. 다음과 같은 경우를 생각해 보자. 어느 대학 입학시험에 x2+y2=13, x2-xy+y=1의 연립방정식을 푸는 문제가 나왔다. 한 수험생이 답안지에다 다음과 같은 답을 썼다. "푸는 방법은 모르겠습니다만은 이리저리 곰곰히 생각해 보니까 x=2, y=3이라는 답이 나오더군요. 답 x=2, y=3." 아닌게 아니라, 이것은 세 개의 답 중의 하나임에 틀림이 없다. 이것은 과연 '직관적 사고' 또는 '직관'의 결과로 볼 수 있을 것인가? 이하에서 브루너가 말하는 바와 같이, 직관적 사고는 해당 문제에 적합한 본격적인 분석적 사고에 의하여 반드시 점검되어야 한다고 하면, 이런 '주먹구구'와 '직관'은 구별되어야 하지 않을까? 수학적 방법에 완전히 통달한 대수학자의 직관과 예의 수험생의 직관이 다른 것처럼, 직관에도 질적으로 여러 층이 있지 않을까?

악하고 있는 것 같은 데도, '어떻게 되어서 그런지'에 관한 말은 잘 할 수 없는 학생을 말하며 이에 비하여 말 잘 하는 바보라는 것은, 표면상 말은 그럴듯하게 할 수 있으나 그 말이 담고 있는 아이디어를 '적용'할 수 없는 학생을 말한다. 이런 뜻에서, 직관적 사고의 성격을 아는 것은 교육과정의 구성과 실지 수업에 중요한 시사를 줄 수 있을 것이다.

수학자, 물리학자, 생물학자, 또 그 밖의 여러 학자들은 각각의 분야에서 직관적 사고의 중요성을 강조하고 있다. 예컨대 수학에서 직관은 두 가지 의미로 상당히 다른 뜻으로 쓰인다. 한편으로 직관적으로 사고한다는 것은, 한 문제로 오래 동안 씨름을 한 뒤에 갑자기 해결점에 도달하며, 그렇기는 해도 아직 형식적인 말로 그것을 증명할 수 없는 경우를 말한다. 또 한편으로, 수학자로서 우수한 직관을 가지고 있다는 말은 어떤 해답이 과연 옳은 해답인가, 또는 몇 가지 해법 중에서 어느 것이 가장 효과적인가를 재빨리 잘 추측해 낼 수 있다는 뜻이다.

직관적 사고의 효율성을 개발하는 것은 수학과 과학의 훌륭한 교사들이 공통으로 중요시하는 목적이다. 여러 번 지적된 바 이지만, 고등학교 평면기하를 가르치는 데에 있어서는 보통 지엽적인 방법과 형식적인 증명 등등이 지나치게 강조되고 있다. 따라서 앞으로는 기하에 대하여 우수한 직관적 느낌을 가지고 있는 학생들, 단순히 배워 얻은 증명방식을 기억하거나 그 타당성을 점검하는 기술 뿐만 아니라, 증명방법을 '발견'하는 기술을 가진 학생들을 길러내는 데에 많은 주의를 기울일 필요가 있다. 힐버트와 코온(Hilbert and Cohn)의 「기하와 상상력」(*Geometry and Imagination*)이라는 책에서 볼 수 있듯이, 기하의 실험에 도형을 어떻게 활용할 수 있는가 하는 문제에 관해서는 별로 연구한 바가 없다. 「기하와 상상력」에서는 가능한 경우에는 언제나 형식적인 증명 대신에 시각적인 증명을 쓰고 있다. 마찬가지로 물리학에서도, 오늘날 학교에서는 대개 뉴우톤의 역학을 연역적으로 (또는, 분석적으로) 가르치고 있으며, 적어도 물리학자들의 판단에 의하면, 직관적 이해를 개발하는 데는 거의 주의를 기울이지 않고 있다. 사실상 몇

몇 물리학자들은 학생들의 직관적 사고를 개선하는 것에 못지않게 교사들의 직관적 사고를 개선하는 것도 중요한 문제라고 말하였다.

그렇기는 해도, 우즈 호울 회의의 참석자 한 사람이 말했다시피, 직관이라는 것은 마치 '말은 타지 않고 경마만 잡히는'[26] 식으로 생각해서는 잘못이다. 직관적 사고를 잘 하는 사람은 날 때부터 무엇인가 특별한 것을 타고 나는지는 모르지만, 직관적 사고의 기초에는 반드시 그 사고내용에 관한 확실한 지식이 있어야 한다. 이 기초 지식이 없이는 직관적 사고가 그 기능을 발휘할 수 없는 것이다. 확실히 오늘날까지의 학습에 관한 실험결과를 보면, 학습내용을 직관적으로 잘 다루는 데는 그 내용을 완전히 통달하는 일이 절대적으로 중요하다는 것을 알 수 있다.

특히 물리와 수학 교육과정의 개선에 관심을 가진 사람들은 직관적 사고의 개발을 그 중요한 목표로 들고 있다. 다만 직관적 사고의 개발을 위한 수업방법을 고안해 내는 데에 어떤 종류의 심리학적 지식을 기초로 할 것인가 하는 것이 문제였다. 불행하게도 직관적 사고의 성격이나 그것에 영향을 주는 요소가 무엇인가에 대해서는 전혀 체계적인 지식이 없다. 그러므로 현시점에서 가장 적절하다고 생각되는 것은 이 방면에 관하여 어떤 종류의 연구가 필요한가를 알아보는 일이다. 그러한 연구가 조금만 이루어진다 하더라도 특정한 과목, 또는 보다 넓게 교육과정 전반의 개선에 관심을 가진 사람들은 거기서 유용한 시사를 얻을 수 있을 것이다. 그러면 우리가 대답해야 할 질문에는 구체적으로 어떤 것들이 있는가?

직관적 사고의 성격에 관한 질문은 두 가지 문제로 나누어 생각할 수 있을 것이다. 즉, 직관적 사고란 무엇인가 하는 문제와 직관적 사고에 영향을 주는 요소는 무엇인가 하는 문제이다.

---

26) 달리 적당한 번역이 생각나지 않아 '말 타면 경마 잡히고 싶다'라는 속담을 따라 이렇게 표현하고 말았다. 원문은 'all à la mode and no pie'인 바, pie à la mode라는 일종의 pie(파이)에서, 전부 à la mode(pie를 수식하는 말)이고 pie는 하나도 없다는 뜻이다. 이 말의 뜻은 다음 문장에서 자명해 진다(p.338의 역주25 참조).

분석적 사고와 직관적 사고를 대비시키면, 우리는 직관적 사고보다 분석적 사고에 관하여 훨씬 더 자세하게 알고 있다. 분석적 사고는 대개의 경우에 한 때에 한 단계씩 진전된다. 분석적 사고의 단계는 명백히 드러나는 단계이며, 목하 사고를 하는 사람은 그 단계를 제삼자에게 충분히 기술할 수 있다. 분석적 사고를 하는 사람은 자기가 어떤 내용의 지식을 다루며 어떤 방법으로 그 지식을 다루는가를 비교적 명백히 알고 있다. 분석적 사고는 흔히 수학이나 논리, 명백한 접근계획 등을 동원하는 면밀한 연속적 추리일 수도 있고, 연구설계와 통계분석의 원리를 이용하여 한 단계씩 나아가는 귀납과 실험의 과정일 수도 있다.

이러한 분석적 사고에 비하여 직관적 사고는 보통 면밀하고 명백히 계획된 단계를 따라 전개되는 것이 아니라, 전체 문제사태의 포괄적인 지각을 기초로 하여 전개된다. 직관적 사고를 하는 사람은 어떤 과정을 거쳐서 그렇게 했는지 모르게 문제를 해결한다. 이때 얻은 대답이 올바른 것인가 잘못된 것인가 하는 것은 나중의 문제이다. 어쨌든 그 사람은 자기가 어떻게 그 대답을 얻었는지 잘 설명할 수 없고, 심지어 문제사태의 어느 측면을 보았는지조차 모를 경우도 있다. 대개의 경우에 직관적 사고는 그 분야의 지식, 또는 이때까지 우리가 써 오던 말로, 지식의 구조를 기초로 가능하다. 이 구조야말로 사고의 도약 – 즉, 사고에서 거쳐야 할 단계들을 뛰어넘고 지름길로 질러가는 것 – 을 가능하게 한다. 그리고 이때 얻은 결론은 나중에 분석적 사고(연역 또는 귀납)에 의하여 다시 점검되어야 한다.

우리는 직관적 사고와 분석적 사고가 서로 상부상조한다는 것을 인식할 필요가 있다. 직관적 사고를 통하여 사람들은 흔히 분석적 사고로서는 도저히 해결할 수 없는 문제, 또는 해결한다고 해도 아주 시간이 오래 걸려야 해결할 수 있는 문제를 해결할 수 있다. 이렇게 직관적 방법으로 얻은 해답은 하나의 가설로서 존중되어야 하기는 하지만, 만약 가능하면, 분석적 방법으로 다시 점검되어야 한다. 사실상 직관적인 방법으로 사고를 하는 사람은 분석적인 방법으로 사고를 하는 사람의 힘으로서는 불가능한 일, 즉

'문제를 발명하고 발견하는 일'을 할 수 있다. 그러나 이렇게 발명되고 발견된 문제에 알맞은 형식을 부여하는 것은 분석적 사고를 하는 사람들의 일이다. 불행하게도 학교의 학습은 형식을 갖춘 내용을 다룬다는 사실 때문에 직관의 중요성이 과소평가되는 결과를 초래하였다. 지난 몇 년 동안, 특히 수학과 과학의 교육과정을 설계한 사람들은 초등학교 저학년 때부터 학생들의 직관능력을 길러 주려면 어떻게 해야 하는가에 관하여 많은 연구가 필요하다는 것을 절감하였다. 그도 그럴 것이, 우리가 앞에서 보는 바와 같이, 학생들에게 전통적인 연역법과 증명법을 가르치기에 앞서 가장 급선무가 학생들에게 교육내용을 직관적으로 이해하도록 가르치는 일인 것이다.

그러면 직관적 사고의 성격은 무엇인가? 명백한 것으로서, 어떤 특정한 문제해결 과정을 직관적 사고라고 이름 붙이기는 쉬운 일이 아니며, 실상 직관적 능력이라는 것이 이런 것이라고 규정하기도 쉬운 일이 아니다. 현 단계로 보면, 바깥에 드러나는 행동으로 직관을 정확하게 정의할 수는 없다. 그렇기는 해도 우리는 직관적 사고라는 말이 명백하고 정확하게 정의될 때까지, 또 직관적 사고가 일어날 때 그것을 알아보는 정확한 방법이 확립될 때까지 직관에 관한 연구를 지연시켜서는 안될 것이다. 이런 것은 연구의 궁극적인 목적이며 그 출발점이 아니다. 첫 출발로서는 '과연 한 문제해결 과정이 비교적 직관적인가 아닌가를 알 수 있는가' 하는 질문만으로 충분할 것이다. 또 하나의 방법으로서는 어떤 사람이 즐겨 쓰는 스타일 또는 사고방식이 전체적으로 분석적(또는, 귀납적)인 것인가 아니면 직관적인 것인가를 분간할 수 있는가, 그리고 문제의 성격상 분석적 사고방식으로 더 잘 해결할 수 있는 문제와 직관적 사고방식으로 더 잘 해결할 수 있는 문제를 분간할 수 있는가 하는 질문을 할 수 있을 것이다. 어쨌든 직관적 사고방식과 분석적 사고방식을 효과적 또는 비효과적이라는 것과 혼동하여 그 중의 어느 하나가 효과적이고 다른 것은 비효과적이라고 생각해서는 안된다. 직관적 사고와 분석적 사고는 모두 효과적일 수도 있고 비효과적일 수도 있는 것이다. 뿐만 아니라, 직관적 사고방식과 분석적 사고방식을 그 결과가 신기한 것인가 평범한 것인가로 구분해서는 안된다. 그 결과가 어떤가 하는 것은 중요한 점이 아니기 때문이다.

직관의 정의를 웹스터 사전에서 찾아보면, 직관은 '직접적 이해나 인지'로 되어 있다. 여기서 '직관적'이라는 말은 '간접적으로 매개된' 것이 아니라는 뜻이며, 결국 직관적 사고라는 것은 '분석이나 증명의 형식적인 방법으로 매개되지 않은' 이해와 인지를 의미한다. 말하자면 직관적 사고는 분석적인 지적 과정에 특별히 의존함이 없이 어떤 문제사태의 의미나 의의 또는 구조를 파악하는 행위를 뜻한다. 직관의 내용이 궁극적으로 옳은가 그른가는 다시 직관으로 결정되는 것이 아니라 보통의 증명방법으로 결정된다. 그러나 아이디어를 여러 가지로 결합하여, 아직 그 타당성이 확인되지 않은 가설을 재빨리 생각해 내는 것은 직관적 사고이다. 결국, 직관적 사고는 지식체계의 잠정적인 질서를 발견해 내며, 그렇게 발견한 질서는 자명한 것으로 보일지 모르나, 그것은 우리에게 무엇보다 세계 실재를 검증해 나가는 기초 역할을 한다.

말할 것도 없이, 직관적 도약은 그 결과가 어떤 것인가에 따라 '좋은' 것일 수도 있고 '나쁜' 것일 수도 있다. 어떤 사람들은 좋은 직관을 가지고 있고 또 어떤 사람들은 직관을 행사하지 말아야 한다. 직관적 사고를 잘 하는 사람들의 비결이 무엇인가 하는 것은 현재까지 알려져 있지 않지만 앞으로 좋은 연구거리이다. 또한 단계가 명백히 드러난 분석적 사고방법에서 단계가 명백히 드러나지 않고 거의 자동적으로 사용될 수 있는 직관적 사고방법으로 넘어가는 과정이 어떤 것인가 하는 것도 억측이 구구한 문제이다. 다만, 한 방면의 경험과 지식이 직관적 사고에 도움이 된다는 것은 의심할 여지가 없다. 그러나 이런 것이 도움이 되는 것도 몇몇 사람에 국한되어 있으며, 누구나 경험과 지식이 있다고 해서 올바른 직관적 사고를 할 수 있는 것은 아니다. 지식의 최전선을 처음으로 탐구하는 대학원 학생들을 가르쳐 본 사람이면 누구나 왜 그렇게 생각하는지도 모르는 채 즉각적으로 그 학생들이 가지고 있는 아이디어가 훌륭하다든가, 도저히 희망이 없다든가,

그저 그렇다고 생각한 경험이 있을 것이다. 때로 그러한 생각이 옳은 경우도 있고 때로는 과거의 경험을 지나치게 믿은 결과로 실수를 범하는 경우도 있다. 어느 경우에 있어서나 그 직관적 판단이 옳았다든가 무모했다든가 하는 것으로 판명되기에는 몇 주일, 아니 몇 달이 걸릴지도 모른다. 버팔로 대학에는 미국 현대의 일류급 시인들이 쓴 시의 초고가 차례로 수집되어 있다. 이 초고를 자세히 검토해 보면, 우리는 놀랍게도 시인이 퇴고를 잘 하였다는 것을 즉각적으로 느끼게 된다. 그러나 어떤 점에서 퇴고가 잘 되었는가 하는 것은 흔히 꼭집어서 말하기가 어렵거나 완전히 불가능하다. 이것은 독자에게 있어서나 시인 자기에게 있어서나 마찬가지이다.

확실히 직관적 사고의 특징을 밝히고 그 능력을 측정하는 데는 방법과 도구가 필요하며, 그런 도구를 개발하는 연구가 활발히 이루어져야 한다. 현 단계로 보면, 이 방면의 연구방법이 어떤 것이 될지 예측할 수 없다. 예컨대 학생으로 하여금 문제를 해결하도록 하면서 자기의 문제해결 과정이나 자기가 탐색하고 있는 여러 가지 가능성, 또는 목하 쓰고 있는 방법이 직관적 도약인가, 단계적 분석인가, 아니면 경험적 귀납인가를 말로 표현하도록 할 것인가? 또는 소규모의 실험이 더 적합할 것인가? 필답검사로 직관적 사고능력을 측정할 수 있을 것인가? 이러한 방법은 모두 시행해 볼 가치가 있다고 본다.

직관적 사고에 영향을 주는 변인은 무엇인가? 확실히 직관적 사고에 개인차가 생기게 된 데는 무슨 요인이 있을 것이다. 뿐만 아니라, 한 사람이 어떤 분야에는 직관적 사고능력이 있으면서 다른 분야에는 직관적 사고능력이 없는 데도 무슨 요인이 있을 것이다. 이런 요인이 무엇인가에 대하여 우리는 추측을 해 볼 수 있을 따름이다. 학생들의 직관적 사고는 교사가 직관적으로 사고할 때 더 개발될 가능성이 있는가? 아마 단순한 모방 때문에 그렇게 될 가능성이 있고 아니면 좀 더 복잡한 동일시 과정 때문인지도 모른다. 만약 학생들 편에서 교사나 다른 어른이 직관적 사고방법을 효과적으로 사용하는 것을 한 번도 본 일이 없다면, 학생들이 직관적 사고방법을 개발하고 그 능력에 자신감을 가지게 될 가능성은 극히 희박하다. 교실에서 학생들이 묻는 질문에 대하여 기꺼이 추측을 제시할 수 있고 나중에 비판적인 분석을 통하여 그 추측을 기꺼이 점검할 수 있는 교사는 미리 모든 것을 분석하여 학생들에게 가르쳐 주는 교사보다 학생들에게 직관적 사고의 습성을 훨씬 잘 길러 줄 수 있다. 어떤 특정한 분야에서 다양한 경험을 가지도록 하면 그 분야에서의 직관적 사고능력이 높아지는가? 한 분야에 관하여 광범한 지식을 갖추고 있는 사람들은 보다 쉽게 의사결정이나 문제해결에 직관적으로 도약하며, 나중에 그 결과 또한 올바른 것으로 판명될 가능성이 크다. 의학에서 예를 들면 내과 전문의는 환자를 처음 만나 몇 마디 물어 보고 간단히 진찰한 뒤에 정확한 진단을 내릴 수 있다. 물론 이 방법은 큰 잘못을 저지를 위험이 있으며 이 잘못은 젊은 수련의의 진단처럼 세밀한 단계별 분석에서 저지르는 잘못보다 더 클 가능성이 있다. 아마 이러한 경우에 직관이라는 것은 곧 몇 가지 소수의 단서를 써서 유의한 결론을 내리는 것이라고 볼 수 있다. 그리고 이렇게 할 수 있는 것은 그 사람이 구조상으로 보아 어떤 것들이 서로 관련되어 있는가를 이미 알고 있기 때문이다. 다시, 이것은 '임상적(직관적)인' 예측이 '연구적(분석적)인' 예측보다 더 좋다든가 나쁘다는 뜻이 아니다. 두 가지는 서로 다르며 모두 유용하다는 뜻이다.

이와 관련하여, 우리는 학생들을 가르칠 때 지식의 구조 또는 상호관련성을 강조함으로써 직관적 사고를 촉진할 수 있는가 하는 문제를 제기할 수 있다. 수학교육의 개선에 관심을 가진 사람들은 흔히 학생에게 수학의 구조나 질서를 이해시키는 일이 대단히 중요하다는 것을 강조하고 있다. 물리교육의 경우도 마찬가지이다. 구조를 강조하는 이면에는 아마도 그러한 구조를 이해하면, 여러 가지 다른 이점도 있겠지만, 또한 문제를 직관적으로 다루는 능력도 더 커진다는 믿음이 들어있을 것이다.

여러 가지 소위 '발견적인'(heuristic) 사고방법을 가르치는 것은 직관적 사고에 어떤 영향을 미치는가? 앞에서 말한 바와 같이, 발견법이라는 것은 본질상 그다지 엄밀하지 않은 방법으로 문제를 해결하는 방법을 말한다. 여기에 비하여 '산술법'(algorithm)이라는 것은 주어진 단계를 정확히 밟으면 틀림없이 해결(도대체 그 문제가 해결될 수 있는 것이라면)에 도달할 수 있다는 것을 보장하는 그러한 문제 해결방법이다. 산술법의 해결방법이 알려져 있지 않은 경우에 우리는 발견법을 쓸 수 있다. 이것이 발견법의 한 가지 이점이다. 뿐만 아니라, 산술법이 알려져 있는 경우에도 발견법은 흔히 훨씬 빠른 해결방법이 된다. 학생들에게 발견법을 가르치면 직관적 사고를 촉진할 수 있을 것인가? 학생들에게 직관적 사고방법을 다음과 같이 구체적으로 가르칠 것인가? 즉, '문제를 어떻게 해결해야 할지 모르겠거든 그 문제와 비슷한 것으로 좀 더 간단한 문제를 생각해 내도록 하라. 그리고 이 간단한 문제를 해결하는 방법을 강구하라.' 아니면, 학생들에게 이와 같이 말로 표현하지 않고 은연 중에 그러한 방법을 배울 수 있도록 해 줄 것인가? 물론 옛날 속담에도 있듯이, '누에가 기는 방법을 말로 해 보려고 한즉 기지 못하더라'는 격이 될 수도 있다. 직관적 도약을 하자면 이렇게 하여야 한다는 식으로, 발견법의 규칙을 지나치게 염두에 두면 학생들은 곧 직관적 사고를 분석적 사고로 만들어 버릴 가능성이 있다. 그 반면, 일반적인 발견법의 규칙들 – 예컨대 비유를 쓴다든지, 대칭되는 것을 생각해 본다든지, 제한 조건을 조사한다든지, 해답을 미리 머리 속에 그려 본다든지 하는 것들 – 을 자주 사용하면 직관적 사고를 하는 데에 도움이 되리라는 것은 거의 의심할 여지가 없다.

학생들에게 짐작을 해 보도록 권장하고 또 그렇게 함으로써 궁극적으로 날카로운 추측을 할 줄 알도록 해 주어야 하는가? 아마 경우에 따라서는 짐작을 해보는 것이 바람직한 경우도 있을 것이다. 또 그 결과가 상당한 정도로 직관적 사고의 발달을 촉진하는 경우도 있을 것이다. 나아가서 추측의 종류에 따라서는 조심스럽게 반드시 개발되어야 할 추측도 있을 것이다. 그러나 오늘날 대부분의 학교에서 추측은 좌우간 게으른 것과 연관이 되어 엄하게 금지되고 있다. 물론 교육을 할 때 학생들에게 오직 '추측만' 하도록 할 사람은 아무도 없을 것이다. 추측 뒤에는 반드시 응분의 검증과 확인이 뒤따라야 하기 때문이다. 그러나 그 반면에 추측을 너무나 엄격하게 금지한다면 그 결과는 종류 여하를 불문하고 모든 종류의 사고를 저지할 우려가 있으며 경우에 따라 사고의 도약을 허용하지 않고 내내 같은 자리에서 맴돌게 할 우려가 있다. 학생들이 즉각적으로 정답을 할 수 없을 바에야 멍하게 앉아 있는 것보다는 추측이라도 하는 것이 낫지 않을까? 학생들에게 추측이 어느 정도로 타당한 것인가를 알도록 약간의 훈련이 필요함은 말할 필요도 없다. 우리는 과학에서나 일상생활에서나 할 것 없이, 불완전한 지식을 기초로 행동해야 할 경우가 너무나 많다. 우리는 어차피 추측을 하게끔 되어 있는 것이다. 통계에 입각한 의사결정이론에 의하면, 불충분한 자료에 기초를 둔 행동은 성공확률과 대가를 동시에 고려하지 않으면 안된다고 한다. 이렇게 보면, 아마 우리는 학생들에게 추측할 때의 대가가 너무 높은 경우와 추측하지 않을 때의 대가가 너무 높을 경우를 분간할 수 있도록 가르쳐야 할 것이다.

현재 우리는 추측할 때의 대가가 높은 경우는 잘 가르치고 있으나 추측하지 않을 때의 대가가 높을 경우는 잘 가르치고 있지 않다. 학생들에게 근거있는 추측을 하도록 연습시킬 뿐만 아니라, 다른 사람이 내어 놓은 추측 중에서 그럴듯한 것과 그럴듯하지 않은 것을 분간할 수 있도록, 다시 말하여 그 추측이 적어도 방향은 올바르다든가, 틀릴 확률보다는 맞을 확률이 더 크다든가 하는 것을 알도록 연습시켜야 할 것인가? 우리가 느끼는 바로서는 궁극적인 진리에서 완전한 침묵에 이르는 중간 어디엔가에 여러 가지 선택 가능성이 있다는 것을 아는 학생은 진리 아니면 침묵이라고 생각하는 학생보다 모든 사고에 상당한 이점을 가지고 있는 셈이다. 그러나 우리는 자신감에는 두 가지 종류가 있다는 것을 잊어버리지 말아야 한다. 하나는 원래 사람됨(퍼스낼리티)에서 오는 자신감이요, 또 하나는 그 방면에 지식을 가지고 있을 때 생기는 자신감이다. 만약 교육자로서 우리가 지식에서 오는 자신감은 길러주지 않고 사람됨에서 오는 자신감만 길러 주었다고 하면, 우리는 아무 것도 특별히 해 놓은 것이 없다. 교육의 목적은 자신만만한 바보를 만들어 내는 데에 있지는 않을 것이다.

그렇기는 해도 학생의 자신감과 용기가 사고를 북돋우리라는 것은 충분히 있을 수 있다. 직관적으로 사고하는 사람은 때로 올바른 해답을 얻을 수도 있지만, 때로 나중에 자기 자신이나 다른 사람이 점검해 본 결과 그 해답이 그릇된 것으로 판명될 수도 있다. 그러므로 직관적 사고를 하는 데는 문제해결 과정에서 '정직한' 잘못을 저지를 용의가 있어야 한다. 용기와 자신감이 없는 사람은 기꺼이 이런 모험을 감행하려고 하지 않을 것이다.

기업체들을 관찰한 결과에 의하면, 의사를 결정해야 하는 사태가 새롭고 중요한 사태일수록 사람들은 더 분석적인 방법으로 사고한다는 것을 알 수 있다. 이와 마찬가지로 만약 학생들이 그릇된 대답을 하면 너무나 심각한 결과가 생긴다고 생각하고, 또 올바로 맞추었다고 해서 결과가 별로 대단하지 않다고 생각하면, 학생들은 차라리 적합하지 않은 방법일망정 분석적 사고방식 속에 웅크려 얼어붙게 된다. 이 점에서 볼 때, 오늘날 학교에서 학생들이 알고 있는 대로의 상벌체제는 실지로 학생들의 직관적 사고를 금지하는 것이 아닌가 하는 의구심이 생긴다. 학교의 성적은 보통 사실적 지식의 획득을 강조하고 있다. 이것은 주로 사실적 지식이 평가하기가 가장 쉽기 때문이다. 뿐만 아니라, 학교의 성적은 정답을 강조하고 있다. 그도 그럴 것이, 교사가 '정답'이라고 매길 수 있는 것은 단도직입적인 시험문제에서의 소위 '정답'밖에 없는 것이다. 만약 성적을 다른 방법으로 매긴다면 학생들의 직관적 사고능력이 어떻게 달라질 것인가 하는 문제에 관하여 얼마간 연구를 할 필요가 있을 것이다.

마지막으로, 직관적 사고가 특히 효과적인 경우는 어떤 경우인가를 생각해 보자. 그 과목을 통달하는 데에 직관적 사고(및 나중의 검증)가 가장 도움이 되는 과목은 어느 과목인가? 또한 대부분의 문제해결에 있어서는 직관적 사고방법과 다른 방법을 동시에 사용하는 것이 가장 좋을 것이므로, 이런 두 가지 방법을 동일한 코오스에서 동일한 교수방법으로 개발할 수 있는가를 알아볼 필요도 있을 것이다. 그렇다면 우리는 여러 과목에 걸쳐 직관이 효과적으로 작용하는 방법을 조사해 보아야 할 것이다. 직관에 관한 논의가 가장 표면화되는 분야는 수학이나 물리와 같이 연역과 귀납의 형식적인 절차가 가장 고도로 발달한 분야이다. 수학자나 물리학자들이 '직관'이라는 말을 즐겨 쓰는 것은 곧 이들이 그 학문의 조직력과 엄밀성에 대하여 자신을 가지고 있다는 것을 나타낸다. 그러나 다른 학문에서도 직관은 그 만큼, 또는 그 이상으로 중요시되고 있다. 한 가지만 예를 들면, 역사가들은 역사적 사실 중에서 무엇이 중요한가를 선택해야 하는 만큼, 역사를 공부하는 데는 직관적 방법이 대단히 중요하다. 역사가들은 한 시대 동안에 일어난 일을 모두 알아내거나 기록하려고 하지 않고, 역사적인 예측에 유의한 사실들, 다시 말하여 그 사실들을 결합했을 때 그 밖에 다른 어떤 일이 일어났는가를 올바르게 추측할 수 있는 그러한 사실들만을 알아내고자 한다. 여러 학문 분야에서 직관적 사고가 어떤 역할을 하는가 하는 것은 매우 유용한 연구라고 생각한다.

우리는 앞에서 잠깐 시인이나 평론가에게 직관적 자신감이 중요하다는 것을 언급하였다. 시상을 선택하거나 비평을 형성하는 것은 근본적으로 취향에 관한 문제이며 여기에는 구체적이고 객관적인 기준이 없는 것이다. 교사나 교과서나 교육영화가 학생들에게 이런 취향을 자신있게 선택할 용기를 길러주기 위하여 특별한 배려를 하기는 어렵다. 모르기는 해도 취향에 있어서의 용기는 심금을 울리는 것, 아름다운 것, 천박한 것이 무엇인가에 관한 자기의 직관에 자신을 가지고 있을 때 생긴다. 미국과 같이 매스 미디어(대량 전달)를 통하여 취향을 획일화하려는 압력이 그토록 심하고 개인 특유의 양식이 그토록 공포의 대상이 되고, 심지어 양식이라는 말조차 가 백안시되는 문화권일수록 문학과 예술의 영역에서 직관의 자신감을 길러주는 일이 더욱 중요하게 된다. 그러나 교육에 관한 책에서는 이 분야의 연구가 거의 공백상태임을 볼 수 있다.

'직관적'이라는 평판을 받는 과학자에게 다른 과학자들이 극찬을 아끼지 않는 것은 과학에서 직관이 귀중한 재산이요, 또한 우리가 학생들에게 길러주어야 할 능력임을 보여주는 증거이다. 예술과 사회과학에서도 직관은 여전히 중요한 것이다. 그러나 이러한 재질을 기르는 데에 있어서의 교육학의 문제는 복잡하고도 어려우며, 이것은 교육의 문제를 연구하고자 할 때 결코 등한시할 수 없는 문제이다. 우선, 앞에서 말한 바와 같이, 직관적 사고방법은 흔히 그릇된 대답을 낼 가능성이 있다. 직관의 결과로 나온 오류(즉, 그릇되기는 하나 재미있는 도약)와 단순히 무지나 어리석음에서 나온 오류를 올바로 분간하는 데에는 교사의 감수성이 요구된다. 그리고 교사는 직관이 있는 학생에게 승인과 교정을 동시에 베풀 줄 알아야 한다. 쉽게 교과서에 주어진 내용 이상으로 발전할 수 있을 만큼 자기의 담당 과목에 관하여 철저한 지식을 가지라고 하는 것은 보통의 고등학교 교사에게는 다소 무리한 요구일지도 모른다. 아닌게 아니라, 더러는 학생이 교사보다도 더 지적으로 우수할 뿐만 아니라, 지식도 많은 경우가 틀림없이 있을 것이다. 이 경우에 학생은 자기가 말로 설명할 수 없는 직관적 문제해결 방법, 그리고 교사가 이해할 수 없음은 물론, 학생이 한 대로 따라 할 수도 없는 희귀한 문제해결 방법을 찾아낸다. 교사가 그러한 학생을 제대로 평가하여 상이나 벌을 준다는 것은 도저히 불가능하다. 십중팔구 그러한 학생의 노력은 무시되며, 이 '보상받지 못하는 노력'으로 말미암아 희생을 당하는 것은 바로 재능이 뛰어난 학생들이다. 그러므로 직관적 사고능력을 개발하고 측정하는 방법을 고안해 내는 일과 동시에 학급 경영상의 문제, 학생들의 그러한 재능을 권장하는 데에 교사의 능력에 한계가 있다는 데서 생기는 문제에 관하여 다소간 실제적인 고려가 병행되어야 할 것이다. 여기에 관한 연구 또한 적극적으로 지원되어야 할 연구이다.

이런 실제적인 난점이 있다고 해서 심리학자나 교사들이 이 문제를 아예 포기할 것은 아니다. 일단 이 장에서 제기된 여러 가지 문제에 관하여 해답을 얻는다면 그러한 난점을 극복하기 위한 방안이 무엇인가를 훨씬 더 잘 알 수 있게 될 것이다.

5. 학습동기

현재 교육과정의 구성을 개선하려면 어떻게 해야 할 것인가를 알아볼 때, 우리는 불가피하게 학습동기의 성격이 무엇인가, 또 학생들을 교육함으로써 우리가 달성하고자 하는 목표가 무엇인가를 논의하지 않으면 안된다. 실상 이것은 거창한 문제이므로 여기서는 간단하게 고찰할 수밖에 없다. 그러나 교육과정 구성에 관계되는 몇 가지 문제점은 특히 엄밀히 검토해 볼 필요가 있다.

교육과정 계획에서 교육목표를 논의하는 데에 있어서는 우리가 달성하고자 하는 장기적이고 궁극적인 목표와 그 궁극적 목표를 향하여 나아가는 데에 거쳐야 할 단기적인 단계를 구별할 필요가 있다. 실제적인 사고방식을 가진 사람들은 십중팔구 궁극적인 목표를 제시하는 것은 그것만으로는 별로 의미가 없으며, 오직 그 궁극적 목표를 달성하는 단기적인 방법이 동시에 제시되어야 한다고 말할 것이다. 보다 이상주의적인 생각을 하는 사람들은 즉각 이 말에 반대하면서 단기적인 교육목표만을 생각하다가는 우리가 어디로 가고 있는지를 알 수 없게 된다고 한다. 우리는 중간노선을 택하는 것이 좋을 것이다. 한편으로 교육의 궁극적인 목표를 명확히 하는 것은 좋은 일이지만, 또 한편으로 그 목적으로 나아가는 보다 단기적인 목적의 달성과정에서 우리는 궁극적 목적을 부단히 재발견하게 된다. 근래 학교 교육과정을 개선하려고 하는 동안에 우리는 바로 이와 비슷한 현상을 경험하게 되었다.

과거 10년간 교육과정의 개선을 위한 노력은 원래 순전히 물리나 수학, 또는 그 밖의 다른 교과를 더 잘 가르치려는 의도에서 출발하였다. 즉, 최초에 아주 유능한 일군의 물리학자들이 이 노력을 시작하게 된 것은 물리학자들이 알고 있는 물리와 학교에서 가르치고 있는 물리 사이에 엄청난 간극이 있다는 느낌 때문이었다. 그리고 이 간극은 과학의 혁명적인 발전과 국가안보의 위기 때문에 특히 중요시되지 않으면 안되었다. 그러나 차차 이 노력의 범위가 확대되고 다른 학문의 학자들도 여기에 가담함에 따라 보다 폭넓은 목표가 드러나기 시작하였다. 즉, 교육의 목표와 내용과 방법에 관한 전반적인 재검사가 그것이다. 확실히 오늘날 미국 교육에서는 '수월의 추구'라는 것이 새롭게 강조되고 있는 것 같다. '수월의 추구'에는 여러 가지 의미가 포함되어 있지만 그 중의 적어도 몇 가지는 교육에서 무엇을 가르칠 것인가, 어떻게 가르칠 것인가, 또 학생들의 흥미를 어떻게 일으킬 것인가 하는 문제와 관련을 맺고 있다.

'수월의 추구'가 재능이 뛰어난 학생에게만 국한된 것이 아니라는 것은 앞에서도 이미 말한 바 있다. 그러나 교육에서 평균 수준의 학생들을 겨냥하여 모든 학생들에게 골고루 조금씩 가르친다는 것도 마찬가지로 좋은 방안이 아니다. 우리가 보기에 문제는 우수한 학생들을 자극하면서, 동시에 우수하지 못한 학생들의 자신감과 학구열을 손상하지 않는 학습자료를 고안해 내는 일이다. 이것이 어려운 일이라는 것은 잘 알고 있지만, 우리가 수월을 추구하면서 동시에 재능의 다양성을 존중하려고 하면 그 밖에 다른 방도가 없다. 이 목적에 적합한 교육과정을 준비하고 교사를 훈련하고 가능한 모든 교구를 사용하는 것이 중요하다는 데에 대해서는 이미 많이 언급하였다. 이런 것은 모두 '수월'을 달성하는 데에 필요한 단계들이다. 또 하나의 중요한 단계로서 학습동기에 관한 문제가 있다.

아놀드 베네트(Arnold Bennett)의 말을 빌면, 불란서 사람들은 소녀를 버리고 여자를 살리며 영국 사람들은 여자를 버리고 소녀를 살린다고 한다. 미국 사람들은 어떻게 하고 있는가? 미국의 고등학교에서는 소위 '동료집단의 문화'가 강조되는 나머지 어른들이 중요시하는 몇 가지 교육목표가 전연 도외시되고 있다고 한다. 과연 그러한가는 논의의 여지가 있지만, 문제는 결코 사소한 것이 아니다. 이것은 제임스 코울만(James Coleman)과 데이비드 리즈만(David Riesman) 등, 미국 중등교육의 사회적 측면을 연구한 사람들이 이미 지적한 바이다.[27] 미국의 청소년들 사이에 '사회생활'과 '사교성'이 얼마나 중요한 역할을 하는가는 광고의 상당한 부분이 청소년층을 대상으로 하고 있다는 것을 보아도 알 수 있다. 미국의 고등학교 학생에 관한 연구결과는 특히 학생들이 동료들 사이의 '인기'를 '학업성적'보다 더 중요시하고 있다는 것을 보여주고 있다. 그러나 1960년 하바드 대학의 프랭클린 포드(Franklin Ford) 교수를 단장으로 한 하바드 대학 교수단의 '입학생 선발방법에 관한 연구보고서'(Report on Admission Policy)에 의하면, 하바드 대학의 학생들 중에는 미국 동부연안에 있는 좋은 대학 입학준비학교(사립) 출신의 학생들보다 공립학교 출신들이 우등생을 더 많이 배출하고 있다고 한다. 하바드 대학의 학생들은 모두 고등학교에서 여러 모로 뛰어난 학생들이라고 보아 틀림이 없을 것이지만, 그렇다 하더라도 위의 연구결과는 분명히 미국의 고등학교가 적어도 학생들을 장차 아무 쓸모없이 만들어 버리지는 않는다는 것을 보여주고 있다.

그러면 오늘날 사태가 몇몇 사람들이 주장하는 만큼 비관적인 것도 아니요, 또 몇몇 사람들이 희망하는 만큼 낙관적인 것도 아니라고 하면, 우리는 학교에서의 학습동기에 관하여 어떻게 말할 수 있는가? 교육과정의 단위, 성적과 진급, 기계적인 시험 등등을 강조하는 교육은 학교 학습의 연속성이나 깊이에 어떤 결과를 초래하는가?

학교 공부에 대한 전적인 무관심과 지나친 광분 사이 어딘가에 학습활동에 이상적인 최적 동기 수준이 있을 것이다. 그 최적 수준이라는 것은 어느 수준을 말하는가? 경쟁사태에서 빚어지는 광적인 공부는 성찰한다든가

---

27) 코울만의 연구는 바로 다음에 지적한 바, 미국 고등학교 학생들이 동료 학생들을 평가하는 가장 중요한 기준은 '인기'나 '운동선수'이며 '학업성적'은 중요한 기능이 아니라는 것이다. Coleman, J. S.(1961), *The Adolescent Society*, N. T.: Free Press. 또한 리즈만 등은 미국인의 전반적인 성격이 '타인 지향형'이며 '내적 지향형'이 아니라고 주장하였다. Riesman, D., Glazer, N., & Denny, R.(1960), *The Lonely Crowd: A Study of the Changing American Character*, Yale University Press, 유익형 · 김용권 · 이만갑(공역)(1964), 고독한 군중, 서울: 을유문화사.

평가한다든가 일반화할 틈을 주지 않으며, 그 반면 지나치게 질서정연하여 학생들이 각각 가만히 자기 차례를 기다리는 학습사태에서는 실증과 급기야 무관심이 빚어질 것이다. 여기에 일상 학급사태에서 부딪치는 중요한 문제가 있다. 단기적인 흥미나 관심은 보다 넓은 뜻의 장기적인 흥미나 관심에 비하여 성격이 다르다. 영화나 시청각 기재, 또는 이와 비슷한 방안은 단기적으로 학생들의 주의를 끌 수 있다. 그러나 장기적으로 볼 때, 모르기는 하지만, 이러한 방안은 말하자면 막이 올라 무슨 신나는 장면이 벌어지도록 기다리는 수동적인 사람을 길러낼 가능성이 있다. 과연 그런지 우리는 아직 모른다. 또한 사람들 중에는 어떤 방법으로든지 아동의 주의를 일단 끌어 놓으면 아동은 마침내 스스로 주의를 집중하는 경향을 가지게 될지도 모르게 되기 때문에, 단기적으로 주의를 집중시키는 방법도 나쁠 것이 없다고 생각하는 사람이 있을 것이다. 이 생각 역시 아직 이렇다 할 증거가 없다. 이 문제는 특히 미국과 같은 모든 일에 있어 수동적인 관객의 태도가 사회적인 위험이 되고 있는 오락 지향의 대량 전달 문화에서는 더욱 중요하다. 이러한 수동적인 관객의 문화권 안에서 능동적이고 자발적인 태도를 기르는 첫 단계는 학교에서 학생들의 학습동기를 일으키는 방법에 있다고 할 것이다.

학생들이 공부하려는 동기에는 언제나 여러 가지가 섞여 있을 것이다. 부모와 교사를 기쁘게 해 주려는 동기도 있고 다른 학생과의 관계에서 생기는 여러 가지 문제도 있고, 또 스스로 교과를 통달했다는 즐거움도 있다. 흥미가 생기는 것과 동시에 세계의 문이 열리는 것이다. 학교 공부는 바쁜 아동기 생활의 한 부분에 지나지 않는다. 학교 공부는 아동에 따라 그 의미하는 바가 각각 다르다. 어떤 아동에게 있어서 학교 공부는 부모의 승인을 얻는 길이다. 또 어떤 아동에게 있어서 학교 공부는 동년배의 세계에 한몫 끼는 길이며, 따라서 동년배와 잘 지낼 수 있을 만큼 '적당하게' 해 나가면 충분한 것으로 생각된다. 학교는 소위 '반지성적' 풍토를 나타낼 수도 있고 그 반대일 수도 있다. 이런 복잡한 현실 속에서 학교 교과는 아동이 거기서 재미를 느끼도록 미묘한 매력을 행사하는 것이다. 학교의 복잡한 현실을 자세하게 그려내려면 그려낼 수도 있겠지만, 그것은 우리가 모두 잘 알고 있는 것이다. 이 현실 속에서 우리는 어떻게 아동의 지식에 대한 동경을 일깨울 수 있을 것인가?

몇 가지 잠정적인 제안은 앞에서 연구의 필요성을 지적하는 식으로 이미 제기되었다. 그 중의 중요한 것을 들면 학습내용에 대한 내재적 흥미를 북돋우는 것, 학생들에게 '발견의 희열'을 느끼도록 하는 것, 가르치려는 내용을 아동의 사고방식에 알맞도록 '번역'하는 것 등이다. 결국, 이런 것들은 모두 학습내용에 대한 아동의 흥미를 개발하기 위한 것이며, 그와 함께 지적 활동 일반에 대한 올바른 태도와 가치관을 개발하기 위한 것이다. 말할 필요도 없이, 우리는 당장 실현 가능한 모종의 개혁으로 국민 전체를 지적인 활동에 헌신하는 학자로 만들 수는 없을 것이며, 과연 이것이 학교교육의 가장 중요한 목적이어야 할 것인가도 의심스럽다. 우리가 말하고자 하는 것은 다만, 만약 배울 가치가 있는 내용을 학생들에게 잘 가르친다면, 현재 우리 사회에 작용하고 있는 몇 가지 세력이 학생들로 하여금 그 전보다 더욱 학습과정에 몰두할 수 있게끔 해 주고 있다는 것이다. 말하자면 교육의 내적 충실에 덧붙여 이러한 사회적 세력은 학습 동기유발의 외적 자극을 제공해 주고 있는 것이다.

미국의 문화적 풍토는 옛날부터 지적인 가치를 그다지 높이 평가하지 않았다. 그렇지만 하나의 국민으로서 미국 사람들은 언제나 교육에 큰 신념을 가지고 있었다. 여기에는 귀족주의의 부재라든가 개척 사회에 필요한 실제적 사고방식 등 여러 가지 이유가 있겠지만 여기서 이 이유를 자세히 다룰 필요는 없다. 다만, 교육은 어른들의 운명보다도 아이들의 운명을 개선하는 수단으로 생각되어 왔다는 것이다. 아이가 그 부모들보다 좋은 교육을 받아야 한다는 것은 거의 누구나 다 가지고 있는 신념인 것이다. 그러나 이토록 교육을 중요시하면서도 우리는 그 내용에 관해서는 거의 주의를 기울이지 않았다. 말하자면 '3R'(읽기, 쓰기, 셈하기) 정도의 막연한 말이면 충분하다고 생각하였다. 우리는 행동이 바로 사고를 잘 하는 증거라고 생각하는 나라에서 살아 왔으며 아마 서구 열강의 어느 나라 사람들보다도 더 이론(사고)과 실제(행동)[28] 사이의 간극을 심각한 것으로 생각하였다. 만약 우리가 사고하는 사람들을 숭배한 적이 도대체 있었다고 하면, 그것은 아인슈타인의 경우와 같이 비경(秘境)의 마법사를 찬양하는 경우이거나 ('아인슈타인은 불가사의의 인물이지만 역시 똑똑하기는 한 모양이야!'), 아니면 사고의 결과로 이룩된 실제적인 업적을 칭찬하는 경우였다. 토마스 에디슨은 미국 사람들이 생각하는 과학자상 – 즉, 기술공으로서의 과학자상 – 의 대표적인 보기이다. 여기에 비하여 작가, 시인, 이론가, 현자 등은 미국 사람들의 입에 오르내리는 전설적인 인물이 되지 못하였다.

오늘날 대다수의 미국 사람들은 단순히 교육의 실제적 효과가 아니라 교육의 내용과 질 – 교육내용이 무엇이며 또 무엇이 될 수 있는가 – 에 주의를 기울이게 되었다. 이 경향을 촉진한 데는 몇 가지 요소가 있다. 첫째로, 오늘날 우리는 과학기술의 신기원인 제2차 산업혁명에 돌입하고 있다. 아마 이 제2차 산업혁명은 한 세기 전에 제1차 산업혁명보다 훨씬 더 전격적인 현상일 것이다. 통제체제, 자동화, 새로운 동력, 새로운 우주의 탐험 – 이 모든 것이 우리에게 오늘날 학교의 성격과 거기서 다음 세대들이 무엇을 공부하고 있는가에 대한 관심을 불러일으켰다. 둘째로, 의심할 여지가 없이 국가안보가 위협을 받고 있다는 느낌 때문에 또한 우리는 교육에 관심을 가지게 되었다. 소련이 우주를 정복했다는 사실, 강력한 무기를 생산할 능력이 있을 뿐만 아니라, 산업 방면에도 효과를 거두고 있다는 사실은 미국

---

28) 이하 미국의 지적 풍토에 관한 브루너의 설명을 이해하고 또 이 점에 비추어 우리나라의 지적 풍토를 짐작하는 데에 '이론'과 '실제'의 구별은 아주 중요하다. 여기서 '실제'라는 것은 무슨 조치를 가하거나 변화를 일으키는 데에 관련되는 것이며, '이론'이라는 것은 그러한 조치와는 관계없이 현상을 기술하거나 그 이유를 설명하는 데에 관련되는 것이다. 예컨대 '오늘 기온은 영하 5도이다'라는 것은 '이론적' 문장이며, '날씨가 추우니 난로를 피워야 한다'라는 것은 무슨 조치를 요구하는 것이므로 '실제적' 문장이다. 이 점에서 이론은 사고와, 실제는 행동과 유사어라고 볼 수 있다. 이하 '실제적 업적'이나 '실제적 효과'라는 말은 위의 뜻으로 해석하여야 한다.

으로 하여금, 돌이켜 보면 10년 전만 하더라도 도저히 상상할 수 없었을 정도로, 자기만족의 분위기에서 소스라쳐 깨어나게 했다. 그리고 마지막으로, 미국에서 교육에 대한 관심이 점점 커진 이유는 미국 인구 중에서 대학 졸업자들이 상당히 높은 비율을 차지하고 있다는 데서도 다소간 찾을 수 있다. 게다가 미국은 다행하게도 돈이 많은 나라이다. 오늘날 청년 중에서 대학을 졸업하는 사람들의 비율은 40년 전 고등학교를 졸업하는 사람들의 비율보다 높다. 이런 요소들이 모두 교육에 대한 관심을 새롭게 자극하였고 이 새로운 관심은 학생과 부모들이 다같이 느끼고 있다.

오늘날 학교가 보다 심각한 지적 풍토를 가지려면 어떻게 해야 하는가, 그리고 한편으로 운동경기와 인기와 사회성, 또 한편으로 학업 중에서 어디에 더 강조를 두어야 할 것인가 하는 문제가 많이 논의되고 있다. 이때까지 학교가 학업보다도 운동경기나 인기 쪽으로 너무 기울어져 있었던 것을 도로 바로 잡으려는 노력이 전국적으로 일어나고 있다. 그 결과로 학업에 대한 선망과 흥미는 우리가 생각하는 것보다 훨씬 빠르게 증가할 것으로 보인다. 낡은 상징을 새로운 병에 붓는 것과 같은 재미있는 부수 현상조차 나타나고 있다. 예를 들면 어떤 고등학교에서는 운동선수의 유니폼에 붙은 학교 마아크(이것은 모든 학생의 선망의 표적이 되어 있다)를 학업성적이 우수한 학생에게도 달아 주고 있다. 그러나 운동경기보다 지적인 활동에 더 강조를 둔다고 해서 모든 문제가 해결되는 것은 아니다. 여기에는 비록 시기적으로 멀리 떨어져 있으나 궁극적으로는 훨씬 심각한 또 하나의 문제가 있다. 이 문제에 관해서는 현재 그 효과적인 방안이 강구되어야 한다. 그 문제는 다음과 같다.

사회가 학교에 대하여 오늘날과 같은 요구를 계속한다고 하면, 앞으로 교육제도는 반드시 몇 가지 변화를 겪게 될 것이다. 첫째로, 과학기술 및 이와 관련된 과목이 점점 더 요청된다는 것이다. 산업은 보다 새로운 기술을 요구하며 여기에는 일자리가 많을 것이다. 지방분권적인 미국의 학교제도는 언제나 산업사회에 일자리가 많은 분야를 강조해서 가르쳤고 앞으로도 그럴 것이다. 인구통계와 경제발전 추세로 미루어 보아 이런 기술전문가의 수요공급이 어느 시기에 가서 평형을 이룰지는 말하기 어렵다. 적어도 현재에는 수요가 공급보다 훨씬 많다. 우리가 공학기술자를 점점 더 많이 훈련해 내고 있다는 것과 2차대전 당시 폭발적으로 많이 태어난 아이들이 현재 대학 연령에 이르고 있다는 사실 등 몇 가지 추정치를 종합해 보면, 20년 후에는 다소간 수급의 균형이 잡히게 될 것이다. 그 다음에 어떤 일이 일어날 것인가는 여러 가지 요인에 달려 있다. 그 요인 중에는 미국의 생산계가 새로 발달되는 과학기술을 얼마나 빨리 또 철저하게 흡수하는가 하는 것도 들어 있을 것이다.

둘째로, 국가안보 위험의 불가피한 결과라고 생각되는 것으로서, 주당국이나 지방당국에 대한 연방정부의 교육자금이 활발히 지출될 것이다. 현재 국방교육법(National Defense Education Act)에 의하여 대규모의 교육연구비가 지출되고 있으며 이것은 앞으로 교육지원의 시작에 불과하다. 연방정부 지원의 불가피한 결과로서, 현재 보는 바와 같은 지방 교육제도 사이의 질적 불균등이 상당히 해소될 가능성이 있다. 교사의 최저 봉급 기준은 최고 봉급 기준보다 더 빨리 향상될 것이며, 학교 건축에 대한 현재 또는 장차의 입법 조치로 인하여 학교는 전국적으로 보다 좋은 시설을 갖추게 될 것이다.

위의 두 가지 경향 – 즉, 현재 미국이 세계 열강의 하나로서 국제 경쟁의 위기를 극복하기 위하여 과학기술의 진보와 연방정부의 교육지원을 강조하는 경향 – 은, 만약 앞으로의 변화를 미리 잘 계획하지 않으면, 미국의 교육과 미국의 생활 전반에 틀림없이 중요한 결과를 초래할 것이다. 우리는 미국 학교의 지적 수준이 향상되고 난 뒤의 사태에 대비하는 일을 소홀히 해서는 안 될 것이다. 앞에서 설명한 바, 현재의 경향이 계속된다고 하면 앞으로 나타날 사태는 소위 '실력지상주의'(meritocracy)의 위험이다.

다소간은 현재 관습의 타성 때문에, 또 다소간은 위에서 말한 새로운 발전의 결과로서, 앞으로는 유능한 학생을 더 빨리 진출시키는 경향이 강해질 것이며, 그 중에서도 특히 과학과 기술 분야에서 일찍부터 능력이 촉망

되는 학생들을 진출시키는 경향이 강해질 것이다. 잘 계획만 한다면 이러한 방안(소위 '가속' 프로그램)은 학생을 위해서나 국가를 위해서 좋은 일이다. 그러나 또 한편 실력지상주의는 경쟁제도를 내포하고 있다. 학생들은 학업성적을 기초로 빨리 진출할 수 있고 또 기회를 더 많이 가지게 된다. 나중에 사회에서의 지위는 점점 더 학교성적에 따라 결정되며 일단 지위가 결정되면 그 전의 학교성적을 돌이킬 수 없는 이상 점점 더 회복할 수 없게 된다. 나중의 교육기회나 취업기회가 모두 그 전의 학교성적 때문에 고정되어 버리는 것이다. 뒤늦게 머리가 트이는 학생, 뒤늦게 사람 구실을 하는 학생, 교육에 대하여 무관심한 가정에서 자란 학생 – 본격적인 실력지상주의의 사회에서 이들은 모두 흔히 무자비한 단계적 결정의 희생이 된다.

실력지상주의는 교육의 풍토에 몇 가지 바람직하지 못한 결과를 초래할 가능성이 있다. 물론 이 결과는 사전의 계획으로 다소 완화시킬 수는 있을 것이다. 그 중 하나는 시험을 지나치게 강조하게 된다는 것이다. 1959년 스노우(C. P. Snow)가 쓴 「두 가지 문화와 과학혁명」(*The Two Cultures and the Scientific Revolution*)이라는 책에는 캠브리지 대학교의 '수학우등시험'(Tripos)에 관하여 다음과 같이 적혀 있다(pp.19-20).

> 지난 100년에 걸쳐 우등시험은 그 성격이 점점 확고부동해 졌다. 최우등석을 차지하려는 경쟁이 점점 치열해 지고 장차의 지위가 그 경쟁에서의 승리에 달려 있었다. 캠브리지 대학교를 이루고 있는 대부분의 단과대학에서 그 시험에 1위나 2위를 차지하면 즉석에서 연구교수(Fellow)의 지위에 오를 수가 있었다. 이 시험을 치르기 위하여 갖가지 준비방법이 생겨났다. 하아디, 리틀우드, 러셀, 에딩튼, 진즈, 케인즈 등 오늘날 잘 알려진 수학의 대가들은 모두 그 엄청나게 어렵고 엄청나게 경쟁이 심한 시험을 치르기 위하여 2년이나 3년씩 준비훈련을 받은 사람들이다. 캠브리지 대학교의 사람들은 이 시험을 대단히 자랑스럽게 생각했다. 이 자랑이란 영국 사람이면 거의 누구나 현재 영국의 모든 교육기관에 대하여 가지고 있는 자랑과 본질상 다를 것이 없다... 한 가지 점을 제외하면 옛날의 수학우등시험은 완벽하다고 볼 수 있을 것이

> 다. 그러나 그 한 가지 점이라는 것은 사실은 아주 중요한 것이다. 그것은 다름 아니라 (하아디나 리틀우드와 같이 젊고 창의적인 수학자들이 늘 말했다시피) 그 시험을 위한 준비훈련의 과정이 지적으로 아무 가치가 없다는 것이다. 더 나아가서 그런 사람들은 수학우등시험이 100년 동안 영국의 수학을 전멸시켰다고 말했다.

이 말은 우리에게 무엇인가 생각하도록 하고 있다. 물론 영국의 수학우등시험 정도로 치열한 경쟁시험이 미국에 생기리라고는 믿기 어려우며, 더구나 중·고등학교나 초등학교에 이런 것이 생기리라고는 도저히 상상할 수 없다. 그러나 흔히 극단적인 경우를 생각하면 이해가 빨라진다. 만약 미국 내의 가장 좋은 직장이 모두 국비 장학생에게 돌아간다고 가상하면, 멀지 않아 교사나 학생이 모두 이 장학금을 얻으려는 방향으로 가르치고 배우게 될 것은 당연한 일이다. 게다가 만약 이런 장학금이 주로 과학과 수학 성적이 우수한 학생들에게 주어진다고 하면 이 이외의 다른 교과가 등한시되리라는 것도 충분히 예상할 수 있다. 실상 이것이 우리가 현재 당면하고 있는 또 하나의 위험이다. 이러한 사태에서 문학, 역사, 예술은 학교가 추구하는 가치와는 멀어지고 오직 가정의 전통이나 가풍 때문에 이런 과목을 중요시하는 사람들에게만 관심의 대상이 될 뿐이다. 과학 계통 이외의 과목을 맡을 훌륭한 교사들을 양성하거나 교직에 이끌어 들이는 일은 점점 더 어려워질 것이다. 이런 과목에 대한 학생의 학습동기는 점점 희박해질 것이다. 여기에는 물론 다소간 과장된 면도 없잖아 있겠지만 이런 것은 모두 우리가 경계해야 할, 충분히 일어날 가능성이 있는 사태이다.

교육사상으로 보아, 현시점에서 그러한 궁극적인 결과를 어떤 방법으로 미연에 방지할 것인가를 생각해 보는 것도 일리가 있을 것이다. 우리는 문학적 지성인들이 집단적으로 소외감을 맛보게 해서는 안된다. 이들은 과학기술 방면의 업적만을 강조하는 보상체제로 말미암아 낙오되었다는 느낌 때문에 과학적인 발전의 진정한 의미를 이해할 수 없으며, 과학적 발전이 곧 전통 문화의 파괴를 가져온다고 느낄 것이다. 이들이 이런 느낌을 가진다는 것은 사회를 위하여 좋지 못한 일이다. 어떤 일이 있어도 현재의 과학과 수학의 교육과정과 교수를 개선하는 데에 투입되는 정력에 필적할 만한 정력을 인문학과 사회과학 방면에도 투입하여야 할 것이다. 장차 연방정부와 주정부의 교육원조에 관한 입법조치를 할 때는 이런 문제를 다루는 특별한 연구 분야를 명시할 필요가 있을 것이며, 그러한 입법조치에 앞서 인문학과 사회과학 교육의 개선을 위한 지원의 성격과 정도를 미리 생각해 두어야 할 것이다.

물론, 과학 분야의 과목에서 시험성적의 경쟁이 아무리 심하다 하더라도, 시험문제 제작의 묘를 꾀함으로써 그런 경쟁심을 유용한 목적으로 돌릴 수 있을 것이다. 시험도 그 운영 여하에 따라서는 깊은 사고를 길러 줄 수 있는 것이다. 또한 미국의 학교가 전례없이 경쟁적인 제도를 갖추게 되면 특별한 카운셀링이 필요하게 될 것이다. 이러한 카운셀링은 능력에 있어서 빨리 진출하는 학생들에게도 필요하지만, 그보다도 특히 조기에, 빨리 꾸준하게 지적 성취를 하지 못하는 학생에게 더 필요하다. 실상 이런 학생들이 비율적으로 대다수를 차지할 것이다.

그러나 시험문제를 잘 만든다든지 카운셀링을 한다고 해서 가장 중요한 문제가 해결되는 것은 아니다. 실력지상주의가 내포하고 있는 치열한 경쟁, 과학과 기술을 지나치게 강조하는 위험, 인문학 과목에 대한 무관심 등의 문제를 해결해 나가려고 하면 미국이 가지고 있는 억센 다양성을 계속 유지하고 발전시켜야 할 것이다. 학교와 대학에서 가르치는 연극, 미술, 음악과 인문과목들이 최대한의 지원을 받아야 할 것이다.

위의 논의를 요약하면, 학습의 동기는 관객시대의 특징인 수동성을 지양하는 방향으로 계획되어야 하고, 될 수 있는 대로 학습내용에 대한 내재적 흥미의 기초 위에서 유발되어야 하며, 또한 폭 넓고 다양하게 표현되어야 한다. 실력지상주의의 위험신호와 새로운 형태의 경쟁사태는 이미 눈에 드러나고 있다. 사전에 어떤 계획이 필요한가가 이미 눈에 보이고 있다. 그러한 계획과 그 계획을 뒷받침하는 연구가 우선적으로 이루어져야 할 것이다.

6. 교구

근래에 와서 교수과정에 사용될 교구에 관하여 논의가 많이 벌어지고 있다. 교구에는 여러 가지가 있다. 그 중에는 첫째로, 보통의 학교사태에서는 구할 수 없는 자료를 학생들에게 보여주기 위하여 사용되는 것이 있다. 영화, 텔레비전, 마이크로 필름, 줄 필름, 녹음기 등은 보통 이런 목적을 위하여 사용되고 있다. 책도 이 역할을 담당한다. 이런 것은 학생들에게 '실지' 사물이나 사건에 관한 '간접적' 경험을 주기 위한 도구이다. 이런 자료들이 '기껏해야 학습내용을 풍부하게 할 뿐'이라는 이유에서 별로 가치가 없다고 생각하는 것은 잘못이다. 사실상 학습내용을 풍부하게 하는 것 자체가 바로 교육의 한 가지 주요 목표이기 때문이다. 오히려 이런 자료는 '간접적인 경험을 위한 교구'라고 보아야 할 것이다.

둘째로, 교구 중에는 학생들로 하여금 한 현상의 내면에 숨어있는 구조를 파악하도록 도와주는 교구가 있다. 유전학의 술어를 빌어 말하자면, 이것은 '표현형'(현상)의 이면에 숨어있는 '인자형'(구조)을 발견하는 것과 같다.[29] 잘 계획된 실험이나 시범은 구조를 파악하도록 하는 교구의 대표적인 보기이다. 학생들로 하여금 구조를 파악하도록 하기 위하여 어떤 일을

---

29) '표현형'과 '인자형'이라는 말을 초파리의 유전 현상에 관련지어 설명하면 다음과 같다. 초파리의 눈빛에는 빨간색(우성)과 흰색(열성)이 있다. 지금 각각 순수한 빨간 눈의 인자와 순수한 하얀 눈의 인자를 가진 암수 초파리에서 태어난 새끼 초파리(제1대 잡종)의 경우는 빨간 눈의 인자와 하얀 눈의 인자를 함께 가지고 있다. 표현형과 인자형은 같은 현상을 두 가지 다른 관점에서 기술하는 방법이다. 즉, 위의 새끼 초파리들은 표현형으로서는 모두 빨간 눈을 가지고 있지만, 인자형으로서는 모두 두 가지 인자를 함께 가지고 있다. 인자형을 파악하는 것과 구조를 파악하는 것을 같은 것으로 볼 수 있는 것은 위의 보기에서 명백하다. 이것은 곧 순수하게 빨간 눈의 인자(RR)와 순수하게 하얀 눈의 인자(rr)가 결합될 때는 어느 경우에나 Rr로 된다는 유전학의 법칙을 발견하는 것과 같은 것이다.

하는가를 잘 살펴보면, 이 목적을 위한 교구가 그 밖에도 여러 가지가 있다는 것을 알 수 있다. 수학의 원리를 눈에 보이도록 표현하는 여러 가지 교구는 성격상 실험장치와 다를 것이 없다. 앞에서 말한 바, 피아제와 인헬더의 시범이나 그 밖에 많은 사람들이 수학의 원리를 가르치기 위하여 만든 나무토막이나 막대기들은 바로 이런 기능을 수행한다. 움직이는 그림이나 보통의 도해도 마찬가지이다. 분자의 모형이나 호흡기관의 구조를 단순화하여 보여주는 모형도 비슷한 기능을 수행한다. 말할 필요도 없이, 영화나 텔레비전 및 삽화가 잘 되어 있는 책도 학습내용을 분명하게 또 구체적으로 제시하는 수단이 될 수 있다.

그러나 이 밖에도, 위의 경우처럼 명백히 드러나지 않지만, 학생들로 하여금 사물의 개념 구조를 느끼도록 하는 데에 사용되는 방법이 있다. 이 방법을 통틀어 말하자면, 아마 '계열화된 프로그램'이라고 하는 것이 가장 좋을 것이다. 프로그램을 '계열화'한다는 것은 학생들로 하여금 어떤 과목의 핵심적 아이디어에 가장 효과적으로 도달하도록 그 과목의 학습내용이나 아이디어의 제시 순서를 이상적으로 조절하는 것을 말한다. 일리노이 대학 학교수학연구회, 학교수학연구단(SMSG), 물리교육연구회(PSSC) 등 교육과정 개발사업에서 만들고 있는 코오스는 학생으로 하여금 기본적 원리나 구조에 도달할 수 있도록 잘 계열화된 학습 프로그램의 좋은 보기이다.

이상, 실험실 작업이나 수학의 원리를 가르치기 위한 나무토막에서 계열화된 프로그램에 이르는 교구들을 통틀어 편의상 '모형 교구'라고 부를 수 있을 것이다.

모형 교구에 밀접히 관계되는 것으로 '극화 교구'라고 부를 수 있는 교구가 있다. 사실에 충실한 역사소설, 생태 그대로 동물의 생존경쟁을 극적으로 보여주는 기록영화, 유명한 과학자에 의한 실험연시, 윈스톤 처칠과 같은 위대한 정치가의 생애와 활동을 알려주는 기록물 – 이런 것은 모두 학생들로 하여금 현상이나 아이디어와 긴밀한 일체감을 느끼도록 하는 데에 극적인 효과를 가지고 있다. 물론 이런 종류의 '교구'로서 가장 좋은 보기는 교사가 자신의 성품으로 연출해 내는 극적 수업일 것이다. 그러나 교사 이외에도, 위에서 말한 것과 같은, 교사가 사용할 수 있는, 극화 교구들이 있다. 이렇게 말은 하지만, 과연 이런 극화 교구가 얼마나 자주 사용되는가 하는 것은 의문이다.

마지막으로, 지난 10여 년 동안에 학교 수업용으로 여러 가지 '자동화 교구' 또는 티칭 머쉰이 등장하였다.[30] 이러한 자동화 교구는 종류에 따라 상당한 다양성을 나타내고 있지만, 모두 몇 가지 공통점을 가지고 있다. 즉, 세밀히 계획된 순서를 따라 기계가 학생들에게 연습문제를 한 때에 한 단계씩 제시한다. 학생은 문제에 주어지는 선택지를 골라 반응한다. 그러면 다시 기계가 학생의 반응이 옳은가 그른가를 즉시 알려준다. 만약 학생이 정답을 하면 기계는 다음 문제로 넘어간다. 한 문제와 그 다음 문제의 곤란도는 보통 거의 비슷하도록 함으로써 학생들이 지나친 실패로 인하여 좌절감을 가지지 않도록 한다.

이런 자동화 교구로 무엇을 가르치며 어떻게 가르칠 것인가 하는 것은 얼마나 기술적으로 문제 프로그램을 작성하는가에 달려 있다. 말할 것도 없이, 기계에 넣은 프로그램을 짜는 기술은 교사의 전반적인 교수기술의 연장이다. 오늘날까지 프로그램의 작성은 대개 직관적인 방법에 의존하였으며, 유능하다고 알려진 교사의 손에 내맡겨져 왔다. 티칭 머쉰의 프로그램을 작성한 교사들의 경험담에 의하면, 그것을 작성해 봄으로써 교사는 교실에서 학생들에게 문제를 어떤 순서로 제시할 것인가 하는 문제에 아주 신경을 쓰게 되고, 또 동시에 문제를 제시하는 목적이 무엇인가(말하자면 학생들에게 학습내용을 암기시키는 것인가, 아니면 학습내용을 누적적으로 사용하여 점점 더 어려운 문제를 해결하도록 하는가) 하는 문제도 깊이 생각하게 된다는 것이다.

---

30) 자동화 교구에는 물론 수업용 컴퓨터도 포함된다. 브루너가 이 책을 썼을 당시, 미국에는 컴퓨터 수업(Computer Assisted Instruction)이 알려져 있지 않았던 것 같다. 컴퓨터 수업은 그 원리에 있어서 아래에서 설명하는 티칭 머쉰과 다름이 없다.

이러한 자동화 교구에서 기술적으로 아마 가장 흥미있는 측면은 그것이 교사의 부담을 덜어준다는 점일 것이며, 또한 보다 중요한 것으로서, 학생들이 학습하는 동안에 기계가 즉각적인 교정(피드백)을 해준다는 점일 것이다. 자동화 교구가 궁극적으로 쓸모 있는가 없는가를 평가하기는 아직 시기상조이다. 그리고 현재까지 이 교구를 지지하는 사람이나 반대하는 사람들이 너무 과장된 주장을 해 왔다는 것은 매우 유감스러운 일이다. 분명히 말할 수 있는 것은 기계가 교사를 대치하지 않으리라는 것이다. 실상 수업에서 귀찮은 부분을 기계에 맡길 수 있으면 있을수록 그 만큼 유능한 교사가 더 필요하게 될 가능성이 없지 않아 있다. 뿐만 아니라, 기계가 학습을 비인간화하는 결과를 초래하리라고 볼 수도 없다. 이것은 책이 학습을 비인간화하지 않는 것과 같다. 인간적인가 비인간적인가 하는 문제에 있어서 티칭 머쉰의 프로그램은 책과 전연 다를 바가 없다. 프로그램은 유머로 점철될 수도 있고 지루하게 재미없을 수도 있으며, 신나는 놀이활동일 수도 있고 지긋지긋한 반복 연습일 수도 있다.

요약컨대 교사가 사용하는 교구는 학생들의 경험 범위를 확장하고, 학생들의 학습내용에 내재해 있는 구조를 이해하도록 도와주고, 학습내용의 중요성을 극적으로 강조하는 기능을 가지고 있다. 또한 근래 개발되고 있는 것으로서, 교사들의 부담을 다소간 덜어주는 교구도 있다. 물론 문제는 이러한 교구들을 하나의 체계 속에서 서로 조화있게 사용하려면 어떻게 해야 하는가에 있다.

이와 같이 여러 가지 교구를 '통합'하는 일에 관한 문제는 물리교육연구회(PSSC)의 교육영화에 관한 보고서에서 잘 지적되어 있다.

> 아주 최근까지만 하더라도, 대부분의 교육용 영화는 주로 교실에서 볼 수 없는 현상이나 할 수 없는 경험을 학생들에게 소개함으로써 학습활동을 보강하는 기능을 가지고 있었다. 이러한 영화는 다른 학습내용과 아무 관련이 없이 단독적인 성격을 가질 수밖에 없다. 왜냐하면 영화를 만드는 사람은 학생

들이 그 전에 무엇을 배웠는가, 또 앞으로 무엇을 배우게 될 것인가를 알지 못하기 때문이다. 영화를 만드는 사람은 그 직전의 학습활동을 기초로 삼을 수도 없고 그 직후의 학습활동에 기초를 놓을 수도 없는 것이다. 지난 몇 년 동안에 주로 텔레비전의 영향을 받아, 새로운 종류의 교육영화가 나타났다. 이런 영화는 한 코오스 전체의 내용을 보여주며, 교사 개입의 필요를 가장 적게 하도록 꾸며진 것이다. 물론 위의 두 가지 종류(즉, 학습활동을 보강하는 영화와 학습내용을 전체적으로 제시하는 영화) 중의 어느 것으로도 아주 유용한 영화를 만들 수 있으며, 아닌게 아니라 이때까지 그런 영화들이 만들어진 것도 사실이다.

PSSC 고등학교 과정용 영화를 만드는 데에 주동적인 역할을 한 사람은 스티븐 화이트(Stephen White)인데, 그는 이 영화 제작사업에 관한 보고서에서 계속 다음과 같이 말하고 있다.

PSSC에서 제작되는 영화는 두 가지 조건을 갖추지 않으면 안된다. 즉, ① PSSC 과정(課程)을 전체적으로 제시하는 데에 도움이 되어야 한다는 것과, ② 과정의 기조와 수준을 부각시켜야 한다는 것이다. 왜냐하면 PSSC 영화는 교재, 실험실습, 교실, 학생 및 교사를 포함하는 유기적인 복합체의 한 부분이기 때문이다.

화이트는 이어 영화를 이 수업 복합체 속에 들어맞게 하는 문제에 관하여 말하고 있다.

영화는 이 복합체 속에 들어맞아야 하며 결코 그것을 어지럽혀서는 안된다. 확실히 이 원리는 영화를 제작하는 사람에게 몇 가지 심각한 제약을 가한다. PSSC 영화가 가하는 이 제약 중 가장 중요한 것은 영화와 실험과의 관계를 고려하여야 한다는 것이다. 학생들이 실험실에서 해야 하고 또 할 수 있는 실험을 영화에서 보여주면 영화의 효과도 실험의 효과도 붕괴될 가능성이 있다. 때로 그런 실험이 영화내용의 이론적 흐름으로 보아 필요불가결한 경우에는 부득이 넣을 수도 있지만, 이 경우에도 간단하게 암시하는 정도로 다루어야 할 것이다. 또한 학생들이 학교 실험실에서도 할 수 있는 실험이지만, 때로는 그것을 좀 더 정밀한 장치로 영화에서 다시 보여줄 필요가 있는 경우도 생긴다. 이 경우에는 반드시 학생들이 실험실 작업을 하고 난 '뒤에' 영화를 보아야 한다는 것을 영화에 분명히 드러내도록 하고 교사에게도 반드시 그렇게 하도록 충분히 강조하여야 한다.

그 밖에도 영화 제작자들은 수업 복합체 안의 몇 가지 다른 요소들을 고려하여야 한다.

영화 제작에 대한 제약으로서는 또한 교재의 논리적 전개와 분위기와 용어를 따라야 한다는 것이 있다. 그리고 마지막으로, 영화는 항상 교사의 지위를 존중하는 방향으로 제작되어야 한다. 교사가 학생들의 존경을 얻는 데에 필요하다고 생각되는 활동은 영화에서 다루지 말고 교사의 권한에 양보하여야 한다. 이상은 모두 영화와 수업 복합체와의 관련에서 생기는 부정적인 제약이지만, 영화는 또한 수업 복합체에 긍정적인 공헌도 할 수 있다. 영화는 학급의 토의를 가장 잘 유발할 수 있는 교과 요소에 학생들의 관심을 집중시킨다. 예컨대 '일과 기계 에너지'라는 PSSC 영화에서는 못을 망치로 때리면 못의 온도가 올라간다는 점에 의도적으로 주의를 집중시킴으로써 다음에 공부하게 될 열 에너지에 관한 토의를 유발한다. 뿐만 아니라, 영화는, 가능한 경우에는 언제나, 학생들이 학교 밖에서 혼자 해 볼 수 있는 실험을 시사함으로써 학생들을 직접 도와준다. PSSC 영화에서 복잡한 실험을 간단한 장치로 보여주는 것은 바로 이런 이유에서이다.

화이트는 수업 복합체 안에서 다른 교구와 잘 '통합'된 교육영화의 둘째 기능에 관하여 다음과 같이 말하고 있다.

모든 영화가 갖추어야 할 둘째 조건, 즉 과정의 기조와 수준을 부각시켜야 한다는 조건은 영화의 가장 중요한 공헌이라고 할 수 있다. 중요한 질문이나 문제에 학생들의 주의를 집중시킴으로써 영화는 동시에 학생들에게 다음과

> 같은 것을 깨닫게 할 수 있다. 즉, 어떤 한 분야의 지식을 이루고 있는 사실, 개념, 이론 및 적용방법 등은 무수히 많지만, 이런 것들은 서로 질서있게 응결된 하나의 형태를 이루고 있다는 것과 그 형태에서 중요한 부분과 사소한 부분은 명백히 분간된다는 것이다. 이러한 느낌을 인쇄된 문장으로 전달하는 것은 아주 어렵지만, 영화에서는 때로 전체적인 움직임이나 분위기로서 이것을 전달할 수 있다. 위의 두 가지 조건을 갖추는 것 이외에도 우리는 PSSC 영화가 학습과정에 여러 가지 중요한 공헌을 하도록 유의하였다. 어느 영화에서든지 진짜 과학자가 연구하는 것을 보여주고 있다. 이 과학자는 책에서 이름만 들어보는 지력의 상징이 아니라 살아 움직이는, 때로 실수를 저지르는 보통의 사람이며, 엄밀하고 의연한 태도로 진짜 문제와 씨름을 하면서 자기가 추구하고 있는 지적 활동에서 만족과 때로 열광까지 맛보는 그러한 사람이다. 이렇게 간접적인 방법으로 우리는 영화를 통하여 과학자와 과학자의 생활이 어떤 것인가를 보여주고자 하였다.. 또한 PSSC 영화는 철저하게 정직하다. 화면에 보이는 실험들은 모두 세밀히 수행되고 정확하게 보고된다. 영화를 만드는 과정에서는 누구나 트릭(속임수)을 쓰고 싶은 마음이 생기지만, 이 유혹은 PSSC 영화에서는 언제나 제거되어야 했다. 아주 이따금씩 바람직한 효과를 얻기 위하여 이러한 트릭이 쓰인 경우도 있지만, 이 경우에는 반드시 학생들에게 어떤 트릭이 쓰였으며 왜 쓰였는지를 알려 주었다.

PSSC의 과업, 즉 고등학교 물리과정 한 가지를 만드는 일은 교육과정 구성의 한 특수한 과업이며 따라서 PSSC 코오스의 문제는 다른 형태의 교육과정 구성에 일반화될 수 없을지도 모른다. 그러나 어떤 특정한 교구를 사용하는 목적이 무엇인가 하는 문제는 어디서나 제기되는 문제이다. 짚신벌레의 영화거나 그래프를 보여주는 환등이거나 후버 댐의 텔레비전 사진이거나 간에 그것을 왜 쓰는가 하는 문제는 반드시 제기된다. 우리가 알아야 할 것은 교구 자체가 그 목적을 결정하지 않는다는 것이다. 시청각 교구나 티칭 머쉰을 만병통치약으로 생각하고 무조건 그것을 찬성하는 사람들은 그것으로 무슨 목적을 달성하고자 하는가가 가장 중요하다는 사실을 간과하고 있다. 이 세상에서 가장 좋은 교육영화들로 끝없는 향연을 베푼다 해도 그것이 다른 교수방법과 아무 관련을 맺지 못하면 관람석에 가만히 붙어 있는 관객을 만들어낼 뿐이다. 이와 마찬가지로 오직 그저 그렇고 그런 전통적인 교과서의 도움으로 꾸준히 교실 내 암송만을 학생들에게 요구하는 수업은 살아있는 교과에서 재미를 빼앗아 간다. 교육과정의 목표와 그 목표를 달성하기 위한 균형잡힌 수단을 강구하는 데서 교구의 사용방법이 모색되어야 할 것이다.

교구에 관한 문제를 논의하다가 수업에 있어서의 교사의 역할을 논의하는 것은 이상하게 생각될지 모른다. 그러나 사실상 오늘날의 학교 수업 실제에서 교사는 수업의 주된 '교구'이다. 수업에 있어서 교사는 어떤 역할을 수행하고 있는가?

달리 까다로운 연구를 하지 않더라도 지식의 전달능력은 전달하고자 하는 지식을 교사가 얼마나 통달하고 있는가에 크게 좌우된다는 것을 알 수 있다. 교사가 다른 교구를 쓰든지 안쓰든지 간에 이것만은 분명하다. 또한 근래의 조사결과를 보면 적어도 여러 교육당국의 견해로는 초·중등학교 교사들의 대다수가 담당 과목의 훈련을 충분히 받지 않은 채 부임한다는 것도 명백하다. 뿐만 아니라, 오늘날처럼 교직의 이탈율이 높은 경우에는 비교적 훈련을 잘 받은 교사들조차도 자기의 과목을 가르치는 동안에 그 과목을 배울 기회를 충분히 가지지 못한다. 가르치는 것은 더 없이 좋은 학습방법인 것이다. 이 점을 잘 말해주는 것으로 대학의 어느 유명한 물리과 교수의 이야기가 있다. 이 교수는 대학의 상급 학년에게 양자론을 가르친 경험에 대하여 다음과 같이 말하고 있다. "학생들에게 한 번 설명하고 교실을 둘러본즉, 모두 눈을 멀거니 뜨고 앉아 있었다. 이해를 못한 것이 분명하다. 또 한 번 설명했는데도 학생들은 여전히 이해하지 못했다. 그래서 세 번째 설명을 했는데 그 때야 '내가' 이해할 수 있었다."

교사의 질을 개선하기 위한 몇 가지 조치가 취해져야 한다. 이러한 조치는 여러 번 제의되었기 때문에 여기서 다시 자세히 말할 필요가 없다. 충원과 선발방법의 개선, 교사 교육기관의 교육 개선, 경험이 많은 교사에 의한 젊은 교사의 현장훈련, 교사의 계속교육을 위한 연수과정, 하계학교, 방송통신교육, 교사 처우 개선 – 이 모든 것이 앞으로 추구되어야 할 목표들이다. 그러나 마찬가지로 중요한 것은 교직의 권위를 높이는 것이다. 교직의 권위가 어느 정도로 높아지는가 하는 것은 우리가 교육개혁의 문제를 어느 정도로 심각하게 생각하는가, 그리고 우리가 교사를 위한 시설과 봉급을 개선하는 데만 아니라 지역사회와 대학의 교사들에 대한 지원을 개선하는 데에 어느 정도로 노력하는가에 달려 있다.

지식의 전달자로서의 교사에 관하여 한 가지 특별히 언급할 것이 있다. 그것은 초등학교 교사의 훈련과 자격 기준에 관한 것이다. 초등학교 저학년 아동들에게 사고의 기본이 되는 논리적 조작을 구체적으로 직관적으로 가르쳐야 하며, 이 논리적 조작은 나중에 초등학교 고학년이나 중학교에서 보다 형식적으로 가르쳐야 한다는 것은 앞에서 이미 몇 차례 말한 바 있다. 초등학교 학생에게 그런 것을 가르치려면 교사에게 특별한 훈련이 필요한 것은 분명하지만, 어떤 형태의 훈련이 가장 효과적인가 하는 것은 분명하지 않다. 이 문제에 특별히 강조를 둘 필요가 있을 것이다. 즉, 어린 아동들을 실지로 가르치는 방법의 연구와 함께 이렇게 가르칠 교사를 훈련하는 방법의 연구도 이루어져야 한다.

교사는 지식의 전달자일 뿐만 아니라, 학생들의 모범이기도 하다. 수학의 힘과 아름다움에 관하여 아무런 느낌을 가지지 못하는 사람은 다른 사람에게 수학에 관한 내재적 희열에 불을 붙일 수 없을 것이다. 자기 자신의 직관적 사고를 즐겨 동원하려고 하지 않거나 동원할 수 없는 교사는 학생들의 직관을 효율적으로 자극할 수 없을 것이다. 자신에 대하여 자신감이 없는 나머지, 잘못을 저지르는 모험을 감행할 수 없는 교사는 학생들에게 그런 모범을 보일 수 없을 것이다. 만약 교사가 당장은 근거가 불안정한 가설을 대담하게 내어놓기를 주저한다면, 학생이 무엇 때문에 그런 일을 하려고 하겠는가?

지식을 전달하고 자신감의 모범을 보여주려고 하면, 교사는 잡무에서 벗어나 자유롭게 가르치고 배우는 일에 전념할 수 있어야 한다. 이때까지 우리는 그러한 자유가 어떻게 달성될 수 있는지에 관하여 충분히 신경을 써 오지 않았다. 특히, 우리는 교육받은 부모들을 이 목적에 활용하는 일에 소홀해 왔다. 여러 학교에서 교사가 가르치는 일에 전념할 수 있도록 교사의 준전문적인 일에 부모들을 활용하는 실험을 하여 성공을 거두고 있다. 확실히 부모는 자습실을 관리한다든지, 간단한 중간고사를 채점한다든지, 실험실 자료를 준비한다든지, 그 밖에 학교에 필요한 여러 가지 기계적인 일에 도움이 될 수 있으며 그 결과로 교사는 자유롭게 연구하고 가르칠 수가 있을 것이다. 만약 교사가 가르치는 일과 배우는 일을 동시에 할 수 있다면, 수업은 질적으로 새로운 맛을 풍길 수 있을 것이다.

교사는 또한 교육의 과정에서 학생과 가장 가까운 인물이며 학생이 끊임없이 자신과 동일시하고[31] 비교하는 대상이다. 한 가지 주장을 헌신적으로 열렬히 신봉하던 신도, 교과에 대한 사랑과 진지하게 모험적인 영혼의 빛을 발하던 학도 – 이런 특별한 교사들의 영향을 회상할 수 없는 사람이 누가 있겠는가? 이 밖에도 여러 가지 교사상이 있으며 이들은 모두 귀중한 교사상이다. 그러나 슬프게도, 파괴적인 교사상도 있음을 어찌하랴! 이들 중에는 학생의 자신감을 말려 버리는 사람도 있고, 학생의 꿈을 짓밟아 버리는 사람도 있고, 그 나머지는 공포의 도가니를 만드는 사람들이다.

언젠가 화이트헤드(Whitehead)는, 교육은 학생들에게 위대성에 접하도록 해야 한다고 말하였다. 이 점에서 우리는 그런대로 다행하였다. 그러나 교직에 위대한 사람들을 끌어들이는 방법은 결코 간단하지 않다. '수월'의 강조는 더딘 길이지만 그래도 가장 가능성이 있는 길이다. 그렇지만 또 한

31) '동일시'라는 것은 원래 문자 그대로 다른 사람을 자기 자신과 똑같다고 생각하는 심리작용을 말한다. 한 단체에 속하고 있는 사람들끼리 결속하는 것은 각각의 구성원이 다른 구성원들과 동일시하기 때문이며, 영화나 소설을 보면서 눈물을 흘리는 것은 주인공과 자기 자신을 동일시하기 때문인 것으로 해석된다. 사람들은 동일시하는 대상을 모방하는 경향이 있기 때문에 동일시는 또한 모방이라는 뜻도 가지고 있다. 이하 '동일시 모형'이라는 말은 곧 모방하는 대상을 가리킨다.

편, 텔레비전과 영화는 일방 전달이라는 주어진 제한 내에서 학생들의 동일시 모형 – 즉 위대성의 모형 – 의 범위를 넓히는 방법이 될 수 있지 않을까? 우리는 연령층에 따라, 또 상황에 따라 아동에게 효과적인 동일시 모형이 어떤 것인지 거의 모르고 있다. 마치 올림퍼스 산의 신처럼 세계의 정상에 있었던 사람들이 아동의 자신감과 위대성을 일깨우는 유일한 또는 최선의 동일시 모형일 것인가? 아니면, 유능한 고등학교 학생을 이따금 초빙교사로 교실에 데리고 오면, 아동들은 그 학생에게서 훨씬 직접적이고 강력한 동일시 모형을 발견할 가능성은 없을까? 이런 방법은 또한 재능있는 사람들을 교직으로 이끌어 들이는 데도 효과가 있을 것이다.

결국, 지식의 전달자로서, 학문의 모범으로서, 또 동일시 모형으로서의 교사의 과업은 경험의 폭을 넓히고 그 경험을 명료화하며 그 경험에 개인적인 의미를 부여하는 여러 가지 교구를 잘 활용함으로써 훨씬 효과적으로 완수될 수 있다. 교사와 교구 사이에 반드시 갈등이 있어야 할 아무런 이유가 없다. 교육의 목적과 필요한 조건을 고려하여 교구를 개발한다면, 교사와 교구 사이에는 아무 갈등이 없을 것이다. 오직 순간적인 호기심을 자극하는 수단으로서의 영화나 텔레비전, 아무런 내용도 품위도 없는 텔레비전 프로그램, 전연 배울 가치가 없는 내용을 생생하게 그려내는 그림 – 이런 것들은 교사에게나 학생에게나 아무런 도움을 주지 못한다. 교육과정의 질의 문제는 16mm 영사기를 구입하는 것으로 회피할 수 있는 문제가 아니다. 현재 미국의 국방교육법은 시청각 교구의 개발에 상당한 돈을 들이고 있다. 이 돈과 그 밖의 자원을 얼마나 효과있게 활용하는가 하는 것은 우리가 영화 제작가나 텔레비전 프로그램 제작가의 기술과 유능한 교사의 지혜를 얼마나 잘 통합하는가에 달려 있다.

우즈 호울 회의 분과별 참가자 명단

• 교육과정의 계열

Dr. John Blum	Yale University	History
Mr. Gilbert Finlay	University of Illinois	Physics
Dr. Arnold Grobman	American Institute of Biological Sciences	Biology
Dr. Robert S. Morison	Rockefeller Foundation	Medicine
Dr. Wm. C. H. Prentice	Swarthmore College	Psychology
Dr. Herbert E. Vaughan	University of Illinois	Mathematics

• 교수장치

Dr. C. Ray Carpenter	Pennsylvania State University	Psychology
Dr. John B. Carroll	Harvard University	Education
Dr. John H. Fischer	Teacher's College, Columbia University	Education
Mr. John Flory	Eastman Kodak Company	Cinematography
Dr. H. Bentley Glass	Johns Hopkins University	Biology
Dr. Donald Taylor	Yale University	Psychology
Dr. Don Williams	University of Kansas City	Cinematography

• 학습의 동기

Dr. Richard Alpert	Harvard University	Psychology
Dr. Lee Cronbach	University of Illinois	Psychology
Dr. John F. Latimer	George Washington University	Classics

Mr. Richard Pieters	Phillips Academy, Andover	Mathematics
Dr. Paul C. Rosenbloom	University of Minnesota	Mathematics
Dr. Kenneth W. Spence	Sate University of Iowa	Psychology

• 학습과 사고에 있어서의 직관의 역할

Dr. Henry Chauncey	Educational Testing Service	Education
Dr. Robert M. Gagne	Princeton University	Psychology
Dr. Ralph Gerard	University of Michigan	Biology
Dr. George A. Miller	Harvard University	Psychology
Dr. Jerrold Zacharias	Massachusetts Institute of Technology	Physics

• 학습에 있어서의 인지과정

Dr. Carl Allendoerfer	University of Washington	Mathematics
Dr. Edward Begle	Yale University	Mathematics
Dr. Jerome S. Bruner (Director)	Harvard University	Psychology
Mr. Donald Cole	Phillips Exeter Academy	History
Dr. Francis L. Friedman	Massachusetts Institute of Technology	Physics
Dr. Thomas S. Hall	Washington University	Biology
Dr Bärbel inhelder	Institute Rousseau, Geneva	Psychology
Dr. David L. Page	University of Illinois	Mathematics
Dr. H. Burr Steinbach	University of Chicago	Biology
Dr. Randall M. Whaley	Purdue University	Physics

「교육의 과정」의 재음미

「교육의 과정」이 출판된 지 10년이 지났다. 이 10년 간은 교육개혁의 방향과 강조점이 엄청나게 변화된 시기였다. 나는 지금 한 사람의 고고학자로서 그 시기에 빚어진 여러 가지 유물을 보아 그 시기의 모습을 되살려 내는 입장에서 이야기를 시작할 것인가, 아니면 혁명적인 의미를 지닌 선언문으로 시작할 것인가를 망설이고 있다. 나는 이 두 가지 충동을 절충하여, 먼저 약간 고고학적인 방법으로 과거를 파헤쳐 보고 난 뒤에, 이어 그 결과로 내가 발굴한 동굴에서 어떤 혁명적 열성을 발견할 수 있는가를 고찰하겠다.

1. 과거의 서장

먼저 「교육의 과정」이 태어난 시기를 되살려 보자. 1959년은 미국의 학교가 지적으로 아무 목적의식이 없다는 점에 관하여 사회적으로 크게 물의가 일어나던 시기였다. 여러 학문 분야에서 지식이 크게 진보하였음에도 불구하고, 이 진보가 학교 교육내용에는 전혀 반영되지 않고 있었다. 그 결과로 학문의 위계상으로 보아 '머리'라고 할 만한 전문 분야와 '꼬리'라고 할 만한 학교교육 사이에 커다란 간극이 생기게 되었다. 또한 특별히 과학자와 기술자를 충분히 배출하지 못하고 있다는 두려움이 크게 사람들의 마음을 사로잡고 있었다.

누구나 알고 있듯이, 그 시기는 스푸트니크 사건 직후였다. 그 당시 하바드 대학의 동료 교수들이 당면하고 있던 큰 문제점은 현대 물리학과 수학이 학교 교육과정에 반영되어 있지 않다는 것과, 그럼에도 불구하고 현대 과학을 이해한다는 것은 여러 가지 사회적 의사결정을 내리는 데에 기본적인 조건이 된다는 것이었다. 사회 안에서 생활하는 사람들로 하여금 일상생활의 의사결정에 대하여 반드시 올바른 근거를 가지게 되도록 모종의 조치를 취하지 않으면 안되었다. 이 조치라는 것은 먼저 과학을 가르치는 것이고, 그 다음에 다른 교과를 가르치는 것이었다. 사람들로 하여금 일상생활의 의사결정에서 근거를 가질 수 있도록 하는 데는 과학과 다른 교과를 가르치면 된다는 이 생각은 참으로 단순하고도 순진한 생각이었다. 그러나 동시에, 이런 종류의 판단은 세월이 지난 뒤에야 비로소 내릴 수 있는 판단이라는 것도 명심하여야 한다. 가장 나쁘게 말하여, 이 초기의 생각은 지나친 합리주의의 오류를 범하고 있었다.[1)]

이 시기의 지배적인 생각은 다음과 같은 것이었다. 즉, 우리가 지식의 구조를 이해하면 그것 때문에 우리는 혼자서 학습해 나갈 수 있다는 것이었다. 자연을 알기 위해서는 자연에 있는 모든 것들을 일일이 직접 당면해 볼 필요가 없이, 몇 가지 근본적인 원리를 이해함으로써 필요에 따라 특수한 사실들을 외연해[2)] 낼 수 있다는 것이었다(PE, pp.309-310). 그리고 안다는

---

1) 여기서 합리주의는 인간의 궁극적 가치를 '합리적인 근거를 제시하는 능력과 태도'(즉, 합리성)에 두는 견해를 말한다. 이 견해에 의하면, 사람이 사람다운 것은 오직 자기 자신의 지적 도덕적 판단이나 행위에 대하여 이성에 비추어 올바른 것으로 받아들일 수 있는 근거를 제시할 수 있기 때문이다. 그리고 모든 사람들이 이런 합리적인 마음을 가지게 될 때, 이상적 사회가 실현된다. 이렇게 볼 때 위에 언급한 바, 하바드 대학 동료 교수들의 생각이 합리주의를 나타내고 있다는 것은 자명해진다. 「교육의 과정」에 나타난 생각이 '지나친 합리주의의 오류'를 범하고 있다는 말은 이 논문 전체의 요지를 잘 요약하는 말로 해석된다. 즉, 「교육의 과정」 이후 10년 동안의 미국의 사회상은 과학이나 수학 및 그 밖의 다른 교과를 통하여 합리적인 사고방식을 길러주면 이상적 사회가 실현되리라는 낙관적인 가정을 도저히 허용하지 않을 만큼 복잡해졌다는 것이다. 그리하여 이 반성은 '교육과정을 개혁하는 것만으로는 불충분하여 학교제도 또는 사회제도 전반을 개혁해야 한다'는 이 논문의 결론과 직결된다. 그러나 이 반성이 과연 올바른 것인가 하는 데는 논의의 여지가 있다고 본다.

2) PE, p.332의 역주23 참조.

것은 곧 마음 속에 조금밖에 가지고 있지 않으면서 많은 사물에 대하여 많은 것을 아는 약삭빠른 전략을 의미한다는 것이었다.

이 견해는 본질상 한 분야를 잘 이해하는 사람들 – 즉, 그 분야에 실지로 종사하고 있는 사람들과 교사가 협동하면 새로운 교육과정을 만들어낼 수 있다는 가능성을 열어 놓는다. 현대에 와서 처음으로 학자의 가장 고귀한 역할은, 심지어 큰 연구기관이나 대학의 학자에게 있어서도, 지식을 교육의 내용으로 전환시키는 것, 다시 말하여 지식을 아동의 학습에 도움이 되는 형태로 바꾸어 놓는 데에 있다는 인식이 생겨났다. 이러한 생각은 몇 가지 함정이 없는 것도 아니지만, 과감하고 숭고한 생각임에는 틀림이 없다. 이 생각은 오늘날에도 면밀히 검토해 볼 가치가 있는 것이다. 나중에 이 글에서 우리는 이 생각을 다소간 검토하게 될 것이다.

이것이 바로 과학교육에 대한 개선 문제를 다룬 그 유명한 우즈 호울 회의(「교육의 과정」은 이 회의를 계기로, 또 이 회의의 토의내용에 영감을 받아 쓰인 것이다)에서 도출된 관점이다. 이 회의 이후 5년 동안에 있었던 중요한 교육과정 개발사업치고 이 회의를 마치 노벨상의 영관(榮冠)이라도 한두 개 씌울 정도로 추켜세우지 않은 사업은 아마 하나도 없을 것이다.

우즈 호울 회의가 나타내고 있던 합리적 구조주의는 직관주의에 의하여 내적 균형이 유지되었다(PE, 제5장). 합리적 구조주의에 대하여 직관주의는 올바른 추측, 소량의 확실한 지식을 기초로 멀리 도약하는 용기를 중요시하는 관점이다. 최선의 경지에 도달한 정신작용으로서의 직관은 능동적이고 창의적이고 외연적인 사고이며, 확실히 알려진 영역에서 확실히 알려지지 않은 영역으로 나아가서, 나중에 전자를 기초로 후자를 검증할 수 있도록 하는 정신작용이다.

물론 훌륭한 교사란 언제나 학생들의 직관적 사고작용을 조장해 왔다는 것을 모르는 사람은 없다. 그러나 혹시, 훌륭한 교사는 현재 널리 퍼져 있는 언어주의[3] 때문에 지하로 밀려가 버릴지도 모를 일이다. 플라톤의 대화편 「메논」(*Menon*)을 읽은 사람이라면, 아무 것도 모르는 노예 소년이 소크라테스와의 그 유명한 대화를 통하여 그토록 놀라운 기하학의 전문가로 변한다는 데에 대하여 누구나 의아심을 가질 것이다.[4] 그것은 만약 학생들에게 추측할 적당한 기회를 주고 혼자서 학습할 수 있도록 지식을 구조화해 준다면 학생들이 어디까지 나아갈 수 있는가를 보여주려고 플라톤이 일부러 꾸며댄 이야기일까? 어쨌든 그것은 우리에게 훌륭한 교사가 합리주의와 직관주의를 결합한 수업을 한다고 할 때 어떻게 하는 것인가를 보여주고 있다.

우즈 호울 회의와 그 이후에는 또한 사물을 스스로 찔러보는 능동적 학습, 지식을 수동적으로 소비하는 학습이 아니라 능동적으로 발견하는 학습이 크게 강조되었다. 이러한 방법 역시 사물을 완전히 자기 것으로 소화하기 위해서 그 사물을 책에 씌어진 대로가 아니라 자기 자신의 사고방식으로 구조화할 필요가 있다는 생각에서 나온 것이다. 이 생각을 열렬히 지지하는 몇몇 사람들은 소위 '발견학습법'의 깃발을 휘두르며 내달아, 심지어 별자리의 이름까지도 '발견'해야 한다고 주장하였다. 이것은 별로 대단할 것도 없는 생각이었으나 그 결과는 심오한 바가 있으며, 그 결과가 실로 어떤 것인가는 그 당시에 완전히 이해되지 않았던 점도 있다. 이 문제도 나중에 이 글에서 다시 다룰 생각이다.

1960년대 초기의 여러 교육과정 개발사업에서 우리는 훌륭한 수업으로써 학생들의 능력을 최대한으로 발휘하게 하는 것이 얼마나 어려운 일인가를 몇 번이고 되풀이하여 깨닫게 되었다. 소크라테스와 노예 소년의 이야기가 끊임없이 사람들의 입에 오르내렸다. 우리가 어떤 교과내용이든지 올바른 형식으로 표현하면 어떤 발달단계에 있는 어떤 아동에게도 가르칠 수 있다는 결론을 내린 것도 무리는 아니다. 이 말은 반드시 어떤 교과내용이든지 그것을 가르치는 궁극적인 형식이 있다는 뜻이 아니라, 학생들이 배

3) 언어주의가 직관적 사고와 반대된다는 것은 본문 제4장 첫 부분에 제시된 직관적 사고의 정의에 비추어 명백하다. 즉, 직관적 사고를 부정적으로 정의하면 '명백히 형식을 갖춘 언어로 표현하지 "않고" 하는 사고'로 될 것이다.

4) 노예 소년과 소크라테스의 대화에 관해서는 「메논」을 발췌한 앞의 제7장 2절 '산파술'을 참조하라.

워야 할 개념이나 원리를 학생들이 파악할 수 있는 형식으로 친절하게 '번역'해 주는 방법이 있다는 뜻이다. 이런 번역을 해주지 '않을' 때, 우리는 학생들을 불친절하게 대하는 것이다. 이 이상을 추구하게 되었다는 것은 아마도 1960년대 교육과정 대건설기의 가장 중요한 소득이라고 볼 수 있을 것이다.

이 모든 것과 함께, 학생을 보는 기본 관점과 태도 또한 달라졌다. 이제 학생은 과학자나 역사가와 다른 별종의 인간이 아니다. 물리학을 배우는 학생은 물리학자가 물리학을 연구하는 것과 똑같은 방법으로 물리학을 배우며, 우즈 호울 회의에서 소위 '중간언어'(middle language)라는 이름으로 통한, 물리학에 관한 포장된 사실들을 갉아 먹는 소비자로서 배우는 것이 아니다(PE, p.299). 중간언어는 교과를 이야기하는 언어가 아니라 교과에 '관하여' 이야기하는 언어이다.

그 당시 나는 다음과 같은 농담을 들은 기억이 있다. 이 이야기는 학생들이 예컨대 물리학과 같은 과목을 어떻게 접근해 주면 좋은가 하는 우리의 소원을 잘 나타내고 있다. 말하자면 우리는 학생들이 유머와 명랑한 기분으로, 자의식을 버린 상태에서 사물을 뜯어내었다가 다시 맞추었다가 하기를 바라는 것이다.

시카고 대학의 학생이 물리학 개론 시험을 치는 데에 다음과 같은 문제가 나왔다.

> 기압계 하나를 가지고 시카고 중심부에 있는 모 빌딩의 높이를 재고자 한다. 어떻게 하겠는가?

이 학생은 다음과 같이 대답하였다.

> 몇 가지 방법이 있다. 한 가지는 빌딩 꼭대기에 올라가서, 빌딩 아래에 동료 하나를 세워 놓고, 건물 가장자리에서 기압계를 떨어뜨리면서 동시에 손수건

을 흔들어 신호를 한다. 아래의 동료는 신호와 함께 스톱 워치로 기압계가 땅에 떨어질 때까지 시간을 잰다. 대기 마찰의 영향을 간단히 교정하면 낙하시간을 보아 빌딩의 높이는 쉽게 계산할 수 있다.

불행하게도 이 방법을 쓰면 기계가 부서지기 때문에 신뢰도 검사를 할 수가 없다. 그러므로 약간의 투자가 필요하겠지만, 둘째 방법을 쓸 수 있다. 기압계의 길이를 재고 난 뒤, 빌딩의 계단을 올라가면서 빌딩의 높이가 기압계 길이의 몇 갑절인가를 잰다. 그리하여 그 수에다 기압계의 길이를 곱한다.

또 한 가지 방법이 있다. 키가 얼마인가를 알고 있는 사람을 빌딩 꼭대기에 세우고 팔을 뻗쳐 기압계를 세워 들게 한다. 빌딩의 정북쪽에 동료 하나를 배치한다. 태양이 남중할 때까지 기다렸다가 기압계 그림자의 맨 끝 지점을 가장 정확히 결정하고 그날 태양이 남중한 지방시를 결정한다. 항해력을 보아 그 위도에서 남중 때 태양의 고도를 조사한다. 빌딩이 똑바로 서 있다고 가정하면 우리는 두 개의 각을 얻는다. 그 사이의 길이와 그 밖의 여러 가지는 간단한 기하문제이다.

이것은 대단히 정확한 방법이지만 시간이 없을 경우에는 쓰기 어려운 방법이다. 시간이 없는 사람은 다음과 같은 방법을 강구해 보는 것이 좋다. 기압계를 가지고 빌딩 지하실로 가서 '관리실'이라고 써붙인 방의 초인종을 누르면 관리인이 나올 것이다. 그에게 이렇게 말하면 된다. "내게 12달러 75센트짜리 기압계가 있소. 이 건물의 높이를 가르쳐 주면 이것을 드리겠소."

참으로 훌륭한 과학이다. 이것은 또한 학생에 대한 적절한 존경도 나타내고 있다. 이러한 학생 – 직관과 기지와 경쾌한 신중성을 가진 학생 – 을 만들어 내는 것이 우리의 희망이었다. 결코 나쁜 이상은 아니다.

나는 우즈 호울 회의가 끝난 다음 날인 그 우울한 날을 기억하고 있다. 그 날은 비가 오고 있었다. 우리들 지도위원회는 그 사업 전체가 확실히 잘못 계획된 것이라고 생각하였다.

우리는 결국 전 교육기구가 우리와 과학에 적대감을 품게 될 것이 아닌가를 두려워하고 있었다. 그러다가 「교육의 과정」이 출판되었다. 이 책은 절찬을 받았다. 절찬이라는 것은 머리 속에 해야 할 일을 생각하고 있는 사람에게는 아주 대처하기 힘든 것이다. 어떤 것이 일단 절찬을 받고 나면, 그 것은 아주 고상한 방법으로 무시되기가 일쑤인 것이다. 우리가 받은 따분한 절찬이라는 것은 말하자면 그 책을 읽은 교사가 그 책에서 자기가 가장 좋아하는 부분을 빼내어 놓고 본즉 그것이 바로 자기가 현재 가르치고 있는 방법과 똑같더라는 따위의 절찬이다. 그러나 우리의 사업을 무력하게 만드는 절찬은 새 교육과정이 나타나기 시작하자 쑥 들어가 버렸다.

교육과정을 만들어 낸다는 것은 우리 학자들이 생각했던 것과는 전혀 딴판이었다. 가장 재능과 경험이 많은 교사와 역시 가장 재능과 경험이 많은 과학자와 역사가, 또는 그 밖의 학자들을 공동으로 일을 시키면 늘 약간 빽빽한 긴장감이 돌곤 하였다. 양쪽에서 서로 배워야 할 것이 많았고 작업진도는 더디었으며, 게다가 대학 진학 학생, 평균 학생, 빈민굴 출신의 지친 학생 중의 어느 수준에 집중적으로 노력을 기울일 것인가를 결정하는 문제가 항상 따라 다녔다.

우리는, 교육과정 개발사업에는 우리가 미처 예상하지 못했던 몇 가지 측면이 있다는 것을 알게 되었다. 이들 측면은 주로 교육과정이 제작되고 난 뒤부터 문제시되는 측면이다. 하나는 교육에 있어서의 관료주의의 문제, 교육자료의 채택과 배포 등등에 관한 문제이다. 이것은 근래 출판된 ASCD (장학 및 교육과정 개발협회)의 연감[5] 한 권이 몽땅 이 문제를 다룰 정도로 중요한 문제이다. 둘째 문제는 이보다 더 심각한 문제로서, 교육과정을 사용할 교사를 훈련하는 문제이다. 이 두 가지 문제는 모두 미해결이다. 첫째 문제는 재정적 곤란 때문이며, 둘째 문제는 교사의 채용과 훈련과 지도가 원래 정말로 까다로운 문제이기 때문이다. 나는 이 분야에 대하여 도저히 잘 안다고 자처할 수 없다...[6]

---

5) Haubrich, Vernon F.(1971), *Freedom, Bureaucracy, and Schooling*(ASCD Yearbook), Washington, D. C: Association for Supervision and Curriculum Development.

6) 이하 「교육의 과정」이 어떻게 각 국의 정치적 목적에 사용되었는가를 기술한 부분은 생략하였다.

2. 현재와 미래

이제 고고학은 그만두고, 현재와 미래에 관한 문제로 이야기를 돌려보자. 「교육의 과정」이 나타내고 있는 교육운동은 다음과 같은 신조에 기초를 둔 것이었다. 즉, 학습이라는 것은 학생들이 하고 싶어하는 것이며, 학생들은 어떤 특정한 교과를 훤하게 알고 싶어한다는 것이다. 학생들의 학습동기는 처음부터 이미 있는 것으로 전제하여도 좋다고 우리는 생각하였다. 또한 학교에 공부하러 오는 학생들은 누구나 중류계층의 '잠재적 교육과정'[7]의 혜택을 받아 이미 분석적 사고능력을 갖추고 있으며 지력의 사용에 대한 전통적인 통념을 가지고 학교에 들어온다는 것을 우리는 무언 중에 가정하고 있었다.

물론 이런 가정들을 문제시하지 않았다는 것은 우리 모두에게 매우 유감스러운 일이었다. 여기서 나는 내가 최근에 쓴 「교육의 적합성」[8]이라는 책의 머리말을 인용하겠다.

'이 책은 1964년과 1970년 사이, 깊고 격심한 변화의 시대에 씌어진 논문을 모은 책이다. 이 시대는 혼란을 일으킨 시대였다. 이 시대는 그 자체의 영향력도 가지고 있었지만, 특히 이 시대에 내가 점점 어린 아동의 교육 문제에 관심을 가지게 되었다는 사실로 말미암아 그 영향력이 더욱 커졌다는 것도 사실이다. 이 아동들은 나의 실험과 관찰의 "대상"이었다. 바깥 사회의 혼란과 내 연구 대상인 인간의 무기력과의 대조는 항상 나에게 강하게 육박해 오고 있었다.'

'이 논문들이 쓰인 시기는 청년문화가 확립되고 그 부수 현상으로서 "제

7) 이 용어는 현재 국어, 수학 등 명백히 체계화된 표면적(눈에 보이는) 교육과정에 대하여 학생들이 학교 안이나 바깥에서 '경험'에 의하여 배우게 되는 눈에 보이지 않는 교육과정을 가리키는 것으로 해석된다. 자세한 것은 배영사에서 '교육신서' 시리즈 중의 한 권으로 출판한 「잠재적 교육과정」을 보라.

8) Bruner, J. S.(1971), *The Relevance of Education*, New York: W. W. Norton & Co.

도화"된 학교교육에 대한 반항이 대두되던 시기였다. 이 시기는 버클리 대학에서 콜럼비아 대학까지, 하바드 대학의 동상 파괴사건과 소르본느의 소요를 거쳐 프라하 대학의 봄과 여름, 그리고 그 뒤의 길고 잔인한 겨울의 첫 부분에까지 이른다. 미국 대학의 경우를 보면, 우리는 안이하고 부드러운 옛날 "새 대학" 시절에서 현재와 같이 교수의 수가 많은 딱딱한 분위기의 대학으로 이행해 왔다. 학생들은 학원 정치활동의 시대에서 시작하여 새로운 과격파의 날카로운 불꽃을 날리다가 1971년 초겨울인 현재에는 새로운 해방운동을 벌이고 있다.'

'소란과 이상주의로 물들어 있는 이 시대를 통하여 "자연성"이라고 할까, "자발성"이라고 할까, 직접적인 대면을 통한 즉각적 학습이라고 할 하나의 주제가 흐르고 있었다. 전통적인 방식 전반을 불신하게 된만큼, 현재 있는 대로의 학교도 불신의 대상이 되어, 학교는 교육 문제의 해결책이라기보다는 그 자체가 문제가 아닐까 하는 의문이 제기되었다. 1960년대 초기의 미국 교육개혁은 주로 교육과정의 재구성에 관한 것이었다. 그것이 추구한 이상은 현대적 지식을 사용하는 데에 있어서의 명료성과 지력의 자율적 방향 설정이었다.'

'수학과 물리학, 화학과 생물학, 심지어 행동과학 분야에 있어서도 대담한 노력이 시도되었고, 그 중에는 성공을 거둔 것도 있다. 나중에 밝혀지기는 했지만, 이때 인문학이 왜 그렇게 부진했던가는 이해하기 어려웠다. 실상인즉, 인문학의 교육과정을 개편하는 데는 너무나 많은 폭발적인 논쟁점들이 튀어 나오게 되어 있었기 때문이다.'

'1960년대의 후반기, 즉 이 책에 실린 논문들이 쓰인 시기에는 보다 근본적인 의문들이 대두되기 시작했다. 교육과정을 개정하기만 하면 충분한가, 아니면 교육제도 전반을 보다 근본적으로 재구성할 필요가 있는가? 명백하게 이 의문은 오늘날 문화와 기술의 변화라는 훨씬 심원한 근원을 가지고 있다. 그러나 동시에, 베트남을 휩쓰는 참혹한 전쟁은 역시 자기 만족에 편안히 빠져 있을 법한 사람들에게 우리가 하는 일들이 과연 옳은 일들인가,

우리가 시급하다고 하는 문제가 과연 시급한 문제인가 하는 의문을 일으켰다. 그렇게 엄청난 부를 가지고 있는 나라가, 한편으로 이상주의를 표방하면서, 또 한편으로 그토록 엄청난 파괴력을 눈 하나 까딱하지 않고 행사할 수 있단 말인가? 우리 자신의 삶에 도시 빈민가와 빈곤과 인종차별의 문화가 스며있는 판에 어떻게 사람답게 살아야 한다는 명분으로 전쟁을 걸 수 있단 말인가?'

'우리는 빈곤과 인종차별이 아동의 삶에 얼마나 끔찍한 영향을 미치는가, 또 학교가 어느 정도로 이런 사회악을 조장하는 수단이 되어 왔는가를 새로운 눈으로 들여다 보았다. 그리하여 조나탄 코졸의 「조기의 죽음」[9]과 같은 웅변적인 책들이 나타나기 시작했다. 이 책에는 "보스톤의 공립학교에서 흑인 아동들의 심령이 어떻게 파괴되는가"라는 부제가 붙어 있다.'

'"자유의 학교"를 처음으로 추구한 것은 흑인 사회였다. 자유의 학교의 목적은 흑인 주체의식(主體意識)을 북돋우어 주고 흑인 사회의 자치관념(自治觀念)을 불어넣어 주는 데에 있었다. 19세기의 민권운동이 광범위한 사회 항거의 본보기가 된 것과 마찬가지로, 흑인 빈민의 아동을 위한 자유의 학교 운동은 지식층의 중류사회에 그것에 상응하는 연쇄반응을 일으켰다. 확립된 체제에 대한 저항운동은 즉시 교육제도에도 번졌다.'

'이반 일리치(Ivan Illich)나 폴 굿만(Paul Goodman)과 같은 개방된 마음을 가진 사람들은 교사와 행정가들의 지독한 관료주의를 매도하는 새로운 낭만주의를 부르짖었다. 그 요지는 자발성에 의한 구제와 제도화된 학교체제를 허물어뜨리는 것이었다. 우리가 알고 있듯이 이 견해는 청년의 "동료문화"(in-culture)에 즉각적으로 뿌리를 박았다.'

'그러나 낭만주의가 어떤 사람에게는 위안이 된 반면, 다른 사람에게는 절망을 안겨 주었다. 1970년 봄에 「오늘의 심리학」(*Psychology Today*) 잡지의 편집자인 엘리자베스 홀이 그 당시 미국 교육에 관한 내 의견을 물었을 때,

---

9) Kozol, Jonathan(1967), *Death at an Early Age: The Destruction of the Hearts and Minds of Negro Children in the Boston Public Schools*, Boston: Houghton Mifflin Co.

내가 대답할 수 있었던 것은 오직 미국 교육이 위기상태에 빠져 있다는 것뿐이었다. 미국 교육은 사회적 필요의 변화에 반응하지 못하였고, 사회적 필요를 이끌어 나가기보다는 그것에 뒤처져 있다는 것이었다. 예컨대 조기 교육과 사회계층에 관한 내 연구결과는 우리의 교육제도가 사실상 사회계층 체제를 영속화하여 언제나 한 집단을 밑바닥에 두는 수단이 되고 있다는 확신을 나에게 안겨 주었다. 우리의 교육제도는 사회 경제적으로 가장 낮은, 전 인구의 1/4에 해당하는 집단의 아동이 최대한으로 사회에 참여할 능력을 짓밟아 버리고, 게다가 조기에, 또 아주 효과적으로 짓밟아 버렸다. 따라서 대체로 연대 순으로 배열되어 있는 이 조그만 책자가, 첫째 1965년에 쓴 "지력의 완성"이라는 논문에서 시작하여 마지막으로 1970년에 쓴 "빈곤과 아동"이라는 논문으로 끝난다는 것은 조금도 놀라운 일이 아니다.'

이리하여 1960년대의 후반기가 지나갔다. 1970년에 들어와서 이제 우리의 관심은 교육과정을 개선함으로써 학교를 안에서부터 바꾸는 일이 아니라, 학교를 완전히 사회의 필요에 맞게, 학교제도를 전체적으로 바꾸는 일이다. 우리 앞에 놓인 과업은 이미 개혁이 아니라 혁명의 성격을 띤 것이다. 그리고 이 일에서 학자가 어떤 역할을 해야 할지는 그다지 명백하지 않다.

3. 학습자의 동기유발

이제 무엇을 해야 하는가? 1971년에 우즈 호울 회의가 다시 열린다면, 그 모양은 어떠하겠는가? 우선, 첫 번 회의처럼 시골 해변인 우즈 호울에서 열릴 것이 아니라, 아마 대도시의 중심부에서 열릴 것이다. 흔히 '전달매체(medium)가 곧 전달내용(message)'이라고들 하지만, 확실히 교육이 어떤 매체를 통하여 이루어지는가가 중요한 문제일 것이다. 말하자면 그 매체는 교육과정이 아니라 학교일 것이며, 심지어 학교가 아니라 사회일지도 모른다. 그리고 내 견해와 내 관점에 비추어 보면, 이 회의에서의 문제점은 학습의 주도권과 자신감을 학습자에게 되돌려 주는 문제, 다시 학습하고 싶어지도록 학습자의 의욕을 자극하는 문제에 관계될 것이다. 이 문제가 해결되고 난 뒤에 다시 교육과정이 문제될 것이다. 그러나 이때 교육과정은 교과내용이 아니라, 지식을 학습하고 사용하는 전반적 접근방법을 가리키는 말로 쓰일 것이다.

이하 내가 말할 내용은 학습자의 동기를 유발하는 문제, 학습자에게 완전한 자발성과 주도권을 부여하는 문제에 관계된다.

우선, 사람들에게 무엇인가 배우고 싶다는 생각을 가지게 하는 문제, 지속적으로 학습하도록, 또 도저히 학습하지 않고는 못배기도록 하는 문제를 생각해 보자. 최근 「세터데이 리뷰」(*Saturday Review*)에 쓴 논설에서 나는 다음과 같이 제의를 하였다. 즉, 월요일과 수요일과 금요일의 교육과정에서는 보통의 교과내용을 다루고 화요일과 목요일과, 정말이지 토요일에는 학생들의 가장 직접적인 관심거리를 다루는 여러 가지 활동 – 이것이 소위 '학원의 정치활동'이라는 것인지도 모르겠다 – 을 하도록 교육과정을 꾸밀 수 있다는 것이다. 화요일과 목요일에는 학생들로 하여금 자기의 견해를 밝히는 요약보고서를 만들게 하고 자기가 옳다고 생각하는 것을 강력하게 주장할 수 있도록 한다. 학생들로 하여금 학교 안의 문제나 지역 사회 문제나 그 밖의 어떤 문제에 관하여 행동강령을 준비하도록 한다. 중요한 것은 학생들이 현재 자기에게 중요한 어떤 문제에 관하여 자기가 가지고 있는 자원을 총동원할 줄 알게 되어야 한다는 것이다.

화요일과 목요일과 토요일의 시간은 위대한 질문들과 씨름하는 시간이며, 바로 위대한 질문들이라는 사실 때문에 이 질문들은 그 해답을 잊어버린 후에도 오래 동안 철새와도 같이 계속 나타나는 질문들이다. 그리고 표현적 요소 – 인간적 대면, 증오와 사랑, 느낌 등 – 를 위한 시간이 더 있어야 한다. 그렇다고 해서 이런 것들이 모두 야바위 냄새를 피울 필요는 없으며, 설교조일 필요도 없다. 나는 즉흥적인 연극, 영화 등을 써서 역사를 가르치고 역사적인 질문을 제기하게 하는 실험수업을 여러 번 본 일이 있다. 이런 수업은 여러 가지 다른 관점에서 역사적 사건을 재구성하는 방법을 가르치는 수업이다. 이런 수업에는 현대 사회를 무대로 한 영화나 연극이 엄청나게 중요한 관련을 맺고 있다. 이오네스크(Ionesco)나 피란델로(Pirandello)와 같은 작가는 현대 사회의 부조리 문제에 관심이 있었다기보다는 우리가 명백하다고 생각하는 일에 어떻게 하면 얽매어 있지 않게 될 것인가에 더 관심이 있다. 명백한 것에 얽매이지 말라는 것은 일괄적으로 규정될 것은 아니지만, 그 가능성을 탐색할 필요는 확실히 있다. 어찌하여 우리는 우리가 살고 있는 사회의 촉감에서 어리둥절한 느낌을 받게 되는 것일까?

「한 교사에게 보내는 편지: 바르비아나의 학생들」[10]이라는 책은 특이하고 감명 깊은 책이다. 이 책은 현대 이태리 토스카니아 지방의 산 마을에 관한 이야기이다. 이 마을의 아이들은 학교에서 너무나 여러 번, 여러 가지 이유에서 낙제를 거듭했기 때문에 몇 세대를 두고 학교 공부를 치워 버리고 날품팔이 노릇을 하기로 아예 작정하고 있었다. 이 교구에 목사 한 사람이 왔다. 이 목사는 이 마을에 아무도 낙제하지 않는 학교, 누구나 급제하게끔 기대되는 학교를 세웠다. 이 학교에서는 누구나 자기 반의 모든 학생들이 완전히 알게 되도록 하는 책임을 지고 있었고, 한 사람이라도 모르는 사람이 있으면 아무도 다음 과로 넘어가지 못하게 되어 있었다.

협동체는 효과적인 학습에 큰 힘을 가지고 있다. 학생들은, 만약 그렇게 하도록 권장하면, 서로서로 굉장한 도움을 줄 수 있다. 학생들은 세포와도 같으며, 이 세포는 혁명적인 인자를 담고 있는 세포이다. 이 세포는 상호학습과 상호교수가 일어나는 세포요, 학습 구성원에 대한 그 자체의 공명감과 책임감을 가지고 있는 단위이다.

이런 문제는 모두 지난 번 우즈 호울 회의에서 우리가 충분히 다루지 않은 문제들이다. 우리는 교육과정을 어떻게 구성하는가 하는 문제만을 생각하였기 때문에 소위 '학습의 상호성'에 관해서는 미처 생각이 미치지 못했

10) Nora Rossi & Tom Cole(trans.)(1970), *Letter to a Teacher: Schoolboys of Barbiana*, New York: Random House.

다. 그렇기 때문에 또한 우리는 우리의 실험실은 물론, 교육과정 개발사업 그 자체가 일종의 공동체라는 사실조차 깨닫지 못했던 것이다.

누군가가 틀림없이 이렇게 물을 것이다. "그렇다면 학생들의 성적은 어떻게 매긴단 말인가?" 여기에 대하여 이렇게 반문하면 어떨까? "그렇다면 교수 상호간 또는 대학원 학생들과 공동논문을 쓰는 저명한 동료 교수들의 성적은 도대체 어떻게 매긴단 말인가?"[11)]

마사추세츠 주의 콩코드 시에서는 고등학교 여학생들이 모여 초등학교 학생들을 지도하고 있다. 상・하급생 사이의 지도라는 것이 어떤 것인가를 알고 있는 사람이면, 도와주는 학생이 실상은 도움을 받는다는 것과, 가르치는 사람이 되면 더 잘 배우는 사람이 된다는 것을 알 것이다. 그러나 이것이 그리 놀라운 일인가? 문화를 전승해 나간다는 것은 바로 이것을 말하는 것이 아닌가?

동급생 집단이나 상・하급생 집단에 관하여 우리가 말하는 내용은 그대로 사회 안의 다른 연령층에 대해서도 적용된다. 참으로 심오한 뜻에서 말하는 것이지만, 우리에게 필요한 것은 형식적 (학교)교육 이상의 '학습 공동체'(learning community)를 재확립하는 것이며, 이 점에서 보면 오늘날 있는 그대로의 학교교육은 너무나 고립되어 있다. '학습 공동체'를 재확립한다는 것은 단순히 초등학교 학생과 중학교 학생 사이의 칸막이를 없앤다든지, 출신 대학과 한 평생 관계를 유지하면서 이따금씩 대학에 돌아와 지적 영양분을 섭취하고 다시 광범한 학습 공동체의 한 부분으로 일하는 것만으로는 달성되지 않는다. MIT 공과대학에서는 몇 년 전에 공학과 기술자의 교

11) 이 반문이 어찌하여 위의 질문에 대한 대답이 될 수 있는가는 이 논문 전체의 아이디어에 함의되어 있다. 그 대답을 보아 구체적으로 제시하면 아마 다음과 같은 것이다. 즉, 학생들의 성적을 매기는 방법은 없다. 그것은 마치 우리가 동료 교수들의 성적을 매길 수 없는 것과 같다. 그러나 성적을 매긴다는 것은 현재와 같은 학교제도, 현재와 같은 사회제도에서나 필요한 것이다. 여기에 바로 교육의 개혁은 교육과정의 개혁만으로는 안되며 학교제도와 사회제도의 전반적인 개혁으로 가능하다고 주장할 또 하나의 근거가 있다.

육은 5년 후에는 낡아빠져 못쓰게 되므로, 다시 대학에 들어와서 최신의 지식을 배워야 한다는 단정을 내렸다. 다시 대학에 들어오는 것은 좋다. 그러나 다시 대학에 입학하는 대가로서 그 졸업생은 이제 막 공부를 시작하는 사람들에게 교사, 개인지도자, 안내역, 또는 그 밖의 어떤 역할로서든지 간에 이 사람들을 가르치는 임무를 떠맡아야 할 것이다.

마지막으로, 교육과 사회와의 관련을 강조하는 의미에서, 우리는 옛날 말로 '소명'(vocation) 또는 생활태도라고 하는 것, 또는 요새 대학생들의 표현을 빌면 '생활 스타일'이라고 하는 것을 다시 부활해야 하지 않을까 하는 문제를 생각해 보겠다. 나는 요새 젊은이들이 생활 스타일에 그토록 관심이 많은 데에 감명을 받고 있다. 나는 막 대학생 기숙사 사감의 임기를 마쳤는데 이때 경험으로 보면, 이 방면에 대한 대학생들의 관심은 괄목할만한 것이었다. 그러나 동시에 나는 이 관심이 '실지로 어떻게 사는가' 하는 문제에 직결되는 경우가 거의 없다는 점에 실망을 금할 수 없다. 그렇게 될 때 비로소 생활 스타일이라는 말은 소명이라는 말에 부끄럽지 않은 싱싱한 정신을 가질 수 있을 것이다.

그러면 오늘날 학생들은 너무나 계층화되고 단절된 사회에서 생활하는 나머지 식품상의 생활 스타일, 의사의 생활 스타일, 택시 운전수의 생활 스타일, 학원 정치운동원의 생활 스타일을 모르고 있는 것이 아닌가? 그 뿐인가, 경마장 도박꾼이나 여배우 지망생이나 사생아의 어머니에게도 생활 스타일이 있는 것이다. 그렇다. 내가 믿는 바로, 오늘날 학생들은 너무나 고립된 생활을 하는 나머지, 사회에서 수행되는 역할에는 어떤 것이 있으며, 그 역할을 수행하는 생활 스타일에는 어떤 것이 있는가를 알지 못하고 있다. 따라서 나는 사회의 다양성과 학교의 현상 사이를 연결하는 모종의 방안을 강구하도록 역설한다. 이 방안이야말로 학교가 이 이상 고립되는 것을 막고, 사회가 이 이상 학교를 의혹에 찬 눈으로 바라보지 않도록 할 수 있을 것이다.

마지막으로, 「교육의 과정」과는 직접적인 관련은 없지만, 오늘날 가장 중요한 문제 한 가지만 덧붙이겠다. 이 문제를 무시하고는 교육을 논할 수 없다고 생각하기 때문이다. 즉, 흑인이기 때문에, 또는 다른 어떤 이유로 그렇게 되었든지 간에, 가난한 사람들, 부랑자들, 좌우간 우리 사회의 신분조직에 맞지 않아 떨어져 나간 사람들에게 우리가 입히고 있는 깊고 깊은 상처를 치료해 주는 노력을 기울이지 않는 한, 우리는 하나의 사회로서, 또한 인간으로서 우리 자신을 멸망시키게 되리라는 것이다. 아주 어린 아동에 관한 내 연구결과로 밝혀진 것이 있다고 하면, 그것은 어떤 사람이 하나의 성인으로서 또는 부모로서 응당 가져야 할 사회적 기반을 가지지 못하고 '국외자'로 떨어져 나가 있을 때, 그 사람의 자녀는 즉시 희망을 상실하게 된다는 것이다. 이런 아동은 두 살이나 세 살 때 벌써 이 '희망의 상실'에 관하여 남몰래 곰곰이 생각하기 시작한다.

어떤 집단이 응당 가질 수 있는 포부를 가질 수 없게 될 때, 그 집단의 구성원들은 더욱 결사적인 포부를 가지게 되고, 또 사회 전체에 위협이 되는 수단 – 이 경우에 수단이라는 것은 집단의 권위를 유지하거나 회복하려는 노력에 불과하다 – 을 써서라도 그 포부를 실현시키고자 할 것이다. 불평등은 교육만으로 제거될 수 있는 것은 아니다. 이것은 지난 10년 동안에 우리가 배운 또 하나의 교훈이다. 뿐만 아니라, 학교는 대개 빈곤의 영향을 영속화하는 수단이 되기도 한다. 빈곤은 말만으로 제거되지 않으며 실지로 학교를 졸업하면 어떤 가능성이 있다는 것을 사회가 자신있게 보장할 만큼 일자리도 있어야 한다.

전반적 사회제도 – 학교제도를 그 안의 한 통합된 부분으로 포함하는 전반적 사회제도 – 의 개혁을 우리가 허심탄회하게 생각할 수 있는 길이 있어야 한다. 그와 같이 사회제도를 개혁하기 위해서는 우리의 자원을 투입할 방향과 우선 순위를 재조정해야 할 것이며, 국가 전체의 노력방향을 재규정해야 할 것이며, 우리 모두의 마음 속 깊이 잔인한 인종차별 사상이 도사리고 있다는 사실에 대하여 적절한 대책을 강구하여야 할 것이다. 우리는 이 모든 문제를 해결할 줄 알아야 한다. 젊은이들은 이 사실을 알고 있다.

그들은 흔히 우리가 인종 문제나 그 밖의 다른 문제점들을 올바로 보지 못한다는 데에 대하여 못마땅하게 생각한다. 역사는 틀림없이 그들의 편을 들 것이다.

결국, 우리는 끝내 교육이란 중립적으로 논의할 수 있는 주제도 아니요, 따로 떼내어 논의할 수 있는 주제도 아니라는 것을 분명히 알아야 한다. 교육은 어떤 사람에게는 장래를 보장해 주고 또 그렇게 함으로써 어떤 다른 사람을 밀어내어 버린다는 점에서 근본적으로 정치적 문제이다. 만약 지금 내가 1970년대의 교육과정 개발사업을 선택할 수 있다면, 나는 그 주제로서 사회를 올바른 가치관과 인생철학으로 되돌리는 방법이 무엇인가 하는 것을 선택하고 싶다. 속죄고백은 아니지만, 그때 나는 기꺼이 역사의 구조, 물리학의 구조, 수학적 일관성의 성격 등에 관해서는 강조를 줄여야 한다고 선언하고, 그 보다는 오히려 우리가 당면하고 있는 여러 가지 사회적 문제와의 관련에서 교육과정을 다루게 될 것이다. 역시 우리는 그런 문제들을 해결하는 방법에 관심을 가지기는 하되, 단순히 실제적인 행동으로 문제를 해결할 것이 아니라, 어디서 어떠한 형태로 발견한 지식이든지 간에 지식을 적용하여 문제를 해결하려고 하여야 할 것이다.12) 또한 우리는 소명과 의지를 이때까지보다 훨씬 굳건하게 교육의 과정 속의 올바른 위치에 다시 정치시켜야 할 것이다.

10년이 지난 오늘날, 우리는 「교육의 과정」이 한 혁명의 기점을 이루었다는 것을 깨닫는다. 그러나 앞으로 그 결과가 어디까지 갈지 아직은 아무도 모른다. 교육과정의 개혁으로는 불충분하다. 학교제도의 개혁으로도 아마 불충분할 것이다. 문제점은 문화와 사회와 공학기술을 창조하는 인간의 능력에 관계되는 것이며, 이 세 가지는 인간을 먹여 살릴 뿐만 아니라, 인간으로 하여금 계속적으로 관심과 소속감을 가지게 하는 데에 절대적으로 필요하다.

12) 문제해결의 이 두 가지 방법의 차이는 이론과 실제, 사고와 행동 사이의 차이와 관련된다(PE, p.356의 역주28 참조).

참고문헌

김호권(1970), 완전학습의 원리, 서울: 배영사.

이영덕(1969), 교육의 과정, 서울: 배영사.

이홍우(1992), 증보 교육과정 탐구, 서울: 박영사.

이홍우 · 유한구 · 장성모(2003), 교육과정 이론, 서울: 교육과학사.

정범모(1968), 교육과 교육학, 서울: 배영사.

정범모 · 박용헌(1969), 성취동기, 서울: 배영사.

정인보(1972), 양명학연론, 서울: 삼성문화문고.

American Education Team(1954-1955), *Curriculum Handbook for the Schools of Korea* (Mimeographed Report), Seoul: Central Education Research Institute.

Beck, C. M., Crittenden, B. S., & Sullivan, E. V.(ed.)(1971), *Moral Education: Interdisciplinary Approaches*, Toronto: University of Toronto Press.

Bloom, B. S. *et. al.*(1956, 1964), *Taxonomy of Educational Objectives: I. Cognitive Domain, II. Affective Domain*, New York: David McKay, 임의도 외(공역)(1966, 1967), 교육목표 분류학, 서울: 배영사.

Bruner, J. S.(1960), *The Process of Education*, Harvard University Press, 이홍우(역)(1973), 브루너 교육의 과정, 서울: 배영사.

Bruner, J. S.(1963), Needed: A Theory of Instruction, *Educational Leadership*, 20(May, 1963).

Bruner, J. S.(1965), After John Dewey, What?, *On Knowing*, New York: Atheneum. (Originally published in *Saturday Review*, 1961).

Bruner, J. S.(1966), Man: A Course of Study, *Toward a Theory of Instruction*, Harvard University Press.

Bruner, J. S.(1966), *Toward Theory of Instruction*, Harvard University Press,.

Bruner, J. S.(1971), *The Process of Education* Reconsidered, Robert R. Leeper(ed.)(1971), *Dare to Care/Dare to Act: Racism and Education*, ASCD Annual Conference Report, 이홍우(역)(1973), 「교육의 과정」의 재음미, 브루너 교육의 과정, 서울: 배영사.

Bruner, J. S.(1971), *The Relevance of Education*, New York: W. W. Norton & Co.

Coleman, J. S.(1961), *The Adolescent Society*, N. T.: Free Press.

Cremin, L. A.(1961), *The Transformation of the School*, New York: Random House.

Dewey, J.(1916), *Democracy and Education*, New York: Macmillan, 이홍우(역) (1987), 민주주의와 교육, 서울: 교육과학사.

Dewey, J.(1963, originally 1938), *Experience and Education*, New York: Collier Books.

Gardner, J. W.(1958), Quality in Higher Education, G. K. Smith(ed), *Current Issues in Higher Education*, San Francisco: Jossey-Bass Inc.

Guthrie, W. K. C.(1971), *Socrates*, Cambridge University Press.

Haubrich, Vernon F.(1971), *Freedom, Bureaucracy, and Schooling*(ASCD Yearbook), Washington, D. C: Association for Supervision and Curriculum Development.

Killan, J. R.(1964), The Return to Learning, R. W. Heath(ed.), *New Curricula*, New York: Harper and Row.

Kohlberg, L.(1971), From Is to Ought: How to Commit the Naturalistic Fallacy and Get Away with It in the Study of Moral Development, T. Mischel(ed.), *Cognitive Development and Epistemology*, New York: Academic Press.

Kozol, J.(1967), *Death at an Early Age: The Destruction of the Hearts and Minds of Negro Children in the Boston Public Schools*, Boston: Houghton Mifflin Co.

Mager, R. F.(1962), *Preparing Instructional Objectives*, San Francisco: Fearon, 정우현(역)(1972), 행동적 수업목표의 설정, 서울: 교육과학사.

Martin, G.(1969), *Sokrates*, 박갑성(역)(1974), 소크라테스 평전, 서울: 삼성문화문고

Massials, B. G. & Zevin, J.(1967), *Creative Encounters in the Classroom*, New York: John

Wiley and Sons, 이상로 · 이경섭(공역)(1972), 창의성 개발을 위한 지도 방법: 발견을 위한 교수-학습의 실제, 대구: 중앙적성연구소.

Rossi, N. & Cole, T.(trans.)(1970), *Letter to a Teacher: Schoolboys of Barbiana*, New York: Random House.

Popper, K.(1995), *Open Society and Its Enemies*, vol.1, London: Routledge & Kegan Paul.

Riesman, D., Glazer, N., & Denny, R.(1960), *The Lonely Crowd: A Study of the Changing American Character*, Yale University Press, 유익형 · 김용권 · 이만갑(공역)(1964), 고독한 군중, 서울: 을유문화사.

Smedslund, J.(1961), The Acquisition of Conservation of Substance and Weight in Children Ⅲ: Extinction of Conservation Acquired Normally and by Means of Empirical Controls on a Balance Scale, *Scandinavia Journal of Psychology*, 2(1961).

Suchman, J. R.(1960), Inquiry Training in the Elementary School, *The Science Teacher*, 24(Nov., 1960).

Thorndike, E. L. & Woodworth, R. S.(1901), The Influence of Improvement in One Mental Function upon the Efficiency of Other Functions, *Psychological Review*, 8.

Tyler, R. W.(1949), *Basic Principles of Curriculum and Instruction*, University of Chicago Press.

Vlastors, G.(1971), The Paradox of Socrates, Vlastos, G.(ed.), *The Philosophy of Socrates*, New York: Anchor Books.

찾아보기

가역적 사고 / 106
경험 / 30ff, 150, 157ff, 259
계속성 / 75ff
계열성 / 75ff, 263
교과 / 30ff, 150, 157ff, 259
교과의 가치 / 142ff, 238
교과의 구조 / 60→구조, 지식의 구조
교과의 선정 / 48ff, 98ff, 226
교과의 유용성 / 124ff
교사 / 1ff, 131ff, 170, 234ff, 265, 281, 301, 369ff
교육과정 / 32, 287, 381
교육과정령 / 220ff
교육과정 구성 / 225ff
교육과정 운영 / 219ff
교육과정 행정 / 231
교육내용 / 53, 74, 166, 206ff, 227, 251
교육목표 분류학 / 208, 247
교육목표 / 245ff, 252→수업목표
교육방법 / 58, 68, 206ff, 314
교육의 과정 / 37
구조 / 274ff, 291, 301ff→지식의 구조, 교과의 구조
구체적 조작 / 108, 111→조작
굿만 / 384
김호권 / 294
나선형 교육과정 / 79, 101, 226, 263, 298, 335ff
니체 / 175
도덕 / 134ff, 196ff, 264, 282
도덕교육 / 283
동기 / 114, 280, 333, 351ff, 385ff
듀이 / 56, 149ff, 260, 264
리즈만 / 352
메논 / 169ff, 182ff, 200ff, 377
메이거 / 248, 253
문제해결 / 161, 264
박용헌 / 115
발견법 / 311, 313→314-5, 345
발견학습 / 40, 43, 261, 378
발달 / 101, 104ff, 113, 263, 278, 317ff
보는 지식 / 129, 263→하는 지식
부정적 수업 / 57ff, 264
브루너 / 38, 80, 94ff, 149ff, 169, 269ff, 382
사회복지 / 141ff
산파술 / 181ff, 189, 208
상징 / 98, 109, 118, 263, 318
생활적응교육 / 151, 162
성취동기 / 114
소크라테스 / 120, 169ff, 196, 205, 208, 262, 263, 265, 377

수업 / 2ff, 6, 69, 241ff, 253ff, 262ff, 330, 332ff, 362ff
수업목표 / 21→교육목표
수크만 / 270
스노우 / 359
스멧즐런드 / 107
시험 / 6, 10, 17, 117, 145, 242ff, 246, 250, 256, 261, 300, 314, 361, 379
아동중심 / 27, 35
아동중심주의 / 191
안목 / 54, 129, 137, 191, 227, 260, 262
왕양명 / 213, 263
우즈 호울 회의 / 39, 273
유용성 / 70ff, 126
이영덕 / 77
인간교육 / 257
인헬더 / 324ff
일리치 / 384
잠재적 교육과정 / 283, 382
전이 / 290, 301ff
정범모 / 77, 115
정신구조 / 320
정인보 / 214
조작 / 99, 106ff, 111, 319ff, 325ff
준비성 / 297, 316ff
지식의 구조 / 37ff, 60ff, 163, 376→구조, 교과의 구조
직관적 사고 / 338ff, 377
진보주의 / 154
질문 / 7, 6ff, 14ff, 18, 27, 47, 312, 386
코울만 / 352
코졸 / 384
콜버그 / 109ff
타일러 / 56, 76, 253
탈맥락성 / 109
탐구학습 / 40, 43, 65, 163, 167, 261, 299
평가 / 241ff, 246
표현 / 94ff, 105, 112, 279
프로타고라스 / 200ff, 215
피아제 / 105ff, 278, 317ff
하는 지식 / 129, 263→보는 지식
학력 / 241ff
학문 / 47, 64, 72, 130ff, 165, 260
학문중심 교육과정 / 38, 279
학습 공동체 / 388
학습태세 / 331
헤겔 / 67
형식도야이론 / 154, 160, 260, 289
형식적 조작 / 108, 111→조작
흥미 / 120ff, 156, 262, 299, 357

• 李烘雨(1939~)

서울대학교 사범대학 교육학과(1961)
서울대학교 대학원 교육학과(1968)
미국 콜럼비아대학교(교육학 박사, 1971)
서울대학교 교수(1971~2005)
서울대학교 명예교수(2005)

[저서]

인지학습의 이론(1973)
교육과정 탐구(1977, 1992)
지식의 구조와 교과(1979, 1997)
교육의 목적과 난점(1984, 1998)
Living, Knowing and Education(1985)
교육의 개념(1991)
성리학의 교육이론(2000)
교육과정 이론(2003, 공저)

[역서]

브루너, 교육의 과정(1973)
피터즈, 윤리학과 교육(1980, 2003, 공역)
듀이, 민주주의와 교육(1987)
함린, 경험과 이해의 성장(1990, 공역)
대승기신론(1991)
보이드, 서양교육사(1994, 공역)

개정·증보판
지식의 구조와 교과

1979년 6월 1일 초 판 1쇄 발행
1996년 2월 25일 초 판 13쇄 발행
1997년 2월 15일 증보판 1쇄 발행
2004년 1월 25일 증보판 8쇄 발행
2006년 2월 25일 개정 · 증보판 1쇄 발행
2021년 8월 10일 개정 · 증보판 8쇄 발행

저 자: 李 烘 雨
발행자: 한 정 주
발행처: 교육과학사

경기도 파주시 광인사길 71
전화 (031) 955-6956~8 / 팩스 (031) 955-6037
Home-page : www.kyoyookbook.co.kr
등록 : 1970년 5월 18일 제2-73호

낙장 · 파본은 교환해 드립니다.
Printed in Korea.

정가 18,000원
ISBN 89-8287-957-9